中国近代人物文集丛书

# 黄 体 芳 集

## （上）

俞天舒 原编

潘德宝 增订

温州市图书馆 整理

中 华 书 局

图书在版编目（CIP）数据

黄体芳集/俞天舒原编;潘德宝增订;温州市图书馆整理. —
北京:中华书局,2018.9
（中国近代人物文集丛书）
ISBN 978-7-101-13108-6

Ⅰ.黄… Ⅱ.①俞…②潘…③温… Ⅲ.黄体芳(1832~1899)
-文集 Ⅳ.Z425.2

中国版本图书馆 CIP 数据核字（2018）第 040979 号

书　　名　黄体芳集（全二册）
原　　编　俞天舒
增 订 者　潘德宝
整 理 者　温州市图书馆
丛 书 名　中国近代人物文集丛书
责任编辑　李闻辛
出版发行　中华书局
　　　　　（北京市丰台区太平桥西里 38 号　100073）
　　　　　http://www.zhbc.com.cn
　　　　　E-mail:zhbc@zhbc.com.cn
印　　刷　北京瑞古冠中印刷厂
版　　次　2018 年 9 月北京第 1 版
　　　　　2018 年 9 月北京第 1 次印刷
规　　格　开本/850×1168 毫米　1/32
　　　　　印张 24⅜　插页 6　字数 550 千字
印　　数　1-2000 册
国际书号　ISBN 978-7-101-13108-6
定　　价　88.00 元

黄体芳故居

理到平心始見真

書從歷事方知味

墨農婣世講雅鑒

潄蘭黃體芳

黃體芳手迹

《钱虏爰书》书影一

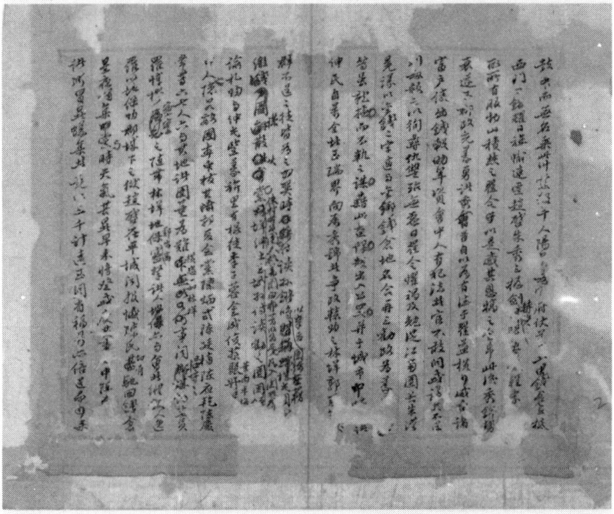

《钱虏爰书》书影二

# 目　录

## 上　册

# 下　册

# 前　言

## 一

　　黄体芳(1832—1899)，字漱兰，号循引、莼隐，别署瘦楠、东瓯憨山老人，浙江瑞安人，人称瑞安先生。咸丰元年(1851)举人，同治二年(1863)进士，选庶吉士，后授翰林院编修，历任詹事府司经局洗马、左春坊左庶子、少詹事、詹事，曾任福建、山东、江苏学政，累官至内阁学士、兵部左侍郎。

　　黄体芳与宝廷、张佩纶、张之洞四人，时称"翰林四谏"，有大政事，必具疏论是非，与同时好言事者，又号"清流党"[①]，此乃时人公论，亦为《清史稿》本传的定论。黄体芳仕宦生涯的转捩点，即为光绪五年(1879)四月的《遵议已故主事吴可读〈请预定大统之归折〉折》。这里稍稍介绍其背景，为读者理解黄体芳之一助。光绪五年，吏部主事吴可读趁下葬同治皇帝之机，服药殉葬，遗折中指责"两宫皇太后"不为死去的同治皇帝立嗣，反而为咸丰立嗣，违反了"祖宗家法"，要求"将来大统"仍归同治之后。这一"将来大统之

---

①　赵尔巽等《清史稿》(中华书局，1977年)第12460页。

归"的尸谏，实际上威胁着"两宫皇太后"垂帘听政的合法性，因为如果当时的皇帝是同治之后，而非同治的平辈，那么"两宫"就不是"皇太后"，而是"太皇太后"，也就失去了垂帘听政的资格。故"两宫皇太后"着"王大臣大学士六部九卿翰詹科道"将吴可读原折妥议具奏，希望群臣为之辩解。黄体芳在"议承大统"中脱颖而出，不但很有逻辑性地为"两宫皇太后"脱困，还辞严义正地对吴可读尸谏引起的社会舆论作了引导。

此前，光绪四年时，黄体芳弹劾董恂"荒政"，却被斥为"信口诋斥，措辞殊属过当"而"交部议处"，事后虽然得到宽大处理，但黄体芳的窘境可想而知。黄体芳上《遵议已故主事吴可读〈请预定大统之归折〉折》前后，即由翰林院侍讲学士转为侍读学士，并于十一月迁詹事府少詹事，次年简放江苏学政，虽谈不上实质性的快速升迁，但这些人事变动，至少可以说黄体芳已经摆脱了之前的窘境。所以这道奏折是黄体芳仕宦生涯的转捩点，而《清史稿》以此折为黄体芳本传的主体，既表明了此折对于黄体芳的意义，也点明了他在这一事件中的作用。

黄体芳曾任福建、山东和江苏三地学政，选拔人才，为时人所称道，尤其是任江苏学政时，为当地的文化事业作出了巨大的贡献。首先是创办了南菁书院，《吴县志·名宦传》称："体芳创建南菁书院于江阴，选各府州县学高材生肄业其中，延南汇张训导文虎、定海黄教授以周，迭主讲席，以经、史、古学，分门月课，一时士风丕变，皆务为有用之学。"其次，光绪九年，"准国史馆文移访求积学笃行及立官清廉、政绩卓著者，备儒林、文苑、循吏、孝友四传之选"，黄体芳为汇存一地文献，共札知各府县近四十次，三次汇送国史馆。这四十馀篇相关文牍（即《江南征书文牍》），乃是后人了解国史馆工作方式及江苏人文盛况的重要文献。

黄体芳善文翰，尤精骈体，从本书所收录"律赋"一卷及寿序、祭文等，可见其娴熟于遣辞造句、排偶对仗，寿文、祭文情文并茂，音律谐协，琅琅上口。至于状物之赋，用典使事之富，足见其腹笥之广，展现了黄体芳宏博深厚的文学修养。这大约得益于他早年的八股文训练，邑人张棡就说"其八股试帖，久已推重艺林"。黄体芳不以诗名，时人以其诗章罕见为憾，但敦崇气节，时流露于篇什间，比如《二木叹》一诗，锄奸砭顽，时人号为"诗史"。

# 二

关于黄体芳的生命历程，可以参见本书附录诸传及年谱，这里不再重复。黄体芳并非枢译两署的重臣，也不是封疆大吏，其历史地位并不显赫，但因为他是清流的重要人物，所以对晚清史研究具有一定的意义。黄体芳的兄长体正由举人拣选知县，兄体立由进士官刑部福建司主事，子绍箕、侄绍第皆入翰林，五黄一门在科举时代，应该是瑞安一邑的重要家族，而且还与孙衣言、孙诒让家族互有往来，所以黄体芳对于了解晚清瑞安更具重要意义，从家族文化研究角度看，黄体芳一族也有一定的典型意义。因此，整理黄体芳诗文集是这些研究的基础，然而黄体芳博学而罕有著述，更无全集刊行，学者引以为憾。

后人整理刊行的有以下五种：一、《江南征书札》，光绪十一年刻本；二、《江南征书文牍》附《司铎箴言》，民国黄群《敬乡楼丛书》排印本；三、《漱兰诗葺》，曾刊于《瓯风杂志》，后有民国林志甄《惜砚楼丛刊》本；四、《醉乡琐志》，民国杨寿枬铅印本；五、《钱虏爰书》，1958年聂崇岐收入《金钱会资料》。

另有稿钞本五种，温州市图书馆藏有《黄漱兰先生奏稿》《黄漱兰先生赋钞》《黄漱兰先生寿文祭文钞》三种钞本，原瑞安玉海楼藏有《黄体芳文牍稿本》《漱兰诗茸补》两种抄本。

2004年瑞安俞天舒先生搜集整理出版了《黄体芳集》（上海社会科学院出版社），俞编《黄体芳集》收录了上述除《钱虏爱书》外的成稿，还从民国时期《瑞安县志·诗文征》、孙延钊《瑞安五黄先生系年合谱》、杨绍廉《瓯海集内编》等文献中辑出若干诗文，计奏疏九件、诗二首、联语十八对、律赋三篇、序跋十七篇、书简八通。

此次增订就是在俞编本基础上进行的，一是辑佚，计辑得奏疏八件、文牍一篇、序跋四篇、记文一篇、传记一篇、寿文一篇、祭文两篇、墓志一篇、墨卷一篇、书简三十八通、诗三题、联语四对；二是增补俞编《黄体芳集》因体例限制而未收的《钱虏爱书》；三是增辑附录，如黄体芳的传记和关于黄体芳著述的题跋等；四是修订年谱，俞先生整理本附录的年谱已经较为完备，但有一些零星的材料，有助于对黄体芳生平及相关事件的理解，理应增补和修改；五是核对底本、校订俞先生整理本的文字及标点；六是增加注释，除说明文献来源外，部分还提示异文；七是重新对部分文章作了编排，如恢复了律赋的编排次序，以呈现《黄漱兰先生赋钞》的原貌。

限于条件，此次整理尚不全面。奏疏的数量，与黄体芳的"翰林四谏"之目尚有一定的距离，实在遗憾。搜集佚文时，部分文章只能使用今人整理本为底本，从文献整理的角度看，这是无奈的选择。笔者学识疏浅，错误遗漏之处在所难免，祈请高明赐教指正。

此次受温州市图书馆的委托，承担增订工作，负责搜集佚文和编次，并承卢礼阳先生审校。在此感谢俞天舒先生筚路蓝缕的开

创之功,也感谢卢礼阳先生、俞先生家属、陈盛奖先生、胡秋霞女士
和温州市图书馆对此修订工作的推动和帮助,另外还要感谢陈圣
争和张晓欢两位先生的具体建议。

潘德宝

二〇一四年九月十二日

# 卷一　奏疏

## 恭报微臣到任日期恭折①

山东学政、翰林院侍讲臣黄体芳跪奏,为恭报微臣到任日期,恭折仰祈圣鉴事。

窃臣奉命充贵州副考官,揭晓后,荷蒙恩旨简放山东学政,当即具折恭谢天恩,随于九月二十一日由贵州起程,十一月十八日行抵山东省城,二十日准前任学政臣潘斯濂委员将学政关防并书籍文卷赍送前来,臣当即恭设香案,望阙叩头,祗领任事讫。

伏念山左为陶镕礼乐之邦,渊深最古;学政有砥砺廉隅之责,文艺非先。自顾颛愚,殊深兢惕。臣惟有悉心悉力,矢慎矢公,期收用之真才,仰副作人之雅化。

所有微臣接任日期除恭疏题报外,谨缮折具陈,伏乞皇上圣鉴。谨奏。

---

① 录自《申报》第五六七号。原载同治十二年十二月十四日《京报》,疑有文字讹误。

# 恭报岁试省西各府州情形折①

山东学政、翰林院侍讲臣黄体芳跪奏,为恭报岁试省西各府州情形,仰祈圣鉴事。

查东省考试向分十二棚,曲阜专设一棚,附以邻近之邹、滕、峄、泗四县,济宁一属均在兖州附考。臣自正月二十七日出省先试泰安,次曲阜,次兖州,次曹州、临清,次东昌,至六月初旬,均已考竣,即于初九日旋省,各属士子尚知恪守场规,臣于内外关防尤加意慎密,文童取进□,先择其文理优长者,悬牌提覆,与正场卷详加核对,再定去取,庶枪替之徒无所施其伎俩,而寒畯不至于遗珠。文风以济宁为上,兖州、东昌、临清、泰安次之,曹州又次之。

武场则弓箭为准,参看技勇,其勇力出众者,颇不乏人。发落之日,臣各谕以修行明经循理奉法,勿干非分之事,勉成有用之才,诸生亦颇知感奋。刻拟七月初开考济南,再行按试沂、登各府。

臣经过地方,春夏之交雨水颇形缺少,四月后甘霖迭沛,秋禾畅茂,民气极为安恬,合并陈明,仰慰宸念。伏乞皇上圣鉴。谨奏。

---

① 录自《申报》第七二四号。原载同治十三年七月十一日《京报》,内有文字模糊不清处,以□代之,下同。

# 恳恩赏假调理折[①]

左春坊左庶子臣黄体芳跪奏，为微臣因病未能克日回京，恳恩赏假调理事。

窃臣先后办理文武场录遗并会考优生，均已一律完竣，新任学臣钮玉庚于十月十五日抵省，十七日接印任事。臣交卸篆务应即束装入都覆命，惟臣赋性愚拙，事必躬亲。比来试务已觉时患怔忡之症，遇事健忘，立冬后天气骤寒，更觉起居不适。医者云用心过度，气血相亏，必须调补，经旬乃可，历长途辛苦，合无仰恳天恩赏假一个月，俾臣安心调治，一俟痊愈之后，即当趋叩阙廷，不敢自耽安逸，为此恭折具奏，伏乞皇太后、皇上圣鉴。谨奏。

---

① 录自《申报》第一四六九号。原载光绪二年十一月二十日《京报》。后附"军机大臣奉旨：'黄体芳着赏假一个月，钦此。'"

# 灾深患迫宜筹拯民应天之方折<sup>①</sup>

伏读本月十九日上谕,以北省奇荒,祷雨未应,皇太后、皇上修省自责,减膳节用,罄帑藏以拯沟壑,仰见畏天恤民,至诚至切,朝野无不感动。为臣子者,目睹如此时势,朝廷如此忧劳,彷徨焦灼,寝馈难安,敢敬遵求直言修实政之旨,竭其愚诚,以冀补救万一。

窃谓今日之计,筹款赈灾为救急,格天祈雨为治本,戢京师为预防,谨就次三端分条胪陈,惟圣明裁择焉。

救急之道。

一曰借洋款。自去年以来,中外诸臣筹措之术已穷矣,开捐劝募已成弩末,其馀非琐碎无济,即迁缓难行,再以辗转迁延,死者已死,乱者已乱矣!欲筹巨款,止有速向洋商借银五六百万,即以此款购买洋米,由上海速发电信通知外国,嘱其购到不拘何项米粮,设局运津,不过两月,必可云集,分赈山西、河南、直隶三省。若虑巨款难偿,亦思盗贼既起,军务复兴,一年之饷所费几何?夫秦饥则乞籴于晋,鲁饥则告籴于齐,乞邻救灾,古义所有,此万不得已之

① 录自朱寿朋编、张静庐等校点《光绪朝东华录》(中华书局,1958 年)第 559—564 页。标题据《清实录·德宗实录》。《清实录》(中华书局,2008 年)中光绪四年二月丁未(二十七日)、戊申(二十八日)、己酉(二十九日)三天皆有上谕提到黄体芳此折,《光绪朝东华录》系此折于庚戌(三十日),非。

计，而欲苏民命、弭乱源，不得不用之者也。

一曰停烧锅。通计顺、直各省属，此项一年耗粮五六百万石。前直隶督臣李鸿章奏请暂停，所言极为剀切，竟致部驳，闻者哗然。夫运斗升俱艰而弃此狼藉不顾，亦太颠倒矣。议者或虑开烧锅者失业，或虑必不能禁，徒便需索，此皆邪说也。业此者皆厚资大贾，暂停不酿，独不可别谋什一乎？灶大如屋，突烟腾上，数里外皆见之，与轮船烟筒相似，非如私铸之可以隐藏、私枭之飘忽无定，禁之并不为难。若虑胥吏卖放而不禁，是犹见抢窃不能尽绝，而遂废治盗之律也。只缘烧锅领帖每年有户部饭银三万两，以故决意议驳，此隐情也。夫户部公费比别衙门公费较多，此项众人分摊亦属有限，何忍为此蝇头，甘作罔上病民之计？去冬通州闻有禁烧之说，市上米粮立即充溢，明效彰彰。或谓雍正年间孙嘉淦曾持不禁之议，不知承平则以不扰为主，灾荒当以救急为先，事势不同，何得藉口？此浅近易行之策，惟赖宸断施行者也。

一曰招商运。灾区既苦无银，尤苦无米，官运繁重者难继，商运通变而无穷。晋、豫两省关税厘金，本属几微，向不恃此以为进款，兹拟设一招徕之法，凡百货商贩入晋、豫境内，若带粮百石，除免米粮厘税外，免他货税银数十两，千石者免数百两，必至所有货商皆兼米贩。去岁口外丰收，沿边米粮，自然由东北之大同、西北之包头漫灌入内，此亦不劳而理之策也。

一曰资流亡。窃谓因时制宜，不可胶柱。近有条陈资遣归耕者矣。夫无衣无食，归则死耳，何耕之有？山西赤地千里，生路已绝，即欲逃荒，亦须出境数百里外。今欲禁逃亡，是速之死也，然欲逃而无资无力，亦死也。边外荒地甚多，米粮颇贱，莫若于山西沿边州县储款以供资遣。有真正难民出边者，予以一月之粮，导之出边,延其生路,或开垦,或雇工,或乞丐,听其自便,地广食多,易于存活。若今秋丰熟,欲归不能者,再量为资给回里。且在籍则赈日方长,资遣则费止一月,此不惟流亡将生,既减本省之食,又省官赈之费,一举而三利存焉。此正《周礼》所谓移民就谷之法也。

治本之道。

一曰广聪明。从来人主未有不愿治者也,然不能别群臣之贤否,悉民生之利害,兼闻朝政之得失,则劳而无功。欲除此弊,不过广纳直言、多见臣工而已。盖人主多见群僚,则大臣不能欺天子;奖励台谏,则督抚不敢轻朝廷。比者屡诏开言路矣,然无言责者止许代奏,则先经堂官阅定,或吹索其字句,或挑剔其款式,辗转多日,始得上达,未蒙宸览,先已传播,其中若有指摘时政、干涉廷臣者,早已预为之备。一经旁人劝阻,或竟罢而不递,或虽递而无益,所代递者不过肤泛细碎、迎合挟私之语而已,直言谠论不得闻也。此正圣谕所谓有名无实也。夫部院大臣有言责者也,近年来危言极论者谁乎?科道有言责者也,绳愆纠谬者谁乎?诸人中非绝无怀抱忠悃通知时事者也,知其难入,因而自废。必须破格推广,无言责者亦允转达,尤望于伉直敢谏之臣曲赐优容,加以奖励,使人人知朝廷真有求言纳谏之心,然后可以作敢言之气耳。至于召见一条,尤为今日政要,不独可以考其职守,察其人才也,盖将以周知天下之事也。值日诸臣固不待言,即各衙门庶僚,皆宜轮班赐对,最有益者,尤莫如各部院掌印主稿之司官、曾任州县之府道。各衙门公事,惟司官方能熟悉,堂官不及也,曾任州县者,去民较近,用心较深。至于入见之时,不在空言训勉,而在于切实诰询;不取其应对之敏捷,而观其所言之有无实际。或为天威所惮,则从容导使言,其人曾任何职,曾办何事,即扣以此事之原委,或询以本地之风土、官场之风气、公事之弊窦、僚属之贤否、本省有何弊政，暂为存记，以俟考验。果使众论皆同，便当不妄。每日所费不过十馀刻耳，如此一年之后，十八省之情形，大小各衙门政事之窾要，内外章奏之虚实，无不了然，用人行政，孰得而欺之！窃见近年召见武职甚多，若记名总兵、副参之属，出身行伍，不过打仗奋勇，未尝讲明治理，亦未必精通将略。军兴以来，多以万计，召见时徒费日力劳圣躬耳，未见有所裨益也。且武职之在外省，仰望督抚高不可攀，故能节制驱策。若优加容接，无知者见值日大臣往往不得进见，而彼乃得之，必且长其骄悍之气。近来武臣渐形骄蹇，此渐尤不可不防也。

一曰斥奸邪。若鲁僖公时大旱，放佞臣郭都等，理冤狱四百馀人，不雩而得雨，《春秋》美之，所以示人君感天之道在此不在彼也。今朝臣中之奸邪，如户部尚书董恂是已。去冬以来，中外条陈荒政者，务从驳斥，雍遏上恩，膜视民命，全不知国脉邦本在于养民。其驳截漕之折，曰重根本也，若发仓平粜，正为京师军民起见，而亦驳之，将何说乎？圣谕所谓"泽不下逮"者，非此人而谁！甚至贪恋饭银，故沮烧锅之禁，则其他挟私蒙蔽，已可概见。以彼职长户部，天下户口财税，是其专职，然灾荒如此，宵旰忧焦，该尚书不闻进一言、画一策，已无解于溺职之罪矣！况加之以贪鄙欺罔、有心病国乎！其在总理衙门，言语猥琐，举止卑谄，通国皆知，其他为众口诋訾之处，罄牍难书。方今时势艰难，若朝廷仍以国计民生付之此人，岂不可虑？伏望亟予罢斥，以清朝列。

一曰清冤狱。尝闻齐妇含冤，三年不雨，怨气召沴，古有明征。近年如甘肃高台、四川东乡两案，屠戮生灵，累百盈千，含冤莫诉，孰过于此？圣谕既殷殷于此，必思所以处之之道矣。近来京控案件甚多，固不能尽实，亦不能尽虚，然发交以后，从未闻有一案平反者,岂天下之州县皆于公,各省之谳局尽皋陶欤?且谕旨虽令亲提,从无按察使自问一案之事。拟请以后凡京控有关人命者,军机处专立一档,定限奏结,按限查销;逾限不结者,被人告发不亲讯者重处;发交多案无一案平反者重处;平反得实者,按察使请旨奖励,庶几冤民稍稀。若仅照常申诫,令其清理冤狱,省释拖累,彼仍置之不闻而已,于刑狱丝毫无益也。

一曰课臣职。近来内外臣工旷怠废弛,已久在圣鉴之中。姑就被灾省分言之,晋省旱已一年,假使前任巡抚鲍源深早为上闻,预筹早备,或于各州县多选置良吏数人,何至糜烂莫救?贻误之罪,夫复奚辞!若不量予处分,何以谢山西数百万垂毙之残黎乎!天津粥厂委员,圈饥民于一棚之中,不知防火,火发后不知去向,以致把门者禁不许出,同归于尽。其罚岂仅褫职?若不重治其罪,何以谢直隶二千馀焦头烂额之魂魄乎?且治内者,治外之本也,京朝各官尤多泄沓之习,去年以惠陵尚未奉安,禁止职官演戏,而士大夫观剧自若,则玩令可知。邸抄中大员请假、续假者无日无之,甚且一日数起。道光、咸丰以来实所未见,则偷惰可想也。窃谓宜责成枢臣,将京朝官最为鄙劣不职者,严加考察,罢斥数人,以儆其馀,不得有所偏徇、仅以微员末秩充数,则群臣各修其职矣。

一曰崇节俭。昨已有旨令内务府核减宫闱用费矣,此诚救灾之首务也。近来民生日困,风俗日奢,今朝廷既以躬行倡率,臣仰体圣德,窃谓愿推广此心风厉臣庶。若四川之绸缎贡,旧章所无者亟罢之;江浙织造传办之件酌核之;粤海各关,禁止不得来贡珍奇,希图见好;内监人等,不得常游街市,购买珍异侈靡之物;严申门禁,官役、工匠,认真稽查,勿令商贾混充,潜入禁城贸易;并戒内外臣工,服用宴会务从俭约,永变浇风。内廷俭则外廷化之,大家俭则小民化之，不特救一时之灾，并可祛积贫之患矣！

预防之道。

一曰清仓储。仓弊之深，由来已久，所谓粳米二百七十万石者，纸上之数耳。近年海运抵通，传闻竟敢有领银回漕之事，虽未有实据，要之盗卖蠹蚀，路人所知也。值此灾深用广，一旦势穷情见，可为寒心。窃思此弊盘互缪辗，若加根究，必兴大狱，此时亦有所不暇，莫若既往者姑从徐图。今年海运收米之时，每月开放之期，务须设法整顿清厘，勿听其消蚀至尽也。

一曰分粥厂。京城流民日多，皆因天津、保定粥厂撤后相率而北，以后人数愈众，安插愈难，必至九门内外阗塞难容，沿街抢夺，随处倒毙，一旦大扰，实为可忧。必须及早安置，于京城数十里外若良乡等处，多分数厂赈济，以阻其外，以散其势，请特派京员办理，以专责成。

一曰安畿辅。直隶旱灾甚重，大荒者约有二十州县，不止河间一府。饿莩逃亡，卖产毁室，目前纷纷来京者，皆直隶流民也。老幼踉跄，枯瘦欲倒，若非灾荒已极，此辈从何而来？但思拯晋、豫之灾而不虑眉睫之患，可乎？伏望谕饬李鸿章早筹巨款，速派贤员分投赈抚，玩视民瘼之州县及早撤参，免蹈晋、豫复辙。李鸿章任大责重，事务太多，精力才力，只有此数，伏望朝廷勿徒加以恤邻务远之功，当责其深根固柢之道。畿辅晏然，然后京师诸务可得而从容布置也。

总之，零星罗掘不如大举，讽经祈祷不如修政。至于辇毂重地，亦须事先绸缪，若不能于用人行政实有施措，则省愆亦具文耳。以上三大端，皆系易行之事，不敢以陈言空论上渎宸聪，惟条目较繁，伏望详加垂览，如察其情理尚不虚妄，仰恳乾断施行，以格上苍而救群黎，臣无任忧愤激切之至！

# 请分别裁定陋规以肃吏治疏①

奏为外省陋规,有害吏治,请分别裁定,以清治源而收实效,恭折仰祈圣鉴事。

近来屡因言官条奏,谕令督抚将各项陋规革除,仰见圣主澄叙官方之至意。窃惟外省陋规,原非一致,惟取之属员者,最为吏治之害。各省名目不一,或名节寿、到任礼,或名季规,或名薪水,或名帮项。早年督抚颇有收受节寿等规者,今日督抚尚少此事,藩司或有或无,各省不同,至臬司及道府无不仰给于此。近年恶习,卑谄州县则多送见好,贪横大吏则额外诛求,善地由少而多,瘠区由无而有,而属吏狡黠②者,即以此挟制上司,以致道府表率徒有其名,控案不能提,劣员不能揭,况藩司专司升调补署之权、臬司为刑名生死所系,一受其馈遗,则委撤必至瞻徇、招解不便翻驳,吏事民命,尚堪问哉? 各省所同,正不独河南为然也。然历来言官弹奏者多矣,属员讦告者有矣,从未闻督抚以此劾去一人者。如果绝无其事,则言者岂概虚诬;如果有而不参,则疆臣又岂尽皆聋聩? 只以

---

① 录自沈粹芬编《国朝文汇》(上海国学扶轮社,宣统元年)丁集卷一。此处标题据《光绪朝东华录》(第607—608页)光绪四年七月壬子上谕:"詹事府左庶子黄体芳奏:各省陋规有妨吏治,请饬分别裁定一折。"此疏又见《瑞安县志·诗文征》第五册《文征》,题作《请将外省陋规名目分别裁定疏》。

② 狡黠:底本作"受黜",据《瑞安县志·诗文征》本改。

军兴以来，廉俸减成，加以摊捐坐扣，多者得半，少者仅一二成，办公实有不敷。夫伯夷、原思，古今有几？故大吏亦只听其自然，沿袭敝俗，半明半暗，不公不私，登奏牍则力辨，而僚属相对则昌言不讳也。居局外则诋斥陋规，而及其身为外吏，则收受亦犹前人也。有本心者嫌于究非义取，含垢而从时；强有力者恃其稍异赃私，求多而无忌。

今者仰蒙圣谕谆谆，果能从此认真查禁，一律革除，自属极美盛举。特恐大吏处此，动多窒碍，仍不免视为具文，阳奉阴违，藉属员不便之词，为自己滥收之地，虽日劳申儆，而厉禁虚悬，度断非朝廷实事求是之意也。臣愚以为圣明之世，宜令大小官吏光明不欺，既不取腼颜暧昧之财，亦不受办公竭蹶之累，贪暴者无从多取，洁清者有以自存。但陋规之中，颇有区别，院司之患在乎上官加增，道府之患在乎属员挟制。若督抚廉俸本厚，藩司皆有平馀，用度绰然，此断不会稍取于下者也。臬司道府此宜量为变通，明定限制者也。

伏查前湖北巡抚胡林翼，奏定折漕，裁汰浮费，为粮道州县明定赢馀，从此漕弊一清，官民两利。文宗显皇帝手诏批答，谓其祛百年之积弊，甚属可嘉。曾国藩督两江、沈葆桢抚江西时，核定钱漕，将通省陋规裁定，名曰公费，州县用公牍分解，至今江西吏治肃清，上下称便。左宗棠督闽浙时，亦将闽省陋规裁定①立案。近来安徽亦将各衙门陋规裁定，解司转发，通省匀分，名曰津贴。阎敬铭抚山东时，力裁摊捐，宽留坐支，州县亏空遂少。此诸臣皆近日所称公忠体国、通达治体者也。而所办大率如此，何哉？寓裁制于

---

① "名曰公费，州县用公牍分解，至今江西吏治肃清，上下称便。左宗棠督闽浙时，亦将闽省陋规裁定"底本无，据《瑞安县志·诗文征》本补。

体恤之中,公事公言,各有定分,是即所以教廉也;事求其禁令易行,法期于中人能守,而不以矫情无实之语欺饰朝廷,是即所以教忠也。

既有旧辙可循,成效可考,拟请饬下各省督抚,悉心核议,咨取江西、福建、安徽章程,体察本省情形,酌量采择,仿照办理,将向来节寿等陋规名目永远裁革。除督抚、藩司无论旧日有无,概行禁绝外,为臬司道府酌定公费,其数以二三十年前旧规为准,过多者量加核减,取足办公而止,尤不得以近年加增者为凭。令州县用印文径解各该衙门,奏明立案。敢于定章外多受一钱者,以贪①赃论,督抚治以徇隐之罪。至于摊捐各款,未必尽归公用,多入藩署私囊,前已有旨饬令裁减,并请严饬痛加删汰,令将裁减几何,勒限覆奏立案。以后许减而不许增。庶几廉者有养,贪者有制,下知敬惮,上峻风裁。夫国本在民,民命在州县,必使州县不重累,而督察州县者各举其职,则州县治矣。方今民生日困,吏治日偷,若不为之②分别裁定,诚恐道府以下之忍耻收受者自若,而两司以上之挟势加增者将无底止。倘蒙严旨饬议,法在必行,正名核实,一洗百年之积弊,则吏治蒸蒸不难也。臣管见所及,是否有当,伏祈皇太后、皇上圣鉴。

---

① "贪"字底本无,据《瑞安县志·诗文征》本补。
② "之"字底本无,据《瑞安县志·诗文征》本补。

# 大臣复奏欺罔显违明诏据实奏陈折<sup>①</sup>

奏为大臣复奏欺罔,显违明诏,据实奏陈,仰祈圣鉴事。

窃前因侍讲张佩纶奏称:商人李钟铭捏称工部尚书贺寿慈亲戚招摇撞骗等情,奉旨命都察院堂官讯奏,并命该尚书明白回奏。乃昨阅邸抄,该尚书奏与该商人并无真正戚谊,素日亦无往来。伏思人家戚谊,有则言有,无则言无,岂有真伪之分、邪正之别?臣闻贺寿慈与李钟铭毫无瓜葛,惟李钟铭前后两妻,贺寿慈皆认为义女,往来一如亲串,李钟铭对人则自居为贺门女婿,贺寿慈与李钟铭扇联则大书为"崇山姻世兄",此都下众人所共闻共见者。此等异姓假子,乃委巷细民亲昵之俗态,贵官门客谄附之恶习,有何戚谊之可言?贺寿慈明知其不真不正,其实则引而近,其名则推而远,辗转迁就而为此说,岂非欲盖弥彰乎!至于厂肆书贾与士大夫交易通识,事所常有,但使不至比昵为非,仅因买书往来,亦复何害?贺、李之交甚密,中外皆知,每逢岁时庆吊、宴集亲朋,两人互相酬酢往来,一年之中何止数十次。李钟铭住宅,居全厂之中,地当孔道,人人皆见贺寿慈之绿呢大轿常时停放其门,道路震惊,市廛艳羡,而贺寿慈讳莫如深,果何意乎?

---

① 录自北京皇史宬档案馆奏折原件。面署"侍讲学士黄体芳折,贺寿慈覆奏欺罔由"。

　　窃惟人臣事君，先以无欺为本。去年十二月二十八日，钦奉谕旨，切戒臣下掩饰欺蒙。圣训煌煌，而贺寿慈首干此禁。于本无戚谊而引为戚谊者谓之无真正戚谊，于往来极密者而谓之无往来，一味闪烁搪塞，且轻量举朝臣工无人敢发其覆，似此万万不能隐匿之事，而犹敢公然诈谩，则平日之遇事欺蒙，更复何所不至！

　　贺寿慈与李钟铭交结暧昧之事，物议颇多，然臣不敢以传闻轻诋，遽渎宸聪，臣亦不愿以穷究株连，致兴大狱。至李钟铭各款，自有都察院查讯，区区市侩，更不屑指摘及之，但就贺寿慈复奏之语观之，实觉欺罔显然。数日以来，朝上搢绅，街谈巷议，无不举此奏为笑柄，或讥其信口诳言，或哂其自相矛盾，然卒无有以此上达天听者。

　　臣愚实不胜愤懑，窃谓商贾不法，所关尚小，大臣罔上，流弊甚大，理合据实奏闻，伏祈皇太后、皇上圣鉴。谨奏。

　　光绪五年三月初四日。

# 遵议已故主事吴可读
## 《请预定大统之归折》折<sup>①</sup>

窃维此事重大,本难置词,及伏读懿旨中"即是此意"一语,明白无疑,只有恪遵,更有何议? 乃申论不一,激烈者盛气力争,巽畏者嗫嚅不吐,揆其情状,一似穆宗遗有所生皇子于皇上为侄,将来必不能缵承大统者;且又似穆宗嗣子若承大统,则皇上不得以为子者。在激烈者以为言非悚切则说不行,说不行则无以报先帝,人将谓不为穆宗计也;在巽畏者以为言之详尽则似僭越,则将来必干圣怒,人将谓不为皇上计也。夫激烈,忠也;巽畏,谨也。忠与谨,皆人臣之盛节,而惜其未深明乎今日之事势也。

臣诚愚陋,敢敬为皇太后、皇上持平以论之,浅说以明之。譬诸士民之家,长子有孙,次子亦有孙,自其祖父母视之,并无区别,然承袭爵职,必归长房之孙,即长房无出以次房之孙承继,而承袭亦必归长房之嗣孙,不能归次房之他孙,何也? 嫡长与嫡次之别也。而况皇上与穆宗,不惟有兄弟之伦,且有君臣之谊乎! 此两宫

---

① 录自《光绪朝东华录》第 747—748 页。此折作于光绪五年四月十日,题据此日皇太后懿旨而拟成,《德宗实录》载光绪五年四月癸丑(十日)皇太后懿旨:"本日王大臣等遵议已故主事吴可读请预定大统之归一折,并尚书徐桐、翁同龢、潘祖荫,翰林院侍读学士宝廷、黄体芳,国子监司业张之洞,御史李端棻另议各折。"

之意所以许大统归于穆宗嗣子之说也。

又譬诸士民之家,大宗无子,次宗仅有一嫡子,然小宗以嫡子承继大宗不闻有所吝者,以仍得兼承本宗故也。惟人君与臣民微有不同者,民间以嫡子继大宗,则大宗为主,本宗为兼;天潢以嫡子继帝系,则帝系为主,本宗可得而兼,亲不可得而兼,若人君以嫡子继长支,则固以继长支为主,而本宗亦不能不兼,盖人君无小宗,即称谓加以区别,亦于本宗恩义无伤,此两宫意在嗣子承大统,慈爱穆宗亦即慈爱皇上之说也。

今日吴可读为是之懿旨不敢不遵,不许建储之家法不敢不守,而奉命会议又不敢不议,若非合两统为一统,以不定为预定,就将来承统者以为承嗣,似亦无策以处之矣。试思此时即不专为穆宗计,既正名为先帝承继之嗣子,岂有仅封一王贝勒者乎?即不专为皇上计,古来天子之嗣子,岂有以不主神器之诸皇子当之者乎?即仅为穆宗计,承继皇子之事,皇上可如民间出继之子乎?即仅为皇上计,承继皇子之称穆宗,可如前明称为皇伯考乎?事理至显,敢敬缕陈。两宫圣明,无难立断。其应如何明降懿旨,自有圣裁。夫奉祖训,禀懿旨,体圣意,则非僭;先帝今上皆无不宜,则非悖;明其统而非其人,则非擅;论统系,辨宗法,正足见我国家亿万年无疆之庥,则非干犯忌讳。此即综前计后,侃侃而陈,固无意气之可逞,亦无功罪之可言,而诸臣之偏于激、偏于畏,臣窃有所不解也。臣所以不能已于言者,诚恐皇上亲政以后,披览臣工章疏,谓此等浅显平常之事理,何盈廷诸臣竟无一人见及者,以致如此纷纭,则忝参末议之臣,与有责焉。

# 使臣专擅误国请饬廷臣议罪折<sup>①</sup>

奏为使臣专擅误国,请饬廷臣议罪,仰祈圣鉴事。

窃惟朝廷遣使外国,意在安边,失辞不可,专擅尤不可。史册所纪及历届奉使诸臣,从未有荒谬误国如崇厚者也。查崇厚奉使俄罗斯,畀以全权,隆以优秩,宜如何筹画万全,以副委任。俄人愿归伊犁,酌予犒师之费,尚属可行,奈何不顾全局,不虑后患,通商画界,任意定约,因索地而弃地,欲弭衅而召衅,行之则商税日亏、要害尽失,不行则俄人有辞、更烦唇舌。其心但知畏敌国而不畏皇太后、皇上,于重大事件不请谕旨,擅自许人,不候召命,擅自归国。更复于上海等处节节逗留,欲伺上意渐解,再图入见。并闻其既抵都门,复敢潜往他处,不速到京请安。论奉使则不忠,论复命则不敬,不忠不敬,邦有常刑。伏望特伸威断,敕下廷臣会议,重治其罪,以为人臣专擅误国者戒。臣愚昧之见,是否有当,伏乞皇太后、皇上圣鉴。谨奏。

---

① 录自《黄漱兰先生奏稿》钞本,温州市图书馆藏。据《德宗实录》载光绪五年十一月庚寅(二十一日)上谕中"都察院左都御史崇厚奉命出使,不候谕旨,擅自起程回京,著先行交部严加议处,开缺,听候部议。其所议条约章程及总理各国事务衙门历次所奏各折件著大学士六部九卿翰詹科道妥议具奏"等语,从知该折当作为五年十一月中旬。

# 责重臣斡旋捍御疏①

奏为请以斡旋捍御之策分责重臣,恭折仰祈圣鉴事。

窃本月初十,以俄约命亲、郡王等再议,臣愚以为集思在群臣,断事在重臣,未有事阅百馀日,重臣并无一策,坐而听诸众议者也。窃思皇太后两朝训政,于各国通商事宜,所倚为辅弼、资为干城者,岂非恭亲王及李鸿章乎?曰遣专使即遣专使,曰办海防即办海防,曰添口岸即添口岸,曰置机器招商即置机器招商,当无事之日,则举天下之全力而办所谓洋务者,朝廷信之不疑,二臣任之不疑。今日之事,诚欲斡旋,恭亲王必应有把握;诚欲捍御,李鸿章必应有把握。乃恭亲王于崇厚濒行之日,不闻授一策以杜使臣之擅许;于崇厚奏到之日,不闻飞一书以绝俄人之奢望。然则恭亲王及今挽回,非责后效,乃补前失也。若徒依违其间,静候廷议,无亦欲卸责于诸王大臣,而使清议不得以迁就贻误之咎专责恭亲王乎?臣以为熟洋情者恭亲王,管机务者恭亲王,恭亲王不能改约,谁能改约者?应请皇太后、皇上专以改约责恭亲王,务期杜贪求而

---

① 录自《黄漱兰先生奏稿》钞本。据折中"崇厚之罪,擢发难数,若仅戍边锢狱,不足蔽辜,应立置极典"等语,查清廷处分崇厚,光绪五年十一月二十二日交部严加议处开缺,同年十二月六日革职拿问,交刑部治罪,六年正月二十三日斩监候,待秋后处决。从知该折当作为五年十二月六日以后,六年正月二十三日以前,今姑定于五年十二月。

后已。

改约必抗敌,抗敌必备战,李鸿章以汉臣拜首揆,为五十年来所仅见。轮船数十,淮军数万,饷项数百万,拥节津沽,俨然以身系安危自命。论其付畀之专,全局均终归统驭,即仅能守津扼贼,犹为局于一隅。俄事如此,天下臣民以为主战者必李鸿章也,乃密迩畿郊,坐视宵旰深忧,不闻画一策以慰宸廑。道路之言,唯闻该大学士谓约必不可改,兵必不能战,以诸臣条议为多事,以译署畏葸为解人而已。将帅之臣,恝国事如此,怯强敌如此,亦与白面书生何异?臣以为该大学士之心若非畏难,即属取巧,李鸿章不能战,谁复能战者?应请饬令李鸿章通筹全局,战守之策,详细复陈,必期操胜算而后已。不然,虽小臣抗疏,儒者论兵,恭亲王、李鸿章等转得托于慎重,以纸上空谈置之。举国而谋,人愈多,日愈久,而终归于事事曲从,岂不重贻敌国笑乎!臣为专责成、速定议起见,是否有当,伏祈皇太后、皇上圣鉴。谨奏。

附片

一曰以输敌之罪责使臣。崇厚之罪,擢发难数,若仅戍边锢狱,不足蔽辜,应请立置极典。

二曰以转圜之术责总署。御笔未允,期限未逾,使臣既以违训诛,前约应援公法作为废纸,如不能作气抗言,总署当执其咎。

三曰以防边之效责疆吏。左宗棠、李鸿章望重责专,兵多饷足,皆应以壮国威、御外侮为己任,如敢丧心怯敌、附会新约者,朝廷断勿宽贷。东三省皇朝根本、中国藩篱,宜置专阃大臣,足食足兵,以固吾圉。谨议。

再,臣展转思维,订约筹边,尚有亟须擘画者。俄约之误,由于行人失辞,续遣使臣,自宜格外慎重。现在急应议及,与其仓皇策遣,何如加意旁求?拟请饬下京外大员,各举所知,露章保奏,免致庸劣之流钻谋出使,重辱国命。至左宗棠年近七旬,虽精力尚健,而西事方殷,拟请饬下左宗棠,将才力过人、能胜边寄者酌举数人,请旨存记,以备陕甘两省司道之选,则目前僚佐、将来替人,不致乏才矣。松花江为吉林津要,其行船至伯都讷一节,现虽驳斥,终恐觊觎。查吉林旧名船厂,林木饶多,拟请饬下吉林将军制造炮船,教练水师,以资扼守。谈海防者动称铁甲船为利器,每只须费百馀万金,臣闻此船过于笨重,西洋习水战者皆以弃物置之,拟请饬下南北洋大臣,万勿再购此船,徒滋靡费。

以上四条,伏请敕交王大臣等一并会议,是否有当,附片具陈,伏祈圣鉴。谨奏。

# 请饬枢臣妥筹审处崇厚疏①

奏为轻释罪臣,徒长敌骄而辱国体,请饬枢臣妥筹审处,以免流弊,恭折具陈,仰祈圣鉴事。

窃臣闻英法两国使臣恐国家与俄寻衅,请释崇厚之罪,从中调停,南北洋大臣均以为然,怂恿总署诸臣入告。臣闻之始而愤,继而幸,终而不能无疑。

臣等议防备战,责重疆臣,乃平日则耗饷购船,张皇声势,一旦有事,惟冀幸与国之讲解,免启兵端,其不能胜疆寄、荷时艰,已可概见,此臣之所窃愤者也。英法使臣果能忠于我朝,解纷排难,将帷幄重臣不劳筹策,封疆将帅不讲戎兵,罪人一出,成约顿改,诚为二千年来驭外之捷径,此臣之所窃幸者也。罪崇厚为俄国之辱,释崇厚独非中国之大辱乎!去年治使臣之罪,两集廷议,屡颁谕旨,环海内外,谁不闻知?甫越数月,忽然赦免,一经宣播,天下臣民必至惊异骇愕,众论哗然,将以九重之震怒为不足畏,国家之刑章为不足凭,草野黎庶从此皆有玩视朝廷之心,纲纪荡然,何以立国?其流弊尚不止外洋之藐视已也。况英法空言调处,至于能否改约,亦无把握,徒损国威,并无实济。中外大臣何至视为转圜妙策,汲

---

① 录自《黄漱兰先生奏稿》钞本。据以下《和约议定后杀崇厚以挽狂澜疏》所云:"本月(七月)初七日忽闻开释崇厚之旨",可知此疏作于七月初七日后数日。

汲赶办？此臣之不能无疑者也。

　　伏乞饬下枢臣，详酌妥善，再为办理。事关安危大计，亦不争此三两日之间。不可张皇失措，过于急迫，若发之太骤，稍涉轻率，以后倘有流弊，反汗为难，御侮之谋更将无从措手矣。臣焦思迫切，谨缮折密陈，伏祈皇太后、皇上圣鉴。谨奏。

# 和议约定后杀崇厚以挽狂澜疏<sup>①</sup>

奏为贼臣逃罪,害不胜言,恳请责成枢臣惩前辙以挽狂澜,恭折仰祈圣鉴事。

窃本月初七日忽闻开释崇厚之旨,臣明知此举非出于朝廷之本意,既恨罪臣挟寇以要君,又痛当事诸臣畏敌而辱国,隳我士气,授人事权,从此大局将不可问,拊膺叹恨,寝食俱废,愤不欲生。嗣又闻议处枢臣之旨,不觉霍然而起,盖皇太后、皇上深知中国之示弱受制,皆由枢臣之贻误而然,此诚至圣至明控御外国之要领,而今日事势之转机也。

自崇厚出狱以来,街谈巷议,万口沸腾,无不以总理衙门为诟病。或曰诸臣与崇厚素有交情,故乘机为之营救也;或曰曾纪泽自为计,故先以此要挟也;或曰崇厚贿嘱洋人,为之造言恐胁,枢臣、使臣均受其愚也。臣诚不欲为此苛论,绳以深文,然诸臣不能修备以抗敌,而惟知曲从以款敌,惶惑谬误,百喙何辞!前旨许以暂免,已属法外施仁,既以曲全邦交,又可稍存国体,果使约而可改,则肆赦犹为有名,此乃朝廷万不得已之苦衷,为臣子者自当曲成圣志。今曾纪泽未递国书,约之改不改,未可知也,何所据而乞恩?俄国

---

① 录自《黄漱兰先生奏稿》钞本。前署"七月十九日销假,上封奏一件"。

已经接待我使,尽可从容辩论,并非不容启齿,遽召兵端也,何所迫而渎请,故违前诏,不放不休?"杀"之一字,固不许中国得行其权,即"暂"之一言,亦不容慈圣稍伸其志,果何理哉?果何心哉?试思外洋诸国威妥玛诸人,与我有何亲爱,何至于言之可信,事事可从?即如前数年,英人为喀什噶尔乞免,劝我勿攻,幸赖朝廷不许,而左宗棠亦不肯罢兵,卒能克复,以竟西陲之全功,假如听之,不徒纵一叛酋乎?又如马加利一案,英人必欲我诛岑毓英,幸赖朝廷不许,而沈葆桢亦能坚持不赴上海,卒亦无事,假如听之,不徒杀一无罪之大臣乎?前事非遥,何诸臣之执迷不悟如此也?若由诸臣之所为,敌国意指必仰承,邻国指挥必听受,电报一至,而十八条之原约已允开办;电报再至,而数千万之兵费已允赔偿;电报三至,而割地屯兵种种怪妄之要求概已画诺。国事有几,能堪诸臣之无求不应乎?

诸臣之贤否功罪,以前所办各事是否乖方,以后如有缓急是否可恃,皇太后、皇上自有洞鉴,自有权衡,非小臣所敢妄议。至于目前之补救,惟望严饬诸臣,遇有俄事,务须审度是非,权其轻重,如再有非理之要求,万不可遽行听许。力修战备,以折狡谋,则虽不能挽回既往,或可杜绝将来。

至崇厚卖国要君,天下人思食其肉,目前虽有权宜之诏,终久必无幸免之法。其平日贪劣无状,罪恶多端,除擅定条约外,有死罪三:崇厚曾任三口通商大臣多年,每年侵吞关税十数万入己,致成巨富,人所共知,合计赃私已逾百万以外,一也;中国全权大臣原属臣职,外国之视头等公使则待以敌国之君,崇厚此次抵俄及经过各国,竟以外国头等公使自居,敢受万不可受之礼,二也;不候谕旨,擅自回京,查军营将士私逃离伍,例应正法,出使外邦,关系尤重,此而擅自逃归,与逃军何异?三也。合此三罪,按律皆应斩决、籍没。伏望皇太后、皇上乾纲独断,密饬枢臣俟和约议定后以一书告知俄国,谓崇厚出使之事已毕,该革员因另案被人参劾查办,中国自惩官员,不干他国之事。然后数之以吞帑、僭越、私逃三罪而杀之,庶几圣怒伸、人心服,以后贼臣之效尤者少,而中国犹可转弱而为强。

臣五中愤激,披沥上陈,伏祈皇太后、皇上圣鉴施行。谨奏。

# 变法储才实求自强疏<sup>①</sup>

奏为时艰日亟,请变法储才,实求自强之策,恭折沥陈,仰祈圣
鉴事。

窃俄事之起近一稔矣,俄益整暇,我益仓皇;俄益狡横,我益恇
怯。用人则无人,征兵则无兵;防无军需,战无军火。商务界务之
利弊,廷臣漠然,使臣亦漠然;边防海防之要害,疆臣漠然,枢臣亦
漠然。不待敌师之至,而我已形见势绌如此。然则兹事归宿,不独
战不能战,亦将和不成和,每一思及,未尝不愤懑填膺,呜咽流
涕也。

中国积习既深,而泰西互市、日本寒盟,皆骎骎有争长之势,所
患不独一俄。譬如尪弱之躯,外感交侵,百证均见,若不卜医改药,
何以奏功?臣所希冀万一者,圣人独居深念,于皇遽纷扰之中,有
卧薪尝胆之志,特召左宗棠入觐,主持大计,俾与恭亲王同心赞画,
庶前疏彻土之防,而后得补牢之术。然度该大学士为国家虑者,亦
不外用人、行政两端,而今日之才非幸进即资格而已,今日之政非
积弊即陈例而已,循是不变,而欲以抗强邻、振积弱,虽百宗棠不能
为功也。诚就俄事受病之原抉而去之,固非无法也,亦非无才也。

---

① 录自《黄漱兰先生奏稿》钞本。前署"九月初六请训,上封奏一件"。

然则变今日已敝之法，以储异日有用之才，诚当务之急也。

近今六七年来，名臣文武欲尽矣，后生新进能敦气节、矫时尚者亦寡矣。崇厚冒昧于前，曾纪泽宿留于后，误国者无罪，挟夷者不惭，对强敌则嗫嚅，抗诏命则博辩，则奉使无才。各国条约，总署专司，损中益外，了不为怪，章京安坐而得官，大臣覆悚而持禄，则典属无才。南洋无谋，北洋无策，关东根本委若要荒，松漠近边蕃扞不设，一旦有警，张皇草昧，则捍边无才。户部总天下度支，国计奇赢，宜在掌握，今则谨持计簿，外间盈虚实情茫然不知，临事周章，支左绌右，则理财无才。满洲勋旧，蒙古世臣，兆惠、海兰察、额勒登保、德楞泰诸将，鹰扬于全盛之时；塔齐布、多隆阿、僧格林沁诸将，虎变于中兴之代。今九边控制，得一良难，则旗员无才。国有大政，斯下廷议，廷议不已，乃被召对，今上自群卿，下迄言路，模棱缄默，习为固然，视君事如越人之肥瘠，谈俄情如海客之杳茫，则六部九卿、翰詹科道无才。敌国外患如此，法家拂士如彼，我大清之耻也。天其或者以殷忧启圣乎？抑遂欲使二三具臣悠悠忽忽以弱我中国乎？一剥一复者天之机，一弛一张者圣之道，故臣深愿皇太后、皇上决去狐疑之心，开通贤俊之路，务变法以立自强之基。

一、请变总理衙门之法。各国商务有日增无日减，总理衙门岂能如原议裁撤，则当定为额缺，仿章京分股例，一国以一大臣主之，小国附于大国，其缺或以沿海督抚内升，或以驻各国使臣暨该署领班司员迁擢，责任既专，情形较熟，庶不至一署十堂颟顸推卸矣。至该署司官，务宜洞悉夷情，晓畅边务，斯足称职。今率以京官考试法取之，何也？臣愚以为各国宜立一司，酌定额缺，或取榜下进士，如分部学习例，发交南北洋差遣，三年期满，拔尤序补。或令各部及各督抚酌保司员及道府州县之习外国事者，入之以备顾问，使于他国,则于堂司各员中遴选以往,如是则御外之才辈出矣。

一、请变沿海营汛之法。闽、粤、江、浙以达北洋,海口林立,虽有防勇,仅能扼守炮台。议海防十馀年,水师未立也,营制未改也,临时而集防汛散兵,坐红单夹板之船与大敌搏,能乎?疆臣论购洋船、铁舰、蚊船、冲船,纷如聚讼。窃谓铁舰多,则所费太巨,少则不能成军,且驾驶专恃洋人,临战亦不为我用,有船与无船同。应饬考订明确,究以何种师船为宜,酌定数目,迅速购置。各国所用枪炮药弹,俄与英不同,英与德又不同,然精练皆足制胜。中国机器、火药各局,平日务兼取众长之名,临战无专精一艺之用,土枪土炮既废,而外洋军火我不能造,造不能精,是委性命而受制于敌也。应饬考订明确,究以何种枪炮为宜,酌定式样,迅速购造。如是则南北洋各有六枝水师,沿海各有精兵利器,而将才出其间矣。

一、请变沿边设防之法。新疆奏改郡县,营制自必更易。至科布多一带,虽将军、大臣互为犄角,苦于有将无兵,最远之前后两营,亦仅宣大换防兵数百而已。库伦、恰克图所以经理市政大臣,率起谪废任之,无久驻者。将恃长城乎?将恃蒙古乎?臣愚以为宜察北边形势,选将增兵,屯田足牧,而后可免俄人之蚕食也。应饬该衙门将科乌库、归绥、察哈尔各处经费若干、弁兵若干,查核具奏,议增议改,于要隘设重镇、屯重兵,如是则近边巩固,而边才出其间矣。

一、请暂变东三省将军府尹专用旗员之法。奉天府尹、雍乾□□嵇曾筠、朱轼皆任之,专用旗员乃故事,非定例也。各省将军缺,亦时以督抚署理。岂我国家抚有方夏,而于满汉臣仆转有岐视之心哉?其所以专用满蒙者,以旗民须旗员治之也。今治旗民易,防外患难,参用十八省人员,取材庶广乎!臣愚以为近数年中,请以防边为急，暂事通融，俟满、蒙中将材蔚起，再请复专用旗员旧制，如是则破格用人，可□□时之才矣。

一、请变榷税用人之法。赋税必归地方，古制也。今闽海归将军，粤海设监督，欲其无弊，难矣。户部不此之察，而以虚文令各关激发天良，将盈馀上纳，何其迂也！臣请将粤海、闽海均交地方官办理，两关积习相沿，利归中饱，与其肥家丁、富书吏，何如全数归□，□得分其馀以赡委员乎？诚如臣言办理，所入盈馀必成巨款，应酌提若干万以备内务府不时之需，酌留若干万以备南北洋海防之饷，其馀解存户部。

粤省风气，各国领事官动辄往见督臣，每月往来至一二十次，公事不免阁延，体制亦形亏损，如粤海关改归地方，应设关道一员，俾其应付洋官，似为得体。事属倡始，宜择各关道之公正廉明、熟悉洋务者任之。至户部司官，往往专精旧例，不察情形，以至据案行文，动遭疆吏奏驳，应饬户部令各司印稿各员，各就本司所主省份，博稽旧例，详察时宜，随时条议理财之策，以备该堂官采择。如能有裨国用，切实可行者，由该堂官酌予奖拔。

厘捐为近年饷源，各省均有流弊，势难一一清厘。窃谓理财首在用人，应均委正途人员司榷，庶尚合刘晏专用士人之意，厘务当有起色。如是则内外讲求制用之策，而综核之才乃得尽其长矣。

一、请变京官考试之法。夫廷臣之遇事委靡，诚不忠也，诚无识也，诚畏葸也，然其所以致此者微矣。臣得而原之曰：生计困之也，考试困之也。京官之俸太薄，其迁除差使，又往往取决于考试，则不得不专心致志，以毕生精力争文字之短长、书法之工拙。夫科甲各员，自释褐以后，无论授以何职，朝廷固非欲徒以小楷诗赋报国也。然而考试差、考翰詹、考军机、考御史，则均以此为去取。翰林非至詹事不敢荒其业,部员非至侍郎不敢荒其业,及其达而在上,则又执此以诫后来。俗敝至此,安望有不羁之才而用之哉!此翰詹所以学问日浅,科道所以风节日颓,而六部九卿所以见识日陋也。

伏愿自今伊始,除庶常散馆及部院各员考差外,虽大考勿用卷折诗赋。恐其荒废,则开馆修书以劳之可也。经义治事,设为专门,俾各讲求备试可也。至科道职在建言,考试之日,宜发时务策问之,以觇其器识,抑或参取、行取旧制以振之。军机章京宜取熟于历代史学、本朝掌故者充选。今专用应对便给、书法敏捷者,与古之翰林承旨、中书舍人亦少异矣。考试之法愿更加审定,以重清要,如是则人才不为试例束缚,而有志者得及时自奋矣。

一、请变宗学、官学之法。国朝设宗学、觉罗学、咸安宫官学及八旗景山官学,所以培育八旗人才,意至善也。至于今则经费拮据,教习生徒,相率荒嬉,大非立学初意。臣愚蒙恩稽察右翼宗学,积弊相沿,苦难振作,兼充咸安宫总裁,近年整饬月课,内务府亦无以应。夫举旧法而废弛之,可惜也。然即举旧法整饬之,亦所习非所用也。臣愚以为宜仿国子监南学之例,于各学中选择宗室觉罗子弟之颖异者附入咸安宫,厚其廪给,颁予书籍,责令翰詹闲曹日程月课,其八旗官学,亦宜由国子监堂官酌选若干名,如南学例办理,俾之讲求时务,多读经史,以备选用,如是则宗室勋旧之家必有英绝之才特起矣。

一、请变武科之法。从来论将材者,重行伍,轻武科,以行伍得自阅历,故有用;武科讲习具文,故无用也。臣愚以为武科旧制势难竟废,且骑射为本朝家法,校材观礼,精意具存,允宜遵守。惟弓刀石尚沿明制,于战事并无实济,粗鄙之人,力可强为。不如于马步箭正场外,改弓刀石一场为火器,立的试准,以资考核。武童人须购洋枪一二杆,是中国骤增洋枪数十万也;每县得精于洋枪之武生一二百人,是中国骤增洋枪队数十万人也。不必费官帑,不必请教习,而积日累月,效速置邮。如是则化无用为有用,而武科甲中亦可得干城腹心之才矣。

夫人情,逸则自即颓废,劳则增益其所不能。如臣所言,中外庶务皆当有所建易,大小臣工必将振刷精神以集事,庶几破格之赏罚时行,不世之才能争出,而中材后进亦皆互相琢磨以为效用之地,十年之后,成效可睹。如其空言自强,上发一诏,下应一疏,则自庚申以后垂二十年,由天津教案而台湾而滇案,无一次不以此后自强自解。率之文具空存,国帑虚竭,要亦何补于时艰哉?非常之原,非常人所知。臣言储才,必曰恐开侥幸;臣言变法,必曰恐涉更张。惟时势殊前,治理亦异。才不振作则不兴,法不变通则不利。现在枢臣办理俄事,竭蹶不遑,谅难遽议及此。伏恳皇太后、皇上察臣愚诚,将臣此疏暂存军机处,俟左宗棠到京,令会同王大臣等悉心斟酌,就臣言所及者妥定章程,于臣言未及者详行推阐。复饬下内外大臣分别议奏,博取而断行之,天下幸甚!臣远离阙廷,展转时艰,寝馈俱废,不揣愚陋,敢献刍荛,无任迫切悚惶之至!伏祈皇太后、皇上圣鉴。谨奏。

# 恭报到任日期折①

奏为恭报微臣到任日期,仰祈圣鉴事。

窃臣于九月初六日仰蒙召对,训示周详,莫名钦感。嗣即束装就道,于十月十二日行抵江阴驻署,十四日准兼署学政抚臣吴元炳委员将学政关防并书籍文卷赍送前来。臣当即恭设香案,望阙叩头,祗领任事讫。

伏念大江南北之区,夙称文薮,粤自昭代康、雍而后,大启儒风。纪昀纂《书目》之编,录《四库》者千九百卷;阮元上《儒林》之传,通诸经者二十馀家。自顾颛愚,曷堪模楷。臣惟有饬廉隅以端士习,严鉴别以核人文。学贯古今,愧莫绍永嘉之派;教兼本末,愿远遵言氏之箴。庶储报国之真材,上副作人之雅化。

所有微臣到任日期,除循例恭疏题报外,谨缮折具陈,伏乞皇太后、皇上圣鉴。谨奏。

光绪六年十月十七日。

---

① 录自北京皇史宬档案馆藏奏折原件。前署职衔为"江苏学政詹事府少詹事臣黄体芳",末书"光绪六年十一月初十日军机大臣奉旨:知道了,钦此"。

# 恭报岁试江镇两府情形折①

奏为恭报微臣岁试江镇两府情形，仰祈圣鉴事。

窃臣蒙恩简放江苏学政，于十月十七日曾将到任日期，恭折具报在案。查江苏通省，苏、松、常三府，太仓一州，经前任学臣夏同善岁试已毕。此外，江、镇、徐、淮、扬五府，通、海二州，均未开考。臣于十月二十六日，由江阴驻札衙门起程，循照旧章，先试江宁府，十一月二十一日完竣；次试镇江府，十二月十五日完竣；仍回江阴驻署度岁。拟俟明春正月十九日开印后随即出棚，先试扬州，以次递试海、通、徐、淮四属。统计江、镇两府文风，以江宁、上元、丹徒三县为最，丹阳次之，句容、溧阳诸县又次之。士习纯良，则各处均尚一律。

至考试规条，臣仍照前在山东学政任上章程办理。于童试之次日，择尤提覆，与正场卷互勘，文理、书法，两相符合，始行出榜，藉以辨伪作而拔真才。其文章雅饬、诗赋典赡者，每属均有斐然可观之卷。武童应试人数，多少不一，试其弓马技勇，亦敷进取，惟句容、溧水、溧阳三县未能足额。所有考试情形，理合缮折具陈。

---

① 　录自《光绪朝朱批奏折》（中华书局，1996 年）第一〇四辑第 674 页。末有御批："江苏文风最盛，著认真考试，期得有用之才。学政教士当如父兄之教子弟，品行为最，文章次之。江苏文风虽盛，士习未纯，尔其尽心训迪毋忽！"

再,臣初抵江宁时,该处正在设坛祷雨,至十五、十六、十七等日,瑞雪缤纷,土膏滋润。旋据各属报称,得雨得雪,深浅不等,二麦渐形长发。合并陈明,仰慰宸念。伏乞皇太后、皇上圣鉴。谨奏。

光绪六年十二月二十日。

# 大臣贤劳宜令择人自辅折①

奏为大臣贤劳,宜令择人自辅,以少纾耆年之筋力,以永固公侯之腹心,恭折奏陈,仰祈圣鉴事。

窃惟出治之原在政府,致治之要在人才。朝廷任人不患其专,而得人不嫌其众。人才聚于政府则天下治,而大臣亦可少安而分其劳,此正政府今日之急务也。

臣于上年八月奉命视学江苏,陛辞之日,蒙谕:"尔虽在外,有见必言",臣俯伏敬聆,莫名钦感。自抵任后,驰驱问俗,留意访查,士习民风,尚属安静。今春俄事幸粗就绪,若他事之琐屑者,亦不敢以妄渎宸聪,然区区愚衷,思所以裨补万一,仰答我皇太后殷殷垂训之意,未尝一日忘也。

正月间,大学士左宗棠到京,奉旨管理兵部事务兼直军机。数月以来,中外见闻,如开水利、议烟税、核兵册数大端,皆今日切要之图,前此诸大臣置之不论者,左宗棠抗疏直陈,迭蒙俞允。臣遄听风声,欢欣鼓舞,采之舆论,员弁士民皆勃勃有生气,一若我中国圣主、贤臣聚精会神,隐有恃此不恐之势。臣于是知左宗棠谋国之忠,而益叹皇太后、皇上知人之明、任人之专为不可及也。

---

① 录自北京皇史宬档案馆藏奏折原件。前署职衔为"江苏学政詹事府少詹事臣黄体芳"。

近阅邸报，屡见左宗棠请假。闰七月十四日，恭奉上谕："左宗棠奏，病难速痊，恳请开缺一折，左宗棠著赏假一个月，安心调理，毋庸开缺，钦此。"臣恭读之馀，深为疑虑，自京师来者，皆言左宗棠年逾七秩神明不衰，惟起跪舒迟，微有不便。臣知朝廷倚左宗棠如左右手，必不令致位闲居，即左宗棠受恩深重，目击时艰，亦必不忍借口养疴决然引退也。

伏思宰辅之职莫大乎为国得人，枢要之中莫善于众贤共济。汉臣刘向有言："禹稷与皋陶，转相汲引，不为比周。"宋臣韩琦、司马光执政，皆推荐贤才，布到要地，一时君明臣忠，传为盛事。今天下之望左宗棠，与左宗棠之所以自待者，岂在韩琦、司马光下？且其平生阅人多矣，其取信朝廷亦至矣。近来接见朝列，必有伟识宏才，上足赞万几，下足参谟议者，往复于其胸中，况其人屹立不阿，拔一奇尤必以光明坦白出之，迥非碌碌庸臣有所瞻徇、有所牵制者比也。

臣闻恭亲王当国有年，深得翕受之道。至如李鸿藻朴诚切直，而令独当军国事，恐有动辄掣肘之虞。王文韶谙练精明，而非习与正人居，恐有自便私图之患。今欲泰交成象，端在拔茅汇征。即如左宗棠假期既满，矍铄逾垣，而苟有人乎子思之侧，不但为将来储一替人，而先于目前多一臂助，岂非有益于国家，兼有益于其身，尤足副我皇太后、皇上恩眷耆臣之至意乎！昔汉臣孔光老病乞休，诏令十日一朝。宋臣王旦，五日一赴起居入中书，遇军国重事不限时日，入预参决。文彦博十日一至都堂议事。我朝乾隆年间，大学士勤宣伯张廷玉以老请退，高宗纯皇帝谕令四五日一入内廷备顾问。嘉庆年间，大学士朱珪以老请退，仁宗睿皇帝谕天寒间二三日入直，且俟日出后至南书房候召对，每入对则预定召对后期。

　　臣愚伏乞皇太后、皇上远谀往典,近法祖谟,念左宗棠黄发贤劳,优以异数,而谕令荐举人才有实足以参预机务者,诏入枢廷相助为理。在朝廷待以破格殊恩,节其劳勋,责以循分之要义,尽其敷施,是即圣主之所以体大臣也。在左宗棠进得竭集思广益之诚,和衷以维时局;退得分思职忧边之瘁,颐养以慰垂暮,是即大臣之所以报国也。窃意左宗棠敷陈密勿,外人不得预闻,或无待臣之过虑,然举朝果有大受之才,置之散地,必不如引之为同官;留之异时,必不如擢之于今日。

　　臣与左宗棠未谋一面,未通一书,所以不能已于言者,诚以其人为朝廷必不可少之人,而深望其择人自辅,并非所谓荐贤自代也。夫荐贤自代之说,人臣所难言。其下焉者,并不知贤,何所谓荐;己先不贤,何所谓代。其上焉者,魁才硕望,朝野倾心,荐贤则可,遽以贤自代,断断不可。况左宗棠入任枢密,甫及半年,议行诸事,势须持久,所荐之人或资格未深,阅历未至,必须时时以中外重务折中元老,始得以自尽其长。然则为朝廷计,为左宗棠计,似不必拘拘于旅进,更不宜亟亟于退闲,但于政府中增一人才,即以自辅者辅国,其关系大局诚非浅鲜也。臣引领北望,寝食难安,为此迫切沥陈,愚昧之见是否有当,伏乞皇太后、皇上圣鉴。谨奏。

　　光绪七年八月初一日。

# 请饬驻日使臣索还琉球折[①]

江苏学政内阁学士臣兼礼部侍郎衔臣黄体芳跪奏,为时不可失,恶不可长,请饬驻日使臣索还琉球,以拯式微而杜兼并,恭折奏陈,仰祈圣鉴事。

窃自各国互市,阳托和好之名,阴肆觊觎之志。凡中国朝贡之近藩、羁縻之荒服,无不有洋人车辙马迹。俄灭浩罕、臣哈萨克,以逼我新疆;英取印度,以窥缅甸而役廓尔喀;法扰越南,据其南圻六省,以撼东京,暹罗诸国日益削弱。然其中贪惏悖妄,尤以日本之废琉球为最甚。琉球臣服中朝,世无失职,中外咸知。日本甫与我盟,歃血未干,遽加兵中山,虏其王,屋其社,复乘我之有俄衅也,以琉球二岛给我,而请内地通商与泰西一例,藐视中国甚矣。方俄约未定时,朝廷谋出万全,势难兼顾,始不能法周文之遏密,继不能效齐桓之救邢,忍气待时,徐图拯恤。今中俄已平,新约已至,旧土将归,泰西各国亦且改观易听。蠢兹日本,能勿悚然? 窃以为及今索还琉球,有可乘之机六,有不可缓之势四。请为皇太后、皇上缕晰陈之。

日本国债山积,岁罄所入,仅偿子金。迩来赋税繁重,徭役频

① 录自陈龙贵、周维强编《顺风相送:院藏清代海洋史料特展》(台北故宫博物院,2013 年)第 173—174 页。题下署"三月二十七日",实为光绪八年三月二十七日。

兴,钞票盛行,上下穷乏。若与我决裂,增兵增舰增垒,饷力不支。此可乘之机一。

日使议约不合,航海东归,其君臣颇有责言,虑开兵衅;自我与俄平,悔惧滋甚,徒以中朝不加责问,观望迁延。近闻黎庶昌往代,彼国欲邀何如璋乞为转圜,外强中干,势屈情见。此可乘之机二。

台湾议约之岁,我国兵力视今蔑如,然日人日夜相惊以大兵将至。只缘情实未得,堕彼术中。华商自日归者至今言之,犹为痛惜。前岁初废琉球,又复讹传构兵,人心惶惑。今我在英、德各厂购造战舰,各国皆知,声威颇盛。昔汉之楼船会番禺而南越震慄,唐之战艘趋平壤而高丽动摇。若将沿海兵船调集操演,以习流下濑之军,作横海东征之势,足破其胆,足攻其心。此可乘之机三。

防俄之役,水则南北袤长,陆则东西绵亘,备多力分,势难扼要。今倭事专防海口,趋重南洋,自经俄警以后,江海要隘、将弁、营械较前为优,左宗棠以宿将重臣出镇南服。邓训抚边,鲜卑北徙;李勣在并,突厥循垣。先声足以夺人,战略足以待敌。此可乘之机四。

俄事之兴,中外议论时有异同,人心不齐,士气不奋,然恃我圣母之独断,坚忍持久,终以改盟;今索琉球之议,则内外廷绝无分祖之言,南北洋皆有奋袂之志。臣采风问俗,时复周谘,文臣数典,每引为大辱;武臣敌忾,欲得而甘心。论事则理势兼长,论人则策力相济。师直为壮,国胜以专。此可乘之机五。

国朝天聪、崇德年间,朝鲜违约反覆,太宗文皇帝亲致天讨,破残垂灭,卒复其宗,荒裔归心,遂基王业。即如泰西各国灭人之国,不绝其祀,故阿逆子孙,英人乞贷其死。盖兴废继绝之心,中外所同具;凌弱暴寡之举,天地所不容。今我若申明大义,移让东隅,非惟字小之仁足以感动属国，抑且保小之义足以悚服邻邦。使西人嗤鄙日本，倾慕中朝。曲直了然，彼益失助。此可乘之机六。

日本防范球主，形同禁锢，而约束球民，每不强以所难，复议进用球人，以为要结牢笼之计。球人性本柔懦，始只效申胥痛哭之请，近犹有阳樊不服之思。惟制度服色，现已稍稍更易，若小惠渐孚，众怒渐怠，我虽欲复其国、立其后，日人已反客而为主，我将徒劳而无功。人心既离，后悔何及？此不可缓之势一。

日本近以战舰托名护商，游奕朝鲜海口，又以陆军驻扎釜山等处。我急索琉球，则围魏即为救赵之计；我不问琉球，则得陇又生望蜀之心。此不可缓之势二。

日本借英债至二千馀万，现苦财匮，不能按年拍还本银，若再缓数年，彼既无词以谢中朝，又无术以偿英负，计穷力竭，或竟割球以赂英，尔时我问日则诿之于英，问英则诿之于日。且英苟得球，将与香港成犄角之形，直使台湾有孤悬之患。国威大损，贻祸无穷。此不可缓之势三。

法人思增海军，全并越南，进窥滇粤，未始非我之缓索琉球所以致之。近闻法车帑项空虚，骤难劳师袭远，若内则设备以待，外则据理以争，尚可戢彼狡谋，固我屏蔽。琉球不还，则滇粤各督抚之筹御边防，其气不壮；使臣曾纪泽之折冲樽俎，其理不长。此不可缓之势四。

夫日本之与我国，轮舶往还，旬日相望，华民商于日本者，以千万计，国治民情，不能遁匿，若泰西各国之界绝不邻，传闻或有讹异也。何如璋假满陛见，彼国大势安危虚实，必当详悉指陈，亦可知臣之为此请者，迫于区区之愚，并非不度情形，故为壮语危词以悚听也。急索琉球，则其利若彼，缓索琉球，则其害若此，复何所虑而不行？复何所疑而不断哉？应请饬总署、疆臣合议，先以国书寄谕黎庶昌，盛气峻词，坚索其中岛以封尚氏。彼若不悛，即示以赫怒之威，怵以声讨之举，一面饬令北洋大臣，严整兵船，流行于日本、琉球海面，以张兵势，复密约琉球故家义民，假以声援，使之潜图恢复，并请饬户部厚集饷糈，乘此添设战船火器，固我之防，即以夺彼之气。倭人悚惧，即英法俄诸国亦相因而帖服；琉球来归，即越缅廓诸国亦相因而获存。若犹苟且迁就，坐失事机，公愤不伸，效尤踵至。以日本之国小民贫而甘受其凌侮，何论他邦？以球事之名正言顺而忍视其灭亡，何论他事？臣窃羞之，臣窃痛之，为此披沥上陈，是否有当，伏乞皇太后、皇上圣鉴。谨奏。

# 遵筹边备调拨营兵赴防折①

奏为遵筹边备,谨将调拨各营将领赴防起程日期,并委员分赴津沪迎提炮械缘由,恭折密陈,仰祈圣鉴事。

窃光绪八年五月初二日,承准军机大臣密寄光绪八年四月十四日奉上谕张□□奏《通筹边备》一折,"法人图占越南北圻,已于二月中攻破东京,又将城池交还南官,意殊诡谲。恐复用占据北圻故智,修改新约,迫越南以必从,事机甚为紧急。张□□所奏中国备边之策,惟有令滇粤防军守于域外,仍以剿办土匪为名,徐图进步,即当乘时合力经营,毋落后着。广东兵轮各应克期整顿出洋,藉壮声势,万□□□,迅将该省兵轮各船挑选齐备,即派吴全美统带,驶赴□□一带驻扎,认真操练,作为防剿黎匪、巡辑重洋之师。仍不时驶往越南洋面游弋,确探消息,随时知照裕宽,妥筹因应之方,相机调度。闽厂兵轮,并著黎兆棠择其尤为得力者,迅速拨调前往,统归吴全美督带,以资厚集。黄桂兰一军,现已节节前进,逼近越南东京,办理甚合机宜,该军所需炮械,已据张□□拨给。仍

---

① 录自《黄体芳文牍稿本》,瑞安玉海楼藏,据折中"光绪八年五月初二承准军机大臣密寄",推断其时应在同年五月中旬,张□□应为两广总督张树声,刘长佑时任云贵总督,唐炯时任云南布政使,徐延旭时任广西布政使,倪文蔚时任广西巡抚,杜瑞联时任云南巡抚,裕宽时任广东巡抚。

著倪文蔚檄令妥筹布置,藉固藩篱,并添调关内防军出关进扎,联络声势。前谕刘长佑等增军备边,业由四川每年拨给饷银二十万两,俾资应用,该督等谅已办有就绪。富良江上游保胜一带防务,最为紧要,所有筹防各军,即当选派将领统带进发,扼要分布,遥为保胜声援,毋仅作闭关自守之计。滇粤边防事宜,佐理需人,前已有旨催令唐炯、徐延旭速赴新任矣。将此由五百里密谕张□□、刘长佑、裕宽、倪文蔚、杜瑞联,并传黎兆棠知之,钦此"。遵旨寄信前来,跪读之馀,仰佩圣虑周详,智用万里。

臣查越南北界,在在与广西太平、镇安两府毗连。日前遵奉谕旨,妥筹边备,随即查照旧章,分左右两路增军出关,为暗中防护之策,于提督①……

---

① 此下残缺。

# 请饬酌加海门厅学廪增各额片①

江苏设立海门厅,肇始乾隆年间,划通州、崇明错壤沙州别为沙籍。嘉庆十七年,抚臣朱理等以该厅观风应考四百五十馀名,奏请额设文生十五名,武生八名,廪增各十五名。经部核查,续称该厅童生在通州考试者一百六十四名,在崇明考试者三四十名,请设文生六名,廪增各四名。部议以前后人数不符,且据学政按临考试统计,人数不过二百,照循化厅例,取进文童四名,廪增各二名,其于核实取材,宁缺毋滥。

惟海门辖境,纵横百馀里,自乾嘉迄今几及百载,近十数年来,每届厅试,视年丰歉,与试者或六百、或七百有差。同治三年,部议绅民捐饷,准加学额二名。七年,部议绅民续捐饷,准加学额二名,各在案,而廪增额数仍各二名,有半世穷经而廪糈未逮,有屡膺首选而挨补无期,且以通共二名之廪生,保六七百名之童生,识认殊难为力。据署海门同知汪承福、吕贤彬,先后详据绅士陈子兰等,以考试人多、廪增额少等情,呈请奏恩加广廪增额数前来。

臣查《学政全书》所载,各省厅学,如江苏莲花厅额进八名,廪

---

① 录自葛士浚《皇朝经世文续编》(上海书局,光绪二四年石印本)卷五十四。据该片所云"臣上年岁试该厅","现届科试,密迩秋闱"等语,而"秋闱"于子、午、卯、酉年八月举行,光绪八年为壬午,本文应即在此前所作。

增各十二名;定南厅额进八名,廪增二十名;浙江玉环厅额进八名,廪增各八名;湖南凤凰厅额进六名,外额进二名,廪增各六名;乾州永、绥两厅各额进四名,外额进二名,廪增各四名;甘肃循化厅额进四名,廪增各二名;四川石柱厅额进六名,廪增各十四名;理番厅进六名,廪增各十七名;雷波厅额进三名,廪增各六名;云南蒙化、永壮两厅各额进二十名,廪增均各四十名;贵州仁怀厅额进四名,廪增各八名;普安厅额进十名,廪增各二十四名;松桃厅额进四名,廪增各二名。在当时因地制宜,原无成见,多士循涂守辙,岂有他求。

惟现在海门学额,多于循化,雷波,理番,仁怀,松桃,等于莲花,定南,玉环,凤凰,乾州永,绥,而廪增额数仅与极边之循化、松桃相埒。同处右文之世,均为新设之区,彼此相形不无向隅兴叹。若谓数多无据,则近时并无跨考之风;若云额定难增,则入学已有加多之例。即同治十年岁试,廪生二名相继丁忧时,保结只有增附,择人既费周章,按例亦形岐异。

臣上年岁试该厅,考童已逾五百以外;现届科试,密迩秋闱,人数必众,廪生难于保认,自系实在情形。伏思国家取士,自有限制。以该厅目前额进而论,迭经广原,不能援人数文风之说,再乞殊恩。但学额既至八名,而廪增额数未与并增,合计仅得半之数。无论童生或增或减,察弊总有所难周,即附生愈积愈多,进步亦伤于太溢。倘蒙饬部核议,于廪增原额外,各酌加数名。庶几鼓舞士林,共乐荣名之寸进;稽查试童,俾有责任之分司。既广皇仁,亦符体制。

# 在籍道员把持童试承审官过涉含糊请饬核议折<sup>①</sup>

查例载："清厘籍贯,区别流品,责在廪保。局中人不容迁就,局外人更不得主张。"上年十一月据民人王汇川禀称："住居宝应,置产完税已逾百年,身子寿民在宝与考三次",本届突有考童朱昭煌等,以该民人身家不清、由高邮朦冒宝籍,控县阻考,来辕恳饬究诬等情。臣检阅呈到粮串,实系住宝数世,且与考查亦有年,廪保从无异议,因批饬宝应县照旧收考。旋据宝应廪生耿植等禀县转详,援引《学政全书》所载嘉庆九年歙县职监江国龙之子江海宁,不准在寄籍休宁考试一案,为同府不得移籍之证。臣以其言有据,随于饬府议复之后,批令该童仍归邮籍应试,以符定例。并查取该童前三次应考所有认派各保姓名,分别饬惩,以为两歧者戒。讵本年三月间,据署扬州府知府黄波转据宝邑廪生刁崇谦等禀称,王姓土著已久,请仍准入籍。六月间,又据该府等为王寿民代求在宝应考试以顺人情。先后情节支离,殊堪诧异。臣访闻详悉,王汇川以业

---

① 录自《光绪朝东华录》第1574—1576页,末录上谕"黄体芳奏在籍道员把持童试承审官过涉含糊请饬核议一折,据称,宝应童生朱昭煌等禀控王寿民冒考一案,在籍候补道朱寿镛阴主其事,业据承审官会讯详覆,意在袒护乡绅开脱讼棍等语,著左宗棠、卫荣光将此案确切查明,核议具奏,原折著钞给阅看,将此各谕令知之"。

贾积有馀资,垂涎者众,而其中之忽操忽纵,皆在籍候补道朱寿镛阴主其事。案关乡绅把持学校,不得不将先后原委据实上闻。

　　查朱寿镛籍隶宝应,由诸生为郎,供职刑部,奉旨交河南军营差遣,历保今职,以丁忧回籍,现已服阕。上年腊月,因臣批准王寿民考试,意殊不平,其时因事赴苏,道经常郡,嘱其亲戚无锡县知县汪祖绶于公事禀函中附呈所缮"节略"一扣,据称王汇川系为高邮皂役王松之兄,身家不清,前学政夏同善任内,曾经生童呈控等语。臣衙门存册具在,前院并无此案,且兄弟本无相及之条。又称该县训导丁椿年与王汇川素有往来,因令伊子冒考宝籍等语。地方官查籍最严,教官纵有私情,岂守令甘坐通同之罪?至云阖邑绅士均深惶悚,不免挟众为名。臣知其起意有因,本年正月中旬出署试苏,舟过无锡,面谕该县以此事非该道所得干预,宜令自重。乃三月间,宝应附贡祁炳文遣侄汝楫呈称,伊为学徒王寿民试事与朱寿镛口角,因被诬陷,蒙县访拿,附呈该职亲笔家信,内有"此事已回明抚院及藩、臬两司转告学院,批令该童原籍考试",并嘱其弟往晤知县梁枚,问其"请饬该童归籍详文,何以至今不出"等语。事涉招摇,亟宜根究,经臣检录原案行知江苏按察司核案秉公质讯。

　　兹据江苏按察司许应鑅会同江宁布政司梁肇煌转据扬州府知府黄波、委员候补知府杨岘将讯由详复前来。臣查阅各件,多与原案不符。而朱寿镛遣丁所递亲供,谓信系诬捏,王姓考试,职员并未与闻。夫家信之真否,原无确凭,以职官非比士民,可令当堂核对笔迹也。至该职赴苏前后张皇其事,借以恫喝乡愚,实所不免。今乃以"并未与闻"了之,则"节略"尚在臣手,将谁欺乎?

　　查童生朱昭煌系朱寿镛之侄,此案先由该童发难,廪生耿植等复随而和之。及集讯之时,供称童初次考试,轻信人言王汇川父子身家籍贯之不清,是以误控。夫以初试之童生,辄敢撺拾传闻,倡行讦讼,为各廪生之前导,非倚仗家势而何? 而该职之"节略"中亦叙朱昭煌等禀县一层,但不明言其侄,是该童之为该职指使无疑矣。廪生耿植,朱寿镛之妹婿也,应充光绪五年恩贡,迭催来考,上年岁底,据该县以"该生十月间患腿疾、十二月眠食俱废、病势垂危"等词详报,臣如详宽限,并饬未考贡之前不准仍充廪保。乃禀县阻考一案,该廪生即系首名,核其时日,正在十二月病危期内。考贡则逡巡落后,控人则踊跃争先,而禀中情节,与朱寿镛"节略"大同小异,是该廪生之为该职怂恿无疑矣。附贡生祁炳文,以教唆词讼,经臬司札饬访拿,身在押所,竟令其侄截人家信,何等狡险! 原禀云"事关各宪官声,未敢容隐",明是胁制声口,何等刁悍。忽因该府等据朱寿镛家丁呈供,验明字迹,低首下心,遽供误认误控,而禀中明有虚甘倍罪切供,该府等亦绝不加诘,竟谓"所供近情,请免置议",意在袒护乡绅,因并开脱讼棍。此中情弊,灼然著明。知府藐视学政,犹可说也;问官藐视上司,不可言也。近来承审官一味徇私,此其佐证矣。

此案人证,除祁炳文另有访件应归地方官惩治外,其童生王寿民,寄籍虽久,有籍可归,原详为其父王汇川吁求在宝应试一节,自难曲徇,该童应照同府不准寄籍例,拟仍饬回邮考试,不得再跨宝籍。其应贡廪生耿植,避贡与讼,经臣批饬在案,原详仅叙该生阻考之故,而于上年岁底患病告假缘由,颟顸不问,该廪生应从宽照考贡有意宕延例,开除廪缺,永远不准考贡。其各廪保中王焕祖一名,系初试所保廪生,后复引《学政全书》赴县具禀,反覆已甚,原详未经剔出,概据众供书生未悉官书为辞,更属矛盾。该廪生应比照倩代等弊不及时举出例,从宽开廪降附。童生朱昭煌,前云据闻,今云误闻,原详供年二十九岁,既非无知少年,又系世家子弟,岂外人所得而唆弄。该童听叔指挥,于禀控冒籍外,复以身家不清,任意污蔑,照控告不实例,拟从宽扣考一次,以儆效尤。以上皆学政应办之事,臣当按例饬行。

惟朱寿镛职系监司,士林属目。该郡人心浮动,当思有以维持之。区区寄籍一童生,何至令举国若狂,缠扰不已?始则簸弄,继则招摇,终复推卸,心术变幻,居乡如此,何以居官?然事或无关学校,自有本省各大吏在,非臣所知。而考试系臣专司,若皆由大乡绅从中把持,岂但学使无权,将功令可以不遵,士习必因之大坏。且朱寿镛呈臣"节略",倡言该童生王寿民考事,其于被截家信何所顾忌,至临讯供单,不但将此信脱卸,并考事亦推未与闻,难保无得贿转圜情事。现闻已赴河南,臣以其职分不小,未便再札两司行文传质,如听其逍遥事外,无所儆惧,而风气所系,臣实不敢含糊,其应如何示惩之处,伏乞饬下两江总督、江苏巡抚调查臣衙门案卷核议覆奏,候旨施行,以儆官邪而靖士气。

# 请破格重用刘永福疏①

　　江苏学政臣黄体芳跪奏,为北圻防务主客势殊,当泯将帅之嫌,惩弁兵之玩,破格重任刘永福,以蒇边功,恭折仰祈圣鉴事。

　　自古四郊多垒之际,最患无援兵,无援兵②则力单;而有时转患多援兵者,其故何耶? 兵多则统兵之将必多,将多则心不一、权不一、令不一,于是主客之形判而水火之势成矣。

　　臣闻华军、越军之于刘团,不甚联络,窃为之长虑而却顾也。刘永福以匹夫倡举义旗,虽有智勇,非能驾中朝宿将而上之也,所以得行其志者,上不请兵于越主,下不借力于南官,内无所怵心,外无所掣肘,其士卒皆肝胆相示,指臂相倚,故所向有功。去夏一战于怀德府而渠魁授首,再战于丹凤县而贼舰潜踪,去秋又③大战于祉桥而水陆皆捷,此黑旗独战之明效也。

　　自援师集而刘为主兵,馀皆客兵。桑台之败,有谓华兵及越弁

---

① 录自《台湾文献史料丛刊·道咸同光四朝奏议选辑》(台湾大通书局,1984年)第223—226页。本书俞天舒先生原编(上海社会科学院出版社,2004年)(以下简称本书原编)中此文辑自《中国近代史资料丛刊·中法战争》(上海书店出版社,2000年)第五辑第288—290页,首末均有删节,标题为:"江苏学政黄体芳奏请破格重用刘永福折(光绪十年三月初二日到,光绪十年二月初六日发)。"两者文字互有小异。
② "无援兵"三字,据本书原编补。
③ "又"底本作"之",据本书原编改。

与黑旗不洽，华兵早退，致刘军动摇不支者。虽胜败常事不足怪，传闻异辞不足凭，然唐陆贽有云："群帅异心，嫌衅遂起"，良以彼此观望，伏则为连鸡之栖，动且酿斗虎之怒，势所必至，不可不防。

昔段纪明讨诸羌，而郭闳挠其计；李景略挫回纥，而李说妒其名：此大将之为祸首也。楼船会荀彘，而失在争功；强弩迎李陵，而羞为后距：此两军之不相能也。况刘永福起家寒微，窜身荒徼，奋迹之骤，华人轻之；河内陷贼，东京胁和，犹仗孤军，屏蔽数郡，发难之很，法人仇之；移之于宣光，不受，许以广安福宁府世袭太守，亦不受，矢志之坚，越人愤之；重以越帅黄佐炎惜费忮功，节节牵制。就中又有媒蘖之者，其区区延颈内向之意，无由自达于圣主，居常怏怏；虽有留防之唐景崧，善言慰解，然而较资地者傲睨自若，分畛域者肥瘠无关。越弁参商，令先不肃，华兵龃龉，事更难言。所望谅山、粤防、山西、滇防诸大帅，遥为声应，密为调停，不惑于越帅先入之言，则犹中外之幸耳。否则，蹈陈汤之覆车，激而为先轸之免胄，永福一身不足惜，其关系边务之安危岂细故哉？

臣愚以为，黑旗军需已蒙内地协济，自桑台失陷，蓄聚一空。为今之计，多助兵仍不如厚助饷。兵众则诸多阻挠，有利即有害；饷足则听自招募，能守即能攻：轻重较然已。伏祈敕唐炯、徐延旭等，开晓黄佐炎以戢疑忌之私，激劝刘永福以伸忠义之气。严檄华越各军之援刘团者，惟敌是求，惟命是听；其有与黑旗兵私忿交讧者，及早撤回；若临阵退缩，惶乱军心，即许刘永福以军法从事。

盖专责黑旗以力卫北圻，有数便焉。跳荡侁飞，人地相习，一也。发纵指示，号令自由，二也。中国与法容有修好之时，刘永福与法断无降心之日；既荷朝廷重寄，其锐气不惟百倍于法兵，且将百倍于华兵，三也。自来卤莽之将，不可独任；刘永福沉鸷善谋，苟诸军协心,必不至以轻敌偾事,四也。上年冬月,黄桂兰师老失利,徐延旭亦病未能军,粤防新挫之馀,计必相时而动,而刘永福义无坐视,自当奋翼鼋池,五也。

比来疆臣镇将,或远驻越境,或列守海堧,雷动云屯,陆耆水慄,虽汉之四将军联船会讨、唐之九节度分道出师,何以及此?且闻河内有内应献城之说,安江、河仙二省有起义驱虏之谋。尤宜谕令水陆各营,驰檄南定、河内、东京、西贡等处,示以天兵即至,先声以夺之,多方以误之。即用彼索赔兵费之计,还以责偿,而视彼恫喝我国之言,倍为名正。彼兵少于我,愈增而愈杂,饷巨于我,愈括而愈罄,一闻警报,众必惊惶。但使法廷之备分,则越人之气壮,滇、粤之势固,即南北洋各海口缮守之力益舒,而北圻寇兵知中国大举,必惴惴于腹背受敌。刘永福以虎踞之师,临乌合之众,蔑不济矣。

方今寇伺北宁,众议必谓厚集援师,徐图进取,其任非刘永福所能胜。中朝岂曰乏材,何至倚若辈为长城寄?而臣谓宜重任者,非左刘团而右华军也,就地用人,主优于客,既资先导,宜一事权。语云"谋定后任",又云"师克在和"。各自为谋则不定,各自成师则不和。不定不和,则虽猛将如云、雄兵如雨,不如谋专而断、师简而精之为得也。

臣伏愿皇太后、皇上俯念越南保障,终以刘永福为首功,可否量予奖拔,壮其声威,速其报效,出自逾格天恩。俟北圻次第肃清,或应用水师之处,非其专长,再归诸大帅部勒,未为晚耳。臣为"主客情异,责任须专"起见,迫切之虑,是否有当,伏祈圣鉴。

# 战计已决请毋惑浮言疏①

江苏学政臣黄体芳跪奏,为战计已决,勿惑浮言,万一议和,撤防赔费两端,永不可许,并请迅先戮奸旌义,以申国典而寒敌心,恭折沥陈,仰祈圣鉴事。

自来主和之道,未办和先办战,和乃可成;主战之道,未算胜先算败,战乃必胜。其沾沾于中外利钝之成说者,不足与语今日之大势也。臣伏读闰五月二十四日上谕:"所有第二款北圻各防营回边疆一节,应即如约照行。著岑毓英、潘鼎新将保胜、谅山各处防营,撤回滇粤关内驻扎,并于月内全数撤竣,以昭大信。钦此。"仰见圣朝大度如天,贷负隅之诛,示避舍之义,寰海内外,谁不怀仁?顾臣窃有虑焉。自古戎狄无信,然未有如今日法人之甚者。越南非我属藩,信乎?我卒无辞以夺之。谅山非彼首祸,信乎?我又无术以折之。节节欺陵,种种横逆,噬越几尽,食残不馁,胁我退兵,乘机豕突,幸其太骤,我犹及防。自奉此谕以后,彼得弛东京之备,起倾国之兵,分扰我要害之处,如各处一无所获,安保不回兵北圻,敬关肆恶?我若力与之抗,彼将以贸然授兵,奔诘译署,自知失信已极,穷无复之,遂悍然以中国之大信为无信,而数百兆马克之说,又安

① 本文辑自《台湾文献史料丛刊·道咸同光四朝奏议选辑》第363—367页,题下注有"光绪十年"字样。

保其不恫喝如前？是撤防无以钳黠货之口，讲信转以启反唇之稽也。豺犬之不如，而尚可以理喻乎？臣愚以为中国曩日情形，理赢而势绌，近则有备无患，理势兼长。

闻使臣曾纪泽电致总署，备言法国饷绌兵单，怨咨交作，议院拟集巨资，无有应者。旋阅侦探续报，述及法兵死于水毒，死于苗兵毒箭，计北宁、旧府、山西三处，存者仅千馀人，强驱乡民以充兵数，军饷久悬，官民震骇，乘此机会，必复北宁云云。足见天夺其魄，不戕自焚，即议和期，随限随展，至再至三，岂非进退维谷之明证？为今之计，不与论是非，但与论利害，直暴其议院穷蹙之情、谅江败亡之状，并示以我朝足兵足食，措置裕如。彼激则战，顺则和，和约可商，战备必不能弛。更祈严饬滇省督抚臣、粤西抚臣及王德榜等，磨厉以须，观衅而动，不必牵制于大信之成言。务使滇军粤军，人人存跃跃欲试之心；庶与江防海防，在在有遥遥相应之势。非但为御法计，亦藉以震慑其馀也。

臣又闻曾国荃、陈宝琛等，为擅许法国抚恤银，奉旨申饬，仰见日月之明、雷霆之威，遐迩之互相播传者，无不激昂踊跃。窃谓赔费原属不经，然持之亦必有故。理亏者以费补理，犹可说也；势亏者以费赎势，亦犹可说也。两无所居，乃美其名曰抚恤。自欺乎？欺敌人乎？上年直隶、山东百万生灵，填委沟壑，我苍赤也，圣人抚之恤之，有加无已，此尧舜之仁也。彼蠢蠢者抗拒大兵，暴骨于山西、北宁等处，我苍赤乎哉？我仇雠也。分抚恤苍赤之资，以抚恤仇雠，使之重整船械，续招幺麽，复伺隙以攻我，无论或和或战，谁胜谁败，犒师之成例具存，复挟故态以讹我，是直以我为外府，辗转无虚日，然则建是议者，岂惟盗钟掩耳，毋乃借刀自戕乎！

至如泰西各国，缓之则自相图，急之则并力，名为不与战事，法若失利，岂无孤①兔之伤？越属中国，万国闻知，既不以公法绳之，鸡笼肇衅，亦岂公法所许？而犹刺刺焉代请兵费者，为法计，实自为计。日后效尤，法必就中调停，称是以报，犬吠尧而蚁慕舜，中国以后，何堪此无厌之求？臣窃谓他议或可婉商，此款必须坚却。国体为重，惜费乃其末耳。

由前两说，不撤防，不赔费，固蓄欲战之心矣，犹为就和之地也。若宣旨决战，则必有以海防难持之说，致劳圣虑者。臣窃有辞矣。夫中国师船，半多取法海外，谓无坚瑕之判，其谁信之？炮台虽据要地，高下左右，岂尽合宜？又大炮无多，其力不能尽及贼船，或及之而不中，或中之而未坏船身，似未若彼之船固炮巨，推算较精，此或法人差胜之处。然而水师与岸上合击可破也。炮台被轰无害也。两国师船，亦必互有损伤，彼非独胜也。胜不登陆，旷日糜饷，彼将何为？诱之陆战，而厚集劲旅以兜剿之，彼兵数有限，地势又疏，不亡何待？鸡笼一役，已小试其端矣。总之，中外开仗，彼无必胜之道，我有取胜之方，败勿内怯，胜勿中阻，而今日之要务，尤在于痛除内线，优奖孤臣。

方今粤东防务，经张之洞、彭玉麟和衷筹画，可保万全；闽省武备久弛，以刘铭传之威略、张佩纶之胆识，分道而振作之，必有明效。江阴为长江第一重门户，淮军统领张景春，屯扎有年，智勇两全，精神百倍，近得长江提督李成谋，驻军北关外，上自金山一带，下自白茆沙以至吴淞，时往巡阅，布置完善。臣与此两人，不时会晤，深服其忠义之气，不愧圣代干城。北洋大臣李鸿章，筹办洋务最久，似最得力，而公论皆诋其外向，且谓其信用候补道员马建忠，

---

① "孤"，疑当作"狐"。

诸事受蒙,四月所定条约五款,多出其意。查马建忠系法国学院中考取文词秀才,感恩异族,鬼蜮交并,认英使威妥玛为干爹,大辱衣冠,万口唾骂,拟请颁下严旨,械系来京,穷治其含糊定约之罪,立置重典。此内线之宜痛除者也。

刘永福保障越南,壮心未已,臣前折中详述之,闻有劝其党羽众多,后必滋乱。此必法人授意于马建忠,马建忠授意于言者,灼然无疑。刘永福亦何负于天朝哉?倘以谗臣一语,致堕狂寇之计、灰义士之心,臣仰揣圣明,必不出此。拟请量予虚衔,假之勇号,仍令其为越复仇,即以彼敢死之党,树敌于法人,断不至贻患于吾圉。恩命一下,报效随之矣。此孤臣之宜优奖者也。

二事非徇私者所乐闻,所关甚巨。诛一马建忠,为轻言汉奸者杜其门,则将吏之心益固;赏一刘永福,为规复越土者张其帜,则虏庭之焰益衰。此实驭下大权,制敌之先着,所当迅速行之,而无复迟疑瞻顾者也。

臣才绌无补于时艰,只此一片血诚,不能自闷,所有关系和战大局,谨披沥陈之,伏乞圣鉴。

# 为子绍箕简放四川副考官叩谢折<sup>①</sup>

臣奉命江淮,抡才庠序。五稔有惭于训俗,一经何意于传家。臣子以樗栎之资,厕蓬莱之籍。忝留东观,帷仅下以三年;学赋西征,槎竟乘于八月。窃谓剑阁锦城之域,奇才不负徐州;棘闱槐院之司,新进难胜此席。猥蒙宠眷,俾贰文衡。何敢云杨氏门生,价增鸾掖;但愿如汉廷副使,才赞马卿。益部双星,同官欣其分耀;泰山片壤,贱息得以步尘。

臣当于趋朝复命之馀,更勖以报国致身之义。文章犹后,名节为先。两地轩轺,或稍收吴蜀英豪之选;一门砥砺,冀无负宫廷策遣之心。

① 录自孙延钊《瑞安五黄先生系年合谱》光绪十一年五月条。见周立人、徐雍和编校《孙延钊集》(上海社会科学院出版社,2006年)第256页,疑非全文,前有"五月,鲜庵先生简放四川乡试副考官,漱兰先生奏递谢折,略谓"。

# 请注销教民籍贯不准应试片①

再,屏绝异端,古今之定律,区别流品,学校之大纲。臣前折条陈六事中,请严饬疆臣注销教民籍贯,毋得齿齐氓,毋得应童试,虑之虽深,言之犹太略也。兹于八月间,据署理松江府知府时乃风详称,松属教官汪麟昌等会禀,转据八学诸生禀称:庠序育材,黜邪斯能崇正;朝廷选士,移孝方可作忠。所有混厕儒冠仕版之中,而毁弃宗祀灭绝彝伦者,则莫如西洋天主教之流祸最烈。然不能禁者愚氓,而不可不禁者绅士,亦犹雅片烟虽准通行,而禁止官绅吸食,洋人亦曾未过问。拟请转详各宪,请旨饬下部议,除已往不咎外,嗣后在教者,即以身家不清论。凡举贡生童,一概不准考试等情,合词由学禀府到衙门。

臣伏读宪皇帝广训,于黜异端条下,有曰:如西洋教宗天主,亦属不经。又曰:屏斥异端,直如水火盗贼。煌煌圣训,深切著明。自各国通商以来,华民之愿习天主教者,为条约所准行,地方官一律保护。至举贡生童之是否亦准习数,条约并无明文。诚以士子读圣贤书,所学何事,必不至如蚩蚩者误坠歧途,固无庸预申禁约

---

① 录自台北中研院近代史研究所编《中国近代史资料汇编·教务教案档》(第四辑)第29页。原文前有(光绪十一年)"十月六日军机处交出江苏学政黄体芳抄片,称"等字。

· 58 ·

也。近闻巾卷之子，阳儒阴盗者颇不乏人。彼既自绝于圣门，岂容更列于士类？若不严为限制，势必人禽杂处，蟊贼公行。时平而礼乐已湮，世变则兵刑俱窘，所关岂浅鲜哉！

如谓过分畛域，恐忤洋情，殊不知政有权宜，教无迁就。其可变通者，覆帱庶顽，见圣人之大；其不可变通者，干城吾道，见中国之尊。宽严并行，而不相悖。不得谓和约已定，华夷可联为一体，并周公孔子之道与乱贼邪诐之党而亦合为一家也。《王制》云，简不率教者，移之郊，移之遂，屏之远方，终身不齿。今之归依异教者，可谓不率教之尤者也。不移不屏，仅使之不与士齿，于法亦已宽矣。

臣查诸生等长海滨，密迩腥秽。深痛夫他族逼处，迫而为此公论，以期正本清源。其于国家怀柔远人之意，并无所妨，而其于朝廷慎重名器之心，独观其大。此乃祖宗二百馀年养士之泽，固结人心，非外夷之诈力所能夺也。伏乞鉴兹愚悃，饬部严定条例，奏请施行。庶正学以此崇，纪纲以此肃，士气以此伸，敌氛以此熄矣！臣为上尊国体，下顺舆情起见，所有注销教民籍贯不准应试缘由，谨附片陈明，伏乞圣鉴。谨奏。

# 李鸿章不宜会办海军折①

……窃臣恭读九月初六日皇太后懿旨,采用众议,特设海军,仰见明烛万里,因时制宜,振威于无外,防患于未然,诚至当不易之长策也。惟谕派李鸿章会同办理,现在北洋练军伊始,即令李鸿章专司其事,臣反复思维,窃见该大臣封疆事繁,而习气又重,恐将来贻误,有不可胜言者。欲求兴利除弊,似以曾纪泽为长。敬为我皇太后、皇上披沥陈之。

李鸿章任直隶总督有年矣,直隶地大物博,加以沿海要口遍驻淮军,李鸿章资望最深,断非他人所能代。一切吏治、河工、盐务诸大政,皆督臣之专责,畿辅之要图也。海军事务,非专精研求,断难善始,而练军之初,尤以亲行巡阅为第一要义。李鸿章位极台衡,身兼庶务,而陆路驻军又资其整理,上海之机器、招商诸局并归其总持,虽自以为长才大略,欲求一一称职固已难矣。若复使之朝驰渤澥,夕指沧溟,验船炮之利钝,察驾驶之能否,校操练之勤惰,非惟事有不可,抑亦势有不能。臣在苏五年,习知长江水师所以无敢

---

① 录自《中国近代史资料丛刊·洋务运动》(上海人民出版社,2000 年)第三辑第16—19 页,题作《光绪十一年十二月十六日兵部左侍郎黄体芳奏》,有删节。《德宗实录》光绪十一年十二月辛巳(十七日)有懿旨:"侍郎黄体芳奏大臣会办海军恐多贻误,请电谕使臣遴归练师一折"、上谕"侍郎黄体芳奏李鸿章不宜会办海军一折"等语,此处据《实录》相关记载拟定标题。

疏懈者,赖彭玉麟不时巡阅,赏罚严明耳。海军事务之繁重过于长江水师,创始之难甚于守旧。李鸿章之实心实力未必能如彭玉麟,而谓高坐津沽,遥制瀛海,能使器无窳败,士鲜惰骄,其孰信之?

且中国前此非无轮船水师也,今日之举,不令疆臣自行分办,而必总揽全局,特立海军者,诚欲收首尾击应之效,而无复畛域彼此之分。上年超勇、扬威两兵轮久驻北洋,朝旨饬援南疆,李鸿章留不遣发。今既奉命会办,设遇海氛,仍踵故智,拥兵自卫,不权缓急,专以保护畿辅为名,虑朝廷亦无以夺之,则是水师者非中国沿海之水师,乃直隶天津之水师;非海军事务衙门之水师,乃李鸿章之水师也。外间公论,谓李鸿章当年之威略,差足与曾国藩、左宗棠相颉颃,而论全体之公忠则不逮远甚。再阅数年,兵权益盛,恐用以御敌则不足,挟以自重则有馀。

故就李鸿章之身任封疆论之,无事必不能巡阅,有事复不遵调遣,此其断断不可者一也。

上年边务迭兴,议和则李鸿章必占人先,议战则李鸿章必落人后。今此之海军为战地乎?为和地乎?自办洋务以来,造机器、广招商、置兵轮、购枪炮,由李鸿章奏办者几二十年,糜国帑以亿万计,百弊丛生,毫无成效,略可睹矣。用兵之道,器械形势,千变万殊,而将才必俟忠勇廉朴、不爱钱、不惜命之人,则千古不易。法虏犯顺,我军凿船自沉者不一而足,其间卓著战功,为外夷所畏服者,惟冯子材、孙开华、刘永福三人。此三人者,素未尝讲习洋务也。而李鸿章所最赏识信任者,则皆李凤苞、马建忠、唐廷枢、徐润一流人也。夫李鸿章亦岂真丑正好邪,有心误国哉?彼直以为如李凤苞诸人者,真今日能识时务,能办大事之人才,而不知其贪诈卑污,毫无天性,凡忠勇廉朴、不爱钱、不惜命之人所引避若浼而羞与为伍者也。夫以此数人分道献勤，或任出使，或管招商，或办矿务，犹止于辱国启戎，殃民耗帑耳。若尽聚贪诈卑污之辈，朝夕谋议而遍布之海军，一旦有警，祸甚噬脐，悔之何及？

故就李鸿章之平时习气论之，专主和议则必不能筹战备，好用金人则必不能得将才，此其断断不可者又一也。

伏思会办、帮办共四人，而练军之初，谕旨独令李鸿章专司其事者，殆以其熟悉洋务故耳。臣愚窃以为任李鸿章则不如任曾纪泽。李鸿章之讲洋务皆得之传闻；曾纪泽则能通外洋语言文字，目击身亲，已历年所。李鸿章事事酷喜西法，如富贾巨商玩器盈前而无济于用；曾纪泽于各风土人情，政教技艺，习见习闻，必能切究要图，有所抉择。李鸿章屡定和约，率以赔费撤兵了事，故洋人议约者每昵而就之；曾纪泽使俄时，敌焰方张，卒能改定成约，及中法构兵，洞烛狡谋，设计间敌，函致李鸿章，言必须御之以刚者其故有八，始终坚持备战之议，法人甚畏而恶之。李鸿章曩平发捻，锐气无前，迨年位寝高，遇事每多迁就；曾纪泽少年随侍故大学士曾国藩军营，多见兵事，现在气盛力强，正当感激图报之日，倘加大任，必不苟安。凡此数者，众所共知，以曾纪泽视李鸿章，有过之无不及，皎然明矣。伏请饬下海军事务衙门，开去李鸿章会办差使，一面电催曾纪泽迅速回国筹练海军，一俟办有端绪，即令亲涉风涛，常川巡阅，必能整军经武，日起有功，以备缓急之用。如李鸿章于海军利弊，实有所见，自可随时陈奏，请旨施行。庶规画寰瀛，忠益弥广，屏藩根本，责成更专，既兼尽大臣忧边思职之忧，亦无伤朝廷尊贵保庸之意。

臣为统筹全局、预杜流弊起见，夙夜彷徨，不能自默，用敢披沥直陈。

# 铁路果行请勿再借洋债疏①

……窃臣近闻朝廷从湖广督臣张之洞之议,开办铁路,自芦沟桥直达汉口,现筹经费,除拨公帑、招商股外,拟再借用洋款。臣愚以为洋款用之甚便,偿之甚难,殆非计之得也。

自通商以来,出口之银有洋关税册可稽者岁以二千万为率,此外漏卮更难数计,中国之脂膏竭矣。铁路之办,雇工购料,必将分润外人。若更称贷重赀,我之利未见而彼已坐享其利。中国旧借洋款,其已经全数清偿者不论。自光绪十年后,共借二千二百万,息银合一千一百万,现在共还本利一千一百馀万,尚少二千一百馀万。计逐年指款还偿,扣至光绪二十一年方始还竣。所指之款,届期果否一一应手,尚未可必。宿负未清,益之巨贷,将何以堪?

《记》曰:"国无九年之蓄曰不足,无六年之蓄曰急,无三年之蓄曰国非其国也。"近年灾害频仍,事殷费绌,若更以各省税课大宗提抵新旧洋债,军国要需,岁入必将骤减。数年之内,设有缓急,何以应之?泰西国债多取之本国,楚弓楚得,财不外流。即偶有贷之他

---

① 录自《中国近代史资料丛刊·洋务运动》(上海人民出版社,2000年)第六辑第263—264页《光绪十五年八月十八日署都察院左副都御史黄体芳奏》,首尾原有删节。此处标题据《德宗实录》光绪十五年八月壬辰(十九日)上谕"黄体芳奏铁路果行请勿再借洋债,下所司知之"一语拟定。

国者,亦恃物力尚丰,足资周转。至西班牙、土耳其、波斯等国,则皆以重债自敝,利权为邻敌所移,削弱不支,可为炯鉴。

中国所借洋款,行息至少须六七厘。又洋债向以金镑折合我国银数,镑价涨落惟彼所持,借用时每镑价约三两馀,迨偿款时辄涨至四两零,相去约及七钱,亏耗甚巨。设如借银一千万,至本利全还,通盘牵算,除本银一千万外,利息及亏耗之银须另贴一千万;分作十年匀摊,每年实贴银一百万。铁路办成,诚如张之洞所言,利便多端。惟是财物止有此数,工商移集,须历岁时。湖北汉口贸易最繁,然江路本自通畅,易水而陆,此赢彼绌,增益无多。臣闻河南全省厘金岁八九万,直隶西南境内更不及此数,通计以十五万为率,假令铁路既成,所入骤增至十馀倍,不可谓不多矣。然除去养路之费,专填洋债息耗尚虞不足,更何能拨抵本银?西国铁路愈推愈广,成效可观,臣非谓中国之不可仿行也。若财力有馀,自应及时举办。今度支竭蹶,而肩此目前山积之巨逋,以远规十数年后之倍利,则轻重缓急之间似宜详之又详,庶几尽善无憾。

# 病尚未痊吁请赏准开缺折[①]

奏为假期又满，病尚未痊，吁请天恩赏准开缺调理，恭折仰祈圣鉴事。

窃臣前因患病，蒙恩赏假两次，感悚难名。缘臣素患脾泄，自去冬感冒风寒之后，气虚心悸，胸背不时发冷，四肢不时发颤。据医者云，心脾不足，湿蕴化热，结于气分，非静养一年半载，恐成痛痹之证。

伏思臣备员甂使，权贰台端，两署各有应办事宜，深恐误公获咎，惟有吁恳天恩俯准开缺，以便调理。臣现年未逾六十，俟病痊之后，即当泥首宫门求赏差使，断不敢自耽安逸，有负生成。所有臣两次假满吁请赏准开缺缘由，伏乞圣鉴。谨奏。

光绪十七年四月三十日。

---

① 录自北京皇史宬档案馆藏奏折原件。折面书"通政使黄体芳折，病请开缺由"。

# 卷二　谕札

## 童试正场次日举行提复之法谕①

为童试正场之次日挂牌提复,合先晓谕事。

照得入学为进身之始,去取不得不严。江苏人文济济,各州县应试童生素禀父兄之教,自不致有冒名顶替等弊。惟才有优劣,文有真赝,或倩人捉刀,或抄袭旧作,均所不免。复试之日,遇有文理不符者例应斥革另补。本院再四思维,与其除名于榜后,使被黜者无颜,且补进之卷仍须严加复核,不如举行提复之法,可以拔取真才。

兹特多延数位幕宾,每逢童试正场,克期分校,本院即于是夜亲自复阅。每学官挑数十名,次早按卷面坐号列写牌上悬挂辕门,先行招复一次。自扃门发题以至收齐诸卷开门放行,总以两个时辰为度,本院当堂点定,再将正场文字一一核对,择其优者如额取进,立即出图。其文理通顺以额满见遗者,酌取佾生注册存记。

为此预饬各学教官,谕知各学廪保,谆嘱所保各童生,入场后记明自己坐号,出场后各留本寓,毋得远离,候次日黎明赴辕看牌,如坐号列入牌上者,即携笔砚入场,不准夹带片纸只字,发题后,不

---

① 录自《黄体芳文牍稿本》,瑞安玉海楼藏,以下六篇同,不另出注。

准彼此交谈。按牌上名次之前后首末,尚无一定位置,全以此次面试为凭。该童等切勿预设成心,自甘草率了事。其提复试卷由本院预备,其原牌所有该童坐号,著各学门斗迅速编造一册以备点名。至挂牌之后,各学廪保务须认明自己所保本童,即时带领入场,不许一名迟到。

本院为剔伪求真起见,前在山东学政任内业经奏明办理在案,除此次另行奏闻外,合行出示晓谕,该童等共各凛遵,幸毋自误!特示。

光绪六年十月十三日。

# 黜华崇实以敦品学谕

为黜华崇实防流弊以敦品学事。

照得士首四民,品学兼重,朝廷遣督学使者分巡各行省,非第以考校文艺、广多士进身之途而已,将以培士风、振儒术也。江苏襟带江湖,人才渊薮,名臣硕儒,代难更仆。迩更兵燹,甫逾十年,而弦诵复盛,聪颖秀异之士济济如林,文风甲于天下。惟质多高明,习尚文饰,窃恐偏胜滋弊。涉世则矜尚才华,而未必砥砺名节;为学则投合时好,而鲜知讨究本原。不善用其长,而转助成其短,非本院所望于诸生也。

本院赋性迂拙,生爱读书论人,偶及浮伪邪刻卑劣之徒,深恶痛绝不能姑容;一遇孝友廉正之士,则私心钦慕惟恐不及。诸生身在庠序,诵法圣贤,若品行不讲,何论文艺?岁科两试,各学例送优生,除谕饬学师据实保送、不得冒滥隐蔽外,本院仍随时加意访求。如有内行纯懿、素履端方者,必当特予奖异,以为士林表率。

至于文学之道,亦有本末。国朝儒林,昆山称首,迨乾嘉间,嘉定、仪征、高邮、江都、阳湖诸老师接踵而起,经术词章各臻极轨,迄今途径俱存,宗风未沬。但学者必须深知大义,实力讲求,方为有益,不得涉猎剿窃,依附影响,弋取声华。以制艺而论,圆和朗畅,自是应试之体,资质英敏者谅所优为。然先哲名家指不胜屈,岂有不能审切理法、镕铸经史,便称能文者哉!

总之,大江南北,高才必多,不患无华,但患不实,此乃自来文人通弊。近今世风浇薄,时事艰难,虽欲救正维持,不免乏才为虑。推原本始,职此之由:国朝善制行者宗宋学,善读书者宗汉学,宋学要领曰躬行实践,汉学要领曰实事求是。理本相通,道本一贯,不务实而能成才,必无之事也。

本院行谊才能,无足称述,但愿尔诸生等各就质性所近,范围曲成,异日立朝莅政,凡所表现,殊绝凡庸,即使不求闻达,亦足矜式乡间,造就来学。语虽迂阔,取效实大,为此剀切详谕,俾尔诸生等知本院区区期望之意,互相劝勉,无负苦衷,本院实有厚幸焉!特示。

光绪六年十月十四日。

# 严申烟禁谕

为严申烟禁事。

照得吸食鸦片一节，为祸最烈。凡读书种子，志存上进，尤不可耽一时之嗜好，隳毕世之身名。其中无限毒害，前任夏学使已剀切言之。该士子服教有年，必能防微杜渐，拔本塞源，似无待于谆谆训诫。第恐老成已逝，尔等或疑新旧法异，遂致先后情迁，初犯者误视为逢场作戏，而浸入迷途；已戒者托辞于闭户养疴，而复萌故态。良法中弛，咎归替人。

本院到任以后，亟应遵守成规，申明前禁。阖署中自戚友以至家丁，无一人沾染此习者。为此严行晓谕尔等，务须曲体此意。父兄以纠其子弟，师傅以儆其生徒，先绝其鸩毒之怀，方能培养其志气，振作精神，以勉为远到大成之器。

自谕之后，如有犯而不戒、戒而复犯者，一经查出，教官督率无方，从重记过，廪、增、附分别降革，童生不准应试，馀悉按照夏前院所定章程办理，有严无宽。该士子共各凛遵，慎毋以为老生常谈，漠不加省也。特示。

光绪六年十月十五日。

# 严密关防札

为严密关防札饬晓谕事。

本院儒素传家,廉隅自励。兹承恩命,督学江苏,惟有矢勤矢慎,严密关防,以期无负重任。因思本院籍隶浙江,与江苏接壤,相通一水,往来非远,诚恐有无耻匪徒,假托亲族交游,或称门生幕友,在外招摇撞骗,最为试事之害,合亟札饬。

札到府州厅,即出示晓谕各属生童知悉。本院事必躬亲,破除情面,家乡亲族朋友,不准一人在外逗留;至署内巡捕、家人、书差各役,每日稽查弹压,约束惟严。倘有不法棍徒,妄称署内人等与有素□可以暗通关节者,许该生童等扭禀提调,或径赴本署首告,本院必量加优奖。该生童亦宜义命自安,慎勿为其所惑,是所厚望也。特札。

右札江宁、镇江两府各府州考前照行。

光绪六年十月廿五日。

# 访拿捏造本院书函不肖棍徒札

为密行访拿事。

照得本署关防最为紧要，欲杜招摇撞骗之弊，总由本署中先自认真约束，不容一切闲杂人等出入往来，至家乡所有族属姻戚，尤不宜听其陆续赴辕，致滋物议。本院素性褊急，不敢瞻顾私情，自奉恩命后，即寄家书谆嘱戚族，毋得不速而来，伊等亦尚知曲体。但江浙毗连密迩，由温州航海至此指日可达，难保无不肖之徒因便图利，诡称本院亲丁，在外造言生事。除经通饬各属，所有上项情弊，立即驱逐出境，若敢饰词抗拒，务当按律惩办。本院断不至于稍涉徇庇，该地方官亦不得迁就姑容外。

兹据震泽县令姚宝仪、新阳县令李福沂各禀称，有本院函荐胡少莲馆事，是以备送干敬程仪等情到院，殊为骇异。本院向不闻有胡少莲其人，更无轻易函荐之事，显系不肖棍徒捏造本院书函希图糊口，情节已极可恶。因思此等慝不畏法之徒，行踪诡秘，难保不随地变更姓名，所有一切招摇撞骗等事，可以无所不为，关系尤非浅鲜。若非该令等禀明本院，何由知悉？更恐假冒射影之徒不止胡少莲一人，除本院按临各属，专饬提调严拿此等棍徒尽法惩办外，合亟飞札密饬严拿。札到，即速飞饬各属随地密访，如有自称胡少莲及有似此棍徒逗留射影者，务即一并立予拿获，按律从重究办，毋得疏纵，致干未便，切切。特札。

右札江苏藩司。排单五百里。

光绪七年六月廿八日。

# 剀切晓谕院试提复并答《申报》

为剀切晓谕事。

去腊二十四日阅《申报》,中列有《论院试提复》一则,信口讥评,显系童试被黜之家布散流言,希图泄忿,而该馆受其嘱托,为之推波助澜。事关文风士习,不得不为该馆详悉言之。

照得《学政全书》所载,童试发案日再行复试,笔迹虽同而文理不通者不准入学。本院再四思维,与其榜下除名,彰彰耳目,不如先行提复以定去取,然后遵例堂复,较为近情。江苏素称文薮,兵燹以后良楛不齐,果系真才,将为百炼钢,将为万选钱,其次焉者,亦自具规模,何忧面试?本院立①法之始,诚恐羡数太少,复卷或不敷剔取,且黜落者未免向隅,于是溢取十人或二十人有零,使额中之卷尚可充数,而额外之人亦有以自遣。又恐稽延时日,考费既倍,诸弊丛生。于是定为当夜子正起阅幕宾所取卷,卯正悬牌,午后出图之法。又恐校阅太促,佳卷见遗,于是多延幕友并子侄辈共十人,当日未申之交阅至子刻,前后陆续分荐,以便本院总阅。又恐该童等多受辛苦,特不课以全篇。原报中所云"止作小讲",乃是初试江、镇时间或有之。而诸卷之中,多有开口便错者,谓一讲未

---

① "立",据本书原编补。

足见真才，而真不才者固可立见也。此后均以两长比为率，至少一百六十馀字，多者二三百字，至命题则择其略有点染者，以窥见其人胸中之书卷、笔下之性灵。夫以两长比之文，而题目又不深不浅，尚不足以鉴别真赝乎？此盲人语耳。

至于提牌名次，大约异常出色及通体妥帖者居首选，其居中之若干名，率系通行文字，其作法尚合，文气颇清，而时有疵颣类者姑置末后。复卷劣者虽牌首必黜，复卷优者①虽牌尾必升，其正场已属将就溢取，而复卷无大纰缪者，酌予俫生注册，馀则实无可爱字句，何所谓"割爱"？实系应行黜落，何所谓"横遭"？且本院岂不愿废提复以节劳瘁哉？废提复则堂复必加严，阖属新进中必有试卷文理不符者，不符则必扣除，扣除之后，外间必播扬，本童必拼命，其家人必羞愤痛恨，情节之难堪，有倍蓰于提复者。何则？彼犹在未定之天，而此则已成之局也；彼犹有同病之人，而此则独尝之苦也。此本院所为熟思审处，顾他人性命而不惜自己精神也。

年来历试各属，提牌首选以复卷大谬被黜者约共三十馀人。此三十馀人者，若无此提复一场，将专凭正场乎，则大干功令也；将因堂复不符随进随革乎，则真害人性命也。旁观者其何说之辞？据称"百馀年来联科直上者，及勋高望重德名并永者，并不从提复来"云云，无论乾嘉以来名士名臣，断非今日恶劣之文童所能藉口于万一，即今提复之设，正使恶劣者无从侥幸耳，谁谓勋望德名必从此出哉？若以勋望得名论，则国初诸名公有不从科第来者矣，有不从时文来者矣，更何论乎提复不提复哉？执此以辨，何见之陋也。

---

① "者"，据本书原编补。

据又称"认真则正场便可截弊，否则十复亦无益"云云，其说似也。试思不认真，固多试多弊，果其认真，独不愈试愈真乎！校士者孰不自谓认真，其真能认真者，正复不少。必如所云，则县府试可不烦初复、二复、末复矣，乡会试复试之例更可以废矣。且正场截弊之法，谈何容易，堂号及东西号多则千馀人，少亦数百人，顾此遗彼，安能明察秋毫？本院于搜检毕扃门之后，不准差役落号滋扰，惟严督文武巡捕及亲信家丁等，于各号口拨巡，毋许彼此接谈，毋许出号观望，不可谓不认真也，然不敢谓能截弊也。惟截弊甚难，故以正场可取之卷较多，未尽可信，特先提堂面试，何尝忽宽而忽严也？而竟公然云"已属非是"，此系何等语气？可谓狂悖谬妄之极。至其节节痛诋，以雉经大狱为恫喝，以浙省大水案为揶揄，以随手抽卷之主司为比例，更不足辩矣。昔宝应朱文定公视学吾浙，枷责夹带与重犯同，出榜之后，除复卷不符立即扣名外，发落新生往往当堂掌责，其时亦有愧不欲生者，而士林公论畏其严而卒服其公。本院诸事从宽，而面试被黜者乃至飞言如雨，何风气刁悍一至于此！无怪按临之处，凡有词讼动辄投水制人也。

总之，此事已经奏闻，非奉旨停止，断不为蜚语所摇。该馆平日议论，公私参半，于中朝大政且有所是非，于廷臣直言且有所臧否，何有于学使？本院虽单寒出身，视一官如寄，焚香清夜，览上质旁，心苟无瑕，即使群不逞者聚而诅咒之，强有力者随而挤排之，亦所不顾，何有于该馆执笔之徒？惟素性酷爱人才，乐闻己过，该馆既明目张胆，何避隐姓埋名？如另有剔伪求真之良法，实在有利无弊，至公无私，自应降心采择。至各学书斗与本署丁役人等，果有从中索诈，如所称曩年童生鲍某一事，可据实指斥，以开本院之耳目。除讯明惩治外，心感无既，万万不至于护前。若专斥提复为非法,指被黜为皆冤,诬慎重为害人,袒横议为近理,藏头露尾,自居于匿名揭帖之列,此端一开,必至失意各生童纷纷私嘱仗执笔者以媒孽官长,簧鼓士林,风俗人心受害不浅,本院当移咨本省各大宪,转饬地方官按律惩办,毋谓有恃不恐也。

光绪八年正月　日。

# 司铎箴言<sup>①</sup>

　　教官之设，由来旧矣。江南学校，至宋而大昌，元祐元年诏徐、庐、宿、常等州各置教授，自是列郡多有教官。元丰间，行荐举学官法，从常州胡完夫议也。前明苏州杨孟载教授松江，与扬州邱克庄、上海全希贤，俱以州里上选应有司聘，厥后并至大官。国初文治称极盛，而学校教养之法以及乡国尊师之礼，太仓陆氏极言之，昆山顾氏又申述之。此数先生皆吴中人杰，而其学行言论皆有造于士林。然则是邦之任是职者，濡染典型可以兴矣。

　　夫郡邑良有司非不足以化民成俗也，然而亲士之日少；督学使者采风访善，校艺抢才，非不与士相容接矣，然而时地所限，闻见未周。未若教官之于是邦，师也，父兄也，其视黉舍诸生徒子弟而朋友也，其于有司则羽翼也，其于学使则耳目也，责望顾不重哉！且教官之术业，将惟是辨难解惑，诱掖士类已乎？其必返而为自课之修，抑惟是矩步绳趋，墨守古训已乎？其必扩而为经世之用。

　　壮年官此者，或掇高第，或膺卓荐，上而华国，下而泽民，毕生所为，操守气节、识量经济，胥于是乎裕之。若夫穷年笃学，神明不衰，最书于朝，弗就征辟，则与学校之事相始终，陶成所及，景从响

　　① 录自黄群校印《敬乡楼丛书》第三辑之九《江南征书文牍》附件。作于光绪八年十月。又见瑞安县修志委员会纂《瑞安县志·诗文征》第六册《文征》卷五。

应,士之有声于时者,皆曰某学师之教也,虽以视胡安定之教授苏、湖,杨文靖之讲学东林,何多让焉!由此观之,求志达道惟力所为,而顾可以妄自菲薄乎哉!世俗辄谓广文为冷官,乃其事简虑深,问以雁行夔立者,贤愚勤惰,泊然于己无所与,则诚冷矣。及至较脡脯之节,急身家之图,往往有所薰灼于中而不能自克,是何故耶?

使者视学是邦,两阅寒暑,求所谓经明行修、足式庠序者固不乏材。而特恐习俗移人,间有立志不坚、计功谋利之心倍蓰于正谊明道者,为士林所诟病,表率之无方,考核之不审,使者其何罪之辞?爰就教职要指,胪为十条,用附规勉之谊,名之曰《司铎箴言》。义不厌严,辞不厌详,所冀惇师老德鉴谅微悃,汲汲焉以正身律物之道,交相切劘,俾使者得以昕夕承教,为益大矣。而如曰为是说者其殆责躬薄而厚责人也,则岂相规之本意哉!

光绪八年十月,督学使者瑞安黄体芳识于江阴试署之崇素堂。

# 立品箴

士为民首,坊表攸资。皭如白璧,慎哉素丝。袨衣逢掖,独坐皋比。循名责实,范世矩时。德行道艺,言动威仪。有一不检,为众所訾。忠怀郭宪,孝仰孙期。清操华岳,高节吴差。龟山硕望,鹿洞严规。炳在坛席,尊逾鼎彝。圣朝重道,太学垂碑。楷模谁任,砥砺谁司?干立枝附,形端景随。进修津寄,风教纲维。一登计典,即荷恩施。成己成物,念兹在兹。

# 课士箴

广文一官,功在诱掖。博平讲《书》,伊川授《易》。董春鼓徵,乐详杖画。聚沙雨深,立门雪尺。晚近风微,师生谊隔。问字辞车,谈经避席。偶尔登堂,膜如过客。郑醉诚狂,边眠亦癖。名场既开,深庐斯辟。几盈簿书,户填履屐。买水持钱,《元史》尚野云:学未有得,徒事华藻,若买水持钱,所取有限。索涂摛埴。传习无恒,暴寒何益。申明度程,研贯经籍。成章是裁,疑义与析。如诲子弟,靡间昕夕。良工勉斾,琢磨圭璧。

# 守职箴

教学之道,体用相须。安定治事,广州政书。志原兼善,职有分途。循分为正,侵官则污。森森国宪,煌煌圣谟。未闻民社,遽责师儒。时局递变,官常寝渝。或筹保甲,或董捐输。下徇民望,上承郡符。辞不获命,义当勉图。自非奉檄,岂甘滥竽?韩门自重,偃室毋趋。畔惩思越,闲戒德逾。膏兰忌炫,瓜李防诬。屏除尘鞿,巩固经郛。匪耽清静,是勖廉隅。

# 养廉箴

贫乃士常,廉为官计。毋卑冷曹,实超俗吏。廪给虽微,天家所赐。佐以笔耕,足充饔食。斯文不古,以儒为戏。鲑菜人嘲,豨苓自愧。坐以忧贫,忘其素位。画诺居奇,束脩求备。察及田庐,嚣如市肆。显己褒尊,隐难充类。欲峻防闲,先明义利。疏水亦乐,缊袍不忮。耻乞酒钱,雅登文赘。横舍冰清,讲堂月霁。羊瘦有名,蝶飞无事。风示胶庠,庶几正谊。

# 驭下箴

宦无大小，剔蠹为先。奸弊攸伏，冷斋亦然。佣书小吏，抱牍穷年。亦有斯役，是职传宣。谁非谋食，能不言钱？风成泄泄，漏乃涓涓。生徒麋集，册籍蝉联。暂多假手，久乃侵权。发声警铎，约法寒毡。毋纵横索，毋任迁延。比领孔壁，负郭颜田。出入租税，春秋豆笾。躬自督率，众皆洁蠲。立如植木，胡文定谒谢上蔡，入门见吏卒植立庭中如土木偶人，肃然起敬，遂禀学焉。饮共廉泉。清斯弊绝，勤乃权专。纪纲既肃，士望归焉。

# 宣讲箴

六乡读法，《周官》创始。三老道民，汉治称美。逮我皇朝，益恢前轨。谕训万言，智愚一视。近自城厢，远周镇市。律条并颁，朔望无弛。分布约正，取材耆士。教让惩欺，劝勤儆靡。师长惠临，士民益喜。蔼若父兄，肃如监史。讲生宜亲，翼吾杖履。塾课宜稽，引人砥矢。野叟村童，里魁亭子。类有薰莸，分皆桑梓。首饬彝伦，旁搜方技。宣德通情，翼臻上理。

# 举优箴

古者贤能，乡老是兴。今之茂秀，学官以升。明经并举，独行同征。凤虽文耀，骥以德称。使车所历，温卷难凭。是资绛帐，凤契青冰。渊源言氏，俎豆延陵。职在司训，谊应得朋。玉成春煦，鉴别秋澄。严麾竿牍，一秉规绳。华而不实，劝必兼惩。莫夸庶子，致薄家丞。范知富弼，郭赏庚乘。针由磁引，櫲与栋承。王荆公赠胡安定诗云："先收先生作栋梁，以次收拾櫲与桷。"上斋月积，初路云登。校无遗彦，文治蒸蒸。

# 报劣箴

学以化民，患其逾矩。教无异同，材有良窳。嬉乃业荒，拙须勤补。病在轻儇，酿成狂瞽。国课抗延，民词阴主。投刺蝇钻，呼卢蜂聚。败节靦如，横财豪取。志惑邪途，势凌编户。凡此浇风，大乖化雨。牒至门墙，威之夏楚。不变移郊，非徒鸣鼓。王章可畏，圣言敢侮。勿徇私请，庇诸仁宇。勿挟宿嫌，激为怨府。核实密闻，改行毋拒。针愚砭顽，风声斯树。

# 戒嗜箴

堂堂黉序，规约宜谙。居严端坐，出禁游谈。汉仇觉语。起常戒晏，食不求甘。咄哉烟癖，毒于酒醰。少年枕菲，名士咀含。鸦涂可丑，鲍臭相参。突焚危燕，茧缚枯蚕。为殃孔巨，胡利而贪。颇闻函丈，间有沉酣。昼寝贻诮，冬烘等惭。煤嗤帐墨，汁误袍蓝。传灯若此，亲炙何堪？痼疾须起，膏肓必针。返迷觉路，濯垢澄潭。诗肠落落，书味醰醰。愿偕同学，申令再三。

# 量力箴

儒官之荣，齿德皆具。及其既衰，幡然有悟。近闻钱宰，明国子监博士钱宰,年满七十,奉敕致仕。远推疏傅。林泉自娱,斗山同慕。
我惜时贤,颇多晚遇。戴席方温,冯年易度。豆塞耳雷,花迷目雾。
寸晷欠伸,尺阶窘步。例有甄条,代遵圣谕。非关法严,良忧职误。
漏尽夜行,途穷日暮。晚节之难,昔人所惧。矧属清资,尤珍末路。
耆宿何甘,桑榆善护。朝旌郑乡,家传谷库。知止不殆,保吾儒素。

# 核实举报优劣以彰劝惩札①

为严饬核实举报优劣以彰劝惩事。

照得本部院莅任之初,曾经札饬各该学教官,查取文武生员优劣在案。迄今首尾三年,轺车遍历。前届岁试各学举优密单,其中名实相符者固多,而冒滥遗漏者亦复不少,转瞬又届岁试,不得不再为各教官剀切言之。

近世考试之法,多系暗中摸索,惟举优一途颇存古意。各学所呈密单,向系八字评语,其大旨率言文行兼优。乃岁科试时,竟有照单核校而文实不优者,则所谓行优又安敢深信乎?复有文实秀出屡试不爽者,及访察其为人,亦自循循矩矱,无庆乡评,何以密单未报乎?教官与诸生素相习,邑有佳士,断无不知。最忌平日漠视士林,遇事又挟持私见,甚至需索规费,习为固然。遂使庸材充选,寒畯向隅。试问各教官,有□□□□,方望其上进之不遑,横被隐抑,岂所甘心,顾于所属诸生,乃苟且徇私若此乎!

为此,札到,仰各该府州厅即便转行各该学,于诸生中之行谊纯笃、学问优长者,务须加意周咨,秉公密保。其品学出众、知之最

---

① 录自《黄体芳文牍稿本》。据札文:"本部院莅任之初,曾经札饬各该学教官,查取文武生员优劣在案,迄今首尾三年。"因光绪六年十月莅任江苏学政,从知该札当作于光绪八年。

深者,仰遵照填注事实之例。凡孝悌廉正,有何实绩,治何经史,精何学业,于考语后一一叙明。其文行有偏至者,不妨专举所长,以凭考核。若该属岁试时未经密保,后始察知,准其续行补报,但不得延至科试期内,致难达部。总期循名责实,无滥无遗。至于极劣之例,所以惩一儆百,原不宜过于劾核,亦何可相率姑容?若该学中实无窳材,固属甚善,若有之而徇庇隐纵,岂不为害地方,有伤风教乎!仰各学教官悉心访察,如有劣衿学霸持符妄为者,即著注明款迹,据实详报,以凭分别黜戒。

总之,本部院落见闻有限,全赖各教官扩其聪明,若皆虚应故事,甚且自便私图,士习何由而敦,文风何由而振?查《学政全书》载"教官举报优劣,或有隐蔽袒护,及受贿滥举、挟仇妄劾诸弊,经学臣察出,题参议处"。嗣后按试所至,如有文学冠场,及平时访闻有品谊表著、过恶昭彰者,该学教官始终不行举报,及别有滥举妄劾情弊,重则参处,轻则记过,决不敢因循迁就,上挠国法,下拂舆情。如果实力奉行,鉴别公允,亦当循照定例于计典内声明列荐。《传》曰:"方以类聚,物以群分。"本部院将即以各教官举劾之当否,验其人心术之邪正,学识之浅深焉,慎无以□□见之也。特札。

# 淮安府岁科合考恢复分试札<sup>①</sup>

查江苏省岁科合考,惟徐州、海州二属因路途迢远,按临非易,是以载明定例三年一举。淮安府属向系岁科分试,咸丰年间,兵荒洊至,诸生童赴考维艰,各县据情详请奎前院从权并考。迄今承年日久,每县童试多至千馀人,不得谓元气未复也。采访舆论,并未尝以合试为至便,而绅士恳请复旧者,前有叶珂等公禀,现有丁一鹏等公呈,是即愿分不愿合之实据,不得谓人情不顺也。

至谓丰歉不齐,贫富不一,自是实情。然近数年该属收成尚称中稔,若待士子等户皆素封始议分试,则即准照各县所议缓至下科,其庸有济。试问自咸丰时未经合考以前,七邑田亩果从无薄灾?各学生童果一无□□乎?考试大典,苟非大碍舆情,必应恪遵定律,前届岁试□□,本部院因到任未久,猝难复旧,留为后图。

兹据该属士绅合词呈请,当即将此次分考缘由奏明存案。该府县前次议详既请暂缓数年,现请缓至下届,显系饰词延宕,便私貌公,应不准行。听候定期札饬举办府县两试,一切章程仰饬各县妥速议定,慎毋违误,切切。此檄。

---

① 录自《黄体芳文牍稿本》。据札文"三年一举","前届岁试□□,本部院因到任未久",推知此札作于光绪六年到任后之第四年,即作于光绪十年。

# 与无锡县令札①

去秋，本阁部院舟过无锡时，该令自述清廉勤慎、爱士便民等语，言颇由衷，本阁部院钦佩之馀，逢人赞美。后查知该令于无锡乡间勘田失实，以荒报熟，竟至数百亩之多。经谭护院面诘，答云："当时因病未曾亲勘，其为书役舞弊无疑。"闻之，已为骇异。

兹据昭文县附生龚福成呈称，所欠应完银米尚少五石零，拟再陆续措纳，不意总书王敬之等侵混已完之数，蒙官发押，令勇捉打，限交浮收等情；接据该令详称，该生未完之数，银至八分以下，米至六分以下，当堂开导，抗不清缴，议称革追等因，情节迥乎不同。如果该生意图拖延，捏词越控，罪有应得，例难姑容，自因如详革斥。抑或该令听信书役一面之词，纵令欺凌士类，亦所不免。

总之，催租不可不严；生员藐视国课，不可不惩；为民父母者于书役蒙瞀之言，尤不可不察。除业经批饬苏州府亲提两造确审察究详办外，该县务须痛鉴前车，克日将总书王敬之、帮办石馀三、县差顾二等先行提审，有无婪收蒙混情弊，速即具复，一面奉报本府候夺。如其彻底无弊，方可以折服士林，若再如前在无锡

---

① 录自《黄体芳文牍稿本》。据札内"谭护院"一语，查光绪十一年，江苏巡抚卫荣光于六月廿四日赴台湾查办，由布政使谭钧培护院，故知本札作于光绪十一年秋。

任内,授权书役,不究根由,则是言与行违,平日官声何在? 即当咨请抚部院严予处分。该令当熟思审处,勿谓本阁部院可欺以方也。

# 卷三　江南征书文牍①

# 札各府州厅

钦命内阁学士兼礼部侍郎衔江苏督学阁部院黄为通行访查事。

照得本阁部院接准国史馆文称,于光绪七年闰七月十九日具奏续办儒林、文苑、循吏、孝友列传一折,本日奉旨"依议,钦此",移会本阁部院查照原奏访察举报,以凭编纂等因到院。除经专札江苏两藩司通行各属遵办,并本阁部院按临所至,随棚晓示《呈报条例》,及随时访知,专札调取外,诚恐见闻有限,甄采难周,合再通行访查。札到,仰该府州厅加意搜求,核实举报,并转饬各州县及各学,均就所属博访周咨,如有应入史传之人,即将履历事实造具清册并著述书籍申送前来,以便咨送史馆。此事奉旨允行,系为表彰学行、振兴世教起见,毋得玩忽迁延,有负朝廷盛意。

发去告示并《呈报条例》,仰迅速照写,转行各州县张贴晓谕,俾绅耆生监等各举所知,庶无遗善之憾。如由该厅州县或该学呈

---

① 本卷曾单独刊行,为黄群校印的《敬乡楼丛书》第三辑第九种(1931年)。该书具有较强的独立性,黄群跋文中叹其"诚足以备一时掌故,非寻常之文牍比也",本书独立一卷,不与前卷《谕札》相混。收入本书时以温州市图书馆藏光绪十一年刻本《江南征书札》为底本,校以黄群《江南征书文牍》木,并据《江南征书文牍》本补充《江南征书札》所无的文章,一一出注说明。另,《江南征书札》前有国史馆两移文,现移至附录。

请详报，该署吏胥、书斗等毋得需索留难，如违，查究不贷。所有该府州厅志书，仰即申送一部，并饬各州县速将志书径行申送，俾得咨馆以资查核。切切，毋违。特札。

计发告示一张。

右札各府州厅。

光绪八年五月　日。

# 再札各府州厅

钦命兵部左侍郎江苏督学部院黄为再行通饬访查事。

照得本部院前接国史馆文称,现经奏准续纂儒林、文苑、循吏、孝友列传,移会查报等因,业经通饬遵办在案。本月二十五日复接国史馆文称:本馆现办儒林、文苑、循吏、孝友列传,深恐山陬水澨穷经笃行之士,或身未显达,或著书不能刻,或刻而未盛行者,终归湮没,相应移会贵学院于辖车来往之时,明示各学教官,令其采访呈上,由本省督抚设法运送到馆。所采之书自顺治初年起至同治末年止,并望示知各地方官一体筹资录送,以昭信史而阐幽光可也等因。为此,札到,仰各府州厅转行各学教官,务须悉心访察,毋得视为具文。

查史馆开纂已逾一年,业据各属官绅生监陆续呈报二十馀人。江苏人才渊薮,此外必应咨报者甚多,朴学潜德,尤宜及早甄录,免致湮没不彰。并仰谆切传谕诸生各举所知,于本部院按试或经过地方,将履历事实册及著述书籍径行呈送。如书系孤本须待录副、家有藏板须待印订者,已另札饬知各地方官筹给资价就家写印,仰谕诸生等向地方官呈请核办,并具领结存案可也。切切。特札。

右札各府州厅。

光绪八年十二月　日。

# 告　示①

钦命兵部左侍郎江苏督学部院黄为访查应入儒林、文苑、循吏、孝友史传诸人,咨送国史馆续纂列传,以资表彰事。

照得本部院前准国史馆文称,于光绪七年闰七月十九日具奏续办儒林、文苑、循吏、孝友列传一折,本日奉旨"依议,钦此",移会本部院查照原奏访察举报,以凭核纂等因。续又接准国史馆移会,示知学官采访,地方官筹资录送,以昭信史而阐幽光等因。为此仰各属士子,各就见闻所及,如有前项应入列传诸人,即将履历事实造具清册及本人著述书籍呈送前来,以便咨送史馆。除先后分别札饬各府厅州县及各学查报筹办,并本部院随时访知专札调取外,合行晓示,其《呈报条例》具列如左,特示。

一、呈送履历事实册及著述书籍,仰具呈由各本厅州县或本学转详本部院。如系江阴驻署邻近,或按试及经过地方,即由诸生等径自呈送亦可。此事奉旨允行,系为表彰学行、振兴世教起见,江苏人材渊薮,必应咨报者甚多。本部院业经严谕本署书差,并札饬

---

① 黄群校印《敬乡楼丛书》本《江南征书文牍》中《附告示》题下注:"光绪九年正月。"《黄体芳文牍稿本》中有无题同文,文末署"光绪八年四月十一日"。据光绪八年五月《札各府州厅》文中已有"发去告示并《呈报条例》,仰迅速照写,转行各州县张贴"等语,可见该附录条例于此札中为第二次发布。

各厅州县及各学,严谕吏胥、书斗人等毋得需索资费,诸生等亦当据实举报,留意访查,毋得玩忽迁延,有负朝廷盛意。

一、入传诸人总以本人著述及实在事迹为凭,履历事实册务须详尽确实,不得遗漏岐误,尤不得空言溢誉,徇私滥举。

一、呈送书册每各二分,一分咨馆,一分存案。如书系钞本或刻本仅存者,未便因噎废食,准其专送咨馆一份。

一、嘉庆年间史馆所纂《儒林传》,江苏共三十人:顾炎武、张弨、朱鹤龄、高愈、高世泰、顾枢、彭定求、彭绍升、陆世仪、王懋竑、潘天成、王锡阐、顾祖禹、李铠、吴玉搢、惠周惕、惠士奇、惠栋、余萧客、陈厚耀、顾栋高、陈祖范、吴鼎、严衍、任启运、沈彤、蔡德晋、臧琳、钱大昕、钱塘。《文苑传》共二十一人:秦松龄、倪灿、严绳孙、汪琬、计东、乔莱、陈维崧、吴绮、汪懋麟、潘耒、徐釚、尤侗、黄虞稷、邵长蘅、吴嘉纪、陶季、史申义、严虞惇、黄之隽、张鹏翀、孙致弥。《循吏传》共二人:陶元淳、李赓芸。以上五十三人均已纂入,无庸呈报。

一、本籍先哲之外,如有流寓及历官斯土者,确知应入史传,仰一律呈报。但履历事实总须原委详备,方可据为传信之资,如必不能详备,仰将所知开具节略呈阅,本部院当移咨爵阁督部堂、抚部院,行文本人原籍,向家属取具清册,如有著述书籍,一并查取咨送史馆。

一、前传算学名家编入儒林,如有精通此学者,仰一律呈报。

一、列传向分正附,史例綦严,而搜采以备取裁,则不妨稍宽,庶无遗美,仰诸生等博访周咨。如有前人遗书别集孤本仅存者,先将本书叙例、目录及名人序跋钞呈,候本部院察核,果系义例通贯,宗尚雅正,即行札知该厅州县或该学,传谕该生录副呈送。

一、应送书籍须待写印者，仰核算卷页字数，需费几何，具呈向该厅州县请给，并具领结存案。有藏板者就家装印，无副本者就家录校，以免借出损失之虞。此外书在坊肆，诸生等无力购致者，并仰呈请量给资价，或径请官为购送亦可。本部院已札知各厅州县，并咨请爵阁督部堂、抚部院，通饬遵照史馆移文及乾隆年间求书故事筹资妥办，无滋扰累。其愿出资自办者听。

一、史传征信千秋，理宜慎重，应入儒林、文苑诸人自有著述可凭，至循吏、孝友，率据册呈事实。若札饬地方官及学官查复，既恐相率因仍，亦虑骤难核察，现拟每次汇咨史馆，即将姓名刊刻示众，如有阿好溢美者，官师绅士均可据实详禀。公论难诬，本量自显，且国史义主垂远，当时或无由得窥，今就此先为表彰，则宿学潜德，昭焯人间，亦足以示风厉。其著述并附注姓名下，傥呈送未备，而他处别有藏本者，仍可呈请续咨，以补不足。

一、各府厅州县志，业由本部院札取送馆。此外，如有先哲闻人，殚心乡学，荟萃成书：或叙述名德，如昔人所撰《汝南先贤传》《益部耆旧传》之类；或综录艺文，如昔人所撰《江左文章志》《关东坟籍志》之类，仰将原书呈送，俾得送馆以资采择。

一、向例，已故大臣，文职副都御史、巡抚以上，武职副都统、总兵以上，由史馆向各衙门咨取事迹，编入列传。忠义则无论官阶大小，由史馆行查各省咨报纂办，均应无庸呈报。惟军兴以后，东南遭乱最久，忠义最多，如有地僻官微，诸生等确知其殉节甚烈，而当时未经呈请咨报者，仰将履历事实造册呈送，本部院当附咨史馆，以凭补纂。

光绪九年正月　日

告示。

# 咨国史馆

钦命兵部左侍郎江苏提督学院黄为汇送书册咨请核办事。

窃照本部院前接贵馆文称，现经奏准续办儒林、文苑、循吏、孝友列传，移会核实查报等因。当经将故中允刘熙载事实册、书籍备文咨送，嗣又查照贵馆原奏，详具条例，檄行各府厅州县并各学就地查报，并随棚张示访求。上年十二月复准贵馆移会，明示各学官采访，各地方官筹资录送等因，当再分别饬遵，均各在案。计陆续据各属官师绅士呈报张自超等二十三人，其履历事实或系方志、家乘及近人撰著辑抄成册，或系行状、行述刊本或状传等，即附本人撰书前后。

查贵馆移会，造具清册，原为纂辑取材起见，与通行案牍必须拘守定式者不同，自当概存其真，不必移缀重缮，以省烦复。至本人著述有年久就佚者，有成而未刊，刊而复毁者，势难求全，未便因噎废食，除将现存书籍先行咨送外，其未经呈送者，或令撰具叙录以资采择，或俟续行录呈再为补送。

复查史传，例分正附，于谨严之中寓详尽之意，现当搜访备裁，尤宜从宽，庶无遗美。前传算学专家编入儒林，亦当循例兼采。至于硕彦通才，又或奄兼众善，其儒林、文苑两类相涉者尤多，去取出入，职在贵馆。今将咨报各人姓名开单附后，概不标明应入何项列传字样。孙希旦、张振夔二人,系本部院之乡先哲,见闻所及,合并咨报。

再,贵馆文称:将本省《通志》先送一部。查江苏近年《通志》修办未竣,应将各府州县志书札取附送,以备检核。所有张自超等二十五人履历事实各项清册,著述书籍,并各府州县志书,相应汇齐咨送。为此合咨贵馆,请烦查照,核办施行,须至咨者。


计粘单

右咨国史馆。光绪九年正月　日。

第一次汇送书册清单:

张自超　高淳人。《春秋宗朱辨义》十二卷,首附家传,八本。

任　瑗　山阳人。事实册。

潘德舆　山阳人。事实册。《养一斋集》二十六卷,首附行状,《札记》九卷,《诗话》十三卷,《词》三卷,共十七本。

刘台拱　宝应人。《刘端临遗书》,首附事实册、家传、墓表,《论语骈枝》一卷,《经传小记》一卷,《国语补校》一卷,《荀子补注》一卷,《淮南子补校》一卷,《方言补校》一卷,《汉学拾遗》一卷,《文集》一卷,共二本。

董祐诚　阳湖人。事实册。《董方立遗书》,首附家传,《割圜连比例术图解》三卷,《椭圜求角术》一卷,《斜弧三边求角补术》一卷,《堆垛求积术》一卷,《三统术衍补》一卷,《水经注图说》残稿四卷,文《甲集》二卷、《乙集》二卷,《兰石词》一卷,共三本。

刘文淇　仪征人。墓表、墓志、著述叙录。《左传旧疏考正》八卷,《楚汉诸侯疆域志》三卷,《扬州水道记》四卷,共五本。

刘毓崧　　仪征人。家传、墓志、著述叙录。

凌　曙　　江都人。墓表。《蜚云阁丛书》:《四书典故核》六卷,《公羊礼疏》十一卷,《公羊礼说》一卷,《公羊问答》二卷,《春秋繁露注》十七卷,《礼论略抄》一卷,共十二本。

方　申　　仪征人。家传、墓表。《易学五书》:《诸家易象别录》一卷,《虞氏易象汇编》一卷,《周易卦象集证》一卷,《互体详述》一卷,《卦变举要》一卷,共二本。

陈　立　　句容人。行述、志传、著述叙录。《白虎通疏证》十二卷,《句溪杂著》六卷,共八本。

骆腾凤　　山阳人。事实册。《开方释例》四卷,末附家传,《艺游录》二卷,共四本。

徐　鼒　　六合人。事实册。《未灰斋文集》八卷《外集》一卷,《读书杂释》十四卷,《小腆纪年附考》二十卷,共二十本。

冯桂芬　　吴县人。行状。《说文解字韵谱》十卷,《显志堂集》十二卷,共六本。

薛　寿　　江都人。家传。《学诂斋文集》二卷,一本。

刘　岩　　江浦人。家传、著述叙录。《匪莪堂文集》五卷,首附家传,末附轶事,一本。

李兆洛　　武进人。《养一文集》二十卷,首附行状、家传,《诗集》四卷,《历代地理韵编》二十卷,《皇朝舆地韵编》二卷,《历代地理沿革图》一卷,《皇朝一统舆图》一卷,《历代纪元编》三卷,共二十本。

鲁一同　　山阳人。事实册。《通甫类稿》六卷,《诗存》六卷,
　　共五本。

朱绪曾　　上元人。志传、著作叙录。《开有益斋读书志》六
　　卷,《金石记》一卷,《读书续志》一卷,共四本。

金　鳌　　江宁人。志传、著作叙录。《金陵待征录》十卷,
　　一本。

高士魁　　山阳人。事实册。

董贻清　　阳湖人。事实册。《援守井研记略》,一本。

殷如璧　　甘泉人。《崇祀名宦录》内载事实册。

蒯德模　　安徽合肥人。事实册。

右二十三人,履历、事实各项清册共十四本,著述书籍共六十
　　二种,一百十八本。

孙希旦　　浙江瑞安人。《礼记集解》六十一卷,首附行述,末
　　附《顾命解》一篇,十六本。

张振夔　　浙江永嘉人。《介轩诗抄》十卷,首附墓志,《文钞》
　　八卷,《外集》二卷,附行状,共六本。

右二人,著述书籍共四种,二十二本。

同治《徐州府志》二十五卷,十二本。

光绪《通州直隶州志》十六卷,十六本。

嘉庆《高邮州志》十二卷,十六本。

道光《泰州志》三十六卷《刊谬》二卷,共十二本。

同治《上元江宁两县志》二十九卷,十二本。

光绪《高淳县志》二十八卷,十本。

光绪《青浦县志》三十卷,十二本。

光绪《无锡金匮两县志》四十卷,二十本。

光绪《甘泉县志》二十卷，二十本。

道光《铜山县志》二十四卷，十二本。

右府州县志书共十一部，一百四十二本。

# 札上元学①

钦命兵部左侍郎江苏督学部院黄为札饬查取事。

前据上元举人秦际唐等呈,为采访耆旧事实恭求咨送事,窃举人等伏读示谕,案奉国史馆现在续纂儒林、文苑、循吏、孝友各传,咨行直省录送行实,其有著述一并查取咨送等因。举人等谨将上、江两县拟入儒林程廷祚等五人,拟入文苑管同等三人,拟入循吏罗凤仪等二人,生平行事及著述叙录缮成清册,呈请咨送史馆。其各人所著书籍,兵燹之后大半丛残等因前来。

本部院查核所呈,各人均在应行咨报之列。惟前准国史馆移会,应入儒林、文苑诸人,总以著述书籍为凭。近又接准国史馆移会,凡著书不能刻,或刻而未盛行者,令地方官筹资录送等因,业经通饬遵办在案。查各人著述虽复大半丛残,传本亦尚不乏,仰该学教官会同江宁学教官传齐该举人等,将发去采访册五本分给阅看,并谕令向各人家属及该郡邑藏书家加意访求,或写或印或购,其资价均向地方官请领,务得遗著以凭送馆,庶足备采纂而资表彰。如一人之书存少佚多,或数人之书此存彼佚,实难求备,仰将现存各书由学申递,本部院当于第二次汇咨时,将事实、著述一并送馆也。

---

① 《敬乡楼丛书》本题下注:"光绪九年二月查取程廷祚等遗著。"

切切,毋延。特札。

计发采访册五本。

右札上元学。

光绪九年二月　日。

# 批丹徒学①

钦命兵部左侍郎江苏督学部院黄批。

据呈张崇兰、柳荣宗、张宗海、戴棠、戴楫、颜锡名等所著书十种并事实册一扣，详请鉴核等情。检各书，或经或史或子或集，或撰著或编辑，学各不同，所造之境深浅纯驳亦复互异。张崇兰《古文尚书私议》操阎、惠之戈，《悔庐文钞》张汪、方之帜，柳荣宗《说文引经考异》破段氏之拘、补钱氏之缺。三书皆戛戛独造，决当汇案咨送。颜锡名《春秋后传》渊源毛氏，去取未尽精当，所著别有《三传求归类纂》《屈骚求志》各书，俟续送前来，再行核夺。张宗海《五代兵略》，戴楫《薛子条贯篇》，并采纂之书，豹管一斑，无从窥其全业。事实册据《丹徒新志》称张宗海著述甚富，所著究尚有何书？戴楫举咸丰初元孝廉方正，与陈奂、罗士琳齐名。陈、罗经算卓然名家，楫之理学更有何不刊之作？均应逐细查明。柳荣宗《尚书解诂》著未卒业，李玉贵《考异序》称其《尧典·皋陶谟》钩稽今文家说，体大思精，为江氏、孙氏书疏所未及。《尧典·皋陶谟解诂》似已成卷，此外不知续有何篇？沈氏《尚书小疏》止于《禹贡》，前传据以列目，是书既出江、孙二疏之右，零篇散帙自未便任其就湮，又

---

① 《敬乡楼丛书》本题下注："光绪九年四月据呈张崇兰等书籍由。"

《新志》称所释《尔雅》《说文》及《群经异字音义》皆典据确实,《尔雅》及《群经异字音义》诸书,亦当一体甄录。

柳兴宗,计是荣宗之兄若弟,所著《穀梁大义述》已有刻本,但流布未广。其原书闻本名《穀梁大义》,卷帙繁重,视《大义述》倍至十九,兴宗晚年衰耄,未遑删定,稿本具存家塾,近该县人犹及见之。又所著别有《三家诗论》,发明微言大义,亦未脱稿。该学既及其姓氏,自必识其子孙,寻根讨源,搜求务获,表章之责,匪异人任。

前传列江苏儒林三十人,文苑二十一人,镇江不居其一。近段氏奋起金坛,丹徒、丹阳、溧阳三县又无其偶,名流阒寂,里乘无光,得以上各书汇为一录,则攻孔、刘,抗陈、冯,与乾隆、嘉庆诸老先生相厄为难者,尽在该邑矣!

原详以柳兴宗为嘉庆间士,又以其著作遭难散失,皆不根之言,传闻或歧,务核其实,觅后即照章移县筹资办理。稿本多条缀件系,丹黄钩乙,未易从事,该学中有淹通经术之士,酌择一二司校。其书或未装订,切不可任意移乱,亦不得逞笔妄改。毕工即取具事实册及前项各书一并送呈。张宗海、戴桾所著亦随文声覆,张崇兰《悔庐经说》、戴桾《小学人子礼》零不成书,发还折存。

右批丹徒学。

光绪九年四月　　日。

# 批溧阳学①

钦命兵部左侍郎江苏督学部院黄批。

据呈故举人周炳中所著《四书典故辨正》二十五卷并事实册一扣，详请核送史馆等情。查《辨正》曾引见焦氏《孟子正义》，其书虽不逮凌氏《典故核》之精确，例以前传列任启运，似亦可存案备咨，惟任氏遗书种部繁多，是编孤弦独张，恐不免因之见绌。事实册称所著有《石经考》《读书录》《字书韵书合考》《诗礼合考》《四书人物冢墓考》《毛郑诗考》《四书臆解》《溧志刊误补遗》《言性图说》《读书书后》《名字录》《答问录》《犹贤录》《施注苏诗补正》等书，原稿业毁于兵，其传抄各本有无一二流布在外？合再访求。

彭光斗《辨正序》称故处士岩尹芮先生潜居讲学，所著有《匏瓜录》，剟经缉史。岩尹芮先生何人？《匏瓜录》尚有传本否？狄子奇所笺《国策地名考》已刻入《粤雅堂丛书》，其他著若何？一并查覆。

右批溧阳学。

光绪九年四月　日。

---

① 《敬乡楼丛书》本题下注："光绪九年四月据呈周炳中所著书由。"

# 札无锡学①

钦命兵部左侍郎江苏督学部院黄为札知事。

照得本部院前准国史馆文移，访求积学笃行及立官清廉、政绩卓著者，备儒林、文苑、循吏、孝友四传之选，檄府转饬遵办。嗣据该学采列儒林秦松岱、秦道然、华希闵三人，文苑顾贞观、杜诏、杨度汪、浦起龙、杨芳灿、杨揆、周有壬七人，循吏秦沆、秦缃武、蒋大镛三人，孝友孙希朱、许鹏远二人，造具清册呈请先行核定。

查册文全据新修《县志》，根本前言，自无虚美，惟钩考间有未尽。华希闵、杜诏并见《鹤征后录》。华希闵喑抚吴张公于润州，在康熙乙未，时噶礼已就戮，清恪坐劾，牟钦元逮讯，非缘互揭之案。希闵至，请室不得入，语侵制府，归后倡议焚部使者张文端生祠，为赫寿所侦，几不免，非上书斥之。杜诏会试不第，以能诗特赐一体殿试，因入词馆，非成进士改庶吉士。此皆《志》误而册承之者。秦松岱著《易学晰微》、杨揆著《卫藏纪闻》、孙希朱著《仰晦文集》《幼仪辑略》《劝戒赘言》《身范省身格》《读书札记》《书堂贴壁志》，并收入"艺文"，册未之载。秦松岱无其他撰述，《易学》一书乃硕果仅存，不应不录。杨揆《卫藏纪闻》亦边陲小志，削之无说。孙希朱虽

---

① 《敬乡楼丛书》本题下注："光绪九年五月厘正华希闵等事实并访遗著。"

列孝友，所著《身范》各篇，实是儒者之言。详行略文，于例亦隘。此则《志》不误而册失之者。

又，册外尚有应补者四人，待考者一人。张夏，为高世泰入室弟子，后为东林大师，当与秦松岱一体甄别。华玉纯，与顾栋高共成《春秋大事表》，又尝难浦起龙《读杜心解》。杨作枚，从梅文鼎讲习算术，所著《解割圜之根》即附梅书以行，依例推寻，亦宜并及。孝友传无可援比，秦瑞熙曾奉旨配享双孝祠，又曾特颁"孝友传家"匾额，天语辉煌，定评斯在。四人并当补勒事状，合并具陈。

志或不详，参之旁籍。至华学泉见称高愈，亦号通儒，方拟前修，未堪轩轾。惟辞张清恪延主东林讲席一事，《志》与《先正事略》互歧，所著《读易偶存》诸书，事略亦系之高愈。孰非孰是，须事根稽。

以上各条，关系网罗得失，摭述异同，除将原册发还，合行札谕。札到该学，即审照前因详加厘正。其遗著务按目搜辑，或应付胥抄录，或给资购印，均照章移县筹办，毋虚张靡费，亦不得草率了篇。事集即备文申送，以便汇案转咨。切切。

右札无锡县。

光绪玖年五月初四日。

# 札阳湖学①

钦命兵部左侍郎江苏督学部院黄为札知事。

照得本部院前准国史馆文称，现办儒林、文苑、循吏、孝友列传，深恐穷经笃行之士，或著书不能刻，或刻而未盛行者，终归湮没，移令各学教官采访呈上等因，檄府转饬遵办。嗣据该学呈送董祐诚、董贻清所著书籍并事实清册，又据武进县呈送李兆洛遗书，请察核转咨，业经本部院于正月间汇案列送。现在各县呈报，续得十有馀人，而太仓、镇洋，又别撰《备采录》一编，先呈《例言》六则。嘉定复经本部院专札调取，凡书三百馀种，为卷一千有奇，俟汇集前来，即当备咨续送。

查该县亦素称人文渊薮，乾隆、嘉庆之际，魁儒杰士，相继朋兴。若庄述祖、庄有可、孙星衍、洪亮吉，著述之富几与钱氏相埒。武进则臧庸、张惠言《拜经》《茗柯》诸刻，宏编巨籍，并久已彪炳艺林。又庄逢原、庄绥甲、洪饴孙、洪齮孙、张成孙，俱家学相承，赵翼、赵怀玉、黄景仁、刘嗣绾、恽敬、陆继辂、董士锡，亦文章名世。至于恽日初、杨椿、杨方达、钱人麟、郑环、汤洽名、蒋曰豫，或彰美于前，或传盛于后。凡诸撰作，各具一长，珊网宏开，悉当甄采。

---

① 《敬乡楼丛书》本题下注："光绪九年五月访求恽日初等遗书。"

自前报以来,淹及半载,表章之册,未据续登。检方志载列艺文,存者尚逾大半,自非仿照嘉定专札调取,恐观望迁延,不足以资集事。除明白开单,并摘录《例言》二则附发外,合行札饬。札到该学,即会同武进学合并程办。其书或系孤本应付胥录副,及有藏板应刷印,无藏板应购买者,均照章移县给资。务宜实力奉行,搜求必获,孤本书尤当慎重。该学中有通晓小学之士,酌择一二,俾司雠校。事集即申送,以便汇咨。毋虚张靡费,亦不得草率了篇。切切。特札。

计粘单

右札阳湖学。

光绪玖年五月 日。

计开

恽日初

　　《见则堂四书讲义》、《见则堂语录》、《驳陆桴亭论性书》一卷、《见则堂古文集》、《野乘》五卷①。

杨　椿

　　《古今类纂》、《孟邻堂文集》十六卷。

杨述曾

　　《南圃文钞》二十卷。

杨方达

　　《正蒙集说》十二卷。

钱人麟

---

① 　底本原文两书间以空格区分者,加顿号,底本两书无空间不区分者,不加顿号,下同。

《易赞》二卷、《易古音》一卷、《毛诗古音》一卷、《东林记事》四卷、《东林十二目》一卷、《龙城书院志》二卷、《太湖风土记》一卷、《历代职官考》四卷、《明臣谥法考》二卷、《师思斋札记》一卷、《闽南风土记》一卷、《铸庵杂识》一卷、《借翁存稿》二卷《续稿》一卷、《师思斋文集》。

庄述祖

《珍艺宧遗书》。

庄逢源

《郑笺正谬》二卷、《杂雅》一卷、《春秋三传补正》二卷。

庄有可

《周易原本订正》二卷、《周易集说》七卷、《易义条析》一卷、《卦序别臆》一卷、《删辑周易玩辞》二卷《异文》一卷《文字异同考》一卷、《尚书今文集注》六卷《序说》二卷、《毛诗说》五卷《说蕴》四卷《序说》一卷《异文》二卷《字义》五卷、《周官集说》十二卷《考工记集说》一卷、《周官指掌》五卷、《仪礼丧服分释图表》二卷、《礼记集说》四十九卷、《礼笺校正》一卷、《春秋注解》十六卷、《春秋字数义》一百四卷《地名考》二卷《人名考》二卷《人伦考》二卷《爵官考》二卷《天道义》九十四卷《人伦义》五十六卷《地理义》十五卷《人事义》一卷《人名义》二卷《谥义》一卷《氏族义》二卷《礼事义》二卷《慎终义》四卷《邦交义》五卷《慎行义》二卷《兵争义》二卷、《春秋定本》一卷《经文讹异辨正》一卷、《春秋小学》七卷附《异文小学》一卷《字义本》四卷、《各经传记小学》十四卷、《传记不载说文馀字》三卷、《慕良杂纂》。

庄绶甲

> 《周易古本》一卷、《尚书考异》三卷、《释书名》一卷、《拾遗补艺斋文钞》一卷《诗钞》一卷、《周官礼郑氏注笺》十卷。此目据《书目答问》增。

孙星衍

> 《岱南阁丛书》、《平津馆丛书》、《史记天官书考证》十卷。据《挛经室集》增。

孙星海

> 《广复古编》三十卷。

洪亮吉

> 《北江全集》。

洪饴孙

> 《史目表》二卷、《三国职官表》三卷、《毗陵经籍志》四卷、《世本辑补》十卷、《青埵山人诗集》八卷、《续汉书艺文志》、《汉书地理志考证》、《隋书经籍志考证》。以上三目，据洪用勤所述《授经堂未刊书目》增。

洪齮孙

> 《补梁疆域志》三卷、《战国地名备考》、《纯则斋骈体文》三十六篇、《诗集》八卷。以上三目，亦据《授经堂未刊书目》增。

郑　环

> 《周易观象》二卷、《愿学斋经说》二卷、《十三经考证异同》二十卷、《石经文注释》一卷、《竹书纪年考证》四卷、《孔子世家考》二卷、《仲尼弟子列传考证》一卷、《历代释奠祭祀典礼考》一卷、《愿学斋杂录》十卷、《老子本义》二

卷、《愿学斋集》。

张惠言

　　《茗柯全书》、《仪礼图》六卷、《说文谐声谱》二十四卷。

张　琦

　　《战国策释地》二卷、《兵家杂著》一卷、《素问释义》十卷、《本草述录》六卷、《宛邻杂著》一卷。

张成孙

　　《端虚勉一斋集》。

刘逢禄

　　《虞氏易言补》一卷、《周易虞氏变通表》《象象观变表》《六爻发挥旁通表》《卦象观变表》《卦象阴阳大义》、《尚书古今文集解》三十卷、《书序述闻》一卷、《禘义》一卷、《夏时经传笺》一卷、《公羊议礼》、《诗声衍》二十八卷。

臧　庸

　　《诗经小学录》四卷、《周礼贾马注》、《月令杂说》一卷、《乐记二十三篇注》一卷、《王肃注蔡氏月令章句》、《卢氏礼记解诂》一卷、《仪礼丧服马王注》、《孝经考异》一卷、《尔雅汉注》三卷、《服虔通俗文》一卷、《汉书音义》三卷、《孝经郑氏解辑》一卷。*此目据《知不足斋丛书》增。*

臧礼堂

　　《说文纂补》、《说文引经考》二卷。*此目据《答问》增。*

汤洽名

　　《榖梁春秋例》一卷、《句股算指》一卷、《太初术长编》二卷、《汉书分野星度斠误》一卷、《溯研斋诗》六卷。

蒋曰豫

《诗经异文》四卷、《韩诗辑》一卷、《月令章句月令校证》、
《论语集解校补》一卷、《两汉传经表》二卷、《离骚释韵》
一卷、《两汉条记》、《问奇堂文集》二卷、《诗集》二卷《续
集》。

赵　翼

《瓯北全集》。

赵怀玉

《韩诗外传补逸》一卷、《云溪乐府》二卷、《亦有生斋诗
集》三十二卷《文集》二十卷《续集》六卷、《亦有生斋自述
年谱》二卷、《舲窗随笔》、《病馀纪述》。

黄景仁

《两当轩集》二十卷、《悔存斋诗》八卷。

刘嗣绾

《尚𬘡堂诗集》五十二卷、《骈体文》二卷、《文稿》。

恽　敬

《大云山房初集》四卷《二集》四卷、《言事》二卷、《子居决
事》四卷、《十二章图说》、《古今首服图说》。

陆继辂

《合肥札记》十二卷、《崇百药斋诗文集初集》二十卷《续
集》四卷《三集》十二卷。

陆耀遹

《论语辨义》、《论语注》一卷、《乡党考》一卷、《续金石萃
编》、《画墁剩稿文集》八卷、《双白燕堂诗集》八卷、《集唐
诗》二卷。

董士锡

《齐物论斋集》二十二卷、《遁甲因是录》二卷。

以上各书并据新修《县志》"存目"录列，间以见闻所及增益一二，其已收入《四库全书提要》及《皇清经解》中者，概从省略。呈报时但撮举大要，叙入事实册中可耳。佚者亦例此。

庄选辰

《史考》。

臧　相

《汉学师承记》。

以上二目，并据《县志》"人物传"，《史考》未卒业，《师承记》不审如何，稿本若存，无论完阙，一并录上。

洪　孙

《禹贡地名疏证》、《齐云山馆文》甲乙集各四卷、《诗集》十二卷。

以上三目，据洪用勤所录《授经堂未刊书目录》，称幼怀先生著述，幼怀不审何名，稿本似尚存，与饴孙、龆孙书当并录。

庄　炘

庄逵吉

以上二人，《志》称其富于著述，"艺文类"不详，惟载庄逵吉词曲二种。《先正事略》云庄炘有《淮南子补注》，今《十子全书》中所刻乃庄逵古校本，未审即一书否？庄炘有政绩，可具事实呈送，其遗目或有见于家传、行状、墓碣中者，悉录列毋略。

节录太仓、镇洋所呈《备采录·例言》二则：

一、诸先哲事实，有载入《江南通志》《太仓直隶州志》《镇洋县志》《壬癸志稿》及《诗钞小传》《鹤征录》《文献征存录》《先正事略》《娄东耆旧传》等书者，悉行采录。其馀寿序、家传、行状、墓志、祭文之类,凡散见名人集中,及附见本人著述前后者,亦皆录入。

一、诸先哲著述,有收入《四库全书》者,各书提要先行恭录。此外,有名人叙跋及本人叙述,或散见于他书,或附见于本书者,悉皆录入。

# 札嘉定学<sup>①</sup>

钦命兵部左侍郎江苏督学部院黄为札取事。

照得本部院前接国史馆文称,现办儒林、文苑、循吏、孝友列传,移会于轺车来往之时,明示各学教官采访呈上,并示各地方官一体筹资录送等因。业经查照乾隆年间采进遗书章程,咨请爵阁督部堂、抚部院通饬遵办,并札太仓州转行该学在案。现在按行兹部别刊《呈报条例》,谕令绅耆生监等各举所知外,合就见闻所及先事搜求。

查嘉定乃江南文薮之区,乾嘉以来,巨儒辈出,析疑钩奥,著作如林。前传已列严衍、钱大昕、钱塘、张鹏翀、孙致弥,暨循吏李赓芸六人。其王鸣盛以下诸人时代稍悬,尚虚甄录。又陆元辅为国初名宿,张云章亦理学硕徒,赵俞、张大受淹擅词章,与张鹏翀、孙致弥颉颃相亚,揆之史例,并应录送备裁。检新志艺文,陆元辅、张云章、王鸣盛,下至时曰醇,共著录二百有三种,赵俞、张大受及曹仁虎,著录十有二种。或存或佚,具已略见一斑。今按目分别开单,程求遗籍。除陆元辅所著《合订删补大易集义粹言》《礼记陈氏集说补正》、赵俞所著《绀寒亭诗集》《文集》已收入《钦定四库全书

---

提要》,王鸣盛所著《尚书后案》《周礼军赋说》已汇刻阮文达所进《皇清经解》中,无庸续送外,所有应采各书,合行札取。札到该学,即遵照定章妥速筹办,已刻有藏板者就家印订,无藏板须录副者就家写校,均酌核卷页字数,移请地方官给发资价,取具领结存案。其愿出资自办者听。若书在坊肆出售,士子等无力营购,径请官为购送,无庸再责其具呈。

单内略分正、存二目,前列者为正录,末后另行低二格者为存录。正录务期搜括靡遗,存录次之。正录又以未刻书为重,凡孤本无论完阙概行录副。书中文字点画易差,小学书转写尤难,诸生中有通晓古义者,酌择数人俾司校订。成后备具履历事实清册陆续申送,本部院拟于第二次汇案咨馆。事关表彰学行,振兴世教,切宜实力奉行,以仰副朝廷盛意,毋得推诿草率,玩忽迁延。稿本现存何所,此外有无别本,统于申送时声明,已佚者注明访自何人,其未及者一并汇呈,以备察核。切切,毋违。特札。

计粘单

右札嘉定学。

光绪九年七月　日。

陆元辅

《易学折衷》十二卷、《仪礼集说》、《十三经辨疑》十卷、《争光录》三卷、《续经籍考》、《思诚录》五卷、《菊隐纪闻》十六卷、《菊隐诗文集》二十四卷。

《十三经注疏类抄》四十卷、《菊隐诗选》。

张云章

《朴村文集》二十四卷、《续集》八卷。

《诗集》十三卷、《续集》二卷、《冷吟集》、《咏南北史诗》二卷、《燕台赠别集》。

王鸣盛

《十七史商榷》一百卷、《蛾术编》九十五卷、《西沚诗文集》四十卷、《始存稿》三十卷。

《日下集》一卷、《竹素园诗》三卷、《练川杂咏》。

钱大昭

《诗古训》十二卷、《尔雅释文补》三卷、《经说》十卷、《广雅疏证》二十四卷、《说文统释》六十卷、《信古编》十卷、《两汉书释疑》四十四卷、《后汉书补表》八卷、《后汉书郡国令长考》一卷、《三国志辨疑》三卷、《补续汉书艺文志》二卷、《嘉定金石文字记》四卷、《可庐著述十种叙例》《尊闻斋杂识》六卷、《尊闻斋文集》六卷。

《诗集》四卷、《集杜诗》三卷、《得自怡斋诗集》四卷、《海岱纪游》四卷。

钱　坫

《诗音表》一卷、《车制考》一卷、《内则注》三卷、《论语后录》五卷、《尔雅释义》十卷、《释地以下四篇注》一卷①、《十经文字通正书》十四卷、《说文解字斠诠》十四卷、《异语》四卷、《异音》七卷、《史记补注》一百三十卷、《汉书十表注》十卷、《新斠注汉书地理志》十六卷、《圣贤冢墓考》一卷、《古器款识考》四卷。

《镜铭集录》四卷、《篆人录》八卷。

----

① 　底本合"《尔雅释义》十卷""《释地以下四篇注》一卷"为一目，疑非，《续修四库全书·经部·小学类》收有钱坫《尔雅古义》二卷、《尔雅释地四篇注》一卷。

钱东垣

《孟子解谊》十四卷、《郑志》三卷《附录》一卷、《小尔雅校证》二卷、《稽古录辨讹》一卷、《列代建元表》十卷、《建元类聚考》二卷、《补经义考稿》、《青华阁帖考异》三卷《丰宫瓦当文考》一卷、《既勤七种叙例》、《勤有堂文集》六卷。

《吴兴著述类聚》、《钱志》二卷、《诗集》六卷。

钱　绎

《尔雅疏证》十九卷、《十三经断句考》十三卷、《说文解字读若考》三卷《阙疑补》一卷、《训诂类纂》一百六卷、《方言笺疏》十三卷、《释大》《释小》各一卷、《释曲》一卷。

《信芳馆印存》四卷。

钱　侗

《孟子正义》十四卷、《日本孝经郑注校刊》、《九经补韵考》二卷、《说文音韵表》五卷、《说文重文小笺》二卷、《说文孳乳表》二卷、《方言义证》六卷《释声》八卷、《群经古音钩沉》四卷《正名录》四卷、《至圣世系表》一卷、《崇文总目集释》、《金石录》四十卷、《续隶续》三卷、《读书日流》十卷、《赵堂日记》四卷、《历代钱币图考》十二卷、《客杭日记》二卷、《乐斯堂诗文集》十二卷。

《吴语诠》六卷、《乐斯堂印存》三卷、《古钱待访录》二卷、《集古印证》八卷、《蓬莱山馆诗草》一卷、《乐斯堂词》一卷。

钱师徵

《五代史补注》、《金石文字管见录》二卷。

《汉玉刚卯考》一卷。

钱师慎

《说文系传刊误》二卷。

《许庭诗稿》一卷《词》《赋》各二卷。

钱庆曾

《古今文字假借考》四十九卷、《说文部居表》三卷、《隶
通》二卷、《蒙雅》一卷、《方名别考》一卷、《采访录》三卷、
《鱼衣廛文稿》二卷。

《鱼衣廛随笔》、《养疴杂志》二卷、《馈贫粮》一卷、《诗稿》
二卷、《酬世集》一卷、《周甲诗》一卷、《鱼衣廛词稿》一
卷、《浯溪居士年谱》一卷。

汪 炤

《毛诗训诂考》八卷、《齐鲁韩诗义证》六卷、《大戴礼解
诂》十三卷《目录》一卷《附录》一卷、《古石琅玕》二十卷、
《东汉石刻》二十卷、《玉海珠船》六卷、《陶春馆诗文集》
十二卷。

《陶春馆印谱》四卷、《韩城志》二卷、《四六丛说》四卷、
《词话九卷》。

赵晓荣

《夏小正辑注》一卷、《三国阐微》二卷、《南北史宰相表》
二卷、《宋史宰相表》二卷、《历代帝王纪略》二卷、《嫪城
献录》一卷、《石冈文献录》二卷、《甲子纪元》二卷、《巢谨
录见》四十卷、《古今同姓名录》四卷。

《廜古诗钞》十二卷、《雪携斋骈体文》八卷、《苔岑集》二
卷《木瓜集》二卷、《郈云词》一卷。

诸廷槐

《唐节度使表补》八卷、《啸雪斋文集》四卷。

《啸雪斋诗集》六卷。

诸仁勋

《春秋释地》五卷、《后汉书三公补表》一卷、《后汉书诸侯王世系补表》三卷。

《啸雪斋稿》一卷、《海上集》一卷。

王初桐

《鲁齐韩诗谱》四卷、《夏小正正讹》一卷、《开元礼正讹》四卷、《尔雅郑樵注纠谬》一卷、《五经文字九经字样考证》一卷、《五雅蛾术》一百六十卷、《译雅》六卷、《西域尔雅》一卷、《演雅》四十二卷、《资治通鉴考证》一卷、《续资治通鉴长编考证》一卷、《路史正讹》三卷、《水经注补正》一卷、《群书经眼录》六十卷、《著书纪年》一卷、《京邸校书录》四卷、《畜德录》九卷、《开元占经正讹》十二卷、《说郛正讹》五卷、《意林考证》五卷。

《寿光县志》二十卷、《纪纪》十卷、《西山纪游》《龙洞佛峪纪游》《西湖纪游》各一卷、《北游日记》四卷、《泰山游记》七卷、《方泰志》三卷、《猫乘》八卷、《蝶谱》九卷、《金鱼谱》一卷、《灌园漫笔》一卷、《归田杂录》三卷、《奁史》一百卷《拾遗》一卷、《白门集》《十二河山集》各二卷、《金台集》一卷、《海右集》四卷、《济南竹枝词》一卷、《百花吟》一卷、《古香堂文薮》《柔乡新咏》《东山祝嘏九成乐曲》九卷、《红豆痴侬绝妙词》十卷、《选声集》二卷、《红犁翠竹山房词》一卷、《新乐府》一卷。

徐文范

 《廿二史目录异同》四卷、《东晋南北朝舆地表》十三卷《州郡表》六卷《郡县表》十二卷、《历代州郡考略》十卷、《舆地考略》八卷、《钱门塘市记》一卷、《同邑著述叙跋》十六卷、《菊窗闲录》八卷、《荷田消暑录》十六卷、《杏雨斋日钞》、《史外纪闻》六卷、《吟云检箧录》。

金日追

 《仪礼注疏正讹》十七卷、《十三经文字异同考》。

陈诗庭

 《读书证疑》六卷、《说文声义》八卷、《读书琐记》四卷、《深柳居诗文集》六卷。

陈　璖

 《六九斋撰述稿》、《韩诗外传疏证》十卷、《说文引经考证》八卷、《国语翼注》六卷、《九章直指》。

 《六九斋诗稿》。

吴凌云

 《十三经考异》十六卷、《说文形声会元》、《说文解》三卷、《广韵解》一卷。

毛际盛

 《说文解字述谊》一卷、《说文新附通谊》一卷、《开成石经考异》一卷、《山邨子文稿》四卷。

 《雪坪诗草》八卷、《登岱草》、《楚游草》。

毛岳生

 《元史考正稿》、《休复堂诗文集》各六卷附《元后妃公主传》一卷。

瞿中溶

《说文地名考异》一卷、《三体石经辨证》一卷、《吴郡金石志》、《古泉山馆金石文编》、《彝器图录》、《奕载堂文集》二卷。

《古泉山馆印存》、《百镜轩图录》二卷、《钱志补》《钱志续》各二卷。《古官印考证》、《诗集》十卷、《苌生子年谱》。

朱日佩

《毛诗补义》、《春秋官职略》十六卷、《四书旧文考证》三十六卷、《孝经旧文考证》二卷、《说文检字捷法》一卷、《越绝书注》二卷、《古刻丛钞文字考略》二卷、《元包文字考略》一卷、《碧云居丛说》十六卷《续》六卷、《瓮牖闲评正误》二卷、《钱门初集》十卷《续集》十二卷。

《碧云居诗稿》。

黄汝成

《春秋外传疏》、《日知录集释》三十二卷《刊误》二卷《续刊误》二卷、《古今岁实朔实考校补》二卷、《袖海楼文集》六卷。

朱右曾

《周书集训校释》十卷、《诗地理征》、《春秋左传地理征》二十卷、《左氏传解谊》三十卷、《汉书郡国志补校》、《汲冢纪年存真》、《春晖堂古文》四卷。

《吟草》八卷附《诗馀》十七阕。

王映江

《顾命考辨》二卷、《康王之诰考辨》二卷。

王宗涑

《周五礼考辨》、《考工记轮舆辀车考辨》八卷、《匠人职考辨》四卷、《说文刊误》四卷《原声》二卷《会通》一卷《笺疏》二卷《声系图说》五卷、《仓史居杂著》。

时曰醇

《百鸡术衍》二卷、《求一术指》、《今有术申》。

赵　俞

《治陶纪实》一卷。

张大受

《匠门诗文集》三十卷、《清溪集》。

曹仁虎

《咏典堂集》十二卷、《习庵诗稿》二卷、《刻烛集》一卷、《炙砚集》一卷、《辕韶集》六卷、《鸣春集》四卷附《二十四气七十二候考》。

# 札海州学①

钦命兵部左侍郎江苏督学部院黄为札取事。

照得本部院前接国史馆文称,现办儒林、文苑、循吏、孝友列传,深恐穷经笃行之士,或著书不能刻,或刻而未盛行者,终归湮没,移令各学教官采访呈上,并示各地方官一体筹资录送等因。业经查照乾隆年间采进遗书章程,咨请爵阁督部堂、抚部院②通饬遵办,并檄海州转行该学在案。

兹查该州故举人许桂林,研经习纬,博极群书,学行渊纯,足当儒林之选,所著《易确》二十卷、《春秋穀梁传时月日释例》四卷、《宣西通》三卷、《算牖》四卷,并已刊刻行世。其《毛传后笺》八卷、《春秋三传地名考证》六卷、《汉世别本礼记长义》四卷、《大学中庸讲义》二卷、《四书因论》二卷、《许氏说音》十二卷、《说文后解》十卷、《太元后知》六卷、《参同契金堤大义》二卷、《步纬简明法》一卷、《立天元一导窾》四卷、《擢对》八卷、《半古丛钞》八卷、《味无味斋文集》八卷《外集》四卷、《诗集》二十六卷《外集》八卷、《骈体文》四卷、《壹籁词》二卷,俱藏稿于家,未经传布,合行甄送,以备采择。为此专札调取,札到该学,即传谕该举人子孙,令将所遗著述悉数

---

① 《敬乡楼丛书》本题下注:"光绪九年八月访求许桂林等遗书。"
② "爵阁督部堂、抚部院"底本作"爵阁督部院堂"。

呈上。其或藏本已罄须官为装印，及书无副册须饬胥缮录者，均照章申请，本州给予资价，务期实力程办，校雠精善。事集迅具事实清册赍送前来，本部院当于第二次案内汇咨。毋延缓，毋疏略，切切。特札。

右札海州学。

光绪九年八月　日。

# 札镇江丹徒府县二学①

钦命兵部左侍郎江苏督学部院黄为札知事。

据该学呈柳兴恩《穀梁大义述》、颜锡名《春秋三传求归类纂》《屈骚求志》、鲍皋《海门诗钞》四书，请核咨史馆，并请将前次所呈戴棠《周易郑氏爻辰补》、戴楫《纯甫古文钞》二书一体批示等情。

颜锡名《春秋后传》前已略摭其端，《三传求归》别为条例，断断辩说，自信益坚。昔人谓啖助、赵匡凭私臆决，卢全撰述阁束群书。由斯以言，钻研非易，遗经独抱，未即名家。《屈骚求志》乃《楚辞灯》之流，采列艺文，宜更有进。戴棠《郑氏爻辰补》、戴楫《纯甫古文钞》，前批简言约旨，具于《薛子条贯篇》中。该禀所称，似疏寻究。

江苏人文渊薮，家握灵蛇，自非魁儒，曷登斯选。戴楫以前膺征辟，骖靳陈罗，循彼虚声，用烦咨度。戴棠乃其群纪一家之作，例得牵连，悬以待呈，至为矜慎。今搜遗讨逸，淹历旬时，理学名编，阙焉靡继。二书寂然无偶，难以独陈，碎璧零玑，合行持却。又张宗海《五代兵略》大体亦同，观豹之馀，不矜管见，匪云例隘，实累烦多。鲍皋《海门诗钞》定自桐城，允当甄录，惟私家传本有异官书，

___

① 《敬乡楼丛书》本题下注："光绪九年九月批呈柳兴恩等书。"

末附一编,失未裁出。

　　兹将《课选楼诗钞》十叶及《三传求归》《屈骚求志》二书,先由行次随禀缴还。其《春秋后传》《周易郑氏爻辰补》《薛子条贯篇》《纯甫古文钞》《五代兵略》等书存弄署中,俟后续发。手泽之爱,有心所同,俾各领归,无贻失坠。

　　柳兴恩《穀梁大义述》,宏纲具举,细目勿张,方之孔、刘,偏全斯别。本部院往求原稿,俱已见及于兹,据称兵乱散亡,无从收拾,吉光之集,止得以是为资。惟史例綦严,权铢度寸。曩者刘歆撰《略》,不录《方言》,班氏述儒,勿登邹、夹。近黄仪《张夏列传》,犹虚任、刘、汪、王,间从删削,无征不信,虽盛弗传,志在显扬,务期详尽,此意还为其子述之。

　　《辅治要略》一册,仅列空文,计系偶遗,仰即续送。王文治雅才清望,诗钞文集尚应录具一通。严宝镛不得其详,遗著若何,并候查覆。

　　右札镇江、丹徒府县二学。

　　光绪九年九月十二日。

# 札金坛学①

钦命兵部左侍郎江苏督学部院黄为札取事。

照得本部院前接国史馆文称,现办儒林、文苑、循吏、孝友列传,深恐山陬水澨穷经笃行之士,或身未显达,或著书不能刻,或刻而未盛行者,终归湮没,移会明示各学教官采访呈上,并示知各地方官一体筹资录送,以昭信史而阐幽光等因。业经查照乾隆年间采进遗书章程,咨请爵阁督部堂、抚部院通饬遵办,并檄镇江府转行该学在案。

现在各州举报略有端倪,查该县故四川巫山县知县段玉裁,汉学名家,例当咨纂,呈报之册尚属虚悬。除所著《古文尚书撰异》诸书已刻入《学海堂经解》《经韵楼全集》,无庸甄送外,其未刊遗稿及行状、家传、墓志、年谱等篇,合行札取。札到该学,仰即访其后裔,确细征求,零璧碎金,悉行录上。若卷帙繁重,应付胥钞,请给资需,照章移县。又,霍邱县教谕刘始兴,曾举经学,亦与词科,著有何书,一并查覆。事关巨典,切勿再延。特札。

右札金坛学。

光绪九年九月十二日。

---

① 《敬乡楼丛书》本题下注:"光绪九年九月访段玉裁等遗书。""金坛"底本作"金檀"。

# 札崇明学①

钦命兵部左侍郎江苏督学部院黄为札取事。

照得本部院前接国史馆文称,现办儒林、文苑、循吏、孝友列传,深恐山陬水澨穷经笃行之士,或身未显达,或著书不能刻,或刻而未盛行者,终归湮没,移会明示各学教官采访呈上,并示知各地方官一体筹资录送,以昭信史而阐幽光等因。业经查照乾隆年间采进遗书章程,咨请爵阁督部堂、抚部院通饬遵办,并檄太仓州转行该学在案。

现在各州举报陆续前来,惟该县尚付阙如,深恐淹久或忘,致遗美善。查故直隶万全县知县施彦士,究心实学,著有成书,闻见所周,合行札取。札到该学,仰即访其家属,将所著《求己堂八种》及家传、行状、墓志等篇一并搜辑呈上。其书或应装印,或须录副,均照章移县给予资价。本部院当于第二次汇案咨送。毋得再延,切切。特札。

右札崇明学。

光绪九年九月十二日。

---

① 《敬乡楼丛书》本题下注:“光绪九年九月十二日访施彦士遗书。”

# 札兴化学①

钦命兵部左侍郎江苏督学部院黄为札取事。

照得本部院前接国史馆文移,现办儒林、文苑、循吏、孝友列传,深恐山陬水澨穷经笃行之士,或著书不能刻,或刻而未盛行者,终归湮没,移会于辒车来往之时,明示各学教官采访呈上,并示各地方官一体筹资录送等因,业经饬府转行该学在案。

兹查该县故御史任大椿,究心经史,长于名物,所著有《弁服释例》八卷、《深衣释例》三卷、《释缯》一卷、《吴越备史注》二十卷、《小学钩沉》二十卷、《字林考逸》八卷、《列子释文考异》一卷、《诗集》六卷。族弟震泽籍生员任兆麟,亦钻研古籍,著有《心斋十种》,其《夏小正注》一书,为王光禄鸣盛所推服,《字林考逸补正》及《孟子时事略》并有功考证。进士顾九苞通《毛诗》《三礼》,书阙不具。其子副贡顾凤毛著有《毛诗集解》《楚辞韵考》《入声韵考》《董子求雨考》,江监生藩采入《汉学师承记》。数人俱英声凤擅,茂实克腾,抉剔爬罗,似难割弃。

今拟以任大椿续送儒林、文苑,以任兆麟、顾九苞父子附之,广维扬文献之征,备该邑艺林之选。除任大椿《弁服释例》《释缯》二

---

① 《敬乡楼丛书》本题下注:"光绪九年九月访任大椿等遗书。"

书已刻入《学海堂经解》，无庸征录外，其馀各书合行札取。札到该学，即传谕诸生，令其按照前目悉心搜访。其书或已刊布，或未梓行，应购应印应付胥钞，俱照章移县请资。务期综括靡遗，校雠尽善，事集即造具事实清册，备文申送。其循吏、孝友，有经名人论定，足副斯选者，亦一并附及焉。切切，毋延。特札。

右札兴化学。

光绪九年九月十七日。

# 札仪征学①

钦命兵部左侍郎江苏督学部院黄为札取事。

照得本部院前准国史馆文移,访求积学笃行及立官清廉、政绩卓著者,备儒林、文苑、循吏、孝友四传之选,檄府转饬遵办。嗣据该县呈报刘文淇、刘毓崧、方申三人,又据江都、甘泉、宝应三县呈报凌曙、薛寿、殷如璧、刘台拱四人,业经汇案咨送。现在按临兹郡,正期搜括无遗,乃旬日以来寂寥寡应。宝应之册,虚列书名;广陵文征,谁为续辑?

查江都、甘泉、高邮三县②,实江南文薮之区,乾隆以来,魁奇辈出,若王念孙之训诂,汪中之词章,罗士琳之术算,并卓然成就,各自名家。该县虽未能追美彼都,然自刘文淇以外,究心朴学,未尝无人,若《汉学师承记》所载之江德③量、汪光爔、许珩,非皆攻苦独得者乎!《湖海诗文传》之江恂、汪棣、施朝斡,则淹有词翰,或著循声,振滞发幽,所宜兼采。又汪铮、戴清著有《三礼三传考证》《史记说苑新序正误》诸书,载见《扬州府续志》,其书指归奚若,亦应索取一观。阮亨之《瀛舟笔谈》《淮海英灵续集》,一方之文献存焉,取备

---

① 《敬乡楼丛书》本题下注:"光绪九年九月访求江恂等遗书。"
② 底本作"江、甘、高邮三县",据《敬乡楼丛书》本补。
③ "德",底本作"得",误。后文作"江德量"。

稽查,事尤切要。

今因依志目,逐细开单,征调群书,合行札饬。札到该学,即传谕各生搜辑呈上。其书或购或印,或饬胥录副,均照章移县请资,务期纤悉不遗,网罗毕备。至阮常生、阮福,应附阮文达传,所著各书,无庸旁及。若循吏之录,孝友之篇,苟有确征,具应甄列。本部院当于第二次汇案咨送。毋得迟延,切切。特札。

计粘单

右札仪征学。

光绪九年 九月二十六日。

江 恂

《谳语》十卷、《蔗畦诗集》。

江恂有政绩,应备循吏,其事状及家传、墓志、年谱等篇,一并搜录呈上。

江德量

《广雅疏稿》、《泉志》三十卷。

汪 棣

《持雅堂诗文集》十二卷、《对琴初稿》二卷、《春华阁词》二卷、《松明风雅》四卷。

汪光爔

《芝泉遗稿》一卷。

施朝斡

《稽往录》、《一勺集》、《六义斋诗集》、《阳陵集》、《正声集》。

许 珩

《周礼献疑》七卷。

汪　铮

《三礼异同考证》十四卷、《三传异同考证》十四卷。

戴　清

《群经释地》十卷、《四书典故考辨》十二卷、《经史管见》四卷、《史记正误》一卷、《说苑正误》一卷、《新序正误》一卷、《韵辨》二卷、《左氏兵法集证》二卷、《双柑草堂古文》二卷、《艺文志》作双柏堂。《骈体文》二卷、《古今体诗》八卷。

阮　亨

《瀛舟笔谈》、《淮海英灵续集》、《珠湖草堂诗钞》、《春草堂诗文词录》。

# 札高邮学<sup>①</sup>

钦命兵部左侍郎江苏督学部院黄为札取事。

照得本部院前接国史馆文称,现办儒林、文苑、循吏、孝友列传,深恐山陬水澨穷经笃行之士,或著书不能刻,或刻而未盛行者,终归湮没,移会于辎车来往之时,明示各学教官采访呈上,并示各地方官一体筹资录送等因。业经查照乾隆年间采进遗书章程,咨请爵阁督部堂、抚部院通饬遵办,并札扬州府转行该学在案。现在按行兹部,正期实事搜求,乃旬日以来杳然莫应。

查该州夙称文囿,国初以来作者代兴。夏之蓉首治古文,贾田祖继以朴学,李惇兼综群籍,并涉九章,王念孙研究形声,乃通古义,宋绵初则旁搜远绍,宋保亦发滞宣幽,至于夏味堂《拾雅》二编,茆泮林辑古十种,浅深虽别,泾渭不分,著述之林,于斯为盛。夫有美而匿报,是犹剖腹藏珠;无主而杂登,等之道谋筑室。今博稽约择,明析开单,按目钩求,庶几易集,除粘抄附发外,合行札饬。札到该学,即传谕各生令其悉心搜访,其书或购或印或付胥钞,均照章移州请资,务期甄括无遗,完阙毕具,写书或失,并及校雠。事集即造册备文迅速申送,本部院当于第二次汇案咨报。毋得再延,切

---

① 《敬乡楼丛书》本题下注:"光绪九年九月访求王念孙等遗书。"

切。特札。

计粘单

右札高邮学。

光绪九年九月二十六日。

王念孙

《读书杂志》、《导河议》。

贾田祖

《春秋左氏集解》、《稻村诗》。

李　惇

《尚书古文说》、《毛诗三条辨》、《明堂考辨》、《考工车制
考》、《历代官制考》、《左传通释》、《续纂扬州府志·艺文类》
收李惇《春秋解义》一书，未知即此否。《杜氏长历补》、《史记
说文引书字异考》、《浑天图说》、《读史碎金》、《诗文集》。

宋绵初

《韩诗内传征》、《释服》、《治河纪略》、《困知录》。

宋　保

《谐声补逸》、《尔雅集注》。

夏之蓉

《诸经考辨》、《诸史考辨》、《读史提要录》、《半舫斋偶
辑》、《古文》、《诗钞》、《虢征录》。

夏味堂

《三百篇元声》、《诗疑笔记》、《读左笔记》、《拾雅》、《遂园
诗文钞》。

茆泮林

《古逸书》十种、《孙莘老年谱》、《甓社馀闻》。

王念孙《广雅疏证》、李惇《群经识小》已刻入《学海堂经解》，无庸赘录。李惇《杜氏长历补》《浑天图说》，据《续畴人传》似已亡佚。贾田祖《春秋左氏集解》，《汉学师承记》亦云未见，依《扬州府续志·艺文类》所列书目，疑稿本尚存。馀或刊布或传抄，俱可根求。至事册应据家传、行状、墓志诸篇，其散见《鹤征后录》《汉学师承记》《续畴人传》《文献征存录》及诸名人集中者，亦一并附及，以资博考焉。

# 札宝应学<sup>①</sup>

钦命兵部左侍郎江苏督学部院黄为札饬事。

案据该学廪生成在文、张锦文、刁崇谦、朱荃生,增生朱勱志,附生张鼎臣等禀送采访儒林、文苑、循吏、孝友事实清册一百本,甄录一百八十九人,请咨史馆核纂。本部院以为数太多,于原奏不得轻率滥举之语不合,略为分别抉择。拟列儒林三人:朱泽沄、朱彬、刘宝楠,附者九人:刘心学、乔漌、刘世谟、刘玉麟、刘履恂、朱士端、朱百谷、刘恭冕、孔广牧;文苑三人:王岩、朱克生、王式丹,附者六人:朱经、刘家珍、汤启祚、朱赛、杨景涟、孔继鑅;循吏三人:朱克简、袁鲲化、朱士达,附者四人:成康保、王希伊、刘台斗、孔传坤;孝友四人:汤缯、孔毓焞、苗之铤、衡钧,附者四十八人:乔燮、范士龄、成康泰、成原正、成载勋,及庐墓之朱长春、房毓麒、葛松,刲臂之刘昇、陈尚信、华懋义、张金贵、季履祥、张拱化、刁惫、朱克明、吉登庸、潘凤毛、高宏、刘馨、范彦采、王钟麟、芮序官、任宗鉴、胡树滋、胡树义、钱万成、薛箓、吉元太、孙怀庆、徐问学、成起高、尚志,尝粪之刘锐、朱士佳、胡靖庭,刻木为像之汤元福,哀毁灭性之张枏、乔逢恩、张三、杨敦善、施基高、刘启勋,火焚不及其庐之张崇璹、季凤

---

① 《敬乡楼丛书》本题下注:"光绪九年九月访求刘心学等遗书。"

仪、王德尊、张大美、王万成。馀一百一十九人概从删略,以省繁冗,业经详缕批示。

兹查咨送旧例,凡儒林、文苑俱以著述为凭,该生等造具事册,未将所著各书呈送,于事不备。又刘履恂册,称汪文端序其遗稿,有"说经史"之语。《刘履恂遗稿》即《秋槎杂记》,《学海堂经解》刊列一卷,《续纂扬州府志》人物传、艺文志所载并同,如汪文端说原书尚有"说史"之条,疑学海堂所刊为不尽,志文或有舛误,必须根验。杨景涟册,称任大椿铭其墓,目为淮海传人,杨景涟止著《十三经辨疑》《梧竹山房诗集》《邑乘稽疑》三书,任侍御何以决其必传?刘宝树《经义说略》屡引见刘宝楠《论语正义》,其《娱景堂集》及《鹤汀诗钞》并见《续志》及宝楠《从祀乡贤录》,册复不及其人。似此群疑,碍难意索。今钩稽丛目,开例清单。除朱泽沄《止泉文集》《朱子圣学考略》,王式丹《楼村集》,朱经《燕堂诗钞》,汤启祚《春秋不传》已收入《钦定四库全书提要》,久有定评,朱彬《经传考证》、刘玉麟《甓斋遗稿》已刻入《学海堂经解》,别无殊本,刘玉麟《尔雅补疏》《粤西金石录》已久散亡,无庸甄送外,其朱泽沄《朱子海人编》、朱经《春秋类传》、汤启祚《杜诗笺》、朱彬《礼记训纂》以下诸书,合行札取。札到该学,即传集各生,令其按照目单搜辑呈上。其书或系稿本,应饬胥录副,或已付刻而其子孙无力购印,应官为办理者,均照章移县请给资价,务期网罗完备,详校无讹。本部院当检勘一通,斟酌录送。刘宝树事实册及其遗著一并附呈。毋延缓,毋疏漏,切切。特札。


计粘单
右札宝应学。

光绪九年九月　日。

计开

刘心学

　《四大朝政录》。

朱泽沄

　《朱子诲人编》、《正学辨》、《先儒辟佛考》、《阳明晚年定
　论辨》、《吏治集览》、《师表集览》。

乔　潼

　《日省录》、《训子要言》、《困学堂遗稿》。

刘世谟

　《孺斋文录》、《薛氏粹语》。

朱　彬

　《礼记训纂》四十九卷、《游道堂文集》四卷、《诗集》一卷、
　《白田风雅》二十四卷。

刘履恂

　《秋槎杂记》、原本。《义迹山房诗钞》。

刘宝楠

　《论语正义》二十四卷、《释榖》四卷、《愈愚录》、《汉石
　例》、《韫山楼文集》、《诗集》、《文安堤工录》六卷、《胜朝
　殉扬录》三卷、《刘氏清芬集》十卷、《宝应文征》、《宝应诗
　事》。

刘宝树

　《经义说略》、《娱景堂集》、《鹤汀诗钞》。据《续纂扬州府
　志》。

刘恭冕

《何休论语注训述》、《论语正义补》、《广经室文钞》、《续钞》、《杂记》。

朱士端

《强识编》八卷、《说文校定本》、《宜禄堂收藏金石记》、《吉金乐石山房文集》、《诗集》。

朱百谷

《易言》、《尚书小传》、《礼记述》、《太学坊表》四十卷、《续府志》作四十五卷。《诗文集》。

孔广牧

《先圣生卒年月日考》、《礼记郑读考》、《礼记天算释》一卷、《汉石经残字证异》、《詹岱阁省疚录》、《勿二三斋诗集》、《饮冰子词》。

王　岩

《白田诗文集》四十卷、《异香集》二卷。

朱克生

《毛诗考证》、《秋舫日记》、《秋厓诗文集》、《恒阳消夏录》、《雪夜丛谭》、《庸言》、《宝应明代人物志》。

朱　经

《春秋类传》、《河防志》、《赋钞》、《兖车集》、《陆车集》、《入吴集》、《友梅集》、《浮香亭集》、《狎鸥亭集》、《小红词》。

刘家珍

《蠖堂稿》一卷、《北省集》二卷、《藕花集》三卷。

汤启祚

《杜诗笺》十二卷、《删剩文稿》二十卷、《删剩诗稿》二十四卷、《保间堂赋稿》八卷、《删剩诗文续稿》十卷。

朱 赛

《青苔居士集》。

杨景涟

《十三经辨疑》、《梧竹山房诗集》、《邑乘稽疑》。

孔继鏴

《心向往斋集》。册称他作甚多,藏于家,他作不知何书,一并录上。

朱克简

《石崖遗集》。

成康保

《大易阐微》四卷、《春秋要旨》四卷、《左传解》六卷、《诗裁》四卷、《赋格》二卷、《读史辨讹》。

王希伊

《彭衙存稿》十卷、《由拳存稿》四卷、《诗集》十卷、《文编》七种、《行编》七种。

刘台斗

《下河水利图说》二卷。

汤 缯

《朱子粹语》四卷。

孔毓焞

《人谱续记》、《律吕考略》三卷、《绷斋随笔》二卷、《文集》六卷、《诗集》四卷、《乌啼集》四卷。

范士龄

《左传释地》、《宝应耆旧传》、《续循吏传》。

朱克简以下七人,虽拟备循吏、孝友,其遗著仍应搜采;《彭衙存稿》《下河水利图说》诸书乃其事迹所在,《朱子粹语》《人谱续记》二编可因言以见其行,《宝应耆旧传》《续循吏传》又关系一方掌故,故并录之。

# 札扬州府学①

钦命兵部左侍郎江苏督学部院黄为札取事。

照得本部院前准国史馆文移,访求积学笃行及立官清廉、政声卓著者,备儒林、文苑、循吏、孝友四传之选,檄府转饬遵办。嗣据江都、甘泉两县呈报凌曙、薛寿、殷如璧三人,又据仪征、宝应呈报刘文淇、刘毓崧、方申、刘台拱四人,业经汇案咨送。现在按行兹郡,正期搜括无遗,乃旬日以来杳然莫应。广陵之对,付之空文,淮海英灵,未有续集。

查该郡实江南文薮之区,国初以来魁奇辈出,若朱彬、任大椿、王念孙、李惇、刘宝楠皆彰彰在人目矣。至于江、甘两邑,尤号神皋,孙兰、史以甲既导之于先,史炤、韦佩金复踵之于后。洎乎乾隆中叶,风会益开,焦循、江藩之学,几于集其大成,程晋芳、张宗泰之徒,更能振其馀绪。若夫汪中以文章名世,罗士琳以术算起家,并扬厉无前,超然独绝。至如钟裹、李钟泗、徐复、焦廷琥、汪喜荀、江懋钧之辈,黄承吉、秦恩复、陈逢衡、黄奭、梅植之、薛传均之伦,虽云具体而微,亦各实事求是,浅深略殊其致,清浊未议其方。夫人材如此其隆,而搜报如彼其鲜,岂非所谓上以实求,下以名应者乎!

---

① 《敬乡楼丛书》本题下注:"光绪九年十月访求孙兰等遗书。"

稽之旧典,儒林列传必书立学官。蔡氏之《易》,孙氏之《诗》,邹氏、夹氏之《春秋》,载在《汉书》,具有明验。《方言》不与,刘《略》乃阙其篇;《子夏》云亡,荀《簿》遂疑其说。无征不信,自古为然。史公有言:"藏之名山,副在京师。"副墨不登,未有能传之不朽者也。是故铁函置井,君子以为迂;玉箧充庭,贤者以为美。昔应劭上董生《治狱》,许冲献卫宏《孝经》,彼何人斯,独崇斯义。

今重申旧饬,并列清单,剀切指陈,庶几知奋。除仪征、高邮、兴化、宝应四学另文檄调,及汪中之《大戴礼正误》、江藩之《周易述补》已收入《学海堂经解》,无庸续赘外,其应送各书合行粘抄札取。札到该学,即会同江、甘两学传集各生,令其按目搜访。其书或已刻或未刊,或购或印或付胥钞,均照章移县请资,务期寻根讨叶,完阙必登。孙兰、史以甲、焦循、焦廷琥、罗士琳、薛传均之书,有篆、有隶、有图、有码式,未易从事。该学中有研究小学及甄明算术者,酌择一二人,典司校雠,以成兹美。事集即造具事实清册,备文申送。其循吏、孝友有确然足副斯选者,亦一并附及,本部院当于第二次汇咨。毋得再延,切切。特札。

计粘单

右札扬州府学。

光绪九年十月初二日。

孙　兰

《理气象数辨疑纠谬》八卷、《格理推事外方考证》三十二卷、《字学》、《柳庭人纪》四十卷、《舆地隅说》四卷。

《舆地隅说》引见焦循《孟子正义》,嘉庆《府志》入之夹注,未审何故。是否缶林文漏叙,抑即在《柳庭人纪》四十卷之中,当考。

程晋芳

《周易知旨》、《尚书今文释义》、《左传翼疏》、《礼记集释》、《勉行斋文集》十卷、《蕺园诗集》三十卷。

《湖海诗传》云,程晋芳书存毕氏,籍没,惟《春秋经义》尚存。《春秋经义》是否即《左传翼疏》,其馀有无残稿,一并确查。

汪 中

《春秋后传》二十卷、《广陵通典》十卷、《金陵地里考》一卷、《述学》六卷、《勤学记》、《炳烛记》、《伤心集》、《知新记》。

《学海堂经解》所刻《述学》系是节本,故别出。《知新记》,《志》作四卷,学海堂本只一卷,亦宜求原书核之。

汪喜荀

《大戴礼记补》、《丧服答问纪实》、《国朝名臣言行录》、《经师言行录》、《尚友记》、《从政录》、《孤儿编》、《汪氏学行记》、《且住庵诗文稿》。

汪中《大戴礼记正误》已刻入《学海堂经解》,其书有喜荀注语,《志》所称《大戴礼记补》,未审即据彼否。

陈本礼

陈逢衡

《陈氏丛书》十三种、《隋书经籍志疏证》。

焦 循

《焦氏全书》二十二种、《易馀籥录》二十卷、《注易日记》三卷、《书义丛钞》四十卷、《毛诗鸟兽草木虫鱼释》十一卷、《陆玑疏考证》一卷、《毛诗地理释》四卷、《论语通释》一卷、《开方通释》一卷、《扬州足征录》一卷、《邝记》六卷、《里堂道听录》五十卷、《雕菰文集》二十四卷。

《全书》二十二种中,《易学三书》、《孟子正义》、《六经补疏》十种,已刻入《学海堂经解》,或存或削,并从其便。

焦廷琥

《地圆说》二卷、《蜜梅花馆诗文钞》。

《益古演段开方补》一卷,在焦循《开方通释》中,不复出。

钟　褱

《考古录》四卷。

《汉学师承记》所称《汉儒考》《祭法考》诸书,是否即具《录》中,宜检。

李钟泗

《规规过》、《读史管见》八卷。

张宗泰

《周官注疏正误》、《尔雅注疏正误》、《孟子七篇诸国年表》、《左氏传读本正误》、《竹书纪年校补》、《乙部考日长编》、《旧唐书疏证》、《新唐书天文志疏证》、《廿二史日食征》、《唐冬夏两至考》、《宋金辽元朔闰考》、《新旧唐书合钞》、《文杏轩集》。

黄承吉

《读毛诗记》、《读周礼记》、《梦陔堂经说》、《文说》十一篇、《文集》十卷、《诗集》五十卷。

徐　复

《论语疏证》。

江　藩

《仪礼补释》、《考工戴氏车制图翼》、《石经原流考》《国朝汉学师承记》八卷《经师经义目录》一卷、《宋学渊源记》二卷《附记》一卷、《乐县考》二卷、《尔雅小笺》三卷、《乙丙集》二卷、《炳烛室杂文》一卷、《隶经文》四卷、《蝇须馆杂记》、《经传地理通释》、《礼堂通义》。

　　江藩所著书目，《续志》文苑传、艺文志互有详略，今据张其锦《乐县考序》增《蝇须馆杂记》以下三目，《经传地理通释》虽未编就，苟有残稿，具应甄录，《礼堂通义》亦然。

江懋钧

《诗经释义》二十卷、《尔雅旁证》八卷、《鸥寄斋古今体诗》八卷。

罗士琳

《观我生室汇稿》十一种、《交食图说举隅》、《推算日食增广新术》、《春秋朔闰异同》、《缀术辑补》、《句股截积和较算例》、《淮南天文训存疑》、《博能丛话》、《剩稿》。

黄　奭

《汉学堂丛书》。

梅植之

《嵇庵诗文集》十二卷、《穀梁疏证稿》。

　　《穀梁疏证》未知已成书否。刘恭冕《论语正义后叙》称梅植之与刘文淇、刘宝楠、包慎言、柳兴恩、陈立约各治一经,加以疏证,《穀梁》属之柳氏,则梅氏当尚有别治之经,应更考。

薛传均

《说文答问疏证》六卷、《文选古字通》十二卷。

宗元豫

《史论》、《识小录》、《杂文》、《焚馀稿》。

史以甲

《学圃随笔》十卷、《句股筹算捷法》二卷。

《志》尚有《文献通考抄》、《广事类赋》诸书,以非要,略之。

史 炤

《方舆概》十五卷、《席帽山人文集》四十卷、《见闻馀识》二卷。

韦佩金

《广西水地考通释》八卷、《伊犁总志纂略》二卷、《新疆地里考》四卷、《西戌纪程》三卷、《唐藩镇考》三卷、《世系》三卷、《旧治录》一卷、《经遗堂集》二十六卷。

《志》称书多散佚,惟《唐藩镇考》尚存。据《续艺文志》则《经遗堂集》亦有传本。《广西水地考通释》《新疆地里考》二书在所叙散佚诸目之外,或存或亡,宜博访之。

马曰琯

《沙河逸老集》。

马曰璐

《南斋集》。

马荣祖

《亭云堂集》、《石莲堂集》。

　　《鹤征后录》称马荣祖撰有《文颂》九十二章。《文颂》是否即在二集之中？如别出单行，应更搜录。

秦恩复

《西夏书》二十卷、《享帚词》三卷。

杨　亮

《南史注》、《蒙古道里考》、《世泽堂诗文集》。

　　《南史注》一目，据无锡学训导殷如珠所上补状列之。

唐允恭

《宫室考》一百二十卷。

　　唐允恭，《志》无其传，不详何籍，所著书至一百二十卷之多，必有可观，存此附访。

# 札松江府学①

钦命兵部左侍郎江苏督学部院黄为札取事。

照得本部院前准国史馆文移,采访力学笃行及服官清廉、政绩卓著者,备儒林、文苑、循吏、孝友四传之选,檄府转札遵办。嗣据华亭学廪生耿葆清呈送焦袁熹《春秋阙如篇》《此木轩四书说文集》《史评论文杂说》,焦以恕《仪礼汇说》,沈大成《学福斋集》各书稿本及家藏旧本,业经本部院批饬录副。

兹查该县朱大韶著有《经说》九卷、《经义》八卷、《讲义》十六卷,姚椿著有《晚学斋集》《望云集》若干卷,又辑有《国朝文录》一百卷,并学行渊粹,研究入深,堪以上充斯选,合专札调取。札到该学,即会同娄县学迅将前项各书及其家传、行状一并搜辑呈上。其书或购或印或付胥钞,均照章移县请资,务期实事搜求,网罗必备。至华亭县之倪思宽、陆明睿,金山县之杨履基,清浦县之胡鸣玉,本部院未得其详,应否兼甄,并移查附覆。切切。特札。

右札松江府学。

光绪九年十月初二日。

---

① 《敬乡楼丛书》本题下注:“光绪九年十月访求朱大韶等遗书。”

# 札苏州府学①

钦命兵部左侍郎江苏督学部院黄为札取事。

照得本部院前接国史馆文称,现办儒林、文苑、循吏、孝友列传,深恐山陬水澨穷经笃行之士,或著书不能刻,或刻而未盛行者,终归湮没,移会饬令各学教官采访呈上,并示各地方官筹资录送等因。业经查照旧章,咨请爵阁督部堂、抚部院通饬遵办,并札苏州府转行该学在案。嗣据吴县士绅呈报冯桂芬、张孝时二人,又据扬州府学申报元和顾大文、江阴学申报长洲陆元纶、元和顾塈三人,俱各分别核送。现在各州札调已得十之八九,惟该府尚阙略未具。

查吴、长、元三县,实江南文薮之区,国初以来,魁奇辈出,前传所列彭定求、彭绍升、惠周惕、惠士奇、惠栋、余萧客、汪琬、尤侗诸人而外,若徐枋、何焯、陈景云、顾蔼吉、徐昂发、顾嗣立,或曾见他传,或已列《提要》,皆大彰明较著矣。至如陈黄中、李锐、钮树玉、顾广圻、朱骏声,并后来之秀;褚寅亮、江声、陈树华,乃汉学专家;沈钦韩、宋翔凤、陈奂,钻研益精,撰述益富,方之前哲,几绝等伦;宋实颖、黄商衡、严蔚、袁廷梼、汪元亮、徐承庆、程际盛、沈清瑞、龚沧、蔡云、王塿、陈鹤、徐华岳、潘维城、钱绮、尹锡瓒,虽未造微,亦

① 《敬乡楼丛书》本题下注:"不著年月访求陈景云等遗书。"

云孤诣;徐燮、蒋恭棐、吴泰来、吴翌凤、吴溥、王芑孙、陆嵩、陈倬,淹有词翰,间涉经郛;顾莼、张吉安,并著循声;戈宙襄兼传孝行。凡诸作者,咸属名流,拔茅连茹,具应甄附。

夫有璞而不献,则终古无卞和;有骥而弗求,则举世无伯乐。是以史公有说,副在京师;夹氏无书,亡其坠绪。近黄仪、胡渭,传佚殊科,毛、谢、梅、王,或彰或晦。阮文达之传谈泰,至与《方志》互歧;其传汪中,复不及《广陵通典》。然则子孙谋不朽其先业,后学思表襃其乡贤,非详细具陈,安在必无遗美? 其恃为必传而藏之什袭,与视为不必传而弃若弁髦,二者均非所以为计也。今旁稽群籍,明析开单,除陈景云《三国志辨误》《通鉴胡注举正纲目订误》《纪元要略》《韩集点勘》、顾蔼吉《隶辨》、何焯《读书记》、徐昂发《畏垒笔记》《畏垒山人诗》、顾嗣立《温飞卿诗注》《元诗选》《闾邱诗集》已收入《四库》,江声《尚书集注音疏》已刻入《皇清经解》,陈奂《毛诗传疏》、朱骏声《说文通训定声》俱已进呈,无庸续赘外,所有陈景云《两汉订误》、江声《论语竢质》、陈奂《公羊逸礼考征》、朱骏声《六十四卦经解》、顾蔼吉《经疑》、徐昂发《乙未亭诗集》、何焯《义门先生集》、顾嗣立《闾邱辨囿》以下各书合行札取。札到该学,即会同吴、长、元三学传谕诸生,令其按目搜拾呈上。其书或已刊布,或未梓行,应购应印应付胥钞,均照章移县请资办理,务期穷根讨叶,完阙毕登。小学、算学书转写尤难,该学中有通晓古义,甄明数术之士,酌择一二,俾司雠校。事集即造册申送,本部院将于第三次汇案咨报。毋得再延,切切。特札。


计粘单。

右札苏州学。

光绪 年 月 日。

陈景云

《两汉订误》五卷、《文选校正》三卷、《柳文校误》三卷、《读书纪闻》十二卷、《文集》四卷、《群经刊误》。

陈黄中

《宋史稿》一百七十卷、《新唐书刊误》三卷、《国朝谥法考》三卷、《殿阁部院年表》六卷、《督抚年表》六卷、《东庄诗文遗集》四卷。

褚寅亮

《周易一得》四卷、《仪礼管见》四卷、《仪礼答问》三卷、《周礼公羊异义》二卷、《公羊释例》三十卷、《四书自课录补遗》二十卷、《句股广问》三卷、《十三经笔记》十卷、《诸史笔记》八卷、《诸子笔记》二卷、《诸名家文集笔记》七卷、《重订朱子年谱》一卷、《杂记》四卷、《宗郑山房古文》八卷、《四六赋》三卷、《古今体诗》十六卷。

江　声

《论语竢质》三卷、《经史子字准绳》、《六书论》、《恒星说》一卷、《艮庭小慧》一卷、《艮庭词》三卷。

江　筠

《读仪礼私记》、《随月楼诗》。

江　沅

《说文解字音均表注》十七卷、《说文释例》二卷、《文集》四卷、《染香庵词钞》一卷。

陈树华

《春秋经传集解考正》五十卷。

李 锐

《李氏遗书》十一种、《周易虞氏略例》一卷、《观妙居遗诗》一卷。

钮树玉

《群经古义参证》一卷、《说文校录》三十卷、《说文考异》十五卷、此与上目未稔是一是二,姑两列之。《说文新附考》六卷附《续考》一卷、《段氏说文注订》八卷、《匪石居吟稿》六卷、《匪石日记》一卷、《匪石杂文》一卷。

顾广圻

《说文考异》五卷《附录》一卷《辨疑》一卷、《列女传考证》、《思适斋笔记》、《思适斋集》十八卷。

沈钦韩

《左传补注》十二卷《考异》十卷、《汉书疏证》三十六卷、《后汉书疏证》三十四卷、《三国志补注》十六卷、《水经注疏证》四十卷、《韩昌黎集补注》四十卷、《王荆公诗集补注》、《王荆公文集注》四十四卷、《范石湖集注》、《幼学堂诗集》十七卷《文集》八卷。

宋翔凤

《浮溪精舍丛书》十六种、《石渠礼议》、《月令说义》、《四书纂言》三十七卷、《帝王世纪集校》十卷、《自治官书》、《朴学斋文录》四卷、《忆山堂诗录》、《洞箫楼诗纪》、《乐府馀论》一卷、《洞箫词》一卷、《香草词》二卷。

陈 奂

《公羊逸礼考征》一卷、《师友渊源记》一卷、《三百堂文集》二卷。

黄体芳集

朱骏声

《六十四卦经解》八卷、《尚书古注便读》四卷、《诗传笺补》十二卷、《仪礼经注一隅》二卷、《夏小正补传》二卷、《大戴礼记校正》二卷、《论语确解》二卷、《悬解》四卷、《经史答问》二十六卷、《天算琐记》四卷、《数度衍约》四卷、《战国策评》四卷、《离骚补注》一卷、《淮南书校正》六卷、《说解商》十卷、《小学识馀》四卷、《说丛》十二卷、《白描诗录》二卷、《临啸阁诗》。

以上诸目尽先搜集呈上，未刻本尤要，无论完阙，概行录副。事实各具一册，惟陈黄中、江筠、江沅，应附陈景云、江声册后，无庸别出，以存一家之学。

徐　枋

《二十一史文汇》、《通鉴纪事类聚》三百二十卷、《读史稗语》二十四卷、《读史杂钞》六卷、《建元同文录》一卷、《管见》十一篇、《居易堂集》二十卷。

宋实颖

《春秋拾遗》十二卷、《黜朱梁纪年图论》、《老易轩文集》三十卷、《玉馨山房集》。

黄商衡

《困学录》。

顾蔼吉

《疑经》八卷、《南原诗文稿》十卷。

严　蔚

《诗考异补》、《春秋内传古注辑存》。

徐承庆

《说文段注匡谬》。

程际盛

　　《周礼故书考》、《仪礼古今文考》、《礼记古训考》、《说文古语考》二卷、《续方言补正》一卷、《骈字分笺》二卷、《古韵异同》、《清河偶钞》、《稻香楼稿》。

沈清瑞

　　《韩诗故》二卷、《孟子逸语》、《春秋世系考》、《帝王世本》、《史记补注》、《沈氏群峰集》六卷。

龚　沦

　　《述古适》三卷。

蔡　云

　　《蔡氏月令章句》四卷、《癖谈》四卷、《借秋亭诗草》八卷。

王　鎏

　　《毛诗多识编》十二卷、《毛郑异同考》二卷、《四书地理考》十四卷、《乡党正义》十六卷、《大学衍义再补》十二卷、《汉宋学求》十卷、《学海蠡闻》四卷、《钱币刍言》、《堑舟园诗文集》、《国朝文述》、《诗持》。

陈　鹤

陈克家

　　《明纪》六十卷、《桂门初稿》、《桂门续稿》、《蓬莱阁诗录》四卷。

徐华岳

　　《诗故考异》三十二卷、《咫闻斋诗文集》。

潘维城

　　《鲁诗述故》四卷、《论语古注集笺》十卷、《群经索隐》

二卷。

钱　绮

《左传札记》七卷、《四书管见》一卷、《南明书》三十六卷、《钝砚卮言》、《苏城晷景表》一卷、《天文算学杂说》二卷、《穿珠集》一卷、《钝砚庐诗文集》二卷、《自订年谱》。

尹锡瓒

《天元算术》十卷。

徐昂发

《乙未亭诗集》六卷。

何　焯

《义门先生集》十二卷。

顾嗣立

《间邱辨囿》、《韩昌黎诗注》十二卷、《注东坡诗集》、《秀野草堂倡和集》、《间邱文类》二卷。

徐　夔

《笺李义山诗》一卷、《精华录近体诗注》六卷、《渔洋咏史小乐府注》一卷、《西堂集》、《凌雪轩诗稿》六卷。

蒋恭棐

《西原草堂文集》六卷。

吴泰来

《净名轩集》八卷、《研山堂集》十卷、《昙香阁琴趣》二卷。

吴翌凤

《汉书考证》十六卷、《历代帝王统系考》八卷、《姓氏源流》八卷、《金石略》二卷、《经籍略》二卷、《字学九辩》九卷、《歧音备览》八卷、《今韵酌古》八卷、《雨窗怀旧录》四

卷、《东斋脞语》一卷、《逊志堂杂钞》十卷、《怀旧集》二十
卷、《印须集》八卷《续集》六卷《又续集》四卷、《与稽斋丛
稿》十八卷、《未刊文集》八卷、《诗臆》一卷、《词约》六卷、
《国朝文征》一百六十卷。

吴　溥

　　《历代人物氏族志》二百四十卷、《鸣秋草》二卷。

王芑孙

　　《碑版广例》十卷、《古赋识小录》八卷、《渊雅堂编年诗
稿》二十卷、《惕甫未定稿》二十六卷、《编年诗续稿》、《渊
雅堂文续稿》、《渊雅堂诗外集》、《渊雅堂文外集》四卷、
《续赋卮言》一卷。

顾　蒓

　　《滇南采风录》二卷、《思无邪室诗文集》。

戈宙襄

　　《方舆志略》、《十六国地理考》、《五代地理考》、《十国地
理考》、《大儒传道录》、《名儒传经录》、《小人儒录》、《半
树斋文集》十二卷、《诗集》四十卷、《词集》二卷。

戈　载

　　《翠薇花馆诗集》二十卷、《词集》三十九卷、《词林正韵》
二卷、《词律订》、《词律补》。

陆　嵩

　　《五经集解》、《诗说琐言》、《诗地理证今》、《说文引经异
字考》、《新旧唐书参考》、《续宋柴望丙丁龟鉴》、《愤生野
叟笔谈》一卷、《癸庚日纪》七卷、《读杜一得》、《玉溪生诗
解义》、《苏诗注集成》、《意苕山馆诗集》十六卷《续集》一

卷、《古文》二卷。

张吉安

《大涤山房诗录》。

以上书目,一并搜录附上。陈克家、戈载册,例与陈黄中同。黄商衡之父黄农系是孝子,应别具一册。

袁廷梼

《金石书画所见记》、《渔隐录》、《红蕙山房诗集》。

汪元亮

《竺香诗钞》、《古文》。

陈倬

《课经笔记》、《读选笔记》。

以上诸目,姑据所见列之,其所不知盖阙如也。《汉学师承记》言袁廷梼著书甚多,身后散失;汪元亮书自投于火,亡逸之目今尚有可考否?陈倬书完然具存,有何他著?当悉数录上。

潘□如上一字敬避。①

沈钦裴

以上二人,书目不具,附访。循吏、孝友例由服官处所及乡里呈报,无著作者兹不列焉。

---

① 《敬乡楼丛书》本在此注下加:"金山高君吹万谓潘轶仲云《三邑诸生录》有潘恬如,顺治三年取入吴庠,或即是人。"

# 札清河学①

钦命兵部左侍郎江苏督学部院黄为札取事。

照得本部院前接国史馆文称,现办儒林、文苑、循吏、孝友列传,深恐山陬水澨穷经笃行之士,或著书不能刻,或刻而未盛行者,终归湮没,移令各学教官采访呈上,并示各地方官筹资录送等因,业经查照旧章,咨请爵阁督部堂、抚部院通饬遵办,并札淮安府转行该学在案。

兹据呈送该县故刑部员外郎吴昆田事实清册,请予汇案咨报。查册内载所著现存书目,有《读书日记》、《师友日记》、诗、文集四种。咨例凡儒林、文苑以本人著述为凭,吴昆田既著有成书,例当甄送,合行札取。札到该学,仰即传谕其子孙,令将所存遗著一并呈上。其书或系孤本,应饬胥录副,即照章移县请资办理,务宜克期集事,以凭核转。毋得稽延,切切。特札。

右札清河学。

光绪九年十月　日。

---

① 《敬乡楼丛书》本题下注:"光绪九年十月访求吴昆田遗书。"

# 札常熟学<sup>①</sup>

钦命兵部左侍郎江苏督学部院黄为札取事。

照得本部院前准国史馆文称，现办儒林、文苑、循吏、孝友列传，深恐山陬水澨穷经笃行之士，或著书不能刻，或刻而未盛行者，终归湮没，移会饬令各学教官采访呈上，并示各地方官筹资录送等因，业经查照旧章，咨请爵阁督部堂、抚部院通饬遵办，并札苏州府转行该学在案。

现在各属呈报已得七十馀人，本部院别又专札调取书籍数百种，文献之录，大略粗具。惟苏州一属，尚隶阙如，合行粘单札取。札到该学，即会同昭文学传集各生，谕令按目搜访呈上。其书或已刊布，或未梓行，应购应印应付胥钞，均照章移县请资办理，务期寻根讨叶，完阙毕登。

黄仪书《四库》未收，尤关紧要。至冯班《钝吟杂录》《定远集》、邵齐焘《玉芝堂集》并已纂入《提要》，无庸续甄，其事实可撰册一编，以凭核转。冯行贤、邵齐然俱以诗古文名，一并附列可也。本部院当于第三次汇咨。毋得再延，切切。特札。

---

① 《敬乡楼丛书》本题下注："光绪九年十一月访求黄仪等遗书。"

计粘单

右札常熟学。

光绪九年十一月　日。

计开

黄　仪

《纫兰集》十九卷、《纫兰别集》、《水经注图》。

王　峻

《汉书辨误》四卷、《水经广注稿》。

陶正靖

《诗说》、《春秋说》、《晚闻存稿》、《太常文集》十卷、《晚闻
先生集》十四卷。

邵齐熊

《礼记考义》十六卷、《隐几山房七录》、《隐几山房稿》十
六卷。

吴卓信

《读诗馀论》、《仪礼札记》、《释亲广义》二十五卷、《汉三
辅考》二十四卷、《汉书地理志补注》二十卷、《三国志补
志》六卷《补表》六卷、《澹成居文钞》四卷附《丧礼经传
约》一卷、《文稿》十六卷。

庞大堃

《易例辑略》五卷、《四书异同说》六卷、《群经献疑》十卷、
《职方地理考》一卷、《恒星考》一卷、《说文校勘记》十五
卷、《形声辑略》二卷、《古音辑略》四卷、《唐韵辑略》六
卷、《等韵辑略》三卷、《诗古文集》五卷。

陈　揆

《六朝水道疏》。

张金吾

《释冕》、《释弁》、《释龟》、《广释名》、《十七史引经考》、《两汉五经博士考》、《白虎通注》、《文集》、《诒经堂续经解》一千四百三十六卷、《金文最》一百二十卷。

冯　舒

《校正竹书纪年》、《文谷诗纪》、《海虞艺文目录》作《历代诗纪》一百卷。《空居阁集》、《炳烛斋文》、《默庵遗稿》十卷。

以上九人,著述书籍四十八种,各具事实清册呈送,其馀不及备录,有足副斯选者,一并附上可耳。

# 札吴江学①

钦命兵部左侍郎江苏督学部院黄为札取事。

照得本部院前准国史馆文称，现办儒林、文苑、循吏、孝友列传，深恐山陬水澨穷经笃行之士，或著书不能刻，或刻而未能盛行者，终归湮没，移会饬令各学教官采访呈上，并示各地方官筹资录送等因，业经查照旧章，咨请爵阁督部堂、抚部院通饬遵办，并札苏州府转行该学在案。

现在各属呈报已得七十馀人，本部院别又专札调取书籍数百种，文献之录，大略粗具。惟苏州一属尚隶阙如，查该县乃三吴文薮之区，国初以来魁奇辈出，前传所列朱鹤龄、王锡阐、沈彤、计东、潘耒、徐釚而外，若张尚瑗、任德成，其书并收入《四库》，其学问行谊具见《国朝宋学渊源录》《皇朝经世文编》，久彰彰在人耳目矣。至如费士玑之《易》、费公彦之《周礼》、董兆熊之《新唐书》、潘眉之《三国志》，俱孤诣绝业，独成一家。任兆麟、翁广平、沈曰富、陈寿熊之徒，虽浅深纯驳微有不同，然殚精竭思、实事以求其是则一也。若夫连鹤寿之《孟子班爵禄正经界两章疏证》，书至一百二十卷，费卿庭之《经说》《稽古编》，书亦各八十卷，篇帙之富几与顾祖禹之

---

① 《敬乡楼丛书》本题下注："光绪九年十一月访求张尚瑗等遗书。"

《读史方舆纪要》、王鸣盛之《十七史商榷》《蛾术编》相埒。郭麐之诗词上踵迹乎朱彝尊,吴育之古文下骖靳乎李兆洛,造微入室,各有可传。此而勿甄,其何以慰绩学之苦心,答朝廷网罗散失、表章幽隐之至意乎!

今详稽志乘,分别开单,除张尚瑗《三传折诸》、任德成《洞规大义》已纂入《提要》,无庸续送外,其《诗经辨度》《澹宁文稿》以下各书,合行札取。札到该学,即会同震泽学传集诸生,谕令按目搜访。其书或已刊布,或未梓行,应购应印应付胥钞,均照章移县请资办理,务期寻根讨叶,完阙毕登。费士玑、翁广平书,传写尤难,连鹤寿书雠对匪易,该学中有通晓小学、研究经术之士,酌择一二,俾司校勘。事集造具事实清册迅速申送,本部院当于第三次汇咨。毋得再延,切切。特札。

计粘单

右札吴江学。

光绪九年十一月　日。

计开

张尚瑗

　　《诗经辨度》、《二语折诸》十八卷、《读战国策随笔》、《石里文集》十六卷、《诗集》十四卷、《合组集》二卷。

任德成

任思谦

　　《澹宁文稿》、《崇先集续编》、《易要》、《诗谱》、《中星考》、《经笥堂文集》。

　　《皇极经世钤解》、《近思录节要》、《薛胡语要》、《西窗论文》、《击壤吟》。

任兆麟

《尚书古今叙录》、《毛诗通说》、《夏小正补注》、《孟子时事略》、《弦歌古乐府》、《声音表》、《石鼓考》、《字林考逸补正》。

《春秋本义》、《孝经本义》、《文田诗集》、《四民月令》、《朱子粹语》。

费士玑

《周易汉学通义》、《四书音证》二卷、《许氏说文重文补录》、《音韵表》。

《家塾迩言》、《帝王表见记》、《遂初轩吟稿》。

费卿庭

《左传地名考》二十四卷、《经说》八十卷、《稽古编》八十卷、《国朝经义考》六卷、《历朝讳考》六卷。

费公彦

《周礼郑注疏证》、《读论过庭记》。

迮鹤寿

《齐诗翼要》、《孟子班爵禄正经界两章疏证》一百二十卷、《夏殷周土田经界疏证》六卷。

沈曰富

《读诗笔记》、《读三礼笔记》一卷、《耻躬录》、《夏峰学录》、《夏峰门人录》、《杨园渊源录》、《当湖弟子传》、《受恒受渐斋文集》六卷、《外集》四卷、《国朝名臣言行录稿》、《学案稿》。

《管幼安年谱》、《王右军年谱》、《文中子年谱》、《元鲁山

年谱》、《元次山年谱》、《沈端恪公年谱》、《壬癸日记》、
《矧汝轩诗录》、《霈园诗稿》。

陈寿熊

《周易集义》、《周易正义举正》、《周易本义笺》、《读易学
私记》二卷、《读易启蒙私记》一卷、《诗说》一卷、《考工记
拾遗》一卷、《明堂图考》一卷、《静远堂诗文集》四卷。

郭　麐

《金石例补》二卷、《唐文粹补遗》二十四卷、《灵芬馆诗
集》四十卷、《杂著》八卷、《蘅梦词》二卷、《浮眉楼词》
二卷。

《国志蒙拾》二卷、《江行日记》一卷、《樗园清夏录》三卷、
《爨馀丛话》三卷、《诗话》十八卷、《忏馀绮语》二卷。

翁广平

《六书原》四卷、《天文论》一卷、《传国玺考》一卷、《吾妻
镜补修》三十四卷、《金石书画跋尾》四卷、《听莺居文
钞》、《海村诗文集》三十卷。

《万里寻亲记》一卷、《杵臼经》一卷、《诗话》七卷。

董兆熊

《新唐书注》、《南宋文录》四十二卷、《明遗民录》十二卷、
《味无味斋诗集》七卷、《骈文》二卷、《杂文》一卷。

潘　眉

《三国志考证》八卷、《心镜》四卷、《丛说》八卷、《小遂初
堂诗稿》八卷、《文钞》三卷。

吴　育

《私淑艾斋诗集》、《文稿》。

以上十五人，著述书籍一百十一种，分正附列目，正目必完录无阙，附目次之。其不具于目而有书传布，确然足以充斯选者，亦一并录上焉。

董　潮

《东亭诗选》。

右一人系是寓贤，其书目亦不具，附访。

# 咨国史馆①

钦命兵部左侍郎江苏督学部院黄为咨送书册事。

窃照本部院前准贵馆文称,现办儒林、文苑、循吏、孝友列传,移会饬令各学教官采访呈报等因。业将张自超等二十三人事册、书籍及徐、通各府州县志十一部,咨请核办在案。嗣又专札调取陈瑚以下所著各书凡数百种,并檄各地方官筹资购录,事更数手,一时未能集应,先后仅据呈到谢廷逸等十一人,并补前一人事册、书籍,及江宁、苏州各府州县志三部,益以士绅采上之程廷祚等三十九人,附册八人,合得五十八人,为册四十五本,书凡九十一种。其中间或有录无书、有书无册,谢廷逸书并录亦不具,可谓寥落甚矣。

谈泰虽有录存,然方志所载与江藩所叙即歧别不合,《续畴人传》言泰无著述,似罗士琳已不及见其书,详略异同,无由考证。柳兴恩《穀梁大义述》原书百卷,业毁于兵,今所刊行止其《略例》《毛诗正义纠补》。《史记》《两汉》《南齐书》《说文》各校勘记,书亦百数十卷,同时散佚,片什无存。柳荣宗《尚书解诂》、陈懋龄《春秋朔闰交食考》《骈枝补》《六朝地理考》,并经批饬确查,悬未及覆。吉光之集,收拾诚难,寻根讨原,钩沉索奥,自非需之以渐,贞之以恒,

---

① 《敬乡楼丛书》本题下注:"光绪九年十一月初二日,第二次汇送书册。"

日积月增,未易语此。现在只如前咨办理,随报辄登,续有搜呈,再行录补。

此外,又有《王赠芳诗文集》二种、《阮文藻文集》一种,为江右文献之遗,张继庚《举义文存》一编,乃金陵忠义之作。一隶他省,一系别门,既据甄送前来,未便意为出入,除分别开单外,所有汇咨各由,相应备文移照。为此合咨贵馆,请烦查核施行,须至咨者。

计粘单

右咨

国史馆,光绪九年十一月　日。

第二次汇送书册清单:

谢廷逸　　上元人。事实册。

程廷祚　　上元人。事实册。《晚书订疑》三卷,《论语说》四卷,《青溪文集》十二卷,共七本。

王鸣盛　　嘉定人。事实册。《十七史商榷》一百卷,共二十四本。

任大椿　　兴化人。事实册。《燕禧堂五种》:《深衣释例》三卷,《释缯》一卷,《字林考逸》八卷,《列子释文》二卷,《考异》一卷,共六本。

周柄中　　溧阳人。事实册。《四书典故辨正》二十卷《续》五卷,共六本。

刘玉麐　　宝应人。事实册。

谈　泰　　上元人。事实册。

陈懋龄　　上元人。事实册。《经书算学天文考》二卷,二本。

周　济　　荆溪人。《晋略》六十六卷,《味隽斋史义》二卷,

《介存斋文稿》二卷《诗》六卷,《存审轩词》二卷,《淮艑问答》一卷,末附家传,共十四本。

柳兴恩　　丹徒人。事实册。《穀梁大义述》,一本。

柳荣宗　　丹徒人。事实册附柳兴恩后。《说文引经考异》十六卷,二本。

张崇兰　　丹徒人。事实册。《古文尚书私义》三卷,《悔庐文钞》五卷,共五本。

陆元纶　　长洲人。事实册。《说文解字小笺》一卷,《宗辉录》六卷,共三本。

顾观光　　金山人。家传。《七国地理考》七卷,《国策编年》一卷,《推步三简法》三卷,《九数外录》一卷,《武陵山人杂著》一卷,共六本。

丁　晏　　山阳人。家传。《颐志堂丛书》:《周易述传》二卷,《周易讼卦浅说》一卷,《尚书馀论》一卷,《禹贡集释》三卷,《禹贡蔡传锥指正误》二卷,《毛郑诗释》四卷,《诗考补注补遗》三卷,《郑氏诗谱考正》一卷,《毛诗陆疏校正》二卷,《仪礼释注》二卷,《周礼释注》二卷,《礼记释注》四卷,《孝经述注》二卷,《北宋二体石经记》一卷,《金天德大钟款识》一卷,《子史粹言》二卷,《郑司农陈思王陶靖节陆宣公年谱》四卷,《石亭记事》二卷,《百家姓韵语三编》一卷,共二十本。

时曰醇　　嘉定人。事实册。《百鸡术衍》二卷,《求一术指》一卷,《今有术申》一卷,共三本。

储　欣　　宜兴人。事实册。《春秋指掌》三十卷,《在陆草堂文集》六卷,共十二本。

储大文　宜兴人。事实册。《存研楼文集》十六卷,八本。

朱　桓　宜兴人。事实册。

朱克生　宝应人。事实册。

王式丹　宝应人。事实册。

鲍　皋　丹徒人。事实册。《海门诗钞》十卷,首附家传、墓
　　　　志,三本。

严长明　江宁人。事实册。附严观事实册。

顾　堃　元和人。事实册。《鹤皋草堂集》:诗八卷、文二卷、
　　　　赋二卷,《觉非盦笔记》八卷,共六本。

黄景仁　武进人。《两当轩集》二十二卷,末附家传、行状、
　　　　墓志、年谱,共六本。

刘嗣绾　阳湖人。事实册。《尚絅堂诗集》五十二卷,《笔船
　　　　词》二卷,《骈体文》二卷,共十本。

恽　敬　阳湖人。事实册,行状。《大云山房文稿初集》四
　　　　卷《二集》四卷,《言事》二卷,共八本。

钦　善　娄县人。家传。《吉堂文稿》十二卷《诗稿》八卷,
　　　　共三本。

吴德旋　宜兴人。家传、墓志。《初月楼文钞》十卷、《诗》二
　　　　卷,共四本。

任朝桢　宜兴人。《午桥存稿》三卷,首附家传,一本。

管　同　上元人。事实册。《因寄轩文集》十卷,首附家传,
　　　　《二集》六卷《补遗》一卷,附管嗣复遗文四篇,共六本。

梅曾亮　上元人。事实册。《柏枧山房文集》十六卷《续》一
　　　　卷,《诗集》十卷《续》二卷,《骈体文》二卷,共八本。

许宗衡　上元人。事实册。《玉井山馆文略》五卷《续》二

卷,附《西行日记》一卷,《诗》十五卷、《诗馀》一卷,共五本。

储方庆　　宜兴人。事实册。《遁庵文集》十二卷,四本。

张孝时　　吴县人。《筠心堂存稿》八卷,末附家传,共四本。

袁鲲化　　宝应人。事实册。

魏晋锡　　丹阳人,事实册。附魏骏猷事实册。

吉梦熊　　丹阳人。事实册。《研经堂文集》三卷,首附《乡贤录》,《诗集》十三卷,共四本。

吉钟颖　　丹阳人。事实册附吉梦熊后。《含薰室文集》五卷,首附墓志,末附家传,《诗集》二卷,共四本。

朱士达　　宝应人。事实册。附朱念祖、朱百川事实册。

狄尚绀　　溧阳人。事实册。

朱大源　　娄县人。家传。

顾夔　　华亭人。墓表。

周玉瓒　　丹阳人。事实册。《憩亭文集》十卷,四本。

罗凤仪　　上元人。事实册。

魏晋辉　　丹阳人。事实册。附魏毓鳌、魏承瀛事实册。

苗之铤　　宝应人。事实册。

衡均　　宝应人。事实册。

成康泰　　宝应人。事实册。附成原正、成载勋事实册。

孔传坤　　曲阜人。事实册。

右五十人,附八人,共五十八人,履历事实各项清册共四十五本,著述书籍共九十一种,一百九十九本。

陈立　　籍贯、事实册具前。《公羊正义》七十六卷,二十本。

右一人，著述书籍一种，二十本。

王赠芳　　江西庐陵人。事实册。《慎其馀斋文集》二十卷《诗集》六卷，共七本。

阮文藻　　江西安福人。事实册。《听松涛馆文钞》二十八卷，八本。

张继庚　　江宁人。《金陵举义文存》一卷，首附纪略、家传、墓志，一本。

右三人，履历事实册三本，著述书籍共四种，十六本。

嘉庆《江宁府志》五十六卷、光绪《续志》十五卷，二十四本。

同治《苏州府志》一百五十卷，八十本。

光绪《武进阳湖县志》三十卷，二十本。

# 札武进阳湖学①

为札饬事。

案据该县学申送,奉札调取备咨史馆之杨椿等二十二人事实册十七扣,著述书籍二十八种,又采访董以宁等十二人事实册十二扣,著述书籍十七种,请分别核转等情。查札调取事册、书籍凡三十六人。前该县学及扬州府学申送刘嗣绾、恽敬、陆继辂三人诗文集四种,今据申杨椿等二十二人著述二十八种,通得二十五人,馀十一人,或因缘附及,或随事立文,可专具事册及著述叙录申送,阙者惟汤洽名、董士锡二人。汤洽名没年不远,新修《县志》谓其遗稿尚存,当非臆决,其家传具《初月楼集》,所著尚有《梁书艺文志》《陈书艺文志》《山海经道里考》《北魏张渊观象赋补注》《赋稿》《杂文稿》六种,前目未具。董士锡《齐物论斋文集》亦有传本,并应再访。

杨椿等二十二人。孙星衍、张惠言、刘逢禄、臧庸四人书阙尚多。孙星衍《岱南阁》《平津馆》二刻,海内盛行,可省求购,自馀诸种,合备取裁。张惠言《说文谐声谱》稿藏该县绅士赵烈文家,见《舒艺斋续笔》,张成孙《广衍》五十卷本,亦具彼所。以此例推,疑

---

①　此下诸札,录自《敬乡楼丛书》本《江南征书文牍》,本札题下注:"光绪十年再访汤洽名等遗书。"

刘逢禄《尚书今古文集解》《诗声衍》,臧庸《月令杂说》《乐记二十三篇注》诸稿,亦尚流布人间者,兵毁之说未尽可凭。洪饴孙《三国职官表》、洪齮孙《补梁疆域志》、陆耀通《金石续编》俱已刊行,庄绶甲《周官礼郑氏注笺》、赵怀玉《韩诗外传校正补逸》并非孤本,此而不具,无乃与网罗放失之意相违。

董以宁等十二人。丁履恒一人,本拟续札,《形声类篇》仅具考订古音之说,其《毛诗名物志》《春秋公羊释例》《左氏通义》三书,端委未详,尚须搜录。庄存与似已立传,应候咨查。庄培因、陆遇霖二人,行优于文,拟移孝友。谢珍、奚宾、陈礼复三人,无他表见。《踟息庐稿》《三近斋语录》《易学赘言》《大学直解》《中庸直解》《图书一得》《周易发蒙》暨元儒谢应芳《辨惑编》《怀古录》九种,胥予发还。

杨椿《孟邻堂文钞》诸写本书,讹误百出。杨方达《正蒙集说》十三种①,今已毕检。《孟邻堂文钞》及赵怀玉《亦有生斋文集》、董以宁《正谊堂诗文集》、谢应芝《会稽山斋文集》四种,仅涉其凡,发付重校。《亦有生斋文集》阙字繁多,《孟邻堂》《正谊堂》《会稽山斋》三集,应避字样,时失缺笔,切宜敬谨详勘,勿再踵袭前愆。又杨瑀、方履籛二人事册、著述书籍,前曾续调,业已采获,一并附呈,除将各书并发外,合行札饬。札到该学,即遵照前因分别办理,本部院专候集送。切速毋延。此札。

---

① 十三种,《清儒学案》作"十二种",《中国丛书综录》录为"十七卷",《续修四库全书》本《正蒙集说》计"十七篇"。

# 札常州府学<sup>①</sup>

为札饬事。

案据该学申送候选训导庄毓铉所撰《常郡文献备采录》六册，请予核转等情。查《备采录》一书，体例繁杂，难以入咨，姑存案备检。录内列杨瑀、丁履恒、方履篯、董潮四人，为前札所遗。董潮书前经札饬吴江学官索取，其所著《东亭诗选》，寥落已甚，合再访求，为此续札。札到该学，即遵照定章，将所著书籍及履历事实册，迅速搜录呈上，其前札调取各书一并立限催集，本部院当察核功过。毋得再延，切切。特札。

———————

① 题下注："光绪十年十月再访董潮等遗书。"

# 札溧阳学①

为札取书册事。

案准国史馆文称，现办儒林、文苑、循吏、孝友列传，示各学教官采访呈上，并令各地方官筹资录送等因，檄府转饬遵办。

嗣据该学先后详送周柄中、芮长恤履历事实册，及所著《四书典故辨正》《匏瓜录》二书，又据金匮学申送狄尚绸履历事实册，业经本部院分别核察，周柄中、狄尚绸二册均先于上届第二次案内汇集咨送，芮长恤册亦予存案，俟后续咨。《匏瓜录》一书细核无甚关系，应毋庸列送，以省繁冗。狄子奇履历事实册及著述叙目，前曾批饬查覆，详内未据声悉，不知缘何脱叙。故云州知州史绍登，治绩具《先正事略》，该学亦未举报。

故泾县教谕史炳，著有《大戴礼记正义》《杜诗琐证》《句俭堂集》，见扬州、兴化府县两《志》，《汉书校证》见孔继鑅《心向往斋剩稿》，该县人士亦无有取而上之者，玩其所习，蔽所希闻，简陋相仍，得毋已甚。查史炳著述遗稿，殁后归金坛冯氏，冯氏携之河北，其书计未付劫灰。《大戴礼记正义》一书实乃希世之作，表微出滞，责在官师，合行札饬。札到该学，即会同金坛学迅速传谕各生，将所

---

① 题下注："光绪十年十月再访狄子奇、史炳等遗书。"

著书籍及履历事实一并搜录呈上。其书或系孤本,应给胥钞,照章移县请资办理。毋得畏难诿托,致遗美善。狄子奇遗著应否甄列,亦当随文申覆,以完此案。切切。特札。

# 札镇江府学①

为札知事。

本年正月十三日，据该学呈到续采各书，鲍之钟《论山诗选》《山海经韵语》、鲍文逵《野云诗钞》，与前案咨纂之鲍皋《海门诗钞》为一家之作，当即汇案续咨。钱大昭《说文统释序》，已另札本籍调取全书，候该学搜录前来，再行察核。毕沅《音同异义辨》，柳兴恩《辅治要略》并应裁出。毕氏位地崇隆，例由史馆咨取，又经训堂自有专书，不当并附入此。柳氏事实册及《穀梁大义述》，业于前次先行咨送要略，止《训俗》馀篇非其撰著，无庸续登。刘禧延遗著暨雷明经《说文》两种，别由该教授具函申送，刘禧延应予列咨，事实册合由该教授补缮一通，以资核转。明经书当与钮、陈、柳诸考并存，馀俱如禀办理，合行札知。札到该学，即会同丹徒学知照。特札。

---

① 题下注："光绪十年十月。"

# 札清河学①

为札知事。

上年十二月十八日,据该学禀,举人杨恂等呈送钞本《漱六山房诗文集》二种,请予察核批示等情。查录送史馆书册,向无一定程式,惟字画须端正,不得错杂参差,该举人等所呈《漱六山房诗文》二集似不免率尔操觚,幸涂乙无多,姑予存案。此外,尚有《读书日记》《师友日记》二种,应饬其择能者为之,毋任脱误纷歧,致烦省览。事集即速具送,本院当于第三次汇咨。札到该学,即便遵照办理。勿延,切切。

---

① 题下注:"光绪十年十月。"

# 札扬州府学①

为札饬事。

照得本部院前准史馆文移,札调备咨儒林、文苑采纂书籍,以程晋芳遗著本末不具,据《湖海诗传》说,谓其书没于毕氏,惟《春秋经义》尚存。今检《亦有生斋文集》《勉行堂五经说序序篇》,知毕氏所失,乃是诗文稿本,其说经之书具藏谢振定处,并未籍没,又所著尚有《尚书古文解略》《诗毛郑异同考》二种,为方志及《先正事略》所遗,合行重札。札到该学,即遵照前因访求录上。其《五经说序》及其嗣子程潮所续辑之诗文稿本,并宜甄列。

又,江都蒋超伯著有《骊隈荟录》十四卷、《窥豹集》二卷、《南滑楷语》八卷、《文苑珠林》四卷、《爽鸠要录》一卷、《通斋文集》二卷、《诗集》五卷、《外集》二卷、《垂金荫绿轩诗钞》二卷,闻板藏于家,亦应调取,以备检核。仰问其家,索上遗书,造具事册,一并附送候酌可也。切切。特札。

---

① 题下注:"光绪十年十月再访程晋芳等遗书。"

# 札宝应学①

为札饬事。

案据该学申送,奉札调取之朱彬、刘宝楠、刘宝树、乔潗、刘世谟、朱士端、朱百谷、孔广牧、王岩、朱克生、杨景涟、孔继镶、孔毓焞、范士龄等书籍三十七种,请予察核咨送。

检孔广牧《礼记天算释》《先圣生卒年月日考》,数称其师成蓉镜之说,孔继镶《心向往斋剩稿》亦称成君嗜古深造,不根据畔道,不穿凿市博。成蓉镜学有成就,前札失未调及,合行专札。札到该学,即传谕成□□等,令将所著《经义骈枝》《月令日躔议》《古历抉微录》《□□室答问》及一切遗稿,悉数搜辑呈上。其书或系孤本,应予录副,照章移县请资,务期完阙毕登,写校俱善。

刘宝楠等书遗漏尚多,合并催饬,朱泽沄已附见高愈传,无庸续甄,朱百谷《大学坊表》发还。特札。

---

① 题下注:"光绪十年十月再访成蓉镜遗著。"

# 札扬州府学①

为札取事。

案据该学申送,故刑部云南司主事吴养原事实册,请核咨史馆等情。查吴养原系吴文节公之子,事迹应附文节传末,不当充送文苑。惟册内称所著书目凡二十馀种,所著各书是否足成一家,合行札取。札到该学,即传谕吴丙湘,令其迅将各种遗稿一并呈上。其书或应录副,或即发还,候核定再示。切切。特札。

---

① 题下注:"光绪十年十月再访吴养原遗书。"

# 札苏州府学①

为札饬事。

据长洲学申覆。采访事件内称,生员人等称丁泳之孝廉家有藏书,持单往询,回复无有云云。

查丁绅系是前单所列陈奂之高足弟子,于师门事迹,乡先哲遗著必无不加意表章。该学当亲自往商,屈其相助为理。陈奂册现据昆山张星鉴所撰家传录列存案,其管庆祺所谓年谱,德清戴望所作行状,俱未求得其篇。沈钦韩、宋翔凤等传,并不知撰自何人。宋翔凤年谱仅据戴望《遗张星鉴书》有"思欲为之"一语,其成编与否亦复未知。该绅近属同门,又复咨于故实,闻见所及,必能一一开示,合行专札。

札到该学,即遵照前因前往商办。其遗书从何购录,亦复乞示其途。此事固当倚仗专家,不能冥搜坐索也。切切。特札。

---

# 札金匮学<sup>①</sup>

为札催事。

前据该学呈送秦松岱等十五人采访清册，以书籍不具，又所摭事实多有舛失，经本部院札发重造，并饬将所著各书，照章移县请资购录呈上，今淹至三载未据申覆，合行专札催取。札到该学，迅即会同无锡学，将改造各册及搜访各书，克日汇集申送，本部院立候咨报。毋得再延，切速。特札。

---

① 题下注："光绪十一年九月。"

# 札太仓州①

为专札催取事。

前据该州申送职贡缪朝荃所辑《国史备采录》六册,以书籍不具,批令照目搜访求购呈上,以凭核转,今事积三载未据申覆,合亟札到该州,迅将前访各书购录完备,克日赍送,本部院立候汇案咨报。毋得再延,切速,切速。特札。

---

① 题下注:"光绪十一年九月。"

# 札苏州府学①

为札取事。

照得本部院前以采访遗书，檄调陈景云等所著二百馀种，中列沈钦韩、宋翔凤二人书籍二十四种，系是最要之目。宋翔凤书已据呈《四书纂言》一种，沈钦韩书悉从其阙。

查沈钦韩《左传补注》业经本部院觅有副本，于上年按试发令该学饬胥录上，至今亦未见申覆，合行札取。札到该学，迅将前次发抄沈钦韩《左传补注》一书，专差赍送，限五日内到院，以凭汇案列咨。其《两汉书疏证》《水经注疏证》《三国志补注》《幼学堂文集》，及宋翔凤《浮溪精舍丛书》《朴学斋文录》诸书，随后再访。《幼学堂》《浮溪精舍》《朴学斋》三书，向有刻本，《两汉书疏证》稿本具存，悉心搜索，必能尽发其藏。该学务实事以求，勿谓得此已足也。切切。特札。

---

① 题下注："光绪十一年九月访取沈钦韩等书。"

# 札苏州府学①

为札取事。

照得本部院前以采访遗书,檄调陈景云等所著二百餘种,其彭绍升《二林居集》以见《彭定求传》,无庸别出,阙而不叙。

兹查彭绍升之族叔彭绩,系古文专家,所著《秋士文集》六卷,为吴德旋、陆继辂所称,足以取备文苑,合行续札。札到该学,迅将此书与前调陈景云等各书,一并搜录呈上,本部院专候汇咨。毋延毋漏,切切。特札。

---

① 题下注:"光绪十一年九月访彭绩等遗书。"

# 札高邮学①

为专札调取事。

照得本部院前以采访书籍,札调王念孙等所著二十馀种,中列宋绵初父子二人书籍六种,乃是最要之目。宋绵初名氏仅见于《汉学师承记》附录之中,其所著《韩诗内传征》,海内论撰诸家罕有称引及之者,表章幽隐,必须甄列,合再专札。札到该学,迅即遵照前单搜访呈上。其书或猥系散亡,猝难寻觅,先将履历事实及遗书叙目捃摭成录,造册申报,统限于一月内送集。毋得再延,切切。特札。

---

① 题下注:"光绪十一年九月再访宋绵初遗著。"

# 札嘉定学①

为专札调取事。

照得毛岳生所著《元史考正》稿及休复居诗文集三书，本部院前曾开列目单，饬令搜访，至今未据录上。

查毛岳生《元史考正》一书实是希世之作，前钱大昕成《元史稿》一百卷，以书未传布，传中竟阙其目。今毛岳生此著，视钱氏益精，其名视钱氏尤晦，必须甄列，以彰幽隐，合行再专札。札到该学，即将《元史考正》及休复居诗文二集，迅速搜集呈上。如《考正》稿实难猝觅，应查明存佚，撮其著书大略，别具履历事实册一通，备文声覆，以凭核转，统限于一月内送集。毋得再延，切切。特札。

---

① 题下注："光绪十一年九月再访毛岳生遗著。"

# 札扬州府学①

为札取事。

案据该学申送汪中、汪喜荀、焦循、焦廷琥、钟褒、陈逢衡、江藩、韦佩金、梅植之等所著书籍十七种,请咨史馆核纂。

查汪喜荀书止具《孤儿编》《学行记》《丧服答问纪实》三种,陈逢衡书止具《逸周书补注》一种,零不成案,合行再札。札到,仰即会同江、甘两学,迅速将前札所调《陈氏丛书》十三种,及汪喜荀《国朝名臣言行录》《经师言行录》《尚友记》《从政录》《且住庵诗文稿》五种,悉数录上,以便汇咨。其孙兰等书册一并催集,程晋芳、张宗泰、黄承吉、罗士琳四家遗著,尤关紧要。毋漏毋延,切切。特札。

---

① 题下注:"光绪十一年十月再访汪喜荀等遗著。"

# 咨国史馆①

为咨送书册事。

据各州县申报，奉饬采访儒林、文苑、循吏、孝友事件，续得恽日初等一百五十七人，附六十六人履历事实各册，共一百十二本，著述书籍四百餘种。补前王鸣盛等六人书籍十八种。流寓孔广牧、浙江高均儒等六人册五本，书籍二十一种。总集二种，一为《荆溪任氏家集》，一系《吴江震泽两县文录》，郭麐、吴育、张履、潘眉诸作均具其中。循吏、孝友录四编：一为《常州循吏录》，列杨大鲲等十八人，杨芳灿、杨揆与焉；一为《苏州孝友录》，列黄向坚等三百人，附一百二十八人；一《武进阳湖潜德录》，列吴飞鸿等七十三人，续四十七人，再续七十一人；一《宝应循吏孝友录》，列王榜等十四人，成康泰等八十三人。凡一府三县孝友事略完然毕备。细核各书，上者足副采择，下者亦足资博证参观。

除许桂林《庚辰读易音鹄》《宣西通杂篇》《五星联珠日月合璧考》《空谷传声谱》据详尚未录竟；柳兴恩《穀梁大义述长编》称系从传钞本写具，阙失尚多；刘毓崧《通义堂文集》付刻未竣，二卷以下请予续送；钮树玉《说文校录》、钱坫《史记补注》、丁履恒《春秋

---

① 题下注："光绪十一年十月第三次汇送书册。"

公羊释例》《左氏通义》、张宗泰《旧唐书疏证》《新唐书天文志疏证》《廿二史日食征》《乙部考日长编》、毛岳生《元史考正》、沈钦韩《左传补注》《两汉书疏证》、宋翔凤《浮溪精舍丛书》《朴学斋文录》、朱右曾《诗地理征》《左传地理征》《左氏传解义》,及吴卓信、汤洽名、董士锡与夫宋绵初、徐文范、戈宙襄、彭绩各书,或访有传本而未及借出,或借有副本而未付胥钞,应移交后任接办外,所有以上书册,相应开单咨送,为此,合咨贵馆请烦查照检核,须至咨者。

　　第三次汇送书册清单:

恽日初　　　武进人。别传。

陈瑚　　　　太仓人。事实册。

张嘉玲　　　吴江人。事实册,附姚瑚事实。

孙兰　　　　江都人。别传。

张夏　　　　无锡人。事实册。

秦松岱　　　无锡人。事实册。《灯岩集》一本,附秦道然事实,
　　　《泉南诗文》。

华学泉　　　无锡人。事实册。

华希闵　　　无锡人。事实册。《延绿阁集》十二卷,六本。

乔蓬　　　　宝应人。事实册。《日省录》一本。

杨开沅　　　山阳人。事实册。《乙未论》四卷,《景姚堂河论》
　　　四卷,共八本。

刘世谟　　　宝应人。事实册。《薛氏粹语》四卷,一本。

徐世沐　　　江阴人。事略。

杨方达　　　武进人。事实册。

陈景云　　吴县人。墓志铭。

陈黄中　　吴县人。家传。

焦袁熹　　金山人。志传。《此木轩春秋阙如编》八卷,《四书说》九卷,《史评汇编》二卷,《论文杂说》二卷,《文集》十卷,共十本。附焦以恕《仪礼汇说》十七卷,四本;秦倬事实册,《三馀前录》二十四卷,《论世》十二卷,共十四本。

沈大成　　金山人。志传。《学福斋文集》二十卷,《诗集》三十七卷,共十本。

倪思宽　　华亭人。《二初斋读书记》十卷,首附家传、行略,二本。附倪元坦《读易楼合刻》三十卷,十一本。

陆明睿　　华亭人。志传。《增订殷元正纬书辑本》,四本。

刘履恂　　宝应人。事实册。

刘宝楠　　宝应人。事实册附刘恭冕事实。《论语正义》二十卷,六本;《清芬集》十四卷,四本,共十本。附刘宝树《娱景堂集》三卷,首附行状,一本。

赵曦明　　江阴人。家传。

江　声　　吴县人。事略。

褚寅亮　　长洲人。事略。

郑　环　　武进人。事实册。《孔子世家考》二卷,《仲尼弟子列传考》一卷,《历代典礼考》一卷,共四本。

汪　中　　江都人。事实册,附汪喜荀事实。《述学》六卷,《广陵通典》六卷,共四本。附汪喜荀《孤儿编》二卷,《汪氏学行记》四卷,《丧服答问记实》一卷,共七本。

陈　鹤　　元和人。家传,《遗书叙录》,附陈克家志传。《蓬莱阁诗录》四卷,一本。

段玉裁　　金坛人。事实册。

钮树玉　　吴县人。事实附段玉裁册。《说文新附考》六卷《续》
　　　　一卷,《段氏说文注订》八卷,共四本。附潘奕隽《说文蠹笺》
　　　　十四卷,二本。

孙星衍　　阳湖人。事实册。

庄述祖　　武进人。《珍艺宧遗书》,首附志传、家传,《明堂阴
　　　　阳夏小正经传考释》十卷,《尚书今古文考证》七卷,《毛诗
　　　　考正》四卷,《毛诗周颂口义》三卷,《五经小学述》二卷,
　　　　《历代载籍足征录》一卷,《弟子职集解》一卷,《汉铙歌句
　　　　解》一卷,《说文古籀疏正目》一卷,《石鼓然疑》一卷,《文
　　　　钞》七卷,《诗钞》二卷,共十六本。附庄可有事实册,《周
　　　　官指掌》五卷,《春秋注解》十六卷,共十本;庄绶甲《释书
　　　　名》一卷,首附行状,一本。

刘逢禄　　武进人。《礼部集》十二卷,末附行述及刘承宠《麟
　　　　石文钞》,六本。

张惠言　　武进人。志传、事略,附张琦行状。《周易郑荀义》
　　　　三卷,《虞氏易礼》二卷,《易义别录》十四卷,《仪礼图》六
　　　　卷,《茗柯文集》四卷,共九本。

钱大昭　　嘉定人。事实册。《可庐著述》十种,《叙例》一卷,
　　　　《后汉书补表》八卷,共五本。

钱　坫　　嘉定人。事实册。《新斠注地理志》十六卷,八本。
　　　　附《钱氏艺文志略》一本,钱东垣、钱绎、钱侗、钱师徵、钱
　　　　师慎、钱庆曾所著书目并具。

任兆麟　　震泽人。事实册。《孟子时事略》一卷,《弦歌古乐
　　　　谱》一卷,共二本。

钟　裒　　甘泉人。事实册。《考古录》四卷，一本。

焦　循　　江都人。《雕菰楼遗书》，末附事略，《易广记》三卷，《易话》二卷，《禹贡郑注释》二卷，《群经宫室图》二卷，《加减乘除释》八卷，《天元一释》二卷，《释弧》三卷，《释轮》二卷，《释椭》一卷，《北湖小志》六卷，共十四本；《开方通释》一卷，一本。附焦廷琥《尚书伸孔篇》一卷，《冕服考》四卷，《地圆说》一卷，《密梅花馆诗钞》二卷，共四本。

黄承吉　　江都人。志传。

李　惇　　高邮人。《群经识小》八卷，首附家传，八本。

王念孙　　高邮人。事实册。

朱　彬　　宝应人。事实册。《礼记训纂》四十九卷，《经传考证》八卷，《游道堂集》四卷，共十四本。

朱士端　　宝应人。事实册。《春雨楼丛书》:《说文校定本》一卷，《强识编》四卷《续》一卷，《宜禄堂收藏金石记》六卷《补编》一卷，末附朱毓楷《读书解义》并墓志铭，《吉金乐石山房文集》一卷《续》一卷，《诗集》二卷，附朱之玑《枣花书屋诗集》，共六本。附朱百度事实册，《汉碑征经周易》一卷，《魏三体石经释》六卷，《订正》一卷，《射阳汉镜图释》一卷，共三本。

张宗泰　　甘泉人。《周官礼经注正误》一卷，附志传，《孟子七篇诸国年表》一卷，《尔雅注疏本正误》五卷，《备修天长县志建置沿革表稿》一卷，共四本。

臧　庸　　武进人。家传，附臧礼堂家传。

李　锐　　元和人。家传。

蔡 云　　元和人。《蔡氏月令章句问答集证》二卷,首附家
　　传,二本。

顾广圻　　元和人。墓志铭。

江 藩　　甘泉人。事实册。《周易述补》四卷,《乐县考》二
　　卷,《隶经文》四卷《续》一卷,《炳烛室杂文》一卷,《国朝
　　汉学师承记》八卷,《经师经义目录》一卷,《宋学渊源记》
　　一卷《附记》一卷,共七本。

丁履恒　　武进人。事实册,附丁家荫家传、丁嘉葆墓志铭。
　　《形声类编》二卷,一本。

陈蓬衡　　江都人。事实册,首附陈本礼事实。《逸周书补
　　注》二十四卷,四本。

许桂林　　海州人。事实册。《易确》二十卷,《穀梁释例》四
　　卷,《汉世别本礼记长义》四卷,《算牖》四卷,《宣西通》三
　　卷,《立天元一导窾》四卷,《说音》四卷,《擢对》八卷,《四
　　书因论》二卷,《参同契金隄大义》二卷,共十三本。附许
　　乔林《弇榆山人诗略》十卷,二本。

陈诗庭　　嘉定人。事实册。《读书证疑》六卷,三本。

吴卓信　　昭文人。别传。

施彦士　　崇明人。事实册。《求己堂八种》:《读孟质疑》三
　　卷,《孟子外书集证》五卷,《海运刍言》一卷,《推春秋日
　　食法》一卷,《春秋朔闰表发微》四卷,《诗集》一卷,《文
　　集》一卷,《历代编年大事表》一卷,共八本。

汤洽名　　武进人。家传。

迮鹤寿　　吴江人。事实册。《齐诗翼氏学》四卷,《孟子班爵
　　禄章疏证》十六卷,《正经界章疏证》六卷,《帝王世纪地民

衍》四卷,共十七本。

薛传均　　甘泉人。《文选古字通疏证》六卷,首附志传,《钱
　　　　氏说文答问疏证》六卷,《闽游草》一卷,共五本。附沈龄
　　　　《续方言疏证》二卷,首附志传,二本。

朱日佩　　嘉定人。事实册。《大学旧文考证》一卷,《中庸旧
　　　　文考证》一卷,共一本。附张定鋆《四书训解参证》十二
　　　　卷,首附墓志铭,四本。

朱大韶　　娄县人。《实事求是斋经义》二卷首附家传,二本。

毛岳生　　嘉定人。墓志铭。

黄汝成　　嘉定人。事实册。《日知录集释》三十二卷《刊误》
　　　　三卷《续》一卷,《古今岁实朔实考校补》二卷,《袖海楼文
　　　　录》六卷,共二十三本。

王宗涑　　嘉定人。《考工记轮舆辀车考辨》八卷,末附家传,
　　　　四本。附倪景曾《周官禄田考补正》,一本。

罗士琳　　甘泉人。事实册。

陈　潮　　泰兴人。家传。《简明句股遗稿》一卷,末附别传,
　　　　《易经音义钞》一卷,《书经音义钞》一卷,《诗经音义钞》
　　　　一卷,《春秋经传音义钞》二卷,《礼记音义钞》二卷,《尔
　　　　雅音义钞》一卷,共九本。

何　萱　　泰兴人。事实折。《韵史》七十八卷,六十九本。

沈钦韩　　吴县人。志传。

宋翔凤　　长洲人。志传。《四书纂言》四十卷,首附《浮溪精
　　　　舍丛书目录》十二本。

朱右曾　　嘉定人。志传。《逸周书集训校释》十卷,《汲冢纪
　　　　年存真》二卷,共四本。

朱骏声　　元和人。事实册。《说文通训定声补遗》十八卷，《夏小正补传》一卷，《仪礼经注一隅》二卷，《春秋左传识小录》二卷，《小尔雅约注》一卷，《离骚补注》一卷，共六本。

陈　奂　　长洲人。家传。

潘道根　　昆山人。《仪礼今古文疏证》一卷，首附事状，《尔雅郭注补》一卷，共二本。附程际盛《仪礼古今文考》一卷，《礼记古训考》一卷，《清河偶钞》四卷，共四本。

张序均　　昆山人。事实册。

张星鉴　　昆山人。事实附张序均册。《仰萧楼文集》一卷，《国朝经学名儒记》一卷，共一本。

钱　绮　　元和人。事实折。《钝砚卮言》一卷，一本。

胡　泉　　高邮人。事实册。《王阳明书疏证》四卷，《阳明经说拾馀》一卷，《经说弟子记》四卷，《大学古本荟参》一卷《续编》一卷，共九本。

王宝仁　　太仓人。家传、行年纪略。《周官参证》二卷，《夏小正训解》四卷《考异》一卷《通论》一卷，《古官制考》四卷，《笔镜》二卷，《重编千字文》一卷，《旧香居文稿》十卷，共九本。附王应鹤《喜燕堂遗书》十二卷，八本。

蒋曰豫　　阳湖人。事实册。《脩石遗书》，首附别传，《诗经异文》四卷，《韩诗辑》一卷，《论语集解校补》一卷，《国语贾景伯注》一卷，《离骚释韵》一卷，《许叔重淮南子注》一卷，《两汉传经表》二卷，《问奇斋诗集》二卷《续集》一卷，《秋雅》一卷，共五本。

张锡瑜　　仪征人。《史表功比说》一卷，首附志传，一本。附

　　　　许珩《周礼献疑》七卷,二本;戴清《四书典故考辨》一卷,
　　　　首附家传,《群经释地》一卷,共一本;任云倬《文集》一卷,
　　　　一本。

叶裕仁　　镇洋人。未刻稿一卷,首附墓志行状,《归盦文集》
　　　　八卷,《诗集》三卷,《诗文字考》三卷,《三家诗考笺释》三
　　　　卷,共十四本。

韩应陛　　华亭人。《读有用书斋杂著》二卷,一本。

成　孺　　宝应人。事实册。《太极衍义》一卷,《我师录》一
　　　　卷,《必自录》一卷,《庸德录》一卷,《困勉记》一卷,《论语
　　　　论仁释》一卷,《明明德解义》一卷,《校经堂学程》一卷,
　　　　《东山政教录》三卷,《国朝师儒论略》一卷,《尚书历谱》
　　　　二卷,《春秋日南至谱》一卷,《太初历谱》一卷,《禹贡班
　　　　义述》三卷,《切韵表》五卷,《春秋世族谱拾遗》一卷,《郑
　　　　志考证》一卷,《释名补证》一卷,《三统术补衍》一卷,《史
　　　　汉骈枝》一卷,《宋州郡卷志检勘记》一卷,《骊思室答问》
　　　　一卷,《心巢文录》九卷《诗录》一卷,《宝应儒林记略》一
　　　　卷,《文苑事略》一卷,《成氏先德传》一卷,共十九本。

陈宗起　　丹徒人。事状。《养志居仅存稿》:《经说》八卷,
　　　　《经义笔谈》一卷,《周礼车服志》一卷,《考工记鸟兽虫鱼
　　　　释》一卷,《考工记异字训正》二卷,《文集》二卷,共八本。

冯　班　　常熟人。别传。

王　岩　　宝应人。事实册。《白田文集》二十卷,首附家传,
　　　　六本。

黄　仪　　常熟人。别传。

顾贞观　　无锡人。事实册。《纑塘集》一卷,《弹指词》二卷,

《楚颂亭诗》二卷,《扈从诗清平遗调》一卷,共五本。

杜诏　　无锡人。事实册。《云川阁诗集》六卷《词》一卷,二本。

杨度汪　　无锡人。事实册。《云逗楼集》二卷,二本。

浦起龙　　金匮人。事实册。《诗文辑遗》二卷,《史通通释》二十卷,《读杜心解》六卷,共十九本。

杨芳灿　　无锡人。事实册,附杨揆事实册。《蓉裳集》三卷,一本。附杨揆《荔裳集》三卷,一本。

杨椿　　武进人。事实册。《孟邻堂文钞》十六卷,六本。

杨述曾　　武进人。墓志铭。

董以宁　　武进人,事实册。《正谊堂文集》十三卷《诗集》三十卷《诗馀》三卷,共六本。

蒋汾功　　阳湖人。事实册。《济航文集》二卷,二本。

阮学浩　　山阳人。志传、墓志铭,附阮学濬墓志铭、阮芝生志传、诔词。

夏之蓉　　高邮人。志传。《半舫斋古文》八卷,四本。附夏宝晋《冬生文录》四卷《诗录》八卷《词》四卷,《金石录跋尾》一卷,共八本。

陶贞一　　常熟人。《退庵集》二卷,首附墓志、行述,二本。

陶正靖　　常熟人。《晚闻集》十卷,首阰墓志,末附自序,二本。

董潮　　阳湖人。《红豆诗人集》十五卷,首附志传,四本。

邵齐焘　　昭文人。《玉芝堂文集》六卷,首附墓志,《诗集》三卷,《联珠集》五卷,共四本。附邵齐熊《隐几山房文集》十六卷,首附墓志,四本。邵齐烈、邵齐然、邵齐鳌遗诗、传状并具《联珠集》。

施朝幹　　仪征人。《一勺集》一卷,《六义斋集》二卷,事实具
　　　　伊汤安跋,共二本。

沈起元　　太仓人。行状。

王文治　　丹徒人。《梦楼诗集》二十四卷,首附志传,四本。
　　　　附余京《江干诗集》四卷,首附墓志,二本;张曾《石帆诗
　　　　集》八卷,首附墓志,二本;李御《八松庵吟草》十三卷,首
　　　　附志传,二本。

鲍之钟　　丹徒人。《论山诗选》十五卷,首附家传,《山海经
　　　　韵语》三卷,共五本。附鲍文逵《野云诗钞》十二卷,二本。

张自坤　　丹徒人。事实册。《颐斋仅存草》二卷,一本。附
　　　　张釜《逃禅阁诗集》八卷,三本;张深《悔昨斋诗钞》四卷,
　　　　二本。

苏去疾　　常熟人。《园仲文集》二卷,首附墓志,《诗集》六
　　　　卷,共二本。

赵　翼　　阳湖人。《瓯北全集》,首附志传、家传、墓志铭、年
　　　　谱:《廿二史札记》三十六卷,《陔馀丛考》四十三卷,《檐
　　　　曝杂记》六卷,《皇朝武功纪盛》四卷,《诗钞》二十卷,《诗
　　　　话》十二卷,《诗集》五十三卷,共六十本。

洪亮吉　　阳湖人。《授经堂全集》,首附未刊书目、年谱、家
　　　　传:《卷施阁文甲集》十卷《补遗》一卷《乙集》八卷《续编》
　　　　一卷《诗集》二十卷,《更生斋文甲集》四卷《乙集》四卷
　　　　《续集》二卷《诗集》八卷《续集》十卷,《鲒轩诗集》八卷
　　　　《诗馀》二卷,《两晋南北史乐府》二卷,《唐宋小乐府》一
　　　　卷,《北江诗话》六卷,《晓读书斋杂录》八卷,《传经表》二
　　　　卷,《通经表》二卷,《六书转注录》十卷,《弟子职笺释》一

卷。附洪饴孙《史目表》二卷,《春秋左传诂》二十卷,《汉魏音》四卷,《比雅》十卷,《乾隆府厅州县图志》五十卷,《补三国疆域志》二卷,《东晋疆域志》四卷,《十六国疆域志》十六卷,《伊犁日记》一卷,《天山客话》一卷,《外家纪闻》一卷,共八十四本。附洪符孙《禹贡地名集说》一卷,《齐云山人文集》一卷,共二本;洪齮孙《纯则斋骈体文》二卷《诗》二卷,共三本。

赵怀玉　　武进人。事实册。《亦有生斋文集》二十卷,七本。

秦恩复　　江都人。《享帚词》四卷,一本。

韦佩金　　江都人。《经遗堂集》二十六卷,首附志传,四本。附杨亮事实册,《世泽堂集》二卷,一本。

吴慈鹤　　吴县人。《崇祀乡贤录》。《侍读全集》:《岑华居士兰鲸录》八卷《外集》二卷,《凤巢山樵求是录》六卷《二录》四卷《续》一卷《外集》二卷,共八本。附吴俊传略,《荣性堂集》二十卷,四本;吴云《醉石山房诗钞》二卷,首附行状、别传,二本。

翁广平　　吴江人。志传。《听莺居文钞》三十卷,六本。

陆继辂　　武进人。墓志铭。《崇百药斋诗文集》二十卷《续集》四卷《三集》十二卷,《合肥学舍札记》十二卷,共六本。附陆耀遹事实册,《双白燕堂文集》二卷《外集》八卷,四本。

董士锡　　武进人。家传。

孙原湘　　昭文人。《天真阁集》,末附墓志铭:《诗》三十二卷《词》六卷《文》十二卷《骈体》四卷《外集》六卷,共十四本。

方履篯　　阳湖人。事实册。《万善花室文集》六卷《续》一卷《诗》五卷《词》一卷,共六本。

梅植之　　江都人。家传。《嵇庵文集》三卷《诗》六卷,共三本。附梅毓《穀梁正义》未成稿一卷,《刘向年谱》一卷,共一本。

戈　载　　元和人。志传。《词林正韵》二卷,二本。附刘禧延遗著二卷,一本。

蒋　彤　　武进人。事实册。《丹棱文钞》四卷,二本。附谢应芝事实册,《会稽山斋文集》十八卷,六本。

张海珊　　吴江人。《小安乐窝文集》四卷,末附别传,《诗存》一卷,共二本。

张士元　　震泽人。《嘉树山房集》二十卷,首附行状、墓志铭,《外集》二卷《续集》二卷,共六本。

王芑孙　　长洲人。志传。《碑板广例》十卷,六本。附王遘《四书地理考》十五卷,四本。

彭兆荪　　镇洋人。事实册。

姚　椿　　娄县人。《樗寮全集》,首附行状,《通艺阁诗录》八卷《续录》八卷《三录》八卷,《和陶集》三卷,末附姚楗《白石钝樵集禊帖诗》一卷《诗话》三卷,《晚学斋文集》十二卷,《国朝文录》一百卷,共三十六本。

陈焘熊　　吴江人。事实册。《读易汉学私记》一卷,一本。

沈曰富　　吴江人。事实附陈焘熊册。《受恒受渐斋集》十二卷、《当湖弟子传》三卷,共五本。

董兆熊　　吴江人。《味无味斋骈体文》二卷,首附墓志。《诗钞》七卷,《杂文》一卷,共二本。

周有壬　　金匮人。《锡金考乘》十四卷,首附家传,四本。

蒋超伯　　江都人。墓志铭。《通斋文集》二卷,《南行纪程》
　　一卷,《诗集》五卷,《外集》一卷,《圃珧岩馆诗钞》四卷,
　　《垂金荫绿①轩诗钞》二卷,《麗滇荟录》十四卷,《榕堂续
　　录》四卷,《爽鸠要录》二卷,《窥豹集》二卷,《南滑楷语》
　　八卷,共十八本。附蒋继伯《晓瀛遗稿》二卷,一本;吴养
　　原事实折,《乙部随笔》四卷,《读书偶得》一卷,《觚斋诗
　　集》八卷,《东周宫词》五卷,共五本。

康发祥　　泰州人。事实册。《三国志补义》十三卷,四本。

吴昆田　　清河人。《漱六山房全集》十一卷,首附墓志铭,
　　六本。

朱克简　　宝应人。事实册。

成康保　　宝应人。事实册。

庄　柱　　武进人。事实册。附庄培因《虚一斋集》五卷,首
　　附志传、行状,二本。

庄　炘　　武进人。事实册附庄逵吉事实。

孙　镐　　昭文人。事实册。

施昭庭　　吴县人。事略。

叶左宽　　长洲人。事略。

刘台斗　　宝应人。事实册。《下河水利说》具《清芬集》。

史绍登　　溧阳人。事略。

周　镐　　无锡人。《犊山类稿》,末附墓志铭,古文六卷,《课
　　易存商》一卷,《读书杂记》一卷,《随笔杂志》一卷,《诗》

①　"绿",底本作"录",误。

四卷,共八本。

秦　沆　　金匮人。诗文一卷,首附事实、志传,一本。

秦缃武　　金匮人。事实册。《城西草堂诗集》二卷,二本。

华　濬　　丹徒人。事实册。

尹耕云　　桃源人。事实折。文集二卷,诗集二卷,共四本。

蒋大镛　　无锡人。事实册。

戴　槃　　丹徒人。事实折。《桐溪纪略》一卷,《浙西减漕纪
　　　　　略》二卷,《严陵纪略》一卷,《东瓯纪略》一卷,共四本。

陆遇霖　　武进人。事实册。《孝经集注》二卷,一本。

朱四辅　　宝应人。事实册。

秦瑞熙　　无锡人。事实册。

汤　缯　　宝应人。事实册。

范士龄　　宝应人。《左传释地》三卷,《宝应续循吏传》一卷,
　　　　　《耆旧传》三卷,末附行状,共四本。

孙希朱　　无锡人。《身范》十三卷,《仰晦文集》六卷,末附墓
　　　　　志,共六本。

许鹏远　　无锡人。事实附秦瑞熙册。

杨传第　　阳湖人。《汀鹭文钞》三卷,首附志传,《诗钞》三
　　　　　卷,《诗馀》一卷,共一本。

右一百五十七人,附六十六人,履历、事实各项清册共一百十
三本,著述书籍共四百二十八种,九百六十七本。

王鸣盛　　籍贯、事实具前。《蛾术编》八十二卷,《始存稿》三
　　　　　十卷,《长短句》一卷,共二十四本。

刘文淇　　籍贯、事实具前。《青溪旧屋文集》十一卷、二本。

刘毓崧　　籍贯、事实具前。《通义堂文集》一卷,一本。

柳兴恩　　籍贯、事实具前。《穀梁大义述长编》，六本。

顾观光　　籍贯、事实具前。《武陵山人遗书》:《六历通考》一卷，《九执历解》一卷，《回回历解》一卷，《算剩初编》一卷《续编》一卷《馀稿》二卷，《周髀算经校勘记》一卷，《神农本草经》一卷，《伤寒论补注》一卷，《吴越春秋校勘记》一卷，《华阳国志校勘记》一卷，共五本。

朱克生　　籍贯、事实具前。《秋厓诗集》四卷，二本。

右六人，著述书籍共十八种，四十本。

高均儒　　浙江秀水人。《续东轩遗集》三卷，首附行状，三本。

黄式三　　浙江定海人，事实册、言行略。《易释》四卷，《春秋释》四卷，《论语后案》二十卷，《周季编略》九卷，《儆居集内编》十四卷，共二十一本。

孔广牧　　山东曲阜人，直隶大兴籍。《詹岱阁省疚录》一卷，末附行状，《先圣生卒年月日考》二卷，《汉石经残字证异》二卷，《礼记郑读考》四卷，《礼记天算释》一卷，《勿二三斋诗集》一卷，《饮冰子词》一卷，共七本。

孔继鑅　　山东曲阜人，直隶大兴籍。事实册。《心向往斋集》:《用陶韵诗》二卷，《壬癸诗录》一卷，《于南诗录》二卷，未刻稿三卷，集杜诗一卷，剩稿一卷，首附殉难事状，共九本。

杨九畹　　浙江慈溪人。事实册。《巽峰草庐遗稿》一卷，一本。

孔毓焞　　山东曲阜人。直隶大兴籍，事实册。《绢斋随笔》二卷，《律吕考略》三卷，共二本。

右六人，履历、各项清册共五本，著述书籍共二十二种，四十三本。

　　《松陵文录》二十四卷,十二本。

　　《荆溪任氏专家集存遗》八卷,四本。

　　《吴中孝友录》四卷,二本。

　　《常州循吏录略》一本。

　　《武进阳湖桑梓潜德录》五卷《续录》四卷《三录》六卷,共
　　　　六本。

　　《宝应循吏孝友录》①,一本。

---

　　① 底本此目附于前目之下,误为一目。当为两目。

# 卷四　书信

## 致周昭焘书一通①

　　体芳同铃儿于十三日赶回,两日即到。十七、十九、二十四等日,发厥数次,然转辗床褥间,犹善自宽慰,戒旁人勿得惊惶。子女辈或乞一言,则辄呵止之,令勿作此语。不得已微辞以请,则曰:"大家皆如吾意,夫复何言!"未后一日,告体芳曰:"事前定。"随转一语曰:"无碍也。"惨于二十六日丑时气壅而已。亡后,鼻中出涕二寸许如蚕茧,然是否道家所谓"鼻垂玉柱"者? 乞示知,以为无聊之慰藉。体芳念其生前贤淑之行与病中苦楚之形,不禁肝肠寸断也。

---

　　① 录自张扬《黄鲜庵先生年谱》稿本"同治十三年"条。查孙延钊《瑞安五黄先生系年合谱》同治十三年十一月二十六日:"周夫人(黄体芳妻)卒于济南学署,年四十一。"此函即告妻舅周昭焘以周氏临终病况。

# 上沈相国书一通<sup>①</sup>

中堂夫子大人钧座：

日前叩贺年禧，以机务贤劳，未获亲侍颜色为歉。

敬启者：夫子奉会议俄约之命，至再至三，焦心劳思，踌躇审顾，可谓详且密矣。举国公论，皆谓夫子望至尊、任至重，两宫倚为休戚，中华视为安危，内而恭亲王资其辅翼，外而左恪靖、李肃毅两相国待其指挥。责备如是其周，时事又如是其迫，一旦谋定计决，赞成宸断，折敌谋在此举，振国威在此举，开贤路亦在此举。是恭亲王主持之功，左、李两相国捍卫之功，及群策群力协助之功，皆我夫子鼎力周旋之，夫子之功顾不伟哉！

自来有治法，总贵有治人。金汤之险，郊遂之储，佽飞跳荡之选，而无良将以为之控制，则适为寇藉盗资；颇、牧之勇，咸、孔之计，陆贾、苏武之才，而无良相以为之引援，则不能颖脱锥出。用人乃目前第一要着，虽耆臣宿将，未必有瑜无瑕，而当需材孔亟之时，或长于转输，或优于调度，或善于陆战，或利于水攻，按部就班，偏

① 录自《黄漱兰先生奏稿》钞本，温州市图书馆藏，署名"黄詹事漱兰"，沈相国，指沈桂芬。书中"昨读邸钞，有旨命曾袭侯前往商办"，指曾纪泽赴俄办理议约之事。清廷于光绪六年正月初三日任命曾纪泽为出使俄国钦差大臣，故是书应作于光绪六年正月间。

才均足以制胜,是在秉国成者毅然自任,廓然大公耳。朝廷若仅于练兵、筹饷两端虚应故事,至问治兵者何人,治饷者何人,并未尝切实搜罗,分别位置,微论庸才滥竽,豪杰抚髀,太阿倒持而不知,即身经百战,威慑四夷,如左、李两相国,亦将观望迟疑,以枢廷为藉口。洎乎大局瓦解,而转咎书生目论,职为乱阶,岂不悲哉!

抑体芳更有请者:夫子克勤克俭,中外咸知,官户部时则有减浮粮之议,抚晋省时则有禁罂粟之令、八旗屯边之请,善政良法,不可殚述。自入参枢密之后,兵荒迭警,处以镇静,卒底敉平。体芳尝以微意窥之,比来学问经济,大约以谨慎持重为宗,此诚大儒之气象,大臣之识度也。因思古大臣中,以谨慎持重称者莫如诸葛武侯,彼其讨贼兴复之志,赏罚号令之权,开诚布公之量,鞠躬尽瘁之忠,皆自谨慎持重中出,故能以偏安之西蜀,相持于数十年,而况今日之全势胜蜀汉十倍者乎?夫子但就所长而推广之,蔑不济矣!

即如崇厚误国一节,论者谓当时急于遣使,政府中未暇致详,初不料其专擅悖谬一至于此。天威赫然,不无伯仁由我之惧,此亦人情之常。体芳窃以为不然。夫知人者圣哲所难,引咎者人臣之分,昔武侯显违昭烈之教,误用马谡,以致挫师,卒以诛谡谢众,自陈阙失,天下万世不责其偏私暗忍,转服其果毅光明。今日之事,情节虽殊,而误于用人则一,岂不能割私情、伸公义,一效古人之所为乎?

自古未有畏敌而不敢发愤为雄者,自古未有畏敌而不敢惩奸伸法者,自古未有畏敌而不敢选将求贤者。昨读邸抄,有旨命曾袭侯前往商办,此或缓兵之计,若竟借此偷安旦夕,不以修备求才为急务,则是六州之铁,铸成一大错,既聚廷臣而累月谋之,当不出此下策。今之有志振兴者,皆曰卧薪尝胆似也,挟空言而不图实效,托远虑而不顾近忧,虽日日卧薪,人人尝胆,能自强乎?

为今之计,因循怯敌,百害无一利,预谋抗敌,未必召敌,即召敌,利害犹相半也。如谓事关大局,势难自专,熟虑深思,究无把握,则敢于万不得已之中,为夫子画一策:莫如旁商同列,上吁两宫,请饬左相国择人自代,速赴枢廷,相助为理,庶房谋杜断,任有分肩,似亦为国为身,两全之善术也。管见所及,钧意以为何如?

体芳空疏拘滞,有玷大贤之门,欲赞一辞,诚属非分,而独幸盈廷抗议,不乏忠言,伏愿夫子详核诸君条议,虚衷翕受,锐意敷施。至用人一端,尤为筹兵筹饷之大纲领,刻不容缓,勿为疑谤所摇,轻量勋旧;勿谓部署太急,恐忤强邻。立意既坚,用力自倍,可以舒宸廑,可以作士气,可以御外侮,可以释群疑。视二十年前之善政良法,尤为高掌远跖,勋业烂然,载在史书,益光晚节,不惟天下幸甚,社稷幸甚,即体芳等亦得以守默藏拙,长为太平侍从之臣,蒙福不浅矣。成败机关决于今日,用敢献其杞忧。狂妄之言,幸矜鉴焉。
肃此,敬请
钧安,并贺
春禧

# 致江苏藩台书一通①

敬再启者：

苏省高材颇多，当以培植寒畯为主；□□县治近僻，尤以置办书籍为先。晚拟有章程二条，附录呈览，敬乞鼎力玉成，不胜厚幸。

一、学问之功，端资师友。查《学政全书》，雍正、乾隆间屡奉谕旨，饬各省学政择一省文行兼优、秀异沉潜之士，读书省会书院。窃谓作养人才之道，惟此较有实济。本省江宁有尊经、钟山、惜阴三书院，苏州有紫阳、正谊两书院，扬州有安定、梅花两书院。晚意拟酌调三郡属县及各府州县之高材生约五六十名，合以由督抚、藩臬、道府甄别前列，挑选若干名，由山长甄拔若干名，共计百数十名，则就其地之近便，分入三书院肄业，其近江阴者则调入江阴书院肄业，宁严毋滥。大约每处书院不过三四十名，膏火略令从丰，房屋亦须够住，当尚易办。不知苏州书院向章如何？敬求转饬毕太守妥速规划，晚当另函致之。老前辈听政贤劳，不敢重烦兼顾，惟乞一言为重耳！官师月课外，每季另由敝署札发经古题一通，限一月交卷，以尽其才。阅定后由晚捐廉优奖，俾资观摩激劝，于士

---

① 录自《黄漱兰文牍稿本》。书中云"书院现未毕工"，当指江阴南菁书院（光绪八年筹建，九年竣工），故此书应作于光绪八年。书中"听政"之"老前辈"当指江苏布政使。

习文风不无小补。

一、江阴无省会繁华之习，于读书尤宜，独憾邑少藏书，借瓻无地，现拟仿江宁官书劝学局之例，本省三书局，除江宁、扬州局书，咨请制军札发外，苏州局书应□□□，请贵署札饬该局员，将已刊书籍各发□□□，以资讽览。惟书院现未毕工，橱架亦未办齐，俟来春晚按试苏州时，备咨请领，顷先奉闻。

# 致陆心源书四通①

## 一

郑乡伊迩,迟想光仪,饥渴之私,靡任惝结。顷辱伻使,惠颁大著及《习学记言》一书,敛手拜登,如奉璆璧。猥以鄙人愚戆,胐饰逾恒,焚草之馀,抚心滋疢。敬稔存斋仁兄大人,著述宏富,餐卫宽娴,慰甚慰甚。

窃思阁下以右军誓墓之怀,为江都下帷之学,不朽盛业,自有千秋。大集浏览大略,考据义理,甄综靡遗,不靳靳于门户之私,信足近嗣昆山,远宗婺水已。《藏书志》渊原《七略》,分别部居,百宋

---

① 第一通录自陆心源辑《五十名家信札》(学有根据斋刻本,光绪十九年)。主要内容为借还《习学记言序目》一书之事。黄体芳光绪六年出任江苏学政,而从首函中"弟辖车承乏,四载于兹"之言,知作是书其时应在光绪九年。参以黄体芳《习学记言序目叙》,称其光绪十年五月付刊此书,书稿校勘应在此前完成,故可证实。据"溽暑如蒸"一语,可知该函写于光绪九年七月。第二通录自徐桢基《潜园遗事》(上海三联书店,1996年)书首影印原件。据"仲冬行抵江宁,必当专足奉璧"一语,可知该函写于光绪九年十一月。第三通录自陆心源辑《五十名家信札》,其中附札又载陶湘编《昭代名人尺牍续集小传》卷二十三,大约以为是独立一通。据"准于腊底春初续缴"一语,可知该函写于光绪九年十二月。第四通载陶湘编《昭代名人尺牍续集小传》卷二十三,不著收信人姓名,徐桢基《潜园遗事》书首影印原信,则知其为致陆心源。

千元,殆未足拟,藏弄之富,倍于四明,义例之精,亚于秀水。《归安志》未及细读,然以邑人修邑志,必当信而有征。闻尊庋所储,公诸同好,雅识宏量,尤足钦迟。承假《习学记言》一书,校竟即遵尊谕,专差奉缴。

永嘉诸乡哲书,经敝邑孙太仆师先后梓行,惟此书传本寥寥,邑中承学之士颇以未见为恨。今拟锓版以广其传,幸宛委珍藏,允承瓻借,俾得校成定本,庶蹲鸱之误不至为大雅所嗤,容刊成再当寄求裁正。

弟辌车承乏,四载于兹,揽秀接英,有志未逮。江南为人文渊薮,乾嘉以来魁硕相望,近虽材俊间出,而朴学稍衰,匪惟兵燹之馀,抑亦栽培之缺,惟大君子有以教之。《砖录》《三续疑年录》《全唐文补遗》印成后,统祈赐读,俾窥全豹,感幸无量。溽暑如蒸,惟道自重。肃此布谢,复请

颐安,统维亮察不宣

愚弟黄体芳顿首

二

存斋仁兄大人阁下:

日者奉函,辱承肸饰,并以大著两种见赐。《癸丁考古》,罗砖甄于一编;《甲子疑年》,仿《夷坚》之三笔。是辅史翼经之学,具知人论世之思,敬佩敬佩。

《习学记言》幸蒙惠假,此为孤本,曷敢弁髦。惟是小史传钞,仅成泰半,俟至淮上,方可藏功,欲就彼地赍还。深恐渡江未便,盖波涛颍洞,虑见擢于蛟龙;而梨枣剞刊,尚有雠于豕虎。以兹濡滞,

伏乞鉴原。仲冬行抵江宁，必当专足奉璧也。先此布复，敬请
著安，幸惟垂鉴不宣

愚弟黄体芳顿首

三

存斋仁兄大人阁下：

顷奉赆毕，如奉教言，知以箧书未收，等于良朋相忆。敬惟履
绚安豫，著撰丰隆，引领元亭，毋任欣颂。

蒙借《习学记言》，幸景先贤之正鹄，期免误字于蹲鸱。乃定本
写自礼堂，尚多阙误，而求是遵诸古训，未敢袭沿，翻阅既多，黄墨
频下，拟再求善本，冀得折衷，会稡数部，悉加订正。敢比齐献假
书，刊谬仍返；庶几曹仓积卷，考信堪珍。夫惟大雅，必不疵瑕，但
校试多劳，钩稽非易，劬非同于扫叶，讹仅辨乎鲁鱼，况绨帙所深
缄，讵铅椠可久假。谨理原书，奉还尊庋。婤嬛暂别，仍归镇库之
藏；锦绣借观，愧乏匹缣之报。肃以祗叩
著安，伏维蔼照不宣

愚弟黄体芳顿首

敬再启者：

顷藉便羽，赍缴原书两函共十五册，中有两汉及六朝事，未及
细检史传，故有折叠处。其四十三卷至五十卷敝本所无，今已照
录，中间讹脱颇多，而皖省蒯礼卿庶常光典及敝同乡孙仲容比部诸
假之书，尚未寄到，无从雠校，亦并奉还。惟第二十二卷至第二十
五卷一册，猝未校毕，敬恳俯赐暂留，准于腊底春初续缴。草此，
载请

台安

弟体芳又顿首

## 四

敬再启者：

承以秘本见视，纫泐逾恒，谊应速缴，惟参证别本，原书讹脱颇多，因于点对时，不惮污滓，一一标之楮端，其久假未归之故，非敢后也，所以报也。容俟腊前校毕，即专足奉璧，断不再延，幸垂谅焉。肃此，载请

著安

弟体芳再顿首

# 与儿绍箕书一通①

淮、徐试竣，中木、曼君便当辞去，此外惟朱、龚仍旧。兹已添请宁慈包琴生孝廉祖荫己卯乡榜。襄阅试卷，其算学一席，则汝弟书中所说林明经颐山。但各棚非卷多则额多，宾主均格外劳勣耳。

前阅可庄复汝书，方知八月间汝有去电，此是公义，何亦瞒我？嗣后戒之。寄去杨光先所著书上卷一册，元和附生张坚续呈，江阴庠生钱荣国代递。其下卷仍未检得，汝曾携去否？来函须述及。《南宋事略》稿本，据范月槎观察述洪观察函云，不在伊处，亦未审迁转何所。

此间驻防诸君，时得晤谈，且屡以要电见示。张、刘去冬之议，已婉辞之。顷为上海重案专折上闻，原委详另册《清源录》中，阅毕带还为要。白泉姻世讲与汝作伴，甚佳，能留则留之。我二十五日出署。十八日南菁课经，二十日课古。元同先生与二曼上元节后必到，寄生亦日内必来。去岁十一月初八日，巢出世叔由沪赴松，时已扃试，以不得觌面为怅，随驰书订于试毕时借轮往迓，而世叔将以喜事还家矣。

---

① 录自孙延钊《瑞安五黄先生系年合谱》光绪十一年，首云："漱兰先生有上元日手书长笺寄谕鲜庵先生（原书今归永嘉吴洗凡君收藏），节录数段如左"，故是书应作于光绪十一年正月十五日。

# 与侄绍第书一通①

笙侄元览：

日前陆续来函，均已过目。昨接七月廿一日手书，知吾侄于二十日顺抵武林，仍与伯龙昆玉、若川、楚玉辈同寓，彼此观摩，颇纾悬望。

此间科试，六月杪竣事，刻下录遗将毕，尚有续送者，须初三四日方能截止。吾侄文素腴炼，抵江两月以来当有文课，场中只须就平日所诣加意为之，期于骨肉相称，二三场亦须自出机杼，罄其所长，切不可探听主司之好尚也。

恪靖一见汝哥，渠先有所闻，令其往见。辄叹为"大学问，真人才"，赞不绝口，未审此公何所据而云，然正恐将来无以副之耳。

前月间我已寄回英蚨壹千壹佰元，以资家中一切费用。由友叔手交德昌坐号朱文斐先生汇至瓯号，汝寄家信中可先提及，以慰渴望。须吾侄荣旋时向德昌面领，兹附清单一纸，到日照单存发勿误。在省晤惠叔，为言抚辕武巡捕只派三员，前途以额满见复，未便再

---

① 录自温州博物馆藏亲笔原件。书中"恪靖"指恪靖侯左宗棠，"汝哥"指黄绍箕。黄绍箕谒见左宗棠在光绪十年初冬，此书末署"八月初一日"，当指十一年之八月初一日。又，浙江乡试有乙酉（光绪十一年）榜、戊子（光绪十四年）榜。黄绍第为戊子榜举人，上溯三年正是乙酉（光绪十一年）榜应试之期，足以证实。

· 224 ·

干也。其所荐旧仆郑裕,勤谨可用,须述及之。馀事不赘,专盼
元捷,并颂

同寓诸君元祺

愚叔体芳手泐

八月初一日巳刻金陵试院

侄购书之费顷难汇寄,可开单寄来,须银若干,日后照付也。

# 致孙衣言书二通①

## 一

畿辅夏间积潦,为向来未有之灾,朝廷发帑劝捐,纶音周挚,而万寿山颐和园工费数百万,营造如故。去秋天坛火警,某条陈四事,此居其一,闻上意震怒,将予重谴,不知何以中寝。近楚北张心荭侍御,复因灾请罢,坐此去官。或为发难者幸,某甚恧焉。

去夏浙灾入告,吾瓯因之连及。今此偏灾,在我辈为剥肤,朝廷视之奚啻秦越?且众论方以近畿巨灾为急,言之更非其时。

## 二

受业黄体芳敬启。

---

① 第一通据孙延钊《瑞安五黄先生系年合谱》光绪十六年文云:"冬,漱兰先生寄答先祖(孙衣言)手札,略谓:……盖是岁吾郡亦患荒歉,先祖去书属先生入告请赈也。"查吴庆坻《蕉廊脞录》载:光绪十六年京津久雨成灾,六月初五日,上亲诣大高殿拈香祈晴。证实该函作于十六年冬。张心荭,名兆泰。第二通录自陈烈主编《小莽苍苍斋藏清代学者书札》(人民文学出版社,2012年)第867—871页。

夫子大人函丈：

今春于厦河寓次获逅台旌，正雪消三尺之时，被以春风煦煦，既聆榘训，复荷隆施，所恨南北程分，宫墙日远，每怀师范，曷罄翘瞻。

六月杪接故乡来函，惊悉太夫子大人于五月间仙游，然寿已八旬，且闻无疾而逝，是古来折伯武、陶道明一流人，岂寻常福寿所可比絜。又况不先不后，而适值夫子挈眷远归，屡征未起，得以留视含殓，未始非天之所以佑善人而矜孝子也。独念夫子负栋梁之望，婴此重忧，岂家国不可以兼顾，故不慭遗一老，俾之内无所依慕，而后致其身以竟其用耶？抑以彼都吏民延颈孔亟，故使斯人不遽出，以甚其望君望岁之想耶？闻葇翁师叔赴少荃宫保之聘，主讲紫阳书院，是退闲绝好位置。近接此耗，必又费一番跋涉，事不如意，令人索然。

芳四月间应散馆试，名列二等第七，蒙圣恩宽大，尚不夺我凤池。留馆后化日舒长，木天闲暇，在寓终日简出，可以翻阅缥缃。以菲材膺此清福，自问殊为过望。家兄承乏西曹，月至署五六次，但与无事为福，岂敢言功。惟是长安不易居，米盐琐屑之外，酬应如麻，而囊中已渐渐告罄。屡托知好代觅一馆，久之寂然。此后手抱铅椠，力图寸进，未知赵北燕南，能否与星轺之使。至芳于诗文两途，当专致力于何者，知弟莫若师，伏祈时惠南针，俾开茅塞，庶鲁公衣钵传之枌乡子弟，较为一瓣相承。

芳老母今年七十有五矣，冀藉椽笔为蓬荜光，前曾泥首奉求，幸蒙钧诺，如丈席多暇，早赐寿言，附舍下竹报寄来，以便觅都下名手缮写，将来一品集成，附传不朽，荣幸为何如也！

皖江之行，当在何日？仲珊、稚菊辈尚许其附骥否？便中乞为

示知。专此肃布，恭请

钩安，统希垂鉴

受业芳谨启

师母大人阃安，世兄近祉

家兄附笔敬请礼安。

# 致孙锵鸣书六通[①]

## 一

止庵世叔大人函丈：

自里门谒别后，沧浃古谊，无日忘怀。顾意境颓懒，于函丈处并未一通□敬，即伯陶世兄之没，亦临风怅叹而已。目昏□□，不能作书远晤，罪何可辞。比惟年德转升，神明强固为颂。京外诸事，函丈当有所闻。国病可忧，身病何恤，然依田冗食，非古人进退以义之道，已于夏中投劾辞职。故乡寒素，无尺椽颗粟足以自活，且随儿子就养京师，非敢云金门大隐也。

李莼客侍御志业不遂，与体芳略同，拟于冬间请假出都，爱金陵山水之胜，欲谋一席以颐暮年。芳适闻函丈有辞席钟山之举，晚年远涉，风涛可惊，及此辞之是也。荐贤自代，嘉惠士林，函丈之志也。仕宦不遂，乞书局自随，侍御之进退亦可风也。请于致函岘帅之便，为侍御言之，若侍御之学，则南中士夫当知之，不烦言也。肃此，敬请

---

① 录自陈烈主编《小莽苍苍斋藏清代学者书札》（人民文学出版社，2012 年）第872—894 页。

道安,并候

夫子大人函丈颐福

世愚侄黄体芳谨启

男绍箕随叩

仲容世兄及诸世弟问好

二

蕅田世叔大人阁下:

睽教十有一年矣,屡荷关垂,殊疏裁候,罪何可辞。比惟身名俱泰,年德转升,式符臆颂。我世叔和而介,谦而尊,曲体人情,力维风气,即论文章尔雅,训辞深厚,不愧当代名儒,惟颖滨老人未免为坡公所掩耳。年来故乡来者,备述徽言懿行,觉春旸之温、醴泉之醇,益往复于梦寐中。所谓心香一瓣,敬祝南丰,非敢面谀,实由心服。兹特伸纸濡毫,痛呈肺腑,一以洗流俗浮文之陋,一以补频年作答之疏,长者其许我乎?

侄自履任以来,颇喜豪举,吾乡无贤不肖,均有微辞。持公论者,以为为善近名;挟私心者,以为忽近图远。於虖,亦思士各有志哉!请为我世叔披沥陈之。

溯自童年失怙,伯兄又早丧,未冠辄就蒙馆,通籍后,率以为常。丙子冬,由山左还朝,仍以课徒为活,多至二十卷,而一字能值几钱?伯仲两房之债累,京外各项之挪移,偿寸积尺,物力之艰尽知之矣,邸况之苦备尝之矣。当其时未尝不穷愁抑郁,然而时过则忘之矣。庚辰岁忝膺简命,寒极而春,续奉新纶,俾仍旧贯,宿逋渐渐可了,寡嫂孤侄一律粗安。此数年来养赡之资,既非祖宗封殖所遗,又非我躬勤俭所得,无一非朝廷之厚恩,无一非天下之公物,不过适然假手看我调度何如,譬之旱田经畅雨,亦贵疏通,岂宜壅积耶!

吾乡才识学问十倍于侄者,车载斗量。尽有兀兀穷年,求一第一官而不得,庇一身一家而不足。自问百无一能,独叨非分,且吾师累年不调,侄乃间岁三迁,世叔以直言罢官,侄乃以狂言窃禄,滥邀天幸,深为可愧,而犹敢贪天之功以为己力,眩于一朝富贵,而遂思据而有之耶?君子务其大者远者,江阴为学政驻札之所,望埒省垣,能延一好山长,培植几辈人才,藉振李申耆先生之遗风,所关非浅。以连任五年之学使,不创斯举,谁复为之设计?较此贰千洋蚨,自赡耶今非所急,博施耶从不能遍,轻重了然已。至都门瓯馆,侄倡捐壹千肆佰金,其肆佰应偿郡城李宅零欠,索性代渠书捐,否则竟可不偿也。分不容辞,时不可缓,数不能减,非要誉于乡党朋友也。黄岩周叔篢孝廉,异才绝学,浙东之隽,延之于幕,荐之于朝,均于其身无补,痛其以急难死,母老家贫,毕力佽之,粗了生前一段交谊而已。戚族中或以所厚者薄相怨望,岂知范氏麦舟之赠,吕氏葱肆之归,义各有当耶!世俗多亟于治生,家居则可,当官则不可,如为儿辈计,渠将来任自为之,且侄亦非不自为谋也。此后愚父子留都三年,六年之蓄必须预筹,枵腹沽名,蠢不至此,特不敢过分耳。

因忆长安居先后十馀年,每值告贷途穷,辄有意外接济,如友好书帕,门生土仪之类,屡试皆然,阖家且诧且笑。及稍得馀赀,辄罹疾厄,不于其身,即于其家,亦屡试屡验。意者庸人庸福,冥冥中若有以裁剂之,不使过啬,亦不使过丰。然则今日不甚吝惜者,非拙也,非夸也,非达也。既辨公私,亦计祸福也。侄常谓看钱财轻,未必即看轻势位,能看势位轻,未必看轻躯命,而亦有一以贯之者。

方今边衅不靖,天下事尚未可知,忠义之士顶踵且不得自私,况阿堵物哉！此种议论,固非道学家深细语,然中材以下,只须就粗浅处进步,苟能勉其性之所近,行其心之所安,为国家建一二分事业,为身后留一二分声名,要亦可传之孤诣矣。侄将来若厕外任,亟思得两种益友:一极严正者,此人难求。一极练达者,此人易得。朝夕史监,激发我神明,增长我胆识,则区区不敢爱钱一节,犹其末焉者。否则恐树立不坚,驯至奄奄恋栈,碌碌盖棺,俗人目为善终,识者笑为臭腐。吁！可惧之甚也。平生肝胆从未向人倾吐至此,以景行有素,故敢尽言。伏冀我世叔时惠严箴,勿为侄虑身家,但为侄虑名节,感且不朽。此纸请存以俟验,后如不符,持示吾乡人士,亦于予改是之炯鉴尔！天寒手冻,恕不端楷。专此敬请

钧安,顺颂

年禧

世兄元祉

夫子大人前祈为叱名请安

世愚侄黄体芳顿首

小儿受业绍箕随叩

嘉平月望日

敬再启者:箕儿回署,述谕以荐举人才及表彰苏省乡贤见勖,感纫无既。侄去秋密荐于次棠中允荫霖、金鉴三太守士镐,近来颇见明效,此后仍当加意访求。乡贤事宜,亦俟次第举办。孙、张二先生遗书,拟与江苏诸先哲书籍汇咨史馆。惟曾复斋先生履历事实,无凭报呈咨,祈属仲容世兄函请周晓翁就近辑录携赐为荷。又方雪斋先生亦在应咨之列,如蒙撰录事迹,并遗书见寄,尤为慰幸。再请

钧安

　　　　　　　　　侄又顿首

三

世叔大人函丈：

　　日者屈尊通州，稍慰十四年殷拳之望，惜匆匆未尽悾款。七月初旬当奉迎杖履，来江宁作数日之留，片石钟山，固犹是昔年芹藻也。世兄英伟可喜，自是玉堂人物。诗笔清华，敬佩之至，略识数言于后。

　　曩呈奏稿，幸蒙垂许，顷谨衰录前稿数通，再呈函丈，其中或效或不效，祗以渥受国恩，区区报称之忱，不能自已。至八九年间，尚有荐贤弭盗台州匪党事各折，均奉密旨施行，以条绪颇繁，未及录上。

　　伯龙少年盛气，轶而横决，乃欲肄业上海方言、机器等局。此局之设已二十年，所学非所用，所用非所学。况其地既腥秽，俗又浮华，少年子弟最易沾染，求利未得，害已随之。在伯龙尤为不宜，而其意似不可易。体芳剀切规之，一再留之，并告以函致邵观察，勿令入局云云。渠乃以愿依函丈为辞，仍回沪上，恐到彼中，又复变志，故特奉闻。函丈幸力教以但务正业，不宜涉旁门以自诎也。伯龙又云，函丈拟送一、三世兄，亦往肄业，此当是渠借重之辞。以函丈所学之正，趋庭之训必不如斯。即或仍有所言，要亦姑存其说，而伯龙遂据为实录也。

　　前呈试律五首，敬求摘其疵瑕而削成之，并折稿统交去足寄回。如避炎少暇，或于七月初驾临面示亦可。敬请

道履安豳，并候

诸位世兄元安

　　风逆水急,船颇颠簸,字迹潦草不堪,幸勿见哂为荷。

　　　　　　　　世愚侄黄体芳顿首

　　　　　　　　六月初五日六闸舟次

# 四

　　(前缺)入必善,规劝必从,循谨节俭,具征家法。惟间有执礼过恭之处,受之殊有愧耳。试毕瞻天,特间京秩,乃发轫之先声。转瞬魁蕊榜翔木天,扶摇直上,非但为鼎门增色也,贺贺!

　　侄素性狂愚,分宜置散,手谕谆谆,以大臣格君,积诚感悟为言,所以逾格相期□者,义甚高而语甚热,自问何人,敢不铭诸坐右,以当西门之韦。惟近来时事非仅数年以来之变局,直是千古未有之变局,外间或未尽知之。长春圣明,视汉之明德、和熹,宋之章献、宣仁有过之无不及,近稍倦勤,盖亦有故焉。今上好尚喜怒,颇难臆揣,深恐内侍构煽,有似此纸阙毕乞付丙。宋嘉祐、治平年间事。而关键极要者,顾复忽近图远,左右非人。窃思贵近如傅相,当有以匡正之,乃与其所亲信者密订金兰,赞之以开铁路,导之以设银行,歆动之以电气灯等物,用夷变夏,众议沸腾,其不知者疑芳欲劾而罢之,则非但万无此力,亦断无此心。良以此公资望最深,事务最繁,责备最重,不必托名海军此纸阅毕乞付丙。为自固之计。以此事让袭侯,庶几奇淫之器罢贡于王门,邪波之徒罕跻于要路,似合来谕中转移之意,且措词并不甚激烈。杨宗濂、盛宣怀、吴安康诸人近皆见用矣。原折录呈,幸垂鉴焉。

　　辰下承乏银台,不过旅进旅退,谨矢待时之训,以副盛情,来年

看时局何如,再定归计耳。此函未便付洪乔之手,是以奉复迟迟,恕罪是幸。肃此敬请

钧安,顺贺

大喜

世愚侄黄体芳顿首

八月初十日

夫子大人前祈为叱名请安

诸位世兄文祉

五

蘷田世叔大人函丈:

　　客岁承惠官燕一大盒,此乃高年颐养之物,长者甘自节缩,以之厚赍故交,饫德何似。顾生平最懒作书,容易秋风,迟迟拜赐,罪甚罪甚!友林观察入都,藉谂道履冲和,啖饭如昔,至以为慰。仲彤世兄甫经偨居,辄遭肽箧,而鼠辈犹狙伺不已,民风吏冶,此其一斑。世嫂又以受惊堕胎,幸大体康复,足纾远虑。

　　日前晤薇研前辈,谈及仲兄器宇轩昂,必发之品,但须劝其多作时文。迩来异说繁兴,士大夫讳言举业,此老犹作此语,足见古道热肠。惟都下求师实难,想已命其月课数艺寄呈庭训矣。

　　芳自镌秩后,新旧相从者勉收四五人,手生思涸,点定一卷,动阅三朝,深恐误人,兼悔自苦。然念年少有才,官闲无事如世兄弟者,终须藉此进步,故因薇老之言而赘言之。若以烛武之无能,为毛遂之自荐,则此任万不敢承,断非饰说也。

　　舍侄荷蒙提挈,获侍丹铅,深以不胜谣诼为愧。比闻疟证已

·235·

愈,归心虽迫而依恋殊殷。属因沪令来京,荐充书记,取其归航之便,且襄校课艺,仍可就近效劳,切勿疑其见异思迁,孤负盛意,幸甚! 感甚!

小儿自入春以来,晨起时往往痰带红色,近似少愈,时复一发。杞忧未艾,重以子疾之忧,心绪亦可想矣。新凉袭人,伏惟珍摄百倍。手肃敬请

钧安

四大世兄文祉

世愚侄黄体芳顿首

小儿绍箕随叩

中元节

# 六

冀田世叔大人钧席:

客冬接奉赐示,教诲深挚,循览增悚。敬审道体矍铄,劬学如昔,诸世兄蜚声腾实,争干青云,国耇光荣,真足健羡。

芳创南菁书院,颇费苦心,而新延山长张啸翁忽以疾辞,因其年近八十,步履支离,遂不复强。当时即拟敦浼缁帷,旋虑道尊,未便遽亵,又妄揣太冲在吴兴,公不无远引之志。今此老已告归矣,曲园虽愿就,而不肯常川驻院,仍于鄙意未惬。江湖耆旧,屈指寥寥,再四思维,不得不以此席奉屈。缘书院部署粗定,首在尊师,陶育人才,于是乎赖。今时不为慎择,何以劝学而善后? 我世叔前主钟山,化雨春风,久被江左。此间讲舍,由芳肇开,一切延聘,使者即为地主,更得世叔莅斯讲授,尤见永嘉学派久远流芳。伏望俯鉴

鄙诚,念丈席不可虚悬,束脩未尝无诲,下慰多士向慕之心,并纾愚衷仰吁之迫,祗俟赐允,无任悚惶！院中宽敞,倍于钟山,多携眷属,尽敷室处。馀属舍侄面禀一是。肃此冒渎,顺贺

春禧,统惟垂鉴不宣

世兄辈文祉

世愚侄黄体芳顿首

正月二十二日

# 致孙诒让书一通<sup>①</sup>

仲容仁兄世大人法正：

　　惠示东坡试墨帖，虽二十五年前书，如鸾凤之雏，一日堕地，便非孔翠可拟，况山鸡辈也。《昊生十生记》佳惠也。得此甚慰寡闻。

漱兰弟黄体芳

---

　　① 录自谢作拳、陈伟欢编注《瑞安孙家往来信札集》（浙江大学出版社，2017 年）第 260 页。原注为"原件藏瑞安叶茂钱处"。

# 致许振祎书一通①

仙屏仁兄同年大人阁下:

　　别将两稔,驰系殊深。每晤南来故人,询悉政绩庞鸿,福躬安泰,深以为慰。

　　兹敬启者:敝同乡程雨亭观察仪洛,儒雅廉能,向为沈文肃公所器,曾帅亦优遇之,两权扬守,舆论翕然,不愧安静之吏。自执事下车以来,渥蒙盼饰,感激逾恒,此后托庇之日正长,伏祈逾格玉成,庶收臂指之效。

　　又郝令炳纶,精明稳练,弟在苏时稔知其才,亦乞加意嘘拂之,非仅私情铭泐已也。甫此,顺请
□□

年愚弟黄体芳顿首

---

① 录自王迪谔、严宝善编《清代名人信稿》(浙江古籍出版社,1987年)第748—749页。黄氏于光绪二十一年从北京南归返里,初夏至开封,河东河道总督许振祎邀留衙署,至仲秋方分别。书云"别将两稔,驰系殊深",所谓"别",当指上述之"别",故是书应作于光绪二十三年,其时许振祎任广东巡抚。

# 致龚咏樵书三通①

## 一

咏樵仁兄同年大人阁下：

顷接手教，匆匆中误以刻下为今晚，以致率尔作答，获戾滋深。所谕合局之举，甚惬鄙怀，设席当在尊寓，一切偏劳，统容晤谢，并望先示日期为荷。此复，即颂

绍安

年小弟体芳再顿首

廿五日酉刻

## 二

咏樵仁兄同年大人阁下：

日前厚扰，谢谢。魏观察系敝处大公祖，承招同席，尽可畅谈。惟今晚适有要事，未获趋陪，心领盛情，并希亮鉴，日内容走谢不

---

① 录自温州博物馆藏件。

尽。此复，即颂

韬安

　　　　　　　　　年小弟体芳顿首

<h1 style="text-align:center">三</h1>

　　手示诵悉，履历系臣某人，某省进士，年□□岁，翰林院□□云云。□带交尊纪奉上。前托代购《汉魏丛书》全部，千万留神。日内即当趋贺，并面谈一切也。复上，即颂

咏樵仁兄同年大人韬安

　　　　　　　　　弟体芳顿首

# 致俞樾书一通①

荫甫老前辈大人执事：

昨承觌毕并大著《录要》一卷、《东瀛诗选》一册。数等身之著作，突过西河；驰绝代之声华，直到东海。钦佩！钦佩！致琴师处书函当为寄去。琴师近得两孙，自是归田乐事。仲容世兄方治《周礼》，已成长笺七十卷，此书若成，不朽盛业，知念奉闻。附呈敝幕友王羧甫孝廉慈君遗稿一册，敬请赐观。沈仲复前辈侨居吴下，夫妇能诗，执事与仲公里闬既同，过从自密，幸仰承大力，乞同心之佳耦，扬焦尾之清芬。附去素笺，伫望垂鉴。又附上琴师近作二律，并希登览。春寒，惟起居爱护，无多著述，不宣。

晚黄体芳顿首

二月二十三日

---

① 录自上海图书馆编《俞曲园手札·曲园所留信札》（上海科学技术文献出版社，2011 年）第 8—10 页。

# 致张佩纶书二十七通[①]

## 一

润翁同年寓顺治门内兵部洼中街吕祖阁内，今早晤谈半晌，已询及执事矣。

幼樵仁兄大人

弟体芳顿首

贵大人

## 二

顷接许处回字，云系补褂朝珠，并无朝服之说，起居注并未送信。其原信已送至小甫同年处矣。屡荷关垂，心感之至，容再趋谢，复请

幼樵仁兄大人台安

弟体芳顿首

---

① 录自上海图书馆编《张佩纶家藏信札》（上海人民出版社，2016 年）第 14 册，第 8140—8230 页。

# 三

昨接读手示,匆匆未复,罪甚。今日午前入城拜客,傍晚始归,谢君当遵命延订,乞代为挽留是荷。孙侍郎所荐彭君,另容函复。敬请

幼樵仁兄大人晚安

弟体芳顿首

廿一日灯右

# 四

幼樵仁兄大人执事:

前上一笺,谅经达览。月之望日,贤阮安甫编修枉驾澄江,诸蒙教益,辰下想已顺抵都下,同寓尊斋,庭树阶兰,迎春竞蔚,敬惟谟猷鼎盛,摄卫咸宜为颂。

南皮以名世才,发轫三晋,朝有特简之明,野有再生之望,诚为厚幸,但中枢近事如何,究难悬揣,想当事者不愿分此一席,故于公私参半之间,出中令于太原,付细侯以并部耶?然平心而论,与其画省回翔,老其才,未展其志,诚不如召棠郇黍后效无穷也。此公出都后,士大夫直道正气,全仗大君子与二三同志表率而维持之,方今中外伟人落落可数,而高门独居其二。昔吴大帝称子布曰张公、子纲曰东(都)〔部〕,以彼偏才,方斯蔑矣。弟叨晋一阶,益惭尸素,务祈随时箴勖,俾立修名。

前致广雅堂一函,我公当与寓目,主人行期在即,部署纷繁,乞

将函内各节,择其有关紧要者,酌示为祷,承为小儿议姻,已有成言否?南皮眷属,定当陆续西行,事谐后作何办法,乞先惠数言,恃爱琐渎,非求速成,良以此事须于京邸面商,较为妥便也。再,编修公过敝署,时东道之谊深愧不周,兹续呈菲敬伍拾金,知其甫卸征尘,聊供寓庐洒扫之费,希为转致是荷。恕不另函。肃请

台安,顺颂

岁禧,诸惟心照不宣

愚弟黄体芳顿首

(光绪七年)十一月二十五日

来差系家仆,约于来春正月杪南旋,如有回示,迟日交下可也。

# 五

幼樵仁兄大人执事:

祥开献岁,春满皇州,敬惟新祉骈蕃,福躬戬穀,以忻以颂。去冬二十七日交谢恩折差奉上一笺,缄入南皮贺函中,如此公腊八请训后,即便启行,此函当先呈尊处,但未审曾否开览耳。前此致广雅函中所陈各节,并求赐教,想回玉已在途矣。讲官一席,岁前当可补充,比来文兴若何,能留其有馀,指示一二否?盼甚。

湘中陈、李两侍御迭有建白,足见直道之不孤,为之肃然起敬。

弟履任年馀,颇不理于人口。景升初谋面时,神色惭沮,情见乎辞,因以春秋责备之例劝慰之,被劾之后,谓由弟致书同人,以有此举,宣言属吏,意在索瘢,惟有付之一哂而已。此弟之取怨于当道也。

此间需次人员苦甚且多甚,情急来投,几以臣门为市,弟拒其

私谒,勖以公言,失望之徒,谤书盈箧。此弟之取怨于下僚也。

江省习气,自诩能文,实则倩人录旧者,所在多有。自弟行提覆之法,获隽者未必见德,败露者深以为仇,无赖狂言,悍然列诸《申报》,道路传闻,必为所惑,兹将发贴沪上及通行各属示稿录呈清览,情节了然。此弟之取怨于士子也。

窃谓吾辈实事求是,毁多誉少,乃分之宜,由前三节差足自豪,并足以告慰知己。惟迩来迁擢太骤,非但不以为华,夙夜扪心,大有鹈梁之惧。执事其何以玉成我耶?陈、宝诸公想数共晨夕,乞致鄙意道候。肃此,敬请

鸿禧,顺颂

升安,诸惟爱鉴不宣

愚弟黄体芳顿首

(光绪八年)正月初八日

安甫仁兄春祺

世兄辈文祉

## 六

幼樵仁兄大人阁下:

月之三日,折差回署,赍到手书,并各处信条,琐渎清神,惶歉无地。敕书索费既巨,领亦过迟,或云竟可不必领,未审有关碍否?前所云刘公子者,系敝同年蓉楼给谏曾之子。如必须领,其费若干,统求询示,以便汇寄。

比来朝廷黜陟迥异往常,惟外患仍不能弭,人日之章,的是要著。如见采纳,洵足建威销萌。外间议论,亦以此事为可虑。闻法

海军卿,已用伯朗手般之谋,请增水师,以为直捣东京,计我虽无恤藩之力,不能无固圉之图。滇粤两督,各有章疏。颇闻其略。恪靖出都与政府议以水师由滇、陆师由粤,两路并发,以保护藩服,此举未知决否?要之,中国受病,由于纵倭,纵倭之病,由于曩者台湾一役,过示以弱,至使琉球蹶焉倾覆,堕党崇仇,法人藐视天朝,亦基于此,不能制倭,安能御法?若复两处延玩,今日之越南,其必为前日之琉球矣。往者不可谏,来者犹可追。所幸长春复初,大伸宸断耳,承谕各节,均义不容辞。

于君已回京否?其请假时官职中耶赞耶,左耶右耶?乞示悉。扬州人传事,当为函致当道。弟按试泰州,更详采其政迹士论,必有可凭也。玉镜台已得佳偶否?辱蒙推爱,乃先为小儿胖合因缘,殆亦后天下之乐而乐耶?议既成例,应传柬聘礼若何、帖式若何,统候尊裁,以便遵办。渠处若肯送女,请以八月为期,今秋一闻瓜代之信,即拟举行此事。秋冬之交,先令儿妇北上,弟当乞假两月归省先茔,来春还朝,故欲于此地完姻,亲睹其成礼也。种种渎请,殊抱不安,去冬致广雅主人函,节录呈览,并望与坡公一观,敬请简安,诸祈爱鉴不备

愚弟黄体芳顿首

(光绪八年)二月初五日

## 节录致南皮函中语

此函于去岁十一月十八日发,十二月十三日始到京,南皮已行,随即驰达矣。

试苏时,谭君以患疟未面,昨自云间回舟,始晤谈一时许。其

人真精细,其言真切挚,办公事则琐屑必亲,见属吏则规勉交至,惜规模不能远大,且苦于臂助乏人耳。据云烟税一节,必约禁提箱之例,方可举行,此是正论。

洪勤西都转,素负能名,颇喜发议论,履任后,志在整顿盐场,未知果有成效否。

候补道中如王芍塘之春,沈文肃曾遣赴日本,著有《谈瀛录》《防海纪略》等书,平时胆气甚豪,识议甚正,自是有用之才。

武员中水陆提戎二李均未谋面。唐军门定奎大营在江阴北关外黄山上,操演极勤,巡哨极密,旌旗整肃,队伍森严,向设暗炮台二十馀座,今添置明炮台五门。此君论事甚不弱,却非粗猛一派,但当军务稍闲之时,无从知其真实本领。其麾下统领官记名提督张景春合肥人,弱冠随袁端敏剿逆,屡立战功,到江阴已七八年,缮备认真,军门深得其力,谈论间见其理势了然,英姿飒爽,真所谓铁中铮铮者。

各属州县官,大约江南须良吏,风气浮薄,苏常为甚,江北须能吏。风气好讼,事无大小,非闯衙泼赖,即投水呼冤,所在多有。弟所见如江宁令陆元鼎,仁和人,年壮神旺。有志作好官,且不失书生本色。沭阳令严望,湖北人,其地号称难治,尚能竭力维持。青浦令吴康寿,石门人,曾经沈文肃保奏治盗,严而速断。新阳令李福沂,山东人,精神振作,惟好名心盛,意气未平耳。现调吴县令金吴澜,嘉善人,同治间曾文正奏调直隶,勤敏过人,事事周到,有好上司,办公当加倍出色。现调昭文令裴大中,安徽人,清廉安静,但短于才,近因勘回失实,由无锡改调昭文。又金匮学训导殷如珠,甘泉人,切实勤慎,训迪士子,谆谆以品说为先,去冬已汇入大计保折内。以上数员,举以质之护院,据云皆其所赏识者。至泰州牧程遵道似是能吏,实是俗吏,太无文墨气,于江北可将就用之;此外,如泰兴令卢思诚、高淳令袁树勋、荆溪令钱志澄,均以所办实事,陆续报闻,以未见其人,骤难附和,馀则私心太重,习气太深,留意民瘼者鲜矣。

倭事近耗若何,外间公论,总以为彼全还球地,则我许通商,否则当决一战。曩者,台湾一役,彼国震动罔措,而我反纳币求和,至今小丑骑天图绘中华,红顶大员以为戏笑,真堪痛恨。彭雪翁谓,使彼来犯,不如我先往攻。王芍塘观察愿率水师前驱,请缨之意甚决。鹿军门谓,往攻固占先着,但我国轮船分驻闽粤,各处须调齐演熟联络一气,方可长驱直入也。

临海周秦香孝廉郇雨,算学极精,近更讲求化学,同事有徐寿者,颇以秘传自负,因此忌其才,幸局总李君湖南人尚与之相得。前两月在弟幕中,苏松太三属试算学者绝少,刻已由沪回台矣。日内撰有《治原策》《富强策》《新法炮台议》,特录一分奉阅。鄙意以为,人才难得,当使之大用大效,学署事小,即丰其脩脯,彼此裨益无多,恪靖履新后,如留意洋务,此才必不可少。拟函荐彼处,以售其业,并广其传,渠甚愿往,高见以为何如?

# 七

幼樵仁兄大人阁下:

前月初四、十七两日迭奉惠书,谋国之忠,交友之信,自牧之谦,毕露于楮墨间,读之钦服无已,前题顷已交卷,一正两附,前两稿呈览。其末卷系为海门厅请加广廪增额数事,缘该厅详文中有歧误语往返需时,又新正命小儿送其妇亲回瓯,署中别无写手,弟小楷本劣,骤作数千字则更不能。专人召之,而轮船正在缮修,叩须半月之久,直至月之十二日到署,十五日蒇事,迟滞之由,谅蒙心照。承手书屡屡奖借,并及豚犬,弥觉厚颜,年来所呈之信稿文移及此次附件,均出弟手,惟正卷则参酌而成,良以润色斯文,必须并力,所有遵命点窜之处,未知当否?以父子兵敌一大将,幸而不败,正如田忌之上驷中驷,仅足当齐王之下驷耳,敢望抗衡耶?前致广雅函,因其来书询及人才、吏治、军政、江防、海防、洋务、机器及日本消息,故就所见闻,拉杂言之,其实皆非作料。惟周髀一家,尚是要义,故使鼎立于二君子之末,免致文情单薄。前奉询于君回京一语,大是笨笔,岂不闻一在山林耶?弟之钝拙皆此类也。想执事不以蛇足见嗤也。

　　法夷注意通滇,蓄谋已久,现苦穷乏,借民债已有六千四万磅之多,筹添海军费,正复不易,闻曾袭侯已与力争,狡谋或可中止。都下所闻何如?南皮甫下车,先芟去王家瓜葛,江上芙蓉可谓锄其非种,此后自然势如破竹矣。李侍御疏稿得书后,始及见之。其以裁撤、东征为湘乡憾事,此言真乃可憾之言,其人亦从可想。恪靖畛域湘淮,诚如所虑,淮军之在江阴者军政严肃,前已为南皮东坡备言之,近因巡阅有期,更加简练,容斋官声不劣,在稠人中,议论锋发,颇多沾沾自喜处,弟初见时辄得其一斑,闻其卸篆待质之时,每对人言,犹坚不认错,与弟书亦复如是,殊不可解。铁君遗累七千金,官商为凑集五千馀金,容斋与有力焉。弟深愧前数之薄,过广陵时,当以贰百金补寄之。二月初六日所呈一缄,谅经赐览,新人庚帖,望先寄下,以便选择婚期。弟拜别先茔,将及一纪,今秋秩满,义应假旋,然须俟祥女入门之后,一面遣全眷北行布置方妥。忆壬申年为此子授室,弟远羁京邸,未能修质明见妇之礼,不无歉然,此次绪姻,意欲补从前阙典,故为送女之请,不得不预先订期,万一留任,则缓至冬春之交,无所不可矣。忝居爱末,敢陈其觍缕。惟考差期迩,在大才固行所无事,而鄙人则深觉不情也。兹定于月之二十七日出署,先赴金坛,次泰州,次通州,约六月杪抵宁,八月初回署。敬请

简安,诸惟霁鉴不宣弟于寻常信件,或交信局,有要函则必交折差,谅之。

愚弟黄体芳顿首

(光绪八年)三月十五日

再启者:执事今岁必有联轺之喜,安甫、小帆两君,亦复使星珠贯,尔时衔命匆匆,与南皮一律,此事别无可托,惟望将一切情节转属尧农水部,函请其叔祖早赐好音,较为妥协也。至祷至祷。

苏常一带,士气浮薄,去岁正月间,扃试暨阳书院生童,宽其时刻,增其奖赏,只以初次采风,欲整士习而肃场规,必自驻署之地,始特先期示谕,并派教官监场,不意廪生中有章姓者,自矜大族,藐视小试。绕场跳跃,彻夜叫号,巡捕官劝阻不得,诘其姓名,则大声疾呼曰:"我乃黄体芳是也。"飞奔狂笑而出,通场哄然,声达内署。次日查明斥革,以儆其馀。去秋科试,发落之日,以诸生环求,随予开复。今春开课,则多士帖然矣。

执事所闻,当是不察余忠情者,之为是说,此君客春在籍,弟违其缓颊之情,又缺于照行之礼,无怪其然也。去冬云间试竣,诸幕宾先后回里,至今未来,惟子龄先生留此度岁,此君质直浑厚,皮里自有阳秋,同事有两君者,与之臭味差池,貌合而已。弟固薰此而莸彼也。知关雅契,特以附闻。

# 八

再启者:箕儿回瓯时,弟命其沿途探询日耗,据称于沪上筹防局晤候补府杨姓者,系何侍读姻亲,何君过沪时,具道日人穷乏惶遽状,顷当还朝,必有能以所见情形上达天听也。

# 九

幼樵仁兄大人阁下:

前月初九日折差赍到敕书一分并手教一缄,又由晋省发还贰百金汇票,开函雒诵,指示周详,迩惟午祉云臻,定符臆颂。

南轩一疏,甚违执事本心,弟亦谓其有大错五。

南城士大夫,众人属耳目焉。执事视农部为小友,非势交也。乃翁亦钦迟有素,非过庭者所得参末议也。然而嫌疑之际,君子所慎,其心固公,其迹近私。一错也。

执事居闲时,合肥相国再三罗致,亦惟虚与委蛇,昔不屑为入莲幕之庾郎,今岂愿为夺凤池之荀令?虽出诚意,亦非人情。二错也。

近畿赈饥之役,功成受赏,执事犹以出处大节绳之,今援此例,就令得旨允行,执事其肯尤而效之乎?三错也。

执事不与考差之试,立意已久,众所共闻,忽来此意外之举,其好为媒孽者,保无以小人之腹度君子之心,在执事原无损分毫,独惜言者驷不及舌耳。四错也。

疆吏奏调京外官员,屡挂弹章,并奉明谕,此近日事也,明犯不趦,非徒无益,此中智以下所弗为。五错也。

　　至坊秩讲官,与督抚平等,更不待言,得潜夫此论,足见君子不党,自是必不可少之文,执事可以释然矣。近接友人函,知越南东京失守一节,尚系讹传,惟越南初因李扬材之乱,而借助于刘永福,继畏刘永福之强而思倚法夷以为钳制,拒虎引狼,大为失算,经曾袭侯节次诘问,法人其外务省及秉枢各臣,均诿为不知,现闻法人既全收关税,以餍专利之心,复允剿黑党以为解悬之地。彼此已有成言,我国又无馀力,从此越日戚而法日辟,终成逼处之形,推原祸始,固缘边备单弱,无暇远图,亦由俄约已定,不即以废球乙事责备东瀛,言之可胜浩叹。杨绅以铁公政迹上之制府,业已核准,行咨敝署,亦一例办理矣。昨晤何世兄询悉,恪靖赆以百金并令盐务拨二千金以资其乏,有此高谊,谁谓廉吏不可为也?

　　弟泰州试竣,刻抵通州。倪泰朴讱勤慎,诸仆不及,因其家促归甚急,未便固留,藉此顺讯起居,俟递万寿贺折时,再容笺候。敬请
简安,诸惟崇鉴不宣
　　　　　　　　　　　　　愚弟黄体芳顿首
　　　　　(光绪八年)五月十四日灯下通州试院手渖
　　敕书费神代领,感甚。附上京平银拾贰两,祈饬交是荷。去冬函中引张纮事,误以东部为东都,乞更正之。

一〇

　　敬再启者:南皮函已诵悉。弟原以瓯郡陋俗,不可为训,都下通例又非所谙,不得不先奉询,并无所为不可解之繁文末节。总

之,此老公尔忘私,非鄙人所能望其万一也。送女之费,自系弟出,何至累及姻家,如实有许多不便处,可无须多此一举,索性缓至来春,弟回京后才办。阁下幸为我决之,即行赐复为要。聘币及首饰俟六月初交折差携去,求昏书、名柬、庚柬即请大笔代缮何如?

再颂

台安

弟芳又及

乾造甲寅正月十二日卯时

——

幼樵仁兄大人阁下:

五月十四日因倪泰北旋之便,奉上芜缄,谅尘清览。迩值壶中日永,殿角风凉,敬惟道履绥和,以忻以颂。竹坡宗伯贰官统制,旋掌文衡,有志者固不以为华,然圣朝宠眷直臣,于兹可见,南皮苦心孤诣,造福不浅,惟晋省又有亢旱之耗,必更费一倍精神,多一番筹画,闻之怒众,不特为彼都着急,亦为此老着急也。都下近局若何,中日定议若何,执事忧国之怀,能少纾否?缔姻何家,喜期何日?令姊想已大愈,安甫编修当有皇华之赋,颇为翘系,拙拟前两卷有无举动,想亦与临行一篇同束高阁矣。辰下通州试竣,计六月初旬后可抵江宁,倚装率书,敬颂

简安,统祈霁鉴不宣

愚弟黄体芳顿首

(光绪八年)五月廿七日

## 一二

敬再启者:送女之举,若劳亲家太太跋涉数千里,殊觉不情,当作罢论。乞为转致南皮是荷。兹寄去首饰四色,金玉如意簪各一、金玉手镯各一,珠花一对,珠环一对。聘币四端,红湖绸一匹,绿湖绸一匹,蓝湖绸一匹,青缎褂料一件。弟于此等事更不甚了了,询之幕宾,以为吾浙稍体面人家均如此办法,此亦南北通例,非敢意为增减也。此外,所有别项礼物及投柬送礼各喜金并一切来往使费未能逆度,附去京平伍拾金以资开发,不敷之处,希即示知。聘启、名柬、庚帖借光一缮,深惭琐渎,惶歉万分,俟回京后当率小儿登堂泥谢也。此颂

台安

　　　　　　　　　　　　　　　　弟体芳再顿首

## 一三

(九月初六日到,初十复)

幼樵仁兄大人阁下:

七夕前一日折差回至金陵,惠书诵悉,五月间欣谂安甫编修奉使蜀之命,旋闻令姊即于是日怛化,不胜骇叹。执事迩数年来,于制服外遭期丧者三,可谓非常之厄运矣。忧能伤人,切祈宽怀珍摄为要。

越南苟安已成幕燕,朝鲜一役既勤王师,卒使日人恣其要胁,一似专为敌国报仇者然,保小之谊固如是乎? 太冲于边患更不甚

措,辄以无惧自强为辞,未有自强之新政,而徒张无惧之馀威,在我国为謷言,在此公为暮气,其论都下所见人才,极赞后山而于南丰两先生颇有微辞,安知非加倍赏识也。壶公得所藉手,速效如神,海内诸官吏皆闻其风者,皆将立懦廉顽,岂直一邦蒙福而已?双珍出使后,清议当不乏人,惟硕言蛇蛇,宝乃乱苗之莠,必如此聒絮不体?恐误大局。即有好题目,亦弄成坏文章,况题目又有不妥者乎?高见以为何如?弟渥叨恩眷,仍寄旧巢,比来拟将学校中应办之事,前此有志未逮者,择要行之,不敢惜力,不敢爱钱。顷于江阴城内,议建经古书院,弟先捐洋蚨一千元,钧堂陈令倍之,湘阴亦允倡捐,一切章程与陈令酌定。惟翼执事牖其愚瞀,示以准绳,俾于为国求贤之道,稍副一二,则受惠不浅矣。沈君赙项应寄何处,乞再示知,缘原函一读之后,骤捡不著也,前掷还之百金,其一封原以佐尊斋消夏之饮,简末漏书,殊属疏忽,兹附呈票银贰佰两,敬希莞纳,万勿固辞。此颂台安,诸惟亮察不宣

愚弟黄体芳顿首
(光绪八年)八月二十一日

谢子龄先生于金陵试竣后,欲赴津门暂依子久观察,再图北上。固留不得,良用怅然。倪然在尊寓否,其人诚实可喜,倘愿重来,何妨再假,弟非苏学士,想不至教坏君实仆人也。一笑。

# 一四

敬再启者:阁下方有姊之丧,乃以小儿纳采事奉渎,不情至此,感极歉深。前议原欲明春到京就姻,惟弟既留任,局面又殊。月初,次小儿以急证殇,内子虽大戚,幸其视箕儿如己出,且盼佳妇

入门,足慰岑寂,可否移彼就此,以十月杪冬月初,由津南来,仍请与前途酌之,七月间于金陵晤荣江观察之渊,云有津门之役,倘会逢其适,恳其提携至沪,易舟抵澄,似为顺便,否则,亲家太太若肯辱临,或尧农工部伴送,固所愿也。所需盘费,小价任贵,业已赍去贰佰金,望为饬交。总之,行止唯命,非敢强以所难耳。庚帖尚未接到,选择婚期当就都中托人为妥,并祈早赐回音。节节琐渎,悚仄私衷,殊难笔罄,此颂

台安不尽

弟体芳再顿首

此次折差须俟十月初恭递万寿贺折后,方得南旋,前途如有复音,乞先交任仆携回,以便安排诸事也。拜祷拜祷。又及。

<h2 align="center">一五</h2>

幼樵仁兄大人执事:

秋冬之交,叠奉三函,备聆巨细,敬谂动履绥和,至以为慰。庶子一阶,自是骅骝大道,壶公前轨,非公莫当,窃为苍生祝也。

大疏多未得读,昨从《申报》中获诵,报销滋弊疏稿,理财用人,两得其要,梁疏后,赖此救药,关键匪轻。荆公求去不得,必有从中尼之者,而执事规劝之责,则已尽矣。倭人苦贫强讨,是其惯技,高复偿之巨款,又是资盗以粮。八月杪弟曾函规振帅,颇令扫兴,系在奉旨优奖之前。来函惟以讨罪诛丑与日事无涉,所定偿款式乃高臣一时受逼,国王不愿改约为辞,并附寄中高笔谈问答及朝鲜乱事颠末,兴宣平昔罪状各件,想都下所闻大率如此矣。承谕我兵南援,法谋稍戢,当是好机会,而执事又苦心孤诣以争之,如再不能鼓锐

· 257 ·

气,天下事尚可为乎?

浙东金匪,疥癣之疾,今已蔓延,先是,官府以兵轮叶守戎被,悬赏购贼,民团乃愿出死力于温台界,上缚项梦梅兄弟三人献之官,而两郡有司互相推诿,赖责食言,于是义民解体矣。然乡绅中尚有以购贼擒渠为己任者,弟于夏间致书陈中丞,极陈利害,往复再三,其第一篇原稿录呈清览。而复函徒自引咎,言似肫恳,意涉游移,卒惑于员弁之言,以乡绅为不足恃,至附近巢穴之居民非被裹胁,即遭梳篦,迩来虽屡更守令,别遣将领,而后来者情形不谐,散勇多去而就贼,其病根总由于兵贼同恶,官民异心,此后不知作何了局,言之可为三叹。

恭邸谅已告痊,高阳能独当一面否?苇棠劲竹,相继归来,或可少纾荩虑,碌碌如仆,翼分闻见之,未免作寒蝉,庶在远亦犹近也。闻缔姻孝先之门,于冬月成礼,青蓝冰玉,相得益彰矣。道远无以为贺,谨呈花烛百韵,伏乞莞存。专此恭贺大喜,敬请
台安

愚弟黄体芳顿首
(光绪八年)十月初四日呵冻书

弟定于开篆前出署,先试苏太松三属,小儿当于二月初北上,承念附闻。

# 一六

幼樵仁兄大人阁下:

来岁元旦贺折已于月之初十日拜发,附交两函,顺讯兴居纳祜,折差已成行矣。适升迁报子于是日午后到署,只得留俟部文并

赍谢折,非省费也,恐先后官衔两歧也。少司马一官,与他部体制颇别,书生得此,自足以豪。惟自顾驽庸,太觉不称耳。计自视学以来,与江阴驻营及各处将领尚不隔绝,忝膺斯命,固知外间戎政自有主者,鄙人更于此茫然,至就中例有应稽之事、应建之言,尚祈撮要指示,容再询察情形,庶于采风取士之馀,稍伸循职守官之意,是所幸也。

昨于《申报》中得悉前月二十七日荣邀赐对,殿中一面,胜于纸上千言,深为欢抃。是日非詹事值日,闻陈奏良久,并闻此次两疏,前数日是闻已连上封事矣。其一极言荆公宜去也,愿示其略,以纾仰企之私。中枢接手,又是两吴人,独惜禁中自有颇牧坐为资地所阻耳。坡翁游兴不浅,想还朝已在腊鼓声中矣。此间书院经费甚巨,弟又续捐千番之则,刻下规模粗具,来春便可竣工,手谕令多读理学书,以药浮薄风气,下怀正复如是,谨当遵行。总之,慎延山长,为第一要义,执事所闻有其人否?小儿姻议,详具前函,复音想在春初,已饬来差在京守候,幸留意焉。朔风劲寒,诸惟
摄卫咸宜,不尽百一,专此敬请
台安,统希亮鉴

愚弟黄体芳顿首

(光绪八年)十一月十八日呵冻

敬再启者:金匦之患,前函已附陈矣。顷接台友来函云,金党日多,新任守令一筹莫展,临、黄诸邑离城数里以外,劫案频仍,文武官两相推卸,抚军所派已革湖南提督罗大春到防以来,纪律不严,张皇特甚,城乡满布条告,仍用"钦命"字样,竟忘其为废员,所集土勇,名曰越军,棍豪居半,接见绅士,不衣冠不答礼,大言不怍,士气为之索然。刻下人心汹汹,谣言四起,大有水深火热之势,陈

中丞官东臬时,弟颇与往来,犹以为楚材之中上者,不图支绌至此,霁亭学使,见闻较确,过无锡时,尝为江阴陈令言之,恐其入都后,膜视越人,必不敢据情上达,桑梓之忧,正未有艾也。

执事关心全局,以此事为可虑否,兹据所述,特以奉闻。

弟再顿首

(光绪八年)十一月十八日灯右呵冻书

# 十七

函已封矣,适闻超摄副宪之电音,不禁雀跃,在势事固大耐官职,体芳窃零涕感服,朝廷知人之明,并抃舞欢呼,为天下庆也。肃此,敬请

崇禧

弟体芳再顿首

(光绪八年)十一月十九日灯右

# 十八

幼樵仁兄大人阁下:

客冬由折使携去三缄,顺叩大喜,计均入鉴。嘉平望日奉诵手教,猥以疏候,深荷关怀,发春以来,敬惟福躬绥匋,新祉蕃釐为颂。

自执事兼词谏后,台阁另有一番气象,外间观听,亦为肃然。阁学悬有两缺,超擢在即矣。预贺预贺。长春大安,良医固应受赏,较之平高一役,相去何如。阎、张自胜吴中二俊,而南皮尤一时无两,公之荩忧卓识,亦一时无两也。于既外任,全亦得所,因依后

效,可拭目俟之。更生每经胜地,信宿句留,终是不扰之扰,买花一节,道路哗传,以鄙见度之,当是因执事严规,迫而为自劾之举,自污白璧,玷及清流,徒贻忌者笑柄耳。江阴书院工已垂成,苦乏膏火书籍,恪靖以弟一言,慨捐千贰佰金,并立提淮盐票价二万两以充经费,札调本省外省局刻书以资观览,均朝令夕行。此公作引等事,魄力犹昔,闻将巡视河工、句容一带。江防,于上元后一日出署矣。老彭时有先施书件,去腊过澄一晤,颇觉相得,弟滥膺斯职,顾名滋愧,前函所陈,幸有以教之。今晨启行赴苏,望日可到都城,雪泽稀少,而此间冬雪应时,春寒多雨,喜元旦晴明,大是和丰佳兆,想日下当同此景象也。小儿于二月初旬由沪北上,馀事当令面陈,姻议妥否,前途想已见复。肃此,敬贺

春祺,祇请

台安,诸祈爱鉴不宣

愚弟黄体芳顿首

(光绪八年)正月十二日澄江舟次

# 一九

敬再启者:前函仅目户牖为支绌,近日所闻,竟有大谬不然者,年来作事大率远倚荆公为靠山,近藉紫阳为走水,徇私罔利,众议沸腾,去岁冬月六日有旨切责其办匪无效,适在中枢易人之时,乃后来忽有量移之命。顷闻彦昇解职,或云洋务,或云河工,而此老晏然,岂冰山既倒,又营一窟耶!另纸奉览,系得之浙员中之有职无权者,不能保其必无私憾,而所言尚非子虚。弟目前地分,非京官风闻言事及奉旨在籍办公者比,未便以乡绅遽攻疆吏,但事关桑

梓肥瘠,不能漠然,敢布腹心,惟执事图之。再请

台安

弟又启

后附数纸。来差自杭城发,非署中人,以避耳目也。如不及回示,给一收条足矣。

# 二〇

幼樵仁兄大人执事:

前月初十日奉到二月初九日手书,诵悉种切,比惟鸾仪日丽,骀道风清,以忭以颂。今之所谓知贡举,与古不同,得我公为之,便骎骎有古意也。台阁顷已就范,而蛇蛇思煽其毒。幸执事去秋先发制之,此篇所称"指派""特举"数语,分明意在沛公,但不敢指斥耳。然以朝廷之圣明、执事之望实,鬼蜮自无所施。鄙人阁笔久矣,幸有以教之。

南定一役,又是大棘手事,内无赞皇,外无文渊,诚如公虑,奈何奈何?菩江事为胡道所制,殊堪痛恨。太冲不满平子,鄙人又非至交,必不获已,面谈较妥,而时日旷远,成否尚未可知。壶公既甘吃此亏,而力难独任,忝附葭亲,应效棉薄。拟先助乙千之数,五六月间。秋间再商代戚友偿官逋。古人通义,固知区区无济,然亦随园老人所谓马员千钧,蚁驮一粒,各视其力之所至也,可否径告壶公,听执事调度而已。前函所言甚正,总之吾辈不可损望也。一目已为户牖所撤,前事可不论定,夫赞殆动于捉刀之作,塘务已有明验,岂绌于海而优于河耶?谢山本其故吏,弟在东时,曾力荐之,今若体尊意,善为位置,则亦桑榆之收也。小儿姻事又费平章,感难言喻,如以为孺子可教,务祈降格牖掖之。至送女一节,虽系来岁秋冬间事,谊应预

约为是,馀事望面谕小儿,以便于家报中转述。肃此,敬请

台安

愚弟黄体芳顿首

（光绪九年）四月初四日金沙试院

二一

幼樵仁兄大人执事:

三月间奉上一笺,知已达览,每于邸报中倾听好音,如睹丰采。讲学一职,自是循阶,读卷得人,此为发轫,均不须作世俗道贺语也。比惟长赢纳祉,远慰积忱为颂。法言一篇,承指画口授,俾小儿得以牙牙学语,而鄙人坐享其成,思之可愧,兹已专差驰递,但恐缓不及事耳。

蓉江事自以设法转圜为妙,否则弟当量力伥之。江阴王孝廉尔钰以贪劣见摈乡里,所有宾兴书院及清节堂各公项均被吞噬,弟批饬府县究追出棚之前,切嘱陈令清理控案,不得咨送会试,而钧堂信其认赔诳语,径行给咨,是其大疏处,邑人得都门来信,深服我公之严明,此事外间自应查核覆奏。弟当以所闻劣状达之中丞,以便按律严惩,为此间去害马也。

小儿渥蒙教益,得厕风池,侍坐之日长,乞随时随事提命之,都下天炎少雨,而吴中梅雨连绵,寒多于暑,南北气候何相悬之甚耶,伏热歊蒸,幸自珍重,敬请

台安,诸惟亮鉴不宣

愚弟黄体芳顿首

（光绪九年）六月初五日

· 263 ·

## 二二

幼樵仁兄大人阁下:

月前递接三缄,诵聆种切。秦中之行,当缘大树,敬谂星光一路,霜肃三峰,行部绥嘉,慰符臆祝。近因法人狡逞,朝廷赫怒,特简勋耆,内以壮振旅之猷,外以鼓义旗之气,但海疆宜于守御,陆师宜于进援,否则旷日相持,非长策也。窃谓刘军屡胜,固在善谋,亦由独断,若向受政府节制,必至有败无功,但愿彼为虬髯,我中国有初唐气象,则幸矣。此后法或迁怒,或缓师,敬祝当事诸公万勿入彀耳。

宝应试事如执事言,真是直捷了当,非蒙所及,至抚降末段议论,无论有无成例,鼠辈刁滑,势必违命,一也。么麽小丑,径许瞻天,何以尊朝廷,何以惩草泽? 二也。枢臣虽懦,亦能为国家立威,似此破格衮尊,进言者不惟上触雷霆,兼惹天下人唾骂,三也。就令我术得行,罔而刑之,示人不广,四也。鄙见如是,公谓何如? 昨将台郡近耗,函达老彭,原稿命小儿呈电。此老顷有粤东之役,想急彼而缓此,前件应否专递,抑须酌改,统候尊裁。蓉翁事原拟先助乙千,续当再寄,今仗鼎力了之,并壶公不须倾泻廉泉,况蹄涔一滴乎,为德大矣。龙文昆季于弟亦为世交,应竭棉力,渠若以先游见属,则鄙人素与当道无缘,拙也,非傲也。闻执事清况如冰,而癖于嗜古,谨奉毛诗一部,聊佐插架之资,苏局书容试竣后觅便购寄。

小儿姻事,当于何时纳采,乞先期示知,以便准备仪物。肃此,敬请

勋安,诸惟爱鉴不宣

愚弟黄体芳顿首

(光绪九年)九月望日灯右书于泰州试院

# 二三

幼樵仁兄大人执事:

客秋九月,奉达一缄,计登青睐。比者三朝縠始,万物棣通,尽勚徐闲,伏惟蕃釐泲萃为颂。去冬使旋之时,运筹译署,召对之下,驰传津门,海内想望丰采,以为外侮不足畏矣。按治秦中一疏,金称平允,休文昧于荣利,司铎吾瓯之泰邑,辄以奔走为事,今始败露,殊快人心。在温时,弟甚薄之,前岁道过金陵,昌言王观察诗正被劾事,由弟发端,其伎俩多类此。

迩来明仲直声,不愧康侯,以柏府为竹林,真佳话也。常郡士习夸诞,腊底有阳湖乙亥孝廉钱君福荪者,官内阁舍人,以所拟万言书寄示,其言皆泛滥无归,并见其两上恪靖书,前半篇极力奉承,后半幅加倍自赞,末云附呈近所上张某侍讲书,求赐览观,系去年八月事,此书何必与太冲阅? 且直呼公名,官阶亦误。其所上书,未审已达台端否? 先一月前,孙君名毓林者,与此君同籍同榜又同官,亦曾两上书于恪靖,自言精天文兵法,请付以船械弁兵,听其调度,必胜必克。弟与钧堂大令洵以红光主何兆,曾参戎幕否,曾游海疆否,一切茫然;投诗尤鄙俚,风气亦可想已。窃谓豪杰自有真如。弟所见王芍塘观察之春,具文武干略,谙中外形势,顷闻移驻珠崖,可称劲旅,又驻札江阴之张韶臣军门景春弱冠请缨,资望最宿,顷代唐俊侯定奎总统淮军,精力百倍。恪靖令其教练水雷。之二人者,藏写三年,未便越俎,固知执事早储之夹袋,而必赘言者,亦以明鄙人非妄叹也。《通鉴》各种,已交苏局装好,托海运妥员寄京。小儿完姻,准在今腊,不敢以琐事恩我公。望托筱帆编修安排种切,壶公处音问久阔,近拟致书并及之。肃此,顺贺

春禧,诸祈勋鉴百备

愚弟黄体芳顿首

(光绪十年)正月初四日

# 二四

幼樵仁兄大人执事:

春光易度,音敬稀疏,仰稔执事筹笔忠勤,未敢以空言渎听。鄙人亦骎征仆仆,无淑足陈也。比惟公馀珍摄,动定咸宜为颂。别来五载矣,所惠片纸只字,一一珍弄行箧中,每读庚辰除夕手谕,云自信处究在质直真率,誉之者以为才足有为,毁之者以为言过其实,均非笃论,至谓体芳劝勖之辞,纯乎古人用心,具见大智大巧之虚怀,至今心服无既。惟去冬来谕中,新正接到。有外议且谓得人语,又云金满事安圃姝已论之,阁下自不必再论。侄犹子也,设有复于我公曰某事吾儿已说,君勿复言,其可乎?且越人越吟,亦非得已也。执事此言仍是质直,真实本色,而体芳仰承前旨,不免挟小人之腹,度君子之心,猥以微涉盛满为异日虑,窃谓我公以锋锐之才、鼎盛之年,荷圣朝殊遇,一时殆无伦比,忌者必多,虽曰心苟无瑕,何恤人言,然亦宜虑嗛虑险,以此身与国家同立于不败之地,将来保泰持盈,吾辈亦与有幸焉。若以体芳之规为,亦在忌者之列,则不才不忌人况敢忌执事乎?辰下由彭城赴海州,为拔萃科之发轫,即有佳士后

效遥遥,徒负采风之名,愧无掬壤之补,因读壶公来书,一则曰志长才短,力浅弊深,再则曰无有道畏友规切过失,神日昏而德不进,以此公闳抱伟略,事事有裨于民生国计,而犹如彼其自克,若体芳者,壮不如人,今老矣,真所谓神昏而德不进者也。不自规而转以规执事,岂不颜汗?然而犹有所望者,望执事之还以相规也。区区悃款,幸垂鉴焉。肃请

勋安,诸惟霁察不宣

愚弟黄体芳顿首
三月二十八日徐州试院倚装泐

# 二五

幼樵仁兄大人阁下:

闽事经封疆大吏颓坏有年,诚无策以善其后,自执事驻节后,雷厉霜肃,一军皆惊,遒迓望风,谓可气吞狂虏,不意天心助虐,变出非常,殊可骇也。举事一不当,谤即随之。闻者或斥其成败,论人之非,言者且居于春秋责备之义,至敝省之宦于闽、商于闽者,则皆谓执事包扫一切,不喜人条陈,以至于此。此种物议愿执事勿以为仇,请存之以当恶石,自知者英,自胜者雄,即所谓人事之平陂往复,与天道之草昧艰贞,岂有外于是乎?总之,原情则兵凶战危,利钝岂能逆睹,甚有百战元戎,至一败不可收拾者,况以书生游戎马之场,安得责以必胜之道?论事则数十年之船械灰于一举,万难粹复旧观,而鲸鲵坐此横行,商旅罹其荼毒,兴言及此,就令局外噤声,想盘根错节者,当亦每饭不忘巨鹿矣。所幸圣恩宽大,寓雨露于雷霆,加执事干莫之锋,不可遏抑,暂蹶即振,来日方长。俟鹊笑

鸠舞之时,尚有素所蓄积之刍荛奉献左右,故此时不敢作斡旋语,亦无须作怊怅语也。行矣孔璋,朔漠风沙,伏惟珍卫。此请

环安

愚弟黄体芳顿首

## 二六

幼樵仁兄大人执事:

今春得塞上赐书,以腹疾缠绵,迟迟未报,歉甚。嗣闻淑配殇于都中,令嗣相从戍所,窃念执事五稔之中,由否而泰,方泰又否,当其泰也,鄙人逖听风声,甚为朝廷庆之。属者烟云变幻,雷霆震惊,在执事一身可云否极。而盱衡时事者咸云使长孺在必不若此,果其天眷贤明,执事不忧,不再起荷戈之苦、鼓缶之歌,皆动心忍性事也。

《管子》一书,自强之策,致富之方,成法具存,待人而用,执事娴精于此,可知深意,天生隔朋,以为夷吾舌,迩来笺注纷纭,不足言矣。弟曩者妄有所陈,冀垂圣听,手书谓弟"以少司马疏论海军"八字,真春秋法,旁人无能作此语者。无补公家之计,徒诂戆直之名。秋冬之间,料量南返。顾瞻靡止,归无一亩之宫;结拊不安,谁蓄三年之艾。竹坡杜门,芳以旧交,时或往晤,壶公亦偶有来书。所怀万端,欲言不尽。伏惟为国自爱。此布,顺颂

环安

愚弟黄体芳顿首

(光绪十二年)五月朔日

# 二七

箴斋仁兄大人执事：

两载以来，寂无音驿，然以执事侨居距京师者四百里而近，其于九重之起居、百僚之言议，与夫用人行政之大端，闻之必详且尽，无俟鄙言渎陈，且弟实默默无一事快意可为执事告者，则浮文偶说，更毋赘也。曩于待漏处晤定将军安，详问兴居，颇纾遐想。徂年未流，壮情方勇，著书遣日，用晦而贞，《管子》一书，刘都水称其务富国安民，道约言要，可以晓合经义。自唐尹氏、明刘氏以迄近儒，诠斠略备，执事业斯，必有神解微言，足以上契经旨，下裨时务，如都水所云者。房公注管，昔闻其语，今见其人。大雅宏达之才，岂屑俯同群碎哉。

拙况甚窘，负负无可言，今岁如得文差，当薄有所奉，以佐刲剧。比来宦情如水，老病日增，所幸良觌非遥，庶几以楮墨所难宣者，仰尘清听耳。肃此，顺颂

环安，诸希亮鉴

弟黄体芳顿首

# 致宝廷书一通①

竹坡仁兄大人阁下：

　　别后于邸钞中欣悉洊承恩命，迭晋清班，不胜雀跃。新春风物清和，敬惟莭禄云蒸，荩献日懋为颂。日昨奉到瑶缄，悱恻之怀，溢于楮墨，读之增友谊之重，至以疏候见责，惶恐惶恐。自庚冬上达一笺，旋于去春三月间接诵手教，去夏致南皮函中已提及。以为此系复函，故辗转迁延，未有以报。鄙人才既钝拙，性更疏慵，客春丰润三惠书，迟迟始复，续有一二见闻，十月间致南皮函中，颇详述之，其言太繁琐，意谓二三同志皆可寓目，故不复分写数函。此外若专作贺言，谅非大雅所喜，执事若见爱之深，去岁夏秋间，似可将日下情形约略指示，何亦匆忙如是耶？前读"请饬内外诸臣"一疏，仰见深思远虑，又读"辞礼部侍郎"疏，具征实意虚怀，钦服无已。

　　弟抗尘走俗，目益孤陋，每棚试竣，仅留半日，循例应酬，官场中虽有公言，半多拘忌，江阴僻在一隅，更无可与言者。惟北关外黄山港边向有大营驻扎，距学署四五里，每闻演炮之声，络绎不绝。总统唐俊侯军门定奎及其麾下统领官张景春，时来晤谈，饶有健将气象，去腊邀阅炮台演试，水雷三具，洪波巨浸中忽作雷霆骇电，颇

---

　　①　录自上海图书馆编《张佩纶家藏信札》（上海人民出版社，2016 年）第 14 册，第 8231—8235 页。原题前注："竹坡出都未交。"

为壮观，以此间江防而论，缮备不可为不豫，至海防仅得之传闻，其实在情形，容俟细询，骤难悬揣也。

外间论倭事，自以用刚为主，部臣从权之议，补牢已晚，势亦不得不然。比来一波未平，一波又起，法人窥伺越南，实中国之堕党崇仇有以召之，前车之鉴，能勿寒心？恪靖未晤，闻将吏见之股栗，将来一切政务，必有更张。刻正已赴袁浦矣。此邦博雅之士，不数数觏。试吴县时，得十二龄童子戴姓者，敏赡无匹，将来造就必有可观。

贱躯托芘粗适，酒量不增亦不减，精神如旧，惟滥叨迁擢，夙夜疚心耳。都下为见闻之总汇，执事必更真切，非若弟之闻诸道路，散漫无稽，如有要言，务祈赐教，勿以作答之迟慢责其不情本甚。肃复，敬贺

春祺，顺请

台安，诸惟爱鉴不宣

　　　　　　　　　　　　愚弟黄体芳顿首

　　　　　　　　　　（光绪八年）二月初五日

前致南皮信，兹特节录其大半附寄丰润信中，乞取阅焉。执事赠行诗，亟欲一读，便中寄示为要。

# 卷五 序跋 寿文 祭文

## 《吴柳堂先生文集》题识①

先生以直言得重名者凡两疏，一疏而谪，再疏而死。其谪也，罪将已，逮抗争不休，致经吏议。其死也，身陨而后疏上雊，经仰药备尝诸苦。谪与死，皆自己求之也。求谪得谪者，明代尚多有之。求死得死者，秦汉以来盖亦希矣。此卷为先生临命时诫子书及与周道士书，处分家事甚悉，可不谓坚定从容矣乎？余未识先生，己卯三月上旬，同人集项城袁侍读家，余有公事，不得赴，后乃闻先生在坐。深用为憾，今见先生手迹，仿佛相对，闻其謦咳，令人惨戚不怿者累日。

光绪庚辰二月十三日，瑞安黄体芳展读敬书。

---

① 录自吴可读《吴柳堂先生文集》（集成图书公司，1908 年）卷四附录"题识"。

# 南菁书院记①

　　体芳以光绪六年继仁和夏公督学于江苏,八年竣事,奉恩命仍留,益恐恐焉,以仍久不效为惧。而所见人士之秀,萌而未达,强有其质而不能自立者,粲乎日营于吾之心中,于是谋就江阴建书院一区。

　　江阴在江苏四方为中,而书院附于学政,为士之所归,循而嬗之可以久。体芳则以是告前总督左文襄公,公欣然许奏,拨盐课二万两为束脩膏火之资。于是体芳与同官出资庀材为庐,择县人曹君佳实董其事。经始八年九月,成于九年六月。既成,乃取朱子《子游祠堂记》所谓"南方之学得其菁华"者,命曰"南菁书院"。使来学者不忘其初,而祫祀汉儒郑公及朱子于后堂,使各学其所近,而不限以一先生之言。礼致训诂词章兼通之儒以为之师,而征求各行省官刻书籍以庋乎其中。于是既敕既周,檄下诸郡,各以其异等诸生四面来至。日有读书行事之记,月有经史杂著之课。每岁一甄别而进退之,以至于今三年矣。

　　人才之兴,无非为国家者。先圣先贤诚知夫国家须才之事日新无穷,而不能尽有以待之,故惟是充其本原,而强乎其不可变之

---

　　① 录自江苏省江阴市南菁高级中学所藏原碑。

道，以待无穷之变。乃其所以层累结绑以至于若此之伟者，亦莫善于读书。且古之人以弦歌之身，一旦出而绥天下，彼非幸天者也。彼通者一经，则存乎三代圣人之心；而操乎一艺，则忘乎天下众人之利心。圣人而忘利者，与夫谈谋略、策机械之人为孰可凭焉？

今之事变，前代所未有。盖时务方兴，而儒者左矣。要其所以不振，岂为攻乎夷狄者少哉？独少吾所谓儒人者耳。诸生生长是邦，熟睹乎乱败之由，而务为反经以求其实。要知从古圣人拨乱世反正之道，不能独穷于今兹；而本朝圣人经营之天下，事事足以万年，不能不归咎于儒术焉。

体芳且行矣。十年之后，庶有归、唐之文、顾、秦、二王之书，复兴于东南者乎？然使国家猝遇缓哑，则又有起于坛席之间，而瑰乎立盖世之功如曾文正、左文襄其人者哉？君子以为天也，而庶其有存焉者乎？非体芳之所逆睹也已。

光绪十一年九月，兵部左侍郎江苏学政瑞安黄体芳撰并书。

# 译书公会序①

群天下之本在人心。心战为上，商战次之，兵战为下。圣人之道，治万世之人心者也。整伦物，扶政纪，彻上下，通幽明，服其道则昌，失其道则弱且亡。非独神州赤县冠带之族，极之驵衍大九州，南朔冰海，东西穷日出没，凡有血气，莫不由之。吾观今之天下，何其嚣嚣多故也。东衅方戢，西言又起。主忧于上，臣辱于下，四民凋敝，百产闭耗无具，阽踬日益甚。然当世士大夫，下逮齐民，上视君父之隐忧，漠然若不关其虑。前岁东北震惊，割壤输币，忍询立约，含生之伦，不闻扶义为士卒前行者。此为人生非常之变，造祸之烈，殆甚陆沉。夫心死之患，惨于陨生；聋昧之疾，极于沉痼。然则雷音虎视，欲振起垂绝之人心，非吾党之责欤？毗陵人士，强毅而尚志，沉冥而善思，兹者合群均力，创译书公会于上海，而就予索针肓起废之言。夫过数可知者，时也；亘古不变者，道也。若排脱蹊轸，不主故常，东西列邦，智学政艺，惟善之从，诸君其知之矣。遵而上之，益固民志，尊君权，伸国威，穷究中外之变，以蕲合乎古昔圣王大中至正之道。予虽衰病，归卧林樊，犹乐为振笔以纪之。

光绪丁酉仲冬之月，瑞安黄体芳序。

---

① 录自《译书公会报》1897年创刊号。

# 《黄氏宗谱》序①

谱牒之作旧矣。余见今世之为谱者，必远胪古之名臣显宦弁于其首，以为家乘光。嗟乎！谁非黄帝尧舜之子孙？遥遥华胄，为世几何？眢冥而莫知其原，毋乃自诬其祖实甚。古人谓谱之作，将以使吾祖宗之后而不至于路人之也，顾可使路人之先而至于祖宗乎？弗思甚矣！昔狄武襄不祖梁公，识者韪之。然则自高曾以上，其不可者毋宁略之，略之者恐其非吾祖也。《礼》："诸侯不敢祖天子，大夫不敢祖诸侯。"况敢以非祖为祖乎？然而，知此意者盖鲜。

乃余于平阳河口及各处之谱，窃叹其先得我心，而可为凡谱者法也。平阳河口始祖与同出于闽泉，而又同迁于瑞、平，先世之为名臣与显宦者不知凡几，孰余祖乎？孰为河口祖乎？邈哉邈乎，同弗可考已，故特就其近而可详者记之，何必记远？顾余藉祖宗旧德，读书成会元，行且宦远方矣，曾不得与伯叔昆弟，从容搜辑成一家谱，于近者且略焉，况其远者。

今诸宗先生独惓惓于是，走四方，求一本，汇为卷帙，什袭藏之，而断以始迁之祖，为千百世后之子孙览观焉。序昭穆，辩异同，别亲疏，明尊卑，胥于是乎赖。余行其里，耕者在田；入其家，学者

---

① 录自民国重修本平阳河口《黄氏宗谱》。

在塾。父兄之教先,子弟之率谨,当吾世必有兴矣。由是为名臣,为显宦,皆得登斯谱以为家乘光,俾后人有所考焉。夫后之视今,犹今之视昔,然则其为近也,乃其所以为远欤!

　　清同治十三年岁次甲戌太簇月榖旦,钦会元翰林院日讲起居注、庚午科钦命福建提督、癸酉科贵州主考、正任山东全省学政宗裔孙漱兰体芳拜撰。

# 《山左校士录》四书文序①

制艺代圣贤立言，圣贤之言放之四海、推之六合而皆准，未尝以地之远近殊也。我朝以四书题试天下士，盖二百馀年矣，山陬海澨，翕然向风，文治蒸蒸日上，亦未尝以地之远近殊也。而山左为先圣先贤诞育之地，凡《鲁论》二十篇、《孟子》七篇所载嘉言懿行，大率于是乎出。士之沐洙泗、邹峄之教者，擩耳染目，沦肌浃髓，少而习焉，其心安焉，不见异物而迁焉。则其于圣贤之言当何如咏叹淫泆乎？且其本圣贤之言衍而为制艺也，更当何如耽思傍讯，惬心而贵当乎？

芳自癸酉岁奉命视学是邦，登泰岱之巍峨，眺北海之弥漫，意其郁积磅礴之气发泄而为人才，类多嵚奇傲岸以自喜。及试士之日，则皆绳趋矩步，翼翼济济，而窃叹其能遵圣贤之教也。及观其所为文，则皆酝酿深厚，不沾沾于使才任气，而益喜其能言圣贤之言也。

客有难予者曰：齐鲁文学之盛，甲于天下。田何、伏胜、高堂、申公之流，以经学专家姑置勿论。其传《鲁论》者则有若东平夏侯胜、兰陵萧望之、鲁国邹人韦贤及其子元成，传《齐论》者有若琅琊

---

①　录自《山左校士录》书首，光绪二年刻本。

王卿、胶东庸生、皋虞王吉,训说《古论》者有若曲阜孔安国,注《张侯论》者有若高密郑康成,为之义说者有若东海王肃。而《论语正义》则博平孙奭为之疏,《孟子音义》则淳阴邢昺所手定。彼其时初无所谓八股文字,彼其人以能阐先圣先贤之言,以广先圣先贤之教,声称当时,功及后世。由子之说,区区排比字句,揣摩体格,而辄许其能言圣贤之言,不亦轻量山左之士耶!

予曰:是殆不然。夫一代功令鼓舞一代士子,罄其数十年之精神,以专力于是,为之不已,必有触类旁通、源流华贯、不负国家立法之意者。唐宋重诗赋,而人才踵兴不绝,矧我朝所尚,原本经术,发明义理尤为独见其大,其收效有不倍蓰什伯者乎!由子之说,将以为今之搜遗捃异者,必无所谓夏侯胜、萧望之、韦氏其人耶?今之提要钩元者,必无所谓王卿、庸生、孔安国、王吉、郑康成、王肃其人耶?今之申畅凝滞、发起隐漏者,必无所谓孙奭、邢昺其人耶?抑有其人,必不能索之风檐矮屋中耶?子何轻量山左之士也!予不敏,惟愿应试诸生,进其所长,去其所短,枕葄经籍以养其才,勃窣理窟以扩其识。毋凿险而缒幽,毋别驱而横骛,以蕲合乎先民绳尺,而蔚为国家有用之材,是予重有望于山左之士也,而顾谓予轻量之哉!

岁科试既竟,爰择其尤者付之手民。其剞劂之费,则文质夫漕帅权抚篆时预捐廉俸以玉成斯举云。

光绪二年重阳节,山东督学使者黄体芳叙于署中四照楼。

# 《补勤诗存》序①

诗之源流亦大矣,有学人之诗,有才人之诗。冲夷浑雅,多见道语,学人之诗也;纵横博丽,时露奇气,才人之诗也。二者不甚相入,为王、孟者不能为李、杜,工苏、黄者不必工杨、陆,则赋禀诣力限之矣。其有兼擅众长,不名一格,而通两家之驿骑者,不难能而可贵与!

予与补勤同受知于吴崧甫、赵蓉舫两先生,肄业西湖诂经精舍,久以文字相期许。顾人之称补勤者,则曰蚤岁工诗古文辞。又倜傥负大略,意气豪宕,抵掌论时事,有不可一世之概。既屡困春官,遭遇东南多事,奋起功名,蹶而复振,诗境益沉郁苍莽。迨度溟渤,登泰山,谒阙里庙堂,求蓬莱三岛,所历危险俶诡、可惊可喜之境,悉寓于诗。豫章翻风,鲸鱼跋浪,至拟之少陵巴蜀、庾信江南,然则是亦才人之诗耳。

岁癸酉,予视学山左,复与补勤相过从且三年。读其诗,则冲夷浑雅之境,时时遇之楮墨中。知其渊然自足、泊然无与之志,固有以充其学而驭其才,而不第以纵横博丽见长,盖其见道深矣。他

---

① 录自陈锦《补勤诗存》书首,见《续修四库全书·集部·别集类》第一五四八册影印光绪十年增修本。此书另有钱勖、潘鼎新、赵铭、贾树诚、章传墀、赵国华、何家琪、钱枏等八序。

日者设施既竟,单舸南旋,徜徉于鉴湖快阁间,予虽不能诗,亦当载酒相访,极论诗家流别,庶几有得于见闻之所未及,而相喻于微。

今以假满旋都,束装匆促,则固未敢以请也。补勤临别索赠言,因述所见如此,其亦犁然有当否邪?

丙子腊月朔日,乡愚弟黄体芳谨序。

# 李养一先生诗集序①

　　国朝文学之盛,发源于康熙,众汇于乾隆,而推衍于嘉、道之间。

　　余尝论武进李申耆先生可谓通儒矣。先生弱冠及卢抱经之门,生平交游皆一时名士。若顾氏广圻、刘氏逢禄、胡氏承珙、庄氏绶甲,覃精经术,校正古书;周氏济,毛氏岳生,洪氏饴孙、龅孙,耽研史籍;董氏祐诚、罗氏士琳,旁综算数;徐氏松,博考方舆;魏氏源、包氏世臣,又复练习宪章,推求利病,穷经世之务。先生周旋其间,各以所学互相质证。诸家专门绝业,述作孜孜,精诣鸿裁,时鲜侪匹。其兼资博采,不名一家,负兼人之才,有具体之实,治为循吏,教为名师,殆非先生莫与属也。先生妙析文理,选集骈体,自秦迄隋,若与近世古文辞家宗旨殊异,然寻绎绪论,于桐城姚氏学行景仰不遑,自居私淑。盖其为学博而知要,源流变迁之故辨之最悉,而本末条贯之理又体之最真,非夫专已自炫之徒,争门户、鹜声誉者所得喻也。

---

　　① 录自瑞安县修志委员会纂《瑞安县志·诗文征》民国三十五年本,内编卷三,温州市图书馆藏。《瑞安五黄先生系年合谱》光绪八年载:"漱兰先生编刊李兆洛《养一斋诗集》四卷。""先生既膺李氏训诂、辞章、天算、舆地之学,而时方创立经古书院,因特表章之以为多士劝焉。"

《养一斋文集》二十四卷,皆殁后门弟子所搜辑,首赋及诗,而附以诗馀,凡四卷,盖仿《文选》编次之例。近年常州重刻本始裁出之,先生曾孙阳乞余为别刻,乃以赋二首,诗馀三十馀首并附于诗后,题曰《养一先生诗集》,俾与《文集》并行焉。其诗温雅冲适,多见道之言。余闻先生之教人也,不劝之学诗,病其无实。今观集中率系酬应之作,先生固非敝精力为诗者。抑余之刻此诗,亦岂谓藉诗以传先生哉!

今江苏学术,视乾隆、嘉、道间稍衰替矣。江阴暨阳书院,先生撰杖都讲所也,当日训诂、词章、天算、地舆之学,因材而就,济济如林。自余视学,下车询访,高第弟子则亦零落鲜有存者。比方录先生及江苏诸先哲遗文佚事,上之史馆,复于江阴别建经古书院,思得如先生其人者,指授术艺,陶冶士林,徐进之本原之学,以备他日国家之用。语曰:"经师易遇,人师难遭。"此尤余叙先生诗而低徊不能置者也。

光绪八年,叙于江阴学署。

# 《江左校士录》序①

制举之文,原出经论,其义法不逾乎古文,其神理骨格皆资于古文也。明归震川、唐荆川并古文名家,故其制雄冠一代。国初作者恢而廓之,体裁少别,大致不殊。至王农山、尤悔庵从事声律,标新领异,涂辙斯岐。然兰雪实胎息齐梁,有韵为文,义资翰藻;西堂则植根风雅,综合唐宋,遗貌取神。揆厥渊源,未遑轩轾。

自房行杂出,巧窦日开,承学之徒,逃难务易,舍其正业,揣逐时趋,以涂附涂,寖成迷塞。顾亭林于《生员四论》及《日知录·明经》诸条,反复千言,颇怀斯惧,"八股盛而六经微,十八房兴而廿一史废"。尔时颓敝已然,今则变而益甚。阮文达公典司会试,议合化、治、正、嘉、隆、万、天、崇暨国初时墨、各家体式为《魁墨》一编,又以策篇条对优劣异同,等差高下,循其命脉,箴厥膏肓,振聩发蒙,实为要药。

夫文之为道,表里相需,语以旨归,目凡有四,词居其一,义处其三。理究天人之微,典通古今之故,事周万物之情,三者备,斯言可立。然则不究心经史子集之学,何以为文?不精研汉宋之说,贯百家之言,又何以为学哉?

---

① 录自《江左校士录》,光绪十二年上洋石印本。

余承乏山左，即师文达之例，用策论解说为程，冀收朴学。时更兵乱，师法凌夷，求孔巽轩《公羊春秋》，牟陌人《今文尚书》，桂未谷、郝兰皋《说文》《尔雅》之传，阒然寡偶。今移节是邦，距彼岁又十年矣，讲艺日久，边燧不惊。江南故文学之区，子言子弦歌诵习之所，汉唐以来，代有闻人。读亭林书及《颜氏家训·书证》等篇，慨然于古今学术升降于兹，读《学海堂经解》《骈体文钞》及江郑堂《汉学师承记》、姚春木《文录》诸书，又未尝不跃然以兴，思史公向往之言不置。

既依程行试，进退群伦，复推文达建立吾浙诂经精舍之意，于江阴驻所，奏设南菁书院，延王述庵、孙伯渊其人主其讲席，修明绝业，开示师资，教学相摩，庶几不坠。事藏，取其言之尤雅者汇而录之，都为六卷，以存一斑。刘中垒序《国策》云："皆可喜，亦可观。"余闻道晚暮，不知是编之刻，于古人所谓"可观"者若何？然视往者山左之刻，体例有不得不变者焉。异日有进于是者，当喜而不已矣！

光绪十一年重阳日，督学使者瑞安黄体芳叙于江阴节署之崇素堂。

# 《习学记言序目》叙①

吾师孙太仆先生最服膺于乡先正水心叶公。体芳昔在左右，或语及经济文章，必为言水心。《水心文集》《别集》，先生既先后刊之，其《习学记言》五十卷，亦颇已散失，而先生及体芳处各有缮本，则以此事属之于体芳。比体芳视学江苏，欲刊是书，谋得他本校之，舛谬尤甚，乃求观先生藏本，具皆先生所自校，毫发差失无不辨者。于是体芳更循读一过，以光绪十年五月付刊，十二月刊成，窃附己意以告世之读是书者曰：

水心之书，其说经不同于汉人，而其于宋亦苏子瞻之流，要其微言大义往往而在也。其为一时愤激之言而不可转相师述者，如谓"太极生两仪等语浅陋"之属，《四库提要》举之，而近世乡先辈黄薇香明经为《叶氏经学辨》，于其驳曾子、子思、孟子，皆颇议其诬而推见其所以言之故，具在《儆居集》中。体芳以为水心之才之识，最长于论史事，以其论史之才之识而论诸子，而又论经，岂能无偏？然较之空言无实者，相去盖不啻万万焉。

若夫后人之议水心者曰："水心诚为贤而有干济，而奚宜附奸臣用兵也？"夫《宋史》固言"每疏求审，力辞草诏"，适不附奸臣矣，

———————

① 录自《习学记言序目》序二，《敬乡楼丛书》民国十七年永嘉黄氏校印本，又见《瑞安县志·诗文征》内编卷三及中华书局1977年本《附录》。

而又惜其"不能极力谏止",彼韩侂胄为可谏者耶？且其以适为何人也？适之初见帝，所谓大事者无过于复仇，而其一生之材力即未尝不营营于斯。夫太息流涕而请为者，一旦为之，又太息流涕而请止，此乃何人者乎？且何以见开禧之必不可为，而侂胄必不可与之用兵也哉？孔子之为东周也，不忍于佛肸，方斯而论，则孔子何心？而古之天下，乃有一成一旅中兴者？君子于此，则惜乎宋于此时，不以全力附适耳！苟以全力付适，则行其所谓实政实惠，反其所谓四难五不可，而庶几乎改弱而就强。既不能强，而策其至险至危以求朝廷一日之缓，斯亦可悲矣。然而众败之馀，假区区之权，犹足以馘滁和之贼，绥江淮之民，而盛行其堡坞之法焉，适亦可谓不负所言哉！天下之论，莫惨乎其荼然以愿终。吾不知开禧之兵，胡为万口一声以为乱谋，而不复念天下之有才如适者也！

　　是书史学二十五卷，往往得水心经济所在，而其论《唐史》诸条，陈古刺今，尤有殷鉴夏后之意。盖朱子曰："永嘉之学偏重事功"，独疑水心、止斋数人者偏于斯耳。若务以事功为不足重，则国家安赖此臣子？且所谓民胞物与者果何为者乎？体芳愿与读是书者论之矣。

　　光绪十一年九月，瑞安黄体芳。

# 《福建乡试录》叙①

光绪十四年戊子科福建乡试届期,礼臣以福建考官请,得旨命臣体芳偕臣吕佩芬往典厥事。伏念臣浙东下士,由翰林荐擢卿贰,同治十二年曾典贵州乡试,又历任福建、山东、江苏学政,兹复仰承简命,忝掌文衡,自惟疏陋,深惧弗克胜任,谨即星驰就道,斋祓入闱。

时监临则头品顶戴兵部尚书兼都察院右都御史、调补陕甘总督、前总督福建浙江等处地方军务兼理粮饷盐课、兼管福建巡抚事暂署福州将军臣杨昌濬,头品顶戴兵部尚书兼都察院右都御史、总督福建浙江等处地方军务兼理粮饷盐课、兼管福建巡抚事臣卞宝第。代办监临则内阁学士兼礼部侍郎衔、福建学政臣陈学棻。肃清纲纪提调则头品顶戴福建布政使臣张梦元、世袭子爵福建督粮道臣张国正。监试则二品衔福建按察使臣奎俊、福建候补道臣胡日初。内监试则三品衔福建泉州府知府臣李耀奎。恪恭将事乃进学政臣陈学棻及台湾巡抚兼学政臣刘铭传。

所录士一万三百有奇,并驻防诸生八十人,扃闱三试之。臣黄体芳偕臣吕佩芬,率同考官臣施锡卫、臣管辰熙、臣朱承烈、臣陈受

---

① 录自杨绍廉《瓯海集内编》钞本卷四,温州市图书馆藏。此文系王咏霓代笔,王氏收入《函雅堂集》卷二十六。

颐、臣吴庚扬、臣张兆奎、臣倪惟钦、臣孙桢臣、臣俞秉焜、臣熊汝梅、臣任宗泰、臣何文澍等，矢慎矢公，悉心校阅，得士如额。谨择其文之尤雅者恭呈御览，臣例得扬言简端：

窃惟古之圣人，观乎人文以化成天下。文也者，道之所由见也，是以文章之盛视世运为转移，人才之兴与学术相表里。盖取人以言，自唐虞已然。虽然，知人难，知言尤难。闽为古扬州域，襟山带海，扶舆灵淑之气必发为伟人。自宋儒杨时为洛学大宗，一传为罗从彦，再传为李侗，三传而得朱子，致广大，尽精微，综罗百代矣。及门中陈、黄、林、蔡诸贤，授受相踵，屹然为海滨邹鲁焉。明叶向高叙何乔远《闽书》有云："宋儒之功于闽，不啻辟鸿蒙而开天。"又曰："天地敦庞之气积久而发，则其发必昌。及其发之过而无为之酝酿，则又将不振。故论闽于今日，亦盛衰升降之会也。"窥其言，殆为王氏心学者而发，然王氏之学盛于江、浙、吴、楚及于北方，而闽中罕有闻者。我朝崇儒重道，若安溪李光地，漳浦蔡世远、蔡新等，皆笃守朱学，体用兼备，蔚为名臣。士生其间，涵育圣泽，希风先哲，不可谓非幸矣！

近海宇多事，识事务者为根本自强之计，于是闽省有船政以庀战舰，有学堂以分习驾驶、制造，故家子弟多出其中，综其成材，亦有足用。然学术，本也，工艺者，末也。未有形端而影不正，本治而末不赈者也。是以国家取士不拘一途，而春秋乡会试仍以四书文为程式，又试之以律诗、经艺、策对，凡可以见其性情学识者，详且备已。

朱子之言曰："君子之心，光明正大，疏畅洞达，灿然见于文章，可以望之而得其为人。"又曰："场屋之文，必皆道其平昔之学、胸中之蕴，而不诡于圣人。"如臣谫陋，未足语于知人之明，亦不敢谓因文见道,得附于知言之选。然不敢不勉举所知,竭二十馀昼夜之力,兢兢抉择,而悉以清真雅正为宗。八闽之广,三山之秀,倘有一二明体达用之士,学问经济同流共贯者,以仰副圣天子作人求治之意,是则臣慺慺微忱,愿与多士共勉之者尔。

维时官斯土者则有头品顶戴兵部尚书兼都察院右都御史、总督福建浙江等处地方军务兼理粮饷盐课、兼管福建巡抚事臣卞宝第,头品顶戴调补陕甘总督、暂署福州将军兼管闽海关税务臣杨昌濬,头品顶戴兵部侍郎兼都察院右副都御史、巡抚福建台湾等处地方提督军务兼理粮饷海关、学政一等男臣刘铭传,福建水师提督臣彭楚汉,福建陆路提督臣孙开华,镇守福州等处地方副都统臣多銮布,福建漳州镇总兵臣侯名贵,福建建宁镇总兵臣王正和,福建汀州镇总兵臣李占椿,福建福宁镇总兵臣曹志忠,福建台湾镇总兵臣万国本,福建澎湖镇总兵臣吴宏洛,署福建南嵒镇总兵臣邓万林,福建台湾布政司臣邵友濂,署福建盐法道臣司徒绪,署福建兴泉永道臣刘倬云,福建汀漳龙道臣联兴,福建延建邵道臣恩良,福建台湾道兼按察使衔臣唐景崧,闽浙督标中军副将臣杨兴科,福州城守营副将臣梁成华,福建抚标中军参将臣庄镇藩例得备书。

通政使司通政司稽察觉罗官学臣黄体芳谨序。

# 赠苏氏重修族谱序①

余读老泉集,至《苏氏族谱序》曰:"观吾之谱,孝弟之心油然而生。"窃叹孝弟为仁之本,即为人之本;为人之本,诚莫大于族谱。

横阳苏氏,自前明万历间怀泉公避闽乱自泉徙平,迄今凡十有三世。中间三修谱系,苏氏可谓笃于亲矣。苏君联三,齐国巨擘也,与余为同谱友;哲嗣宗韩,亦妙年食饩:皆恳恳以本为务。修谱令本以十年为规,横阳族谱,修当其期。余奉命回籍,适苏氏谱成,联三来乞叙于余。余翻阅往复,见其星罗棋布,子姓蕃衍,益叹苏氏之盛,而尤喜考系详明,昭穆井井,信今传后,使观之者油然而生其孝弟之心。由是苏氏子弟皆知仁义尊亲之说,将内外有别,长幼亲疏有序,有无相调,吉凶患难相助,伏腊腰蜡祭飨饮食相周旋,敦古之风于兹复见,不亦盛哉!

余不足序苏氏,而义不获辞,因即其所见以志数语于篇端云。

时光绪十五年岁在己丑仲秋月毂旦,通政使司章安黄体芳谨撰。

---

① 原载平阳《苏氏宗谱》,转引自郑笑笑、潘猛补主编《浙南谱牒文献汇编》第一辑(香港出版社,2003 年)。

# 《会吉通书》序[①]

通书之设,原以利人之趋避也。顾近世术数之家,克择不精,往往泥无稽之神煞,愚庸众之听闻,宜忌混淆,是非倒置,星学一道,几晦而不彰矣。

吾乡戴茂才彝峰,少即留心星学,游庠后益研志参核,著有成书。戊子岁,余奉简命典试闽闱,旋以试事完竣后请假回籍。彝峰尝袖出所造《通书》以相示,根据切实,考核详明,原原本本,悉遵守我朝钦定《协纪辨方》《数理精蕴》,与宪书时相吻合,洵趋避之津梁、吉凶之明鉴也。今其书极行世,而彝峰已溘然长逝。其哲嗣筱峰缵承堂构,亦精克择,依式成书,乞序于余。

余谓星度之运行,盈缩不齐,苟非研求至精,推步何由得准?戴氏父子家学相传,其于是学也,当精益求精,而其著是书也,亦必有可信者焉。于是不固辞而为之叙。

时癸巳秋,赐进士出身、前任通政使司通政使、癸亥会元黄体芳拜撰。

---

① 原载瑞安《鲍川戴氏西祠宗谱》,转引自郑笑笑、潘猛补主编《浙南谱牒文献汇编》第一辑。

# 《灵溪河口董氏宗谱》序①

尝谓国有史而家有谱。谱者所以溯源流,序昭穆,辨亲疏,论尊卑。名字生卒、所娶姓氏、所生男女,与夫茔域方向莫不备载,则谱之攸关大矣哉!

虽然,而其义有三:序其年齿而书之,所以长长也;标其爵秩而荣之,所以贵贵也;叙其行实而彰之,所以贤贤也。三者俱备,然后昭穆序焉,名分严焉,劝戒昭焉。俾入庙观谱者,识长长之义,咸知所以尊祖焉;识贵贵之义,咸知所以尊王焉;识贤贤之义,咸知所以尊圣焉。夫能尊祖、尊王、尊圣,而其族不昌、家不大焉,未之前闻。

呜呼!祖宗一昆、岷也,孙子一江、淮、河、汉也,自非疏瀹决排者而导之使归,则泛滥横流而不可止。故夫谱不修,而致于世次不可知,亲疏无从问,而彝伦攸敦终至于离且乖者,何以异是? 吾顾谓修谱之功不在禹下。

余与新补廪生式莹素交,兼居近芳邻,又承二三贤弟昆之命,知其欲以孝广也,因为之序。

时光绪二十四年岁在戊戌阳春三月穀旦,章安黄体芳拜撰。

---

① 录自苍南《灵溪河口董氏宗谱》卷一。

# 《徐氏族谱》序<sup>①</sup>

盖闻莫为之前,虽美勿彰;莫为之后,虽盛勿传。夫国家重熙累洽,生齿繁昌,一姓之众,星居析处,有未免秦越人视之者。程子曰:"厚人心者化风俗,则莫善于谱。"是谱之作有其始之,必有其继之,且更为世世而继之。此殆犹国史之补订、邑乘之纂修,所关诚巨而事綦重也。

略桥徐氏,为瓯之望族,巨公名卿,代有伟人。传至明嘉靖少泉公,卜居兹土,筑室而家,屈指于今,四百馀年矣。今岁孟冬,予奉恩旨视学闽中,友人徐君蔗洲因邮寄族谱事实,乞序于予,曰:"吾谱自明嘉靖至今,历年四百。其中懿行遗徽,枚不胜述也;季子童孙,纷不胜纪也。前以道光始创修之,至咸丰壬戌又遭劫火,谱而不作于今也,后将谁作之者?愿烦先生之言而序以弁其首。"

余曰:源之远者,流自长;本之深者,枝自茂。物有固然,况尔姓诗书光其宗、忠厚世其家者乎?语云:盛德之后,必多闻达;敦仁之乡,必蕃子姓。诚如子言,世久则卷帙愈繁而愈难理也。第习俗因循,倦于修辑,有旷世而不行者。宗法渐废,情义久暌,识者趑之。今甫一传而再举其事,岂非吾友蔗洲先生克绳祖武、笃于族谊

① 原载瓯海略桥《徐氏族谱》,转自郑笑笑、潘猛补主编《浙南谱牒文献汇编》第三辑(香港出版社,2008 年)。

者哉？余是略叙一言而深有厚望于蔗洲先生。晋秩官阶，致君泽民，为纯臣，为廉吏。暨子若孙，科第蝉联，为宗族交游光宠。

赐进士出身、翰林院编修、司经局洗马、侍讲学士兼国史馆协修、现任钦命提督福建全省学政愚弟黄体芳漱兰顿首拜撰。

# 《金塔分支谱》序①

余读史至宋狄武襄传,有持唐狄公画像及诰身诣青献之,以为青之远祖。青谢之曰:"偶然遭际,安敢自附梁公?"三复此言,未尝不深叹狄武襄之为仁人孝子也。夫人各有所自出,纪述者当求其实。实则为尊祖,虚则为诬其祖,仁孝之心安在?近世不察乎此,多务华而炫博,诣郭坟而下拜,称骞裔以求官。其心非不以为智,卒陷于至愚而不悟。噫!滔滔者天下皆是,不有君子,谁能挽之?

我黄氏自受姓以来,代有闻人,载在史册,昭昭可考。然欲指某代某大贤、某朝某显官以为家乘光,虽鱼网充栋,兔毫列城,吾知其不胜载矣。而要观厥后之克昌,即可识其先之有縠也。

平邑宗侄国学生绍彬手持宗谱一卷,问序于余。余展而读之,见其鼻祖守恭公,生四子,分四房,以宗祠在紫云,春秋祭祀不忒,而大宗之子不及备详。谱载始祖昆山公由同安程溪南坪,是别子为祖。康熙二年,倭寇沿海,居民遭害,次嗣伯音公及配李氏,挈家而来北港塔园,聚族而居,历有年所。其间读而贵,耕而富,商贾而货殖,济济有人。而且捐贡生者有人,入辟雍游泮水者有人,举乡饮膺恩赉者有人。据实直书,不以异姓乱,不以同宗通,凛狄青之

---

① 原载平阳水头《金塔黄氏支谱》,转录自《浙南谱牒文献汇编》第三辑。

不冒，鉴元庙之无征。斯诚作谱之良规，为弈世之要法也。

余愧天涯宦迹，琴鹤相依，瓯海萍踪，琼瑶莫报。去岁丁艰，服阕已满。今年学考政，复上公车，皇路驱驰，未遑家食。《记》有之："以父母之心为心者，爱及昆弟；以祖宗之心为心者，则爱及族人。"阅斯谱者，孝悌之心动，仁让之意生，诗书礼乐之教长，广大门闾，尤足扬休于奕祀也。《诗》曰："戚戚兄弟，莫远具迩。"吾可为吾宗咏也。故因宗侄来请，遂援笔而为之序。

时清同治十一年暮春月毂旦，同治癸亥恩科会元、钦点庶吉士、翰林院编修、诠选福建学政宗裔孙漱兰体芳拜撰。

# 《温忠靖王传略》书后<sup>①</sup>

温忠靖王籍隶平阳,归神后洎宋受今封,始立庙。里人恒上巳异舆巡陌,取招弭祓除之意,法《周官》时傩礼也。无少长,累迹骈肩,膜拜而恐后,相与馨苹藻,膳羔豚,胥洁且诚,罔有懈志。

体芳知王功德之及民深焉。既求王事迹,考郡邑乘,载明宋景濂《庙碑记》一篇,愈恍然于王之生有自来、逝有所为也,然犹简而未详矣。迨馆横阳杨氏,近王里,间蹑足其地,搜觅遗迹,质厥乡遗老,俱历历可稽。又得王之裔和钧、和锵两茂才及余门,乃毕稔王生平功行,心窃识之,勿敢忘。寻和钧以剿贼故殉会匪难,和锵率团助战,卒捍卫梓桑,益信王泽之远,而嘉两茂才不愧为贤裔也。

通籍后,久拟诠辑其事迹而未暇。迨庚午秋,奉视学八闽之命,以母忧旋里。老友陈仲山宗鳌,出示毛西堂庚石刻《王传略》一册,谓自庚申之武林于旧书肆中得者。体芳受而读之,见灵爽代著,较郡邑乘之志为加详,即和钧昆仲亦有不尽述者。如载受箧饮药、祈雨立霈、翦馘金虬蛊毒、除许郝淫祀诸事,生民赖其福,直达闽、广、巴蜀而遥。浣诵一过,且敬且慰,亦足见王之德之大,不止与三溪而并长、九斗而同峻。陈君又云:"岁壬戌,发逆犯郡,围城

---

① 录自瑞安县修志委员会纂《瑞安文征》卷四,1946年排印本,温州市图书馆藏。

急,邑人奉王神牌登陴,竞并力守城,贼旋灭,冥漠中殆亦王阴夺其魄耶?"则其眷佑于瓯又独至。况是编之不沦没于荒烟蔓草中,使落我良友之手,又使返故里一泄其光,安知非王在天之灵有以默牖乎哉?

今陈君拟付剞劂以广流传,并以其哲嗣余门士祖、绥生诗来,瑰玮魁奇,有当显微阐幽之笔,目赏之下,不禁击节三叹,此又余所感忆离悰,而幸夫敬慕之私愿于此克偿也矣。特邮寄数言,附志于后。

光绪五年己卯冬。

# 明经春台公传①

公谱名锡禧,庠名乃康,字芇卿,号春台,太封翁地山先生之震子也。封翁以文学世其家,公稍长,即于屋西葺读书楼,为之延师就傅。

公性敏睿,过目成诵。甫成童,即能文。年十七,邑试冠童子军。受知于吴崧甫先生,入邑庠。虽已博一衿,而封翁课督之严无少闲,谆谆然勉其力学图上进。公遵庭训,下帷益攻苦。越两稔,以优等食饩。凡应试文字,梓入于萃珍考卷者不少,与夫赠答诗歌及酬应之古今体,靡不脍炙人口。虽家世素封,无纨绔气。十踏槐黄,七膺鹗荐,乃仅以明经终老,士论惜之。旋于发逆肃清案内奉旨授光禄寺署正衔。公以李广数奇,体且素赢,遂翛然无复功名念。

平居自奉俭约,事亲以孝闻。邑有义举,公奉郑大夫人命,慨然蠲金以助。至若修桥梁、葺道路,犹小事耳。且性和易,有忤之者,恒置不与校。咸丰癸丑,瞿逆窜城邑,有衔太封翁者,以公献贼。洎七日,贼歼而公脱然无恙,非纯于学以默化之乎?尤难者,发逆之乱,公家遭焚券累,横逆之来,轰然聚室,公毫不为意。不知

---

① 原载乐清姜公桥《徐氏宗谱》,转自《浙南谱牒文献汇编》第三辑。

者谓公懦且怯也,抑知公有竹鸡养到之功,谓势已如此,非口舌所能胜,徒自取患耳。有识者服其气息之深,而益叹公之学为不易及也。至于读书之乐,晚岁益坚,虽病髦而手不释卷,诚如宣尼云"愤忘食,乐忘忧,不知老之将至"云尔者,殆无间然欤!

公生于道光戊子年五月三十日酉时,卒于光绪壬辰四月初七日卯时,年六十有六。元配吴氏;续配张氏,生子庆麒;侧室支氏,生子庆麟,配施氏,抱子宏燊。

予与公同年食饩,订兰谱交,详知公事。公弟迪甫邮寄行略,命芳为之传,因撷其大者以风世焉,非第志文学之交也已。

谱弟章安潄兰黄体芳拜撰。

# 书《卓忠贞传》后①

假令叔父备藩之日，皇孙嗣统之年，有谏必行，无谏不用。将羽翼可剪，何虞据险北平；骨肉善全，岂至称兵南下。纵列□自为帝制，敢雄视乎上都；而老臣得掌兵权，终削平乎外患。□□庸主蹈养痈之失，将军恣跋扈之威。计误削藩，萧墙酿祸；师兴犯阙，禁披罹灾。悔当年缓徙南昌，铸成铁错；致新主篡居西内，夺取金瓯。论者以是为公惜，而不必为公惜也。

又使靖难兵起，改元诏颁。纵勿为胡广之脂韦，一豚不舍；亦宜弥旧君之玉步，单骑相从。或者归隐弃官，如洪皓冷山之递；庶冀存身图报，为留侯博浪之谋。而乃金陵之城郭已非，铁石之肝肠未改，涕泣椒聊之衍，甘心瓜蔓之抄。忠魂与练影相依，犹有面目见皇祖；劲节轶齐黄而上，得以颈血溅大王。论者以是为公憾，而不必为公憾也。

何则？兴亡者气数所由关，尽其心不能必其效也；利钝者贤豪所弗计，完其分非以市其名也。方其徙都进议，伏阙陈书，即隋杨以示衅端，□□元以觇形势。谓宗族猜嫌易启，虎翼毋添；奈朝廷措置略无，狐疑莫决。当是时，滹沱挫衄，淮海驿骚，陵土未干，京

---

① 录自《黄漱兰先生寿文祭文钞》，温州市图书馆藏钞本。

城遽下。金川门长驱直入，奉天殿逊位堪悲。铁尚书背立廷中，方博士哀号阙下。成王何在，忍看地上之血书；小子无知，痛抚宫中之尸烬。公则须如猬磔，气贯虹长，明冠履以折雄心，膏斧锧而无挠色。颜太守常山断舌，凛然如生；文丞相柴市捐躯，古谁无死。甘与□马御史，碎臣首于朝端；愿将骑虎书生，见先君于地下。公之死可谓惨矣！公之志可谓忠矣！

或者谓屡陈密疏，裁抑亲臣。当洪武之朝，议损诸王之服制；迨建文之世，思迁方镇之封疆。虽云思患预防，未免太刚则折。似乎动君臣之猜忌，因而伤叔侄之恩情。然而，族大宠多，国疑主少。叔段据京城之险，郑公子深恐难图；淮南属汉室之亲，袁中郎早知必反。自来强藩之觊觎，端资贤相之弥缝。所惜者以公之才与公之识，不能坐回君听，躬任兵官。致令割旧壤于周、齐，书四上而不答；拥大军于耿、李，兵一败而难收。大厦谁支，长鞭莫及。明之祸也，公之忧也。

或又谓成祖有怜才之意，不忍加刑；少师为返驾之图，恐贻后患。则燕王不愧为英主，卓公实败于谗人。抑知窃窥神器者谁之谋？焚炙忠良者谁之罪？上无以对父兄之灵爽，下无以立臣子之大闲。谓徙封自息干戈，何以建议有诛，犹复刻绳其离间；谓即位不迎舆驾，岂知至尊无二，谁甘屈节于仇雠。既云"不负其君"，固自各为其主。胡为乎诛之已久，空有卅□养士之嗟；罪止其身，竟遭三族受夷之惨。况当日讽以管、魏，只欲回报主之忠忱；至后人例之夷、齐，更未识名臣之心事已。

或又谓体元寺传为美谈，宝香山疑有神助。果其燎衣欲出，赠帽不辞。如□景之隐华阳，权作山中宰相；似子房之襄汉代，仍从圯上老人。何至上方剑恨，不得邀宜秋门，未能生出乎！然而死生有命,扶持讵赖鬼神;祸福无门,趋避必非豪杰。使公或忘情殿陛,寄傲山林。知时命不可为,思托烟霞以终老;谓富贵非吾愿,免为玉石之俱焚。岂不足以弭祸几先,全躯物外?而公独知难不避,视死如归者,将欲与日月争光,而不甘与草木同腐也!

观其趋赴庙中之日,早有匡济天下之言,而知少年峥嵘,已不负大臣风节矣!要之势不能邪正并立,杀身乃以成仁;事不执成败以观,食禄岂容避难。孝孺负奇节,而其先不及公之明;辉祖称将才,而其后不及公之烈。许身于国,不济则以死继之,成事在天,非臣所能逆睹也。

朝堂列四十九人之榜,姓氏俱馨;俎豆迄三百馀载而遥,英灵如昨。若夫解学士虚谈大义,旋入直于掖廷;李景隆躬受厚恩,乃倡迎乎麾盖。其足当公之一唉哉!

# 陈钟醇先生六十寿文<sup>①</sup>

岁辛酉,永邑之补弟子员者,以二月下浣游泮宫。是日也,鼍鼓逢逢,云蒸槐舍;鸾旗笩笩,风送芹香。方履俦服之徒,麇集麇至;鼓箧踵堂之彦,凤蔚麟玢。陈君锡光与焉,其尊人钟醇先生,即于仲丁释菜之馀,为周甲称觞之举。文昌星朗,遥□南极之祥光;黄宇人归,雅有东胶之遗意。甚盛事也。

然而江河之行地无疆,由其善纳;松竹之贯时不改,贵在自强。太上忘情,虽百龄而奚裨;匹夫仗义,斯一郡之所宗。德厚者庆乃有馀,道高者寿宜无量。人第知先生之方瞳玉面,可称平地神仙;而岂知先生之穆行清衿,不愧人伦冠冕乎!

先生渭川望族,瓯海名宗。贾氏弟昆,首推伟节;茂陵文学,争奉唐生。师太邱长之平心,能使里闾息讼;为曲逆侯之分肉,便令父老解颐。其处家也,粹和如穆赞;其接物也,木讷如何休。让水廉乡,聚德星于五百里;义浆□粟,资举火者七十家。固已情岳干霄,心波湛汉。裴秀是儒林丈者,少游为乡里善人矣!

矧复身任巨艰,耳鸣阴德。急公如过砺,慕义若转环。陆敬舆志在活人,乃手钞乎《金匮》;尤延之家传纯孝,兼腹饱乎青囊。凡

---

① 录自《黄漱兰先生寿文祭文钞》。

方诊六征之技，天机八字之函，靡不助我婆心，了然老眼。而且建祠以收族，筑埭以利民。感其御灾捍患之诚，则鲸鲵退舍；沐其同气连枝之化，则鸟鹊通巢。视古之堤筑葑湖，堰成瓜步。义田施于范氏，谱亭创自苏公。虽吏隐之途分，实解推之道合。宜乎身名俱泰，年德转升；孙似联珠，婿称润玉。好湖山代钟其灵淑，佳子弟齐服其神明。度六十华年，而笑着谢公之屐；对二分春色，而狂斟陶令之觞也。

芳翘首少微，关心大董。与朱家为同郡，凫仰高山；拟剡曲之泛舟，谁云河广。虽未坐孟公之座上，依仲举之榻前。而择里情殷，且喜葭莩有托；跻堂期迩，况逢桃李长春。非自比于柏颂松铭，敢私献其匏宣瓦奏。羡此日佳儿上寿，青衿便作彩衣；祝他时太学引年，白发重游璧水。

# 薛<u>丛</u>生先生六旬寿文①

　　癸亥之春,芳在京师。时则河东老凤,正从梓里以开筵;洛下士龙,未返蒲轮而祝嘏。是年冬,乞假旋里,子枢茂才昆玉,乃以尊人之六秩,索下走之一言。

　　窃惟铁牙金齿之文词,虽奢而靡当;二首六身之象语,亦隐而难稽。岂其孔、李通家,朱、陈世戚,而犹复振张邈篆、肸饰曼祺。徒陈眉寿之虚文,勿阐耳鸣之阴德乎! 惟我姻翁<u>丛</u>生先生大人,与物同春,遁奇于野。人称处士,便成下界之神仙;天赐耆年,适届上元之甲子。请陈梗概,用佐黎收。

　　先生植体强良,毓姿醰粹,甫知孩笑,遽免母怀。晬盘未设之前,慈云渺若;箧扇初开之日,泪雨潸然。方在垂髫,宅相见知于宁母;洎乎就傅,乡人竞目为任童。张敷之侍严君,楂比梨而何敢;孟宗之依继母,竹化笋以奚难。既而后母项太孺人,寿届六旬,灾罹二竖。先生哺乌爱切,求鲤诚同。始则为拜井之宋君,醴泉涌出;继则如居庐之皇甫,禅窟营成。迨乎椿荫之摧,已入艾期,以后亦复栾心衔恤,逢首鸣悲。何子贞耳顺之年,慕犹孺子;荀侍中骨毁之日,哀动旁人。而且勖弟成名,生莫辨其同异;抚侄如子,语岂止

---

于寒暄。其天性①有如此者！

夫握筹灯下，同心谁似安丰；种秫田间，偕老独夸彭泽。先生中年失偶，内助需人。况骥子成行，未了向平之宿愿；即鸾胶再续，谁讥温峤之薄情。而乃矢高义于梁鸿，佩名言于王骏。绳床经案，慨长物之无多；女布男钱，问诸孤其何恃。独支门户，遂屏桑蓬。肃孝享于影堂，苹藻可兼其职；延严师于家衙，芝兰务使其佳。刘赞儒风，长此青衫疏食；韦贤经训，愈于黄金满籝。恩勤等乎捋荼，教诲期乎式谷。卒之佳儿得妇，华元之礼法无怼；季女有斋，韩穆之风徽勿替。廿载极维娄之瘁，一门消嘻嗃之声。其家法有如此者。

昔真人采药于山中，以桐为姓；老姆汲泉于庭畔，有橘皆仙。凡方技之洞明，悉慧心之天授。先生董帷久下，匡壁频穿。自宜登天禄、石渠，百家避舍；何止诵《灵枢》《玉版》，三折专门。顾乃蕴良臣活国之心，服人子知医之训，咀扁鹊上池之水，校司马外台之篇。高敏之以母患沉疴，而深谙诊籍；殷仲堪以父罹悸疾，而精习经方。调阴调阳，几有望垣之术；饮寒饮热，遂开如市之门。尤所难者，救疗若元忠恒寒必恤，针砭如郭玉厮养勿遗。贫不索赀，但种数株之杏树；家常施饵，争分一滴之橘枝。著手成春，现身即佛。聊托刀圭以醒世，岂驱草木以市名。其仁慈有如此者。

且夫淡富贵于浮云者，其趣远也；履险巇如平地者，其神佑也。先生临水幽居，面城小筑。半村半郭，车马无喧；一壑一丘，琴樽自适。每谓尘消红软，不妨爱陶令之庐；就令盗起黄巾，当勿犯康成之宅矣。无何，辛酉冬，枌乡卵累，雀泽鸥张，风鹤警深，池鱼殃及。

---

① "性"，底本作"姓"，据杨绍廉《瓯海集内编》第六册抄本改。

逋身烽火,沿途则仆跣妇蓬;回首田园,顷刻已烟荒草蔓。而先生迁同孟母,失等塞翁。借城市以当山林,譬松乔之在霄汉。方且牵萝补屋,就竹支桄;携柑酒以招鹂,拓药栏而斗鸭。生机活泼,熟橐驼种树之书;和气薰蒸,长荀鹤登科之草。集钓游之故侣,都来香国丛中;付书画于儿曹,如坐米家船上。阳孝本号玉岩居士,顾仲瑛称金粟道人。其恬逸有如此者。

综此数端,宜其多寿。家声雀起,信蔗尾之愈佳;姻亚蝉联,庆梨眉之不老。双珠绕膝,秀启瑶环;斗酒介眉,辉联冰玉。膺斯福者,喜可知已。

芳等茑萝谊切,鱼藻欢深,瞻异彩于少微,颂高年于大董。但愿薛家子弟,都学半千;莱子衣冠,直逾七十。寿人寿曲,常对二分春色之辰;廉水廉村,共申百岁期颐之祝。

# 沈秋潭先生五十寿文①

甲子之春，吾师沈秋潭先生，鹤箇介祉，鸿案胪欢。以五秩之良辰，乞一言于贱子。时则孙策有登堂之礼，陆生方入洛之年。虽藉藉贤声，心藏已久；而匆匆行色，口述难详。久而阙然，殊自恶也。既而息肩燕市，回首韩门，乃为文以寿之曰：

夫襮饰之枝词，切人所不道；将迎之叶语，达士所不承。与其颂柏铭松，侈百龄之岁月；曷若铺茱摘藻，谈八咏之家风。而况枌榆寸土，纪、王原夹巷而居；沆瀣双烟，孔、李有通家之谊者乎！

恭惟秋潭先生，宅心醇粹，味道华腴，履践矩而玉方，冠引绳而衡正。青箱作字，钟雅爱于隐侯；黄散收书，席清贫于持正。蓑篇早废，辄能肄传德之经；萱荫常依，无事上通天之表。

年未冠，与其哲兄兰生先生，均受业于先君子之门。伯埙仲箎，齐和琴声于绛帐；质酥赞酪，互参酒味于元亭。士龙从西屋居，早已人称颜了；康成是东家某，何须道诣孙菘。既而谢卓联馨，鲁芹高掇。王修龄垂髫应辟，卓为诸弟子之魁；杜记室应手成章，不愧真秀才之目。楷台名噪，力追笔法于钟、王；贡树阴浓，人仰经师之服、贾。

---

①　录自《黄漱兰先生寿文祭文钞》。

　　而先生方且杜门避俗，饮水思源。梁木虽倾，不忘北面；瓣香所祝，但守南丰。尊欧阳之母为典型，亲江夏之童如骨肉。昔人谓沈云祯之高行，是黄叔度之一流，揆厥渊源，□如①符节矣。

　　然而游、杨之师伊洛，虽闻转入生徒；房、杜之学河汾，□必②递为宾主。若先生之于芳也，出其神解，牖我童蒙。皋皮不挟其威，鲑馔不嫌其菲。许彦通为后来之秀，使元泽有先入之资。无甘露顶之奇才，数见犹然倒屣；向春风中而小坐，虽寒竟不添衣。每值升堂入室之馀，得窥峙岳停渊之度。

　　其闲家也如韩、穆，其砥行也若苟、钟。散带衡门，何幼则规兄之意；共檠深夜，陆务观教子之诗。鄙赤芾之希荣，而浮名薄如弃屣；嫉黄巾之构难，而义愤过于请缨。床上板穿，几莫识仲舒之面；怀中刺灭，誓不折元亮之腰。然后知汗简研精，眉梨蓄彩。凡此日之緋禧□□，踦齿德于毛颠；悉平生之戴义缨仁，永神明于旗翼也。至于贫如庞叟，谁能荷锸以分劳；贵异山公，孰解窥屏而款客。

　　则我师母周太孺人者，毓汝南之霁月，宣林下之清风。勘乐羊而何俟断机，见令狐而岂甘贬节。挽车提瓮，礼法得之大家；束衿整缨，尊章目为佳妇。洵乎心随形服，宜其福与慧兼。又况凤出丹山，鸣皆协律；驹生渥水，顾即空群。

　　其长君少潭茂才，亦以郡试冠军，为邑庠佳士。簏金虽满，何如华国之文章；昆玉无双，便是传家之衣钵。兼之桥门听鼓，仲子翩翩；庭树联珠，文孙济济。祖韝前席，还来啖饼之郎君；列乐后堂，不少称觚之弟子。

　　而芳也廿年问字，一旦辞乡。住帝城双阙之旁，遥瞻梓里；届

---

① "□如"，本书原编释读作"恰如"。
② "□必"，本书原编释读作"未必"。

春色二分之际,未饫椒觞。其能无望切南云,而思深北斗也乎?异日者,乌巷衣冠,振沙堤之旧迹;鲤庭桃李,扬雪水之先芬。科名萃通德之门,位望拟灵光之殿。帆游瓯海,胜诣吴兴,诗溯津梁,仍资鲁直。芳虽不敏,当复握兰台之笔,阐徽于文苑儒林;搴莱舍之衿,晋颂于木公金母也。

# 诰封奉直大夫厚斋仁丈先生七秩荣庆序①

夫泰岱出云,濡润始流其泽;松柏得地,凝固以葆其真。玉每孕乎蓝田,珠还生于合浦。从来食福必归积德之家;大抵成仙原属修身之士。盖涌泉滋于华脉,膏叶茂于修根;惟其元气庞洪,是以神明巩固。荀子谓美意延年,史迁谓修道养寿。若我厚斋先生,不有足征乎!

先生飞鸟豪宗,佩刀华胄。帝台含魄,降衡岳而生申;皇览逢辰,感寿星之出丙。人第见其优游沐道,宝算延洪。无假落年之方,自提养生之印。不知福之言副,寿以为酬。惟德厚信矼,积之者裕;斯礽翔嘏集,应之也神。请因副墨而陈词,用假谟觞以媵爵。

先生乡居宝主,户比素侯。式昭乐善之怀,大有鞠人之德。当夫嗷鸿岁俭,立鹄形枯,野有莩以堪伤,室有困而谁指。而乃发善明之粟,梓里分脓;散郜鉴之钱,蔀檐叨芘。巷有同功之火,人呼续命之田。其赈济有如此者。

若夫道阻鼋鼍,本非积灰可止;堤溃蝼蚁,安期脱筈如飞。秋霖则灶有蛙生,夏旱则田成龟坼。而乃兴郑浑之水利,筑李渤之甘棠。竹落石簰,筹陈三策;搴茭沈玉,堰筑千金。储刍荛而瓠子无

---

歌,资蓄泄而金堤永固。其开建有如此者。

至若萑蒲啸聚,狐鼠横行。倏铜马之南来,复苍鹅之北渡。而乃谋成团练,勇列丁男。刁斗声严,乌合闻而宵遁;千楫卫重,鸥张望而魂消。其保护有如此者。

况复义重嵩衡,财轻簠簋。设通宾之驿,建伫佛之堂。延壶士于春桑,庇暍人于夏樾;六姻煦暖,九族沾腴。券百牒而可燔,等冯煖之市义;资千金而能散,陋浚冲之持筹。斯又太甲五云,贤人冀其广荫;只洹八水,长者湛其馀波者矣。

宜乎迪功之策,积著于庆门;禔福之符,久征于瑞室。飞凤毛于池上,标犀角于眼中。问继武之家声,双珠称盛;抚含饴之乐境,三凤将雏。天为粤宛而感之者,应乃神也;福不唐捐而积之者,效自速也。

兹者黄菊香浓,灵椿岁古。君子正悬弧之日,大夫当杖国之辰。莫不举北海之樽,献南山之颂。珥柱篷弄者匹溢而歌,眉梨鬊骀者黎收而拜。芳跻堂路远,介寿词豪。瓦奏匏宣,神飞色舞。大江东去,请酿酒而称觞;仙鹤南飞,愿倚歌而撷笛。此日老人星降,仍居兜率之天;他时海屋筹添,再进麦邱之祝。

赐进士出身、日讲起居注官、左春坊司经局洗马愚弟黄体芳顿首拜撰并书。

# 例授登仕郎张公剑农暨叶太孺人六旬双寿序①

盖闻春秋八千，侈寓言于漆叟；甲子四百，撼庾语于绛人。自来驻景延华，翔礼集暇，非谷仙之隐授，乃荃宰之明征。若夫星应长庚，年同周甲；梁鸿之案偕臧，海鹤之筹并算。如我剑农舅父暨叶母孺人，则尤有难焉。尔者其房中乐奏，曲谱同生；膝下衣传，堂开戏彩。就所景仰者而阐扬之，以介屏帷，以侑杯斝，讵有艾欤！

懿惟先生，生本奇才，梦征投玉。凤居仁里，锡以鸣珂，卓一鹗之姿材，振五龙之氏族。融兮赋海，抚鹆砚则乔泣遗孙；禹也学经，和熊丸则郄幸有母。何期乌鸟多私，情伤李密；顿使鸡豚罢社，恨抱王修。泣珠之泪眼双枯，知孝曾推曾子；磨铁之壮心遂已，封侯不羡班超。夫以功名早付儿辈，闻望特重乡邦，时排解纷间之急难，或修平梗道之崎岖。张公超车马填门，小隐何嫌面市；张志和江湖泛宅，半人自署头衔。悯集泽之饥鸿，赈粟则愿同子罕；扫绕树么之蚁，骂贼则力效睢阳。是其富贵之淡忘有如彼，而气节之高迈有如此。

惟我舅母，亦复庄妹表度，婉娩修仪。父书能读，曹昭卓然大

① 录自瑞安《续修汀川张氏宗谱》光绪七年抄本，温州市图书馆藏。题前署"黄体芳，壬戌会元，翰林院侍讲，现任福建学政"。

家;母训常遵,甄后洵称博士。昔孺人待咏洲鸠之句,正先生方炊
臼狐之年。徽音喜其能嗣,淑女依然载赓。其事慈姑也,调羹谙
性;其相夫君也,提瓮忘劬。其训子女也,勉成选钱咏烛之才;其待
奴婢也,惠周鼓枻煎茶之辈。赈赡六姻,冬爱深于缅母;兼备四德,
春温比之允妻。家已称其高行,人咸仰为贤媛。

尤难者萱阴堂上,恐晚雨以摧花;苓贮笼中,乏梯霞之妙药。
一朝侍疾,剜肉空投;五夜焚香,丐身莫代。若是者而孺人之至孝
足嘉,亦先生之型于无愧也。宜其同跻顺履,合储仑嘉,和以致祥,
慈能获报。

届此杖乡之期,双鸠扶老;具有充闾之庆,三凤蜚声。人到抱
孙,诵诒谋于翼燕;乡当接婿,睹娇客之乘龙。则叙穆行于一庭,得
演洪畴于五福也已。今者岁纪重光,诗歌偕老。悬弧设帨,合成朋
甲之图;酌兕介麋,恰近灵辰之日。当张脯之奉双亲,称觞上寿;岂
陆果之蒙凤爱,介祉无辞。

芳献殚情殷,跻堂路远,忝入内廷而作史官,实藉外家之成宅
相。槐厅握管,愿引华封三祝之辞;梅驿逢春,窃比庾岭一枝之寄。
景仲篪季雅之庐欢,愧逐征鸿而北去;金母木公之法曲,请随鸣鹤
以南飞。

时同治辛未岁。

# 孙琴西先生六十寿序①

岁在甲戌，吾师琴西先生，于同安之法署，值大董之高年。是日也，蓬岛群仙，联辔而跻福地；麦邱老叟，称觥以上公堂。先生摈郦菊而弗餐，却商芝而不采。征乐全之序，代桂父之方；取真率之诗，当茅君之诰。因执讯而致书与芳曰：昔莱公周甲，魏生寿以五言；坡老生辰，李委歌其一曲。雅音所奏，俪体稀传。然而，室供绥桃，骈枝志喜；筵吹嶰竹，双管鸣和。余与子孔李通门，冯铫同邑。东家席上，童年早许探珠；西邸山前，客岁与聆击钵。岂以二千里关河之隔，杯酒无缘；而于三十年沆瀣之情，片辞莫赞乎？

芳谓：铭松颂柏，更仆难终；敬梓恭桑，切人不媚。请删叶语，用介华觞。夫因磈砢而见奇者，栋梁之器也；经铄碏而益固者，金石之神也。人第知四达八窗，先生之身名俱泰；而未知千辟万灌，先生之盘错殊多。

方其禀秀海隅，传芬家巷。举头见日，智百常童；呵气成云，语惊长老。编贝悬珠者其状，钩河摘洛者其才。赋掷地而成声，书满楼而毕诵。陆家双璧，相率冠军；郑亚三科，先登拔萃。挟宗悫乘风之志，当士衡入洛之年。金以谓驹来渥水，绝迹九衢，龙跃平津，

① 录自孙延钊撰《孙诒让公年谱》稿本，孙宝麟家藏，卷七同治十三年条。首云："门人黄漱兰学使，自山左寄骈体寿言。"

腾芒万丈矣。

无何,荆山之璧,三献难售;博浪之椎,贰车误中。藉明经之清望,羌授业于殊邦。送来无人,长安不易;着鞭先我,法护良难。坐皋比者七年,博京兆之一第。谓燕台既上,则市骏应多;乃龙门未登,而河鱼先避。悟升沉之有命,益醲粹以自修。各赞韦弦,大张旗鼓。或狂歌斗室,评汉魏之名流;或釄饮山斋,酹欧苏之生日。一篇跳出,四座传观。休文之服王筠,岂关强韵;梦得之凌白傅,时露森锋。于是翠羽失妍,貘牙辍响。吐谷供子升之集,暹罗乞颖士为师。迹未云抟,名先雷灌。此先生少壮之日,树立者坚也。

既而换襕衫,辞氉氉。斗下之占第七,荣直词垣;殿中之对无双,洊升讲席。棘闱讲艺,识丹鼎之仙才;竹院传经,集银潢之贵胄。赐果则园庐日暖,看荷而水阁风清。气得春先,人真天上。

属以海氛不靖,朝议相持。荐绅之儒,闻谈虎而变色;伴食之相,止鸣蝉以噤声。而先生柴立不阿,杞忧特甚。杜少陵忠爱之意,楮墨时宣;陆剑南感愤诸篇,须眉欲动。门户根本,宋祁因以上书;肘腋腹心,江统于焉著论。遂承温诏,俾守岩疆。

念鸿野之堪矜,夺凤池而谁恤。拜子林于临晋,似应卦占;出无垢于南安,但携书去。岂知白云紫盖,早沦崔泽之中;青绶银章,远驻漆园之舍。州无斗大,城岂蘦空。荒郊之鬼火来侵,近郭之人烟几绝。楼家闾巷,立受雨淋;驿路储胥,杳无云护。出则老兵共语,长史神疲;入则秋士能悲,仲宣体弱。官如疣赘,动多掣肘之虞;臣渐精亡,合作乞骸之请。及时敛德,为国留身,此先生强仕以还,权衡者正也。

且夫潘令闲居,散怀渔钓;谢公小隐,写趣笙歌。自来投绂之流,类有脱鞲之乐。先生则宫临磨蝎,辙困神鱼。采兰方谱于家;

伏莽倏占于野。时先生仲弟蘽田学士,先奉朝旨,督募乡兵。愤切养疴,危同累卵。四壁之烽烟不断,对床之风雨频惊。家已无归,难觅焚馀之卷帙;人皆欲杀,几撄猎者之网罗。行橐罄而卢族流离,长缨请而终童殉节。谁令滋蔓,食肉者安有远谋;弗听徙薪,焦头者竟成上客。

迨至丸消赤白,局定苍黄,鹗荐重膺,虎符分领。鲁直入公麟之画,昌黎兼司马之衔。西楚东城,雪鸿可澄;巢湖肥水,风鹤无哗。凡郑浑之陂、夏侯之堰、梅公之阁、晏相之亭,新政所经,旧观斯复。方谓使君活我,临淮之雨常甘;不图薄宦思亲,太行之云已散。皖民卧辙,为一年之借而不能;尧佐登车,筑三至之堂以先待。

先生甫旋枌里,叠坐菰庐。柴骨栾心,哀缠于社日;布衣粝食,感极于禫年。既乃毕宦羡之仪,广门墙之教。奖成后进,声名每出于齿牙;甄拔单门,文字特观其首尾。听关西之指授,礼略巾褠;经汝南之品题,荣超华衮。此先生中年以后,韬录者深也。

然而,学邃则道亨,体闳则福厚。儒者遭逢盛世,先重显扬;天之报施善人,何曾差舛。其未达也,一堂星聚;其既显也,五色云开。迭领词曹,韩氏梧桐之第;名传文集,李家花萼之编。佩金紫者三人,座上之椿萱色喜;醉醄醺于两序,庭前之桃李新阴。极圣代之殊恩,皆高堂所及见。而桓少君修德守约,永念先姑;荀景倩博学洽闻,无惭名父。家门之盛,海内荣之。又况大节觥觥,英声鼎鼎。掌牢盆而梅羹望重,摄藩篆而莲幕才多。裴秀为儒林丈人,汲黯是将军揖客。一时公府,交章以辟德舆;诸邸名王,握手而迎谷永。凡所撰述,不避嫌疑。为范文正立碑,则庐陵之直笔;为吕大夫志墓,则君实之危言。方诸古人,殆无愧色矣!

今者犀带围腰,扇清风于柏府;凤山识面,循旧日之棠阴。读江都决狱之书，目了三百馀事；受廷尉探怀之策，手活数十万人。獬豸之触无庸，驷马之征已见。犹复九流遍览，百废俱兴。著充栋书，纪言纪事；作擘窠字，正笔正心。临海遗文，待云卿而锓板；襄阳耆旧，仗习氏以流芬。表忠之碣千言，遍及哀邱义冢；治事之斋四辟，兼询水利边防。时值公馀，偶为内集；榻前置笻，烛下听琴。富贵无忘，笑问微时之龙具；庆昌相袭，预知后裔之蝉联。此先生以文章寿业，以经济寿民，以识度寿其形神，以名德寿其门阀。岂若霞饴露饮，假服食以冀长生；虎顾熊申，藉吹呴而希久视者哉！

　　芳依依丈席，仆仆辀轩。忆江夏之家风，夙承盼饰；望寿春之山色，未与黎收。鄙夫学步邯郸，已瞠乎而道远；夫子闻歌邹鲁，或莞尔而情移。所愿道与时符，德随年进。从此齐眉眷属，永为平地之神仙；更教接脚门生，同听后堂之丝竹。

# 孙逊学先生七十有九寿序[①]

光绪十有九年八月,吾师逊学先生年七十有九,吾乡诸君子,与吾师有连,及尝著籍称弟子者,将以揽揆之辰,奉觞里第,举祝嘏之礼,而以书抵京师,属体芳为之辞。乃拜手而言曰:

体芳自弱冠从吾师游,每侍坐,辄闻吾师称南宋乡先生之学以教学者,有所论著,必三致意焉。今请申吾师所以匡迪后学之意,以复于诸君子,以寿吾师,其可乎?

盖吾乡自周浮沚、许忠简诸先生,以宋元丰间北游,事伊川,传其学以归。厥后绍熙、庆元之际,陈木钟、叶文修之伦复为考亭高第弟子。其间以经制名家,卓然自为永嘉之学者,实自薛文宪公始。文节陈公、文定叶公递相赓续,益廓而昌之。世所称乾、淳诸先生,之三公者,其渠率也。顾当其时,朱子颇讥其偏重事功,国朝全谢山氏修定《学案》,乃始盛推尊之,然至今论者卒亦不能无疑议也。

体芳窃谓朱子特究其流弊言之耳。后世学术之不能必出于一,势也。自非圣人,孰能无弊? 要在知本而已。间尝读三先生遗

---

① 录自孙延钊撰《孙逊学公年谱》稿本卷十光绪十九年条。首云:"黄漱兰通政自京师寄文为公寿。"孙延钊《孙衣言孙诒让父子年谱》《瑞安五黄先生系年合谱》(周立人、徐和雍整理本)两种分别收录此文不同部分。

集，其所规切南宋用人、治兵、理财诸弊政，与朱子之论未始径庭。吾甚叹宋之多贤而不能用，卒无救于危亡，为可痛惜也。然文定尝谓获见君举四十馀年，术殊而论鲜同，又谓建安之裁量与永嘉弗同，独无疑于薛氏。然则三先生者，亦不能无异也。至光宗绍熙之间，重华之朝，省不以时，则文节、文定同时累疏，断断以天性亲爱为言，与庆元初朱子之以积诚尽孝谏宁宗者不谋同辞，奄若符契。此数先生者，岂诡异而苟同哉？事势有万殊，而性术有独至，内之因材以致用，外之因时而制宜，虽一人之持论，前与后若凿枘之相戾者比比也，若其大本，则一而已矣。虽穷天地，亘古今，而莫之或易焉。

圣清隆治，远迈前宋。独吾乡文学，不逮乾、淳之盛。道光间，吾师与其仲弟止庵先生，后先成进士，入翰林，以学行文辞辉映海内，虽立朝日浅，而皆尝抗疏极言，有关于主术时务之大，与陈、叶诸先生旷代同风。咸丰中叶，吾师入直上书房，于蒙古倭文端公为同僚，退辄与一时贤士大夫上下其议论，而尤为湘乡曾文正公所器重。倭公为学，笃守程朱主敬穷理之说，曾公友倭公，而旁涉训诂词章，尤覃心古经世之法，欲推而壹合之于礼，大旨盖于永嘉为近。及同治初元，倭公躬保傅之任，而曾公遂以儒臣授钺专征，削平大憝，数年之间，内修外治，蔚然中兴。当此之时，士大夫学问议论，大率拘守故常，曾不若众生之瑰奇而浩侈。然而卒转危而为安者，一二巨人倡于上，其相与应和者，皆明大义，务本图，人心颛壹，而民气朴厚故也。虽曰师武臣力，上禀庙谟，抑儒者之效，兹非其尤大彰明较著者哉。

今宇内承平三十年矣，士大夫之所讲求，当事之所设施，稍采异术以自广，颇讥前此专己守常之固。然而环视天下，政日以弊，俗日以窳,人才日以衰,夫岂时会之适然欤?抑岂所讲求而设施者之尽不适于用欤?此其故不待智者而知之矣。

比年吾乡儒风士习,胜于往时,人知向学,盖皆吾师倡导之力。师之仲子仲容刑部,闳览潜研,以恢陈、薛诸先生未竟之绪。后进英特,闻风景从,朋兴而未已,将驯致于乾淳之盛,此殆其时矣。

虽然,明与晦相倚也,长与消相伏也,不可不慎也。吾乡学者,苟能致力于性情之原、伦纪之地,先立乎其大者,因而推求夫弥纶通变之方,则凡百家之书、异域之术,虽前哲所未详者,皆当博综而审择焉。何也?我永嘉先生之为学,固如是也。本之不讲,而侥幸于不可必之事功;详于御外而略于治内,勇于迁异而怯于复常,重利害而轻是非,进功名而退廉耻,斯则文宪所谓忽略根本,舛先后之序而却施之者。卒之事功不成,学术将裂,徒使论者袭朱子之说以议其后,非惟乾淳诸先生所必不许,亦岂吾师匡迪后学之意哉!

体芳拙陋无状,于乡先生之学无能为役,然于今世当事及士大夫之论,亦不敢违心曲从。往岁行年六十,吾师厚赐之言,极论时事本末利害之数,厘然有当于心。辄复推而究之以讯学者,诚能学乡先生之学,而无为朱子之徒所讥,则所以永吾师教思于无穷者莫大乎是,即称祝之义亦孰有大焉者乎?若夫师之莅政清平,泽被吴楚,诗古文辞之工,自陈、叶二先生后,复绝伦比,世多知之。重为雕饰,以效流俗之谀词,所不敢出焉。

# 羲一翁六旬荣寿序①

古之所谓寿者,非止享遐龄,膺戬穀已也。必其学问道德与年俱进,使后生小子皆有所矜式,然后可谓之寿,如羲公金老先生者,其殆庶几乎!

岁甲寅,余以事至郡,适与先生同寓,始得彼此过从。其仪容秀整,语言恪诚,望而知为有道君子。后读其《咏梅花》句云:"山中无俗态,梦里有真缘",吐属名隽,飘飘然有凌云气。昔人宋广平铁石心肠,刚不可屈,而于赋梅花则绰约多姿,风流自赏,余于先生亦云。

比壬戌②,余膺礼部试,幸而获选,首冠南宫,自此道途仆仆,京洛淄尘,两袖为满,遂与先生踪迹日益疏。辛未秋,余读□于家,复得朝夕见。索居十馀年,须发为之改观,而精神矍铄如昨,故能驻景延华,备受多福。

孺人陈氏,长先生三岁,事翁姑至孝,相夫子以礼,齐眉偕老,有古梁孟风。子五,长游武庠;次以弱冠食饩,吾邑孙琴西太史、乐城蔡子鳌孝廉俱器重之;其馀兰芝玉树,森森竞爽者,不可更仆数。

---

① 原载永嘉《花坦金氏宗谱》,又见《凤屿金氏宗谱》,转自《浙南谱牒文献汇编》第一辑。

② 当作癸亥。

《书》曰:"身其康强,子孙其逢吉",先生有焉。

今岁王春初旬,为先生杖乡诞辰,余乐为先生寿。余时远主试山东,未获与二三介僎盥洗扬觯,为先生修无算爵。聊以下里之词,作寿人之曲,不敢以不文辞。是为序。

年眷弟会元现任山东学政瑞安黄体芳拜撰。

# 张太孺人八十寿序①

光绪九年,龙集昭阳,月贞孟陬,为族人外祖母八秩寿辰。莹堂舅氏,先期斋肃,扬述徽嫟,远道乞言,以侑觥觞。芳谊托戚末,其何敢辞!

太孺人诞纯粹之华宗,秉渊懿之郎节。自其髫岁,从父授经。既通《尚书》,亦习《论语》,湛荟风雅,遂娴咏吟。济南伏生,经学传于女士;江东谢氏,论赞依乎《中庸》。识"参差"为双声,征"窈窕"为叠韵。藻绘所及,朝华逊芬;兴寄以宣,夕秀斯振。此于士行,宜称曰才。

其归于南卿,族外祖父也。缪肜群从,云维四人;马元前妻,懋焉一女。太孺人调和先后,靡问戚疏。事同居之钟氏,宛若戚亲;抚异出之官奴,恩斯孔挚。介妇家妇,并爨均夫劳绩;一子二子,芦絮泯其单寒。此于士行,宜称曰贤。

南卿先生,富而好施,性尤爱客。静夜明烛,明展文宴;秋风破茅,辄念旅篓。太孺人议厥酒食,佐其赒施。代公倾赙,或潜益以嫁衣;北海开樽,不相关夫家事。知子之好,宁惜杂佩之贻;问客何如,屡听隔屏之语。此于士行,宜称曰德。

---

① 录自杨绍廉《瓯海集内编》卷五,民国敬乡楼钞本。

既而戴逵占星，知非永岁；赵孟视日，兴叹徂年。乃举家事，悉委细君。岁值元枵，所天遽陨。斯时也，凶欃遍地，怪鸱啁天。三尺之孤，斩焉在室；百钧之重，藐尔一身。太孺人哀衔于心，事定于手。效冯煖之焚券，反仄以安；守晏婴之遗书，灵芬罔替。卒使衰宗振业，窥伺息于里闾；哲嗣腾声，文采光其阀阅。择婴娩之婿，莫如卢储；为儿子□姻，必求韩绛。此于士行，宜称曰智。

至于昕旦习勤，俭啬养福。浣濯之服，被体自安；蒿藜之簪，冠首靡耀。以宴诸父，乃特杀夫羔羊；是亦人子，均善视乎臧获。九族以下，需饱暖者十家；百步之内，颂芳馨者不替。此于士行，宜称曰惠。

综是数端，聿符五福，以视传留中垒，诚备大家，絜彼管彤，殆无愧色。宜其叠膺鸾诰，荣袭茵冯。兰玉毶毶，式燕而永誉；崔卢緌緌，珈象以介年。芳远持使节，未获登堂。素钦圣善之仪，敢效芜傿之颂。所冀越星得岁，长凝婺女之光；春桃始华，同祝婉娩之噎。

# 郑君尧丞五秩晋五寿序<sup>①</sup>

福州城南二十里许曰芦川，郑氏聚族居焉，世笃忠厚，子姓寖大，蔚为南中冠冕。余素耳其乡之俗之茂也。戊子，奉命校秋闱，得郑生祖庚，询其门阀，益悉祖庚为赠四品卿司铎晋水桐村孝廉之孙，而叙绩正谕截取邑令尧臣先生之嫡也。初，桐村公有丈夫子四，长榕海，官礼部郎四品京堂，甚有声；次禹圻及季铭甫，皆为名孝廉；先生其叔子也。禹圻等好规画家人冗务，先生则退让不遑，性耽名理，于物无所竞，每与人言，蔼然之气可亲，乡之人皆式之。今先生年五十有五矣，祖庚以书来，请余为文以寿。

窃维以文为寿，颇戾于古，即称彼兕觥，大抵颂祝之诗，非为文以称其寿也。自明儒以寿文入集，俗遂缘为例，归震川云以慰人子之心，姑可矣。余以为文以载道，必其有贞固纯懿之德，可以得寿，乃为文以实之，非徒慰人子之心已也。予阅天下士久，所称操行不苟者，无如先生贤，故乐为质言之。

先生未弱冠，累试冠军，受知吴南池前辈，补博士弟子。岁乙亥，今上龙飞纪元之秋，诏开恩榜，先生举于乡，主闽试者为大宗伯许公、侍讲慕公，所取皆一时绩学之彦，尤以大器期先生。而先生

①　录自《鹭江报》光绪三二年第十六期《文苑》。

歉然不足,益邃力于学,慨边隅多故,键户不出,不妄涉津要一步,课儿之馀,莳花读书晏如也。其冲澹如此。

先世颇有积赀,析箸时推良田美宅于昆季,择薄产营之,取足供饘粥而已,故宗族多之。其逊悌又如此。

海东设行省,遵旨清赋,刘壮肃招先生往,及蒇事,壮肃以为能,将疏荐于朝。先生受宠若惊,力却之,愿得校职,曰:此固吾家旧青毡也。其谦抑又如此。

闽乡俗健讼,睚眦报复无已时,动必牒县庭,绅衿有视为利薮者。先生则引为大戒,避居城中,从未与守土吏接一谈、通一牍也。其耿介又如此。

先生性狷而侠,独意赒人之急,闻戚友有所需,辄罄囊与之,不足,或典鬻以继,必解其人之窘而后已。其慷慨好义又如此。

此五者世之所谓庸行也,而先生力行不倦,性不好陵人,人亦不敢慢之,盖太和之元气散于宇宙,聚之一家,充其德量,大可以励世而化俗,其为春秋正未有艾也。

德配林宜人,与先生同花甲,淑婉修义,动中礼法,其待人处事,皆以慈善之心出之,贤声籍籍三党间,先生有此贤助,益无内顾忧,得以志所志、学所学。吾想先生咏偕老笄珈之什,顾而乐之,当亦婆娑起舞也乎?且夫高官厚禄,车骑填门,非不烜赫一世也,而欲其华发坠颠,依然夫妇倡随之乐,盖不多得。此以知天下难致之祥,天必待有德者以福之,非可以幸获也。吾为引《诗》以颂之曰:"自求多福。"又引《诗》颂之曰:"聿怀明德。"知德为寿之券,则其得寿也固宜。抑余又闻之,先生教子甚有方,故皆有所成就。其长子祖庚,为余所得士,有文藻,足以黼黻。

# 诰封恭人徐母金太恭人六十寿序①

光绪庚辰秋,体芳奉命视学江苏,延永嘉徐班侯从摘铅次椠之役。班侯性伉爽,意所可否,质言无回隐,与余故甚相得也。既晨夕以文艺相商榷,见其宅心和易而鞠躬履方,益爱重之。癸未,班侯通籍,官户部,趋甚勤,而余以乙酉冬还朝。又二年,班侯迎其母金太恭人就养京邸,两家岁时存问,笃于姻连,稍稍得闻太恭人渊心懿行,然后叹班侯之贤有自来也。

今岁九月,太恭人年六十矣!都人士与班侯雅故者,赋诗侑觞,属余为之序。班侯之言曰:"吾母金太恭人,吾先母金太恭人之妹也。先太恭人卒,舅氏爱怜定超甚,微讽太恭人,使继女兄抚弱息。太恭人心许之,遂归我先君朝议公,时定超才四岁耳。又逾年,而吾弟定湘始生。太恭人事姑谢太恭人尽孝,相祀事洁,以诚处,宛若之间,务为宽大容忍,财物细故无私情也。族属或不相能,出一言谕解之,辄涣然冰释。朝议公笃好上友,每客至,太恭人躬治食具,咄嗟立办。定超之师吴先生与其友避盗,携眷主吾家,太恭人质簪珥,供箪犒,怡如也。教定超兄弟以礼法,定湘起居出入必使后定超,定超所业有进退为忧喜,苟不应程则督责不少贷也。

---

① 录自陈继达编《监察御史徐定超》(学林出版社,1997年)附录。

朝议公以诸生终,疾革,顾谓太恭人曰:'奈儿辈读书未卒业何!'太恭人则涕泣,誓以身任,卒黾勉治家,使定超等一意占毕。定湘补县学生,未几,病殇。定超痛甚,太恭人慰谕,令就试,遂以丙子秋举于乡。盖定超在孩而婴,何恃之酷,逾冠而有手泽之悲,以迄于今,幸列朝籍,辱与当世士君子周旋,而不吾摈薄,微太恭人之教不及此!"

体芳闻之曰:"盛矣哉太恭人之德也!刘子政所谓贤明者欤!抑吾有征于礼矣。古者国君娶夫人,备侄娣从。《白虎通义》曰:'娣,女弟也。'又曰:'一人有子,三人共之,若己生之也。嫡夫人卒,则娣升于嫡,或曰:摄焉。'《公羊传》:'纪伯姬卒,叔姬升于嫡。'《左氏传》:'晋少姜卒,齐侯使晏婴请继室于晋。'继者,继少姜,比物此志也。大夫不备侄娣,《士昏礼》曰:'虽无娣,媵先。'谛审经谊:士之妻盖亦有以娣从者。大夫士嫡卒,则娣升于嫡。故曰:'继母如母。'圣人之制礼也,达于时势之变,而顺乎人情之常,使由之者慈孝之心油然而自生。夫是以妇顺备,内和理,而家可长久也,后世此礼不可复矣。然吾观近世士大夫视其子与兄弟之子,亲逊或迥殊焉,则夫人情之常,固亦有时而不能无变耶?而传记所载:贤母淑媛或与其夫之前妇异姓,渺不相属,而抚鬻前妇所出,爱逾己出者,亦往往而有。则夫事势虽至变而固终不能夺夫人情之常耶!太恭人以女兄之亡,于归徐氏,四十年中,劬苦憔悴之状,贞顺慈惠之风,虽传记所载,贤母淑媛,蔑以加此,而核其审变得常,乃适协乎礼之正,然则其致和顺以昌大其家也宜哉!宜哉!"

班侯又言:"太恭人勤于女红,略涉书史,然不此废织纤也。顾言动往往与古合。"吾观《既醉》之诗备五福,其六章曰"室家之阃",卒章曰"厘尔女士"。《序》所谓"人有士君子之行"者也。若太恭人殆似之已。

　　今太恭人贵且寿，孙曾满前，而勤约率下，不改其初。冬日之闭冻也不固，则春夏之长草木也不茂。吾又以此卜徐氏之方兴而未有艾也。明永嘉孔审理迎母就养，吾家文简公勖以立身延誉，移孝作忠。余不文，不足剟徽征之百一，敬举斯语，为班侯诵之，其诸太恭人锡类之心与诸君子祝延之谊，庶几有合也欤！

　　赐进士出身通政使司通政使加级三通家侍生黄体芳顿首拜撰。

　　赐进士出身刑部候补主事贵州司行走年愚侄吴品珩顿首拜书。

# 刘母陈孺人六十寿序<sup>①</sup>

　　昔汉刘向叙录《列女传》，次《贤明》于《仁智》《贞顺》诸传前。其《颂义·小序》有曰："咸晓事理，知世纪纲。"称之若是其博，而尊之若是其至，何也？盖世之人或稍稍思振其术业，刻厉自憙，而内顾无助，甚且为所牵制，而不能自遂其意所欲为者，尝有之矣。

　　以余观古书传，士君子有志行才能者，其内率有贤妇人焉，非直其身之足以刑之也。天之将淑其躬而昌其家，必善为之助，使晓达通方，志同道合，凡所施行，坦然相得，而无几微阻阂于其间。及其行成而名立也，为之助者，亦因以集福厥躬，播誉于后世，理固然也。

　　刘母陈孺人，玉环刘美士公之德配也。公家世绩青箱，幼习举业，屡因有司试，发愤弃去，援例入成均，延师课子弟，而躬以治生为务。未几，家日起，子弟有声庠序间，公以好义乐施，为邑吏民所推重，而孺人则善事舅姑，助公治家，摒挡经营，井井有条理。自舅姑相继逝，逾数年，美士公又以病殁，孺人遂独持门户。

　　当是时，哲嗣旅庭崭然能自树立，其三子者，亦以次渐长成人矣。人之登刘氏堂者，见其诸父昆弟间，言笑相得，日以读书修行

———————
　　① 录自光绪《玉环厅志》卷十五。见《中国地方志集成·浙江府县志辑46》，上海书店1993年影印本。

相砥砺，怡怡无间言，无以异乎美士公在时也。邑有善举，旅庭辄奉母命，倾资输助，无少靳惜。同仁局、育婴会、乡团、义仓之属，吏民相聚议，求笃实敏练者司其事，则旅庭必与焉，其亲爱而尊信之，又无以异乎其于美士公也。

　　夫人之心乐于循理，而才识长于应事者，世固有之，然寥寥矣。习于其所闻见，遂若循其固然而无难，而人之视之则已极慕焉，以为盛事。《大戴礼》曰："女者，如也。"女子者言如男子之教，而长其义理者也。孺人能如美士公之教，而又能使旅庭如美士公与孺人之教，古之号为"咸晓事理，知世纪纲"而以贤明属之者，若孺人庶有其合也欤！

　　今岁，孺人春秋六十，子若孙英妙修谨，循其家法。环之庶士，景仰徽音，嘱余为文，以寿孺人。余嘉孺人之贤，而又幸馀庆之有未艾也，于是乎书。

# 李□□先生六十寿文<sup>①</sup>

夫簪缨尽是浮云，而年高者乃饶清福；金贝有如朝露，而齿宿者斯获美名。故位不必垺金、张，赀不必侔程、卓。但使榆阴不老，蔗境渐佳。星聚堂前，极家庭之乐事；春生杖底，称乡里之善人。则集暇翔机，视华毂朱轮而弥耀矣；曼龄绀福，拟蜡薪饴釜而尤荣矣。

惟我舅父李老先生，徇齐赋质，醇粹凝神。喜田氏之荆荣，勿忘天显；爱左家之兰秀，善体亲心。履庋安排，入粗入细；圭□□错，可方可圆。使当英峙之年，早展飞腾之志。丹山彩凤，翔藻耀于天霄；渥水神驹，骋兰筋于万里。岂不足羽仪圣代，领袖儒宗？妙才调于齑辛，拾科名如芥子。

顾乃忘怀轩冕，溷迹樵渔。弃觚而非为封侯，近市而岂缘求利。筚门春素，甘任卖浆屠狗之俦；杏肆藏名，不辞涤器当垆之瘁。冬缸夏罩，偕文绣以齐捐；女布男钱，共盐豉而并理。食贫卅载，茹苦万端。洎乎少壮以还，乃就介宾之职。西方卒爵，拜兴之礼维虔；北面奠觯，揖让之仪斯盛。老当益壮，有金石之精神；民生在勤，为箕裘之家法。以此风少年弟子，良不愧平地神仙。

---

① 录自《黄漱兰先生寿文祭文钞》。

无何桑梓变生，萑蒲盗起，以村郭风清之地，为旌旗云集之区。一炬何堪，三椽已失。于是开仲蔚之径，借子山之园。学潘岳之面城，拟陈平之负郭。虽俭辞丰屋，门楣未敞乎辛夷；而喜叶迁乔，基宇已开乎甲第。一时望衡仁里，卜宅廉乡者，莫不乐与僧珍为邻，思庇元规之宇焉。然而下机勖学，乐羊端恃贤妻；举案忘劳，伯鸾实资健妇。为问牙筹响处，手技纷时。却宠荣于莱畚，谁能偕隐蒙山；课生息于秫田，孰与并耕彭泽？

则如舅母鲍太孺人者，生子都之后，挽鹿风存；归元礼之门，登龙价重。少既内言之不出，长尤中馈之无怨。厕牏必亲，尊章目之为佳妇；铅华弗御，筑里奉之为礼宗。即今耄耋匪遥，尚觉倡随靡间。镜常对影，琴不偏张。视彼苏、窦离群，空传锦字；秦、徐聚首，非复华年。虽云出处之途分，毋乃悲愉之致异乎！

兹者凫轮初启，弧帨齐悬。人盼鸠扶，地夸燕贺。少微星耀，复联萱背之荣；大董龄高，共祝梨眉之庆。快婿可呼为如意，冰玉双清；文孙不负乎贻谋，瑶环独秀。

某以朱陈旧好，兼孔李通家。既侑爵于华堂，并称觞于绮阁。喜二老同逾周甲，恰符仙李之蟠根；愿一门渐报添丁，好共老莱而舞彩。

# 曾竹史先生七十寿文①

盖闻蒲柳之质先零,而幽蕤始能振谷;蹄涔之流易涸,而大壑无复辍波。自来亭毒元气之伦,以及挤嚅道真之士,未有不清衿穆行,而能集蝦翔机者也。今年冬,秋嵋别驾以高堂中寿之春秋,值圣代上元之甲子,藉岁星之馀耀,乞今雨之片言。

芳以为金齿铁牙之颂,达者所弗承也;青松绮柏之词,切人所勿道也。使必谈张洪算,沼叶语于老彭;何如综核灵修,扇芳徽于韩穆乎!惟我竹史封翁曾老先生,煦气如春,泽躬似玉。有少年老成之目,是今世曾子之流。健笔惊人,方感恩于哲匠;儒冠误我,竟淹驾于茂才。以郭有道之仪型,为鲁诸生之领袖。通家客盛,虽未容文举为忘年;杖国龄高,当为述太邱之□行。暂停觞政,请献卮言。

夫玉韫于石,久而必彰;珠含于渊,观其所养。先生器倖栝柏,义凛楂梨。秋驾难售,本无心于闻达;春晖未报,终有志于显扬。甫逾强仕之年,成均入选;旋就赞司之职,绰禊分荣。岂贪一命之冰衔,聊耀五花于泉壤。所幸者聚星堂近,尚集诸龙;无何而听雨床虚,仅留孤雁。以司马之奉兄若父,兼伯鱼之抚侄逾儿。吞苦推

---

① 录自《黄漱兰先生寿文祭文钞》。

甘，摄姪鞠稚。衣冠以尊寡嫂，而壼头必诚严敦；盘肉以励诸郎，而膝下尽如遵彦。以故令嗣秋嵋辈，夙敏深中，陶元浴素，恪承鲤训，饶有凤毛。裴坦以节俭为宗，乡间重其家法；向平之婚嫁既毕，门户付之儿曹。此寿征之见于内行者也。

或谓简易足以近人，孤高疑于忤物。先生履絇冠述，迥脱尘羁，溪饮垄耕，自成馨逸。灭祢衡之刺，裹足豪门；移江敩之床，绝交俗客。几乎云中老鹤，肖此清臞；雪里疏梅，方其峻洁矣！然而轻财若篸，循义如环。所周给无亲疏，与乡义同丰俭。顾绰之大厨可火，独饱何心；士谦之积券如山，虽沉不顾。口碑载道，罗逢景翠而辄张；情岳干霄，钱似王丹之善散。虽家无长物，老杜但安白屋之常；而善有馀庆，康成已避黄巾之难。此寿征之见于外交者也。

先生清明在躬，溺苦于学。既富孝先之笥，尤耽长吉之囊。先是令叔祖赤城先生，振藻于艺林，既而令侄太玉山人，扬波于家衖。先生以风骚之合调，抒月旦之公评。晁少监之壮辞，藉阐扬于无咎；顾阿多之独解，资标赏于叔源。阮家林下之游，王氏床头之《易》，天伦至乐，邃古为难。矧复室有左芬，清心玉映；人如苏蕙，好语珠穿。其元配马太恭人者，受书于绛帐门中，选句于青丝围里。湘帘醉月，拈毫而双管齐飞；水槛嬉春，联句则并头花发。方合欢于秦椽，忽捐爱于高柔。即今班箧文存，三复有遗簪之慕；始信□□□盛，一家皆咏絮之流。则于吟诵见先生之风趣焉。

昔者□□□字，秀颖中时寓端严；鲁直学书，磊落人偶为琐碎。先生楷台高筑，墨沼时临。师逸少之换鹅，拟率更之驻马。凡雀篆鸡碑之制，龙跳虎卧之观，宣和垂露之文，郇国朵云之体，靡不精心搜简，妙捥追摹。卷帛能挥，比金错刀而逾劲；积缣竞索，过铁门限而将穿。今当坡老之暮年，犹宝米颠之剩墨。早起则狂挥兔颖，依然蕉叶连天;馀闲而戏仿蚕眠,犹是莲花出水。则于书翰见先生之精神焉。

吾瓯多名胜之区,是神仙之窟。青牛坞畔,容成曾此采松;白鹤山前,文君于焉入竹。先生临流长啸,躏壁横行。孤屿江心,写澄怀于空水;三春草色,续好梦于池塘。方添大董之筹,尚著远行之屐。缒幽雁宕,觅王忠文小住之庐;息影龙湫,补谢康乐未游之债。老当益壮,乐竟忘疲。而且洞悉庚泥,恣探丙穴,于子晋吹台之麓,仿□空生圹之规。伯伦荷锸相随,千秋同调;元亮为文自祭,一例高怀。则于游玩见先生之福泽□。

至如继配沙太恭人,百济门高,七篇诚熟。牙筹响处,家风但守乎布裙;眉案齐馀,院敕屡颁乎缥袋。已缄曰耆之岁,提瓮犹勤;笑看偕老之翁,悬弧先庆。

是日也,葭琯将飞瑞雪命题之节,椒盘早荐寿星临座之辰。冰玉当筵,泥金绕室。竣得笔而跃得酒,衮衮门楣;劣者虎而优者龙,翩翩裙屐。为先生者挥毫对客,含饴弄孙,有不欣蔗尾之境佳,□梨眉而色喜乎!

芳□惊华翰,耳熟盛名,瓯海同居,斗山凫仰。骊歌伊迩,正作机、云入洛之游;鹤发当前,合行瑜、策升堂之礼。但愿百年眉寿,长为东浙之灵光;犹留一瓣心香,虔祝南丰于远道。

# 卫都阃张公春田七十寿文<sup>①</sup>

粤自山西出将，产其间者代有奇才；绛县疑年，近其地者世多寿种。盖冀野秀灵之气，本甲中原；况并州形胜之区，尤推上党。习于民风之骁劲，故人各知兵；象其地势之郁盘，故老当益壮。如我春田张公者，其中流之砥柱、平地之神仙乎！

公禀质强良，赋形奇侅，鸡群独立，猿臂非凡。承貂珥七□□门，海内尊为冠冕；揽燕赵三河之胜，胸中具有甲兵。幼怀磨盾之书，长具请缨之志。吴钩锦带，指挥京洛之少年；楛矢良弓，领袖幽并之侠客。三张并起，载独冠时；七雄以来，晋为仕国。恐着鞭之先，我将投笔以封侯。

然而世少知音，易遭白眼；古称壮士，总藉黄金。爰罄家资，冀成国器。寻以上舍生，充卫千总职。拟入钱于汉殿，权为缇骑之郎；供挽粟于吴艘，洞悉红牌之例。凡桃源襄邓之守，芍陂洪泽之屯，以至刘综之四砦，侯霸之五部，棘祗之建置，杜父之疏通，靡不了然在胸，示诸其掌。

道光二十九年，擢温州卫屯田守备，并加都司衔。蜃浦波深，自信臣心之似水；鹿城风暖，闲陪太守以行春。有时冠盖巡乡，正

① 录自《黄漱兰先生寿文祭文钞》。

粳稻再生之候；且喜衙斋近□，傍荷花百里之坊。官以冷而神闲，地以偏而心远。盖自云山北向，别家乡于地角天涯；淮海南来，纪宦迹于花晨月夕。一行作吏，十载于兹矣。

且夫操度支者务析秋毫，筹军饷者恒严夏调。是以飞绛标之寸纸，夜召声多；勒金布为一书，旬输令□。名依公尺，实饱私囊。公之掌屯田也，无头会之苛征，有耳鸣之阴德。虽乡多通课，难偿子使之供；而庭有悬鞭，每恤丁男之瘁。耻为绛灌，簪组自兜鍪中来；偶学桓公，敲朴从朱衣上过。卒之牛车襁属，民乐输内史之租；雀舍罗张，吏不犯徐君之杖。泽如春煦，人在冰行。其宽仁有如此者。

且夫运帷幄之筹者，始能赋治乎千乘；荷干城之任者，岂尽力敌乎万人。公之职并隶兵农，公之才实兼文武。戊午春夏间，括州骚扰，瓯郡张皇，自观察以下，莫不迅发枸窊，严司瓯脱，萃如云之谋策，为未雨之绸缪。公以奇庬福艾之姿，明捍卫侯遮之义。陈伍符尺籍，法司马之详辨九旗；募技击材官，为老罴而独当一队。银刀曙拥，华盖云红；铁骑宵巡，蓉江月黑。遂使一州斗大，化为万里城长。此则阳城无俟催科，宜书上考；而况充国坐收屯赋，自破先零乎！其勇略有如此者。

或谓吏隐分途，淄渑味别；贤劳从事，磊魂胸多。一沾宦海之波，难入酒泉之郡。公则求步兵之佳酝，分相国之醇醪。王孝愉旧嗜汾清，孔敬休近耽越酿。或秋江泛棹，觉故乡无此湖山；或春市张灯，谓今夕止谈风月。或黄堂长吏，赌换金貂；或白屋书生，同挥玉麈。于是手仇络绎，拇战淋漓，岸帻山颓，戟髯川吸。斗玉柱潜虬之令，倾琥珀以千觥；话金羁络马之年，惭珊瑚于一剑。酩酊弥增，其老气须眉，□带乎童颜！其雅量有如此□。

抑又闻之，一官羁系，原为宗族之宠光；万里蓬飘，难叙天伦之乐事。是以阮家群季，犹能同住竹林；吕氏诸郎，不免遣归葱肆。关河渺渺，骨肉寥寥，致连枝同气之人，增异井殊乡之感。而公独推恩，自近聚族于斯。谓仲弟先士，过西堂而悲春草；幸貌□□立，譬东山之秀芝兰。毛孝先疏食布衣，爱独钟于犹子；杨彦遵铜盘别室，恩更甚于所生。吾家自有明珠，此坐欲还灵宝。其天性有如此者。

德配刘恭人，上艾名门，中山淑媛。内娴四则，外□六珈。异安石之妻，但希富贵；似孝绰之妹，夙著才名。溯厥土风，邻炉女之泉而不染；询其生日，隔天孙之会以匪遥。自从翟茀来时，犹记鹿车挽日。金芝锡诰，人夸八座之恩荣；贝叶哦经，自证三生之福慧。始信刘纲遗裔，骨本如仙；即今张敞多情，眉犹可画也。

兹者节逾辟夏，寿介长春。溯岳降之良辰，本俟黄钟入律；喜火流之令节，先看绣阁添筹。爰以烹葵食菽之秋，为颂柏铭松之会。大夫有四方之志，不愧悬弧；人生以七十为稀，矧逢合璧。东嘉戏彩华堂，继清献而开；南极扬辉宝婺，助老人之耀。又况辛敞亦为卫尉，绰有凤毛；丁度能诵藏书，昂然驹齿。膝前钟郝，备旨甘滫瀡之供；门内封胡，胥儆徜黎收而拜。少长咸集，年德转升，荣孰如之，喜可知已。

□等庇身仁宇，翘首德门。曾侍华筵，饮□晋长斋之酒；偶依画戟，闻韦郎小寝之香。愧非入幕之宾，聊附跻堂之列。从此音声鸿畅，庆洽眉梨；爵位蝉联，勋铭汗简。异日祝期颐之庆，作揖客于大将军；比年蒙蠲税之恩，愿望君如慈父母。

# 黄献甫先生七十寿文①

昔者课最西京,治数颍川第一;读书东观,才推江夏无双。涵千顷之波,海内咸师叔度;立万物之表,江西竞祖庭坚。家承清白之风,人是神明之胄。传之累叶,诵厥先芬。如我太夫子献甫老先生者,固当代之伟人,实吾宗之硕望已。今年仲秋之节,为先生中寿之期。鞠腾庭前,皆倒屐倾箱之客;黎收堂下,尽雕云镂月之才。而先生追维旧雨,别蕴高风,偏属意于故家,爰乞言于小子。

芳自惭谫陋,敢效阐扬?然而松柏参天,枝分而本合;江湖行地,派异而源同。溯仲父之芳徽,必问王家群从;稔太邱之盛德,无如陈氏诸郎。而况累代交欢,樽酒曾陪北海;数传请业,瓣香敬祝南丰。固不啻郭氏之附令公,遥遥华胄;孔门之与老子,世世通家者矣。

先生产由巨族,幼负瑰才。汝南二龙,子将居最;河东三凤,元敬称优。少年辄若老成,吾先子之所畏也,积善必有馀庆,微斯人谁与归哉?其尊君午葵太老先生,文中雄伯,天上谪仙。丁年则名噪儒林,酉岁则香分贡树。摹五朵之云于郇国,字画银钩;拥三尺之雪于程门,声传木铎。洋洋词翰,风起蛟腾;祁祁生徒,麇集麋

---

① 录自《黄漱兰先生寿文祭文钞》。

至。我先祖以传衣之力，得早弋乎青衿。

时先生方在褓之年，尚未登于绛帐也。无何季和一座，方聚五星；小范四龄，遽伤孤露。于斯时也，爱钟王□，□矣半千之孙；训禀慈闱，贤哉六一之母。敞绮筵于夜雪，锉荐留宾；开纱幔于春风，和丸佐读。草篆书带，时依堂上之萱花；灯映机丝，权作阁中之藜杖。而先生甫逾弱冠，便上强台，出其技足了十人，数其才岂惟八斗。讹刊亥豕，传为家塾之箕裘；博拟丁鸿，蔚作成均之领袖。于是南阳博士，竞奉刘珍；东阁名贤，争推郭泰。棘闱献艺，频萦鹗荐之声；芝诰旌门，卒遂乌私之愿。金谓学侔贾、董，惟经师可作人师；抑知名捋陶、韦，非此母不生此子也。

然或者大董龄高，遗忘不免；少巫气尽，精爽难言。峻若顾公，使座客愀然不乐；偷如赵孟，谓老夫耄矣无能。则是笔夺五花，终虞才踬；文摘百药，未必意新。才过中年，君□之头易白；纵逢后辈，嗣宗之眼难青。而先生和神当春，比德□玉。齿牙何惜其馀论，乐此不疲；眼耳自关于神明，老当益壮。故今即楚邱披裘之日，侯生赴宴之年，犹复手试斫轮，谈成霏屑。吐音鸿畅，元亭骈问字之车；避景雁行，精舍扣升堂之鼓。春秋高矣，天将老安石于东山；典型岿然，人共仰昌黎如北斗。

而芳之于先生也，既叨荣于麟种，联四世之宗盟；兼问字于鲤庭，衍一门之家学。昔我祖父，递为主宾，履舄风流，簪裾云集。交游光宠，似诸裴眷别东西；晨夕过从，如二阮道分南北。今者黄公垆畔，仅存思旧之王戎；白傅筵前，谁是同年之张守？颂兹南极，辉我东瓯。月下畅谈，老子之婆娑依旧；尊前强饭，是翁之矍铄逾常。以平地之神仙，作文坛□宿老。虽我生也晚，未入邵家安乐之窝；而天假之缘，犹瞻鲁国灵光之殿。岂非登龙门而价倍，附骥尾而名彰也哉。

　　兹当七秩良晨,适值千秋令节。木樨香里,同称大耋之觞;玉笋林中,初按小春之谱。明河影淡,记昨宵槎度客星;太华峰高,看今夕囊承仙露。绕膝孙曾则荣披彩服,争夸通德之门;齐眉则望出乌衣,已近如来之岁。孙曾济济,矫若龙驹;子姓振振,劣犹虎豹。

　　芳不揣菲质,用进芜词。祝明月之长圆,爱福星之永曜。问门下是谁接脚,愿听绛纱丝竹之声;倘阶前容我扬眉,窃附玉树芝兰之末。

# 戴母濮太孺人七十寿文①

　　夫松竹贯时而不改，乃标贞劲之姿；姜桂易地而终辛，遂入馨香之品。物因寒贵，味以苦回。是以隔幔传经，韦文宣寿登大耋；旌间表节，梁高行身享遐龄。年德转升，古今同揆矣。

　　然而李氏之仰天饮恨，孤栖已届中年；欧阳之画地传书，四岁方姿内训。虽备尝夫艰险，犹未极其迍邅。至若矢志靡它，遭家不造。玉燕投怀之日，便作孀居；镜鸾失俪之馀，旋闻呱泣。而卒使丹山雏凤，振厥家声；渥水神驹，蔚为国器。如我戴母濮太孺人者，洵闺闱之极则，亦巾帼所罕闻焉。

　　鳌峰学博，以献岁赏灯之后，为高堂设帨之辰，称觞于章安学舍。斯时也，桃浆杏酪，纷绮阁之觥筹；火树银花，助华筵之箫管。芝诰与莱衣并焕，堂萱偕泮藻齐馨。儒服翩翩，尽入康成之室；子衿济济，争登元礼之门。而某以为，雕霞镂月者其旨浮，驾鹤骖鸾者其词诞。奉长生之枕，何如详缀芳徽；进延寿之杯，未若甄扬淑范。不辞握管，聊以侑觞。

　　太孺人林下高风，禾中望族。承仲翁之家学，素解说《诗》；适大戴之宗文，弥精习《礼》。方其于归蓝田公也，庄姝表度，婉娈修

---

　　①　录自《黄漱兰先生寿文祭文钞》。

容。圭璋挺其慧心，环佩锵其常节。顾家妇答夫之作，锦字亲题；衡山侯赠内之篇，瑶笺递和。方谓眉齐鸿案，同祝长春；就令卧向牛衣，亦饶清福。岂知王孙体弱，呕心则半在锦囊；庾亮神清，转瞬而已埋玉树。年之不永，命也何如！

太孺人当一铃欲堕之期，有同穴相从之意。卫妇年方二八，燕无偶而神伤；陶婴泣下数行，鹄不双而肠断。尔时之素屏月冷，穗帐风凄，英物未试其啼声，小同谁知其生日。恐椎胸长恸，不无悲甚潘姨；即指腹纤忧，未必名齐孟母矣。乃未几而珠胎散彩，玉果呈祥，自三岁为妇以来，符一索得男之喜。危同泗水，一发之系非轻；奇似陇城，四乳之形惟肖。

太孺上承手泽，下抚掌珠。倾笥易书，恣子昭之博学；和丸佐读，怜仲郢之苦吟。苏轼之习《汉书》，口授悉由内梱；虞集之精《左氏》，心传半出慈帏。兼以鳌峰先生，慧心天授，神悟夙成。任延少号神童，刘晏群称国瑞。甫离文褓，便通沈约之四声；喜诵《孝经》，绝类僧孺之五岁。卒之誉驰黉序，才压词坛。弱龄早上强台，芹宫香满；壮岁争推利市，桂窝名高。其生而为天上麒麟，长而为文中鸂鶒者。虽充闾之质美，实怀袖之恩深。

既而鳌峰以应选得官，司吾乡之木铎；孺人亦怡颜就养，来远道之板舆。佳妇承欢，同餐苜蓿；诸孙绕膝，并秀芝兰。化雨沾时，邹鲁之人文蔚起；慈云拥处，郝钟之家法昭然。及身而翟茀增荣，卜起居于八座；回首而鳣堂兆瑞，储位望于三台。惟经师可作人师，非此母不生此子。然后知为善最乐，有志竟成。前之所以厄孺人者，固属伐毛洗髓之资；后之所以福孺人者，亦为衔胆栖冰之报也。

其尤难者，陈孝妇诀夫之日，上有尊章；唐夫人进菰之年，旁无筑娌。虽乃翁鼟铄，尚可经营；而予室漂摇，谁为侍奉？太孺人独能亲供乾蕷，手涤械褕。织灯下之机丝，弥勤夜课；鹥涧边之席草，用佐晨羞。自降阶著代之初，治内已兼治外；迨庐墓尽哀而后，事亡仍若事存。而且贻杂佩以解纷，脱鸣璜而赒急。速客则风追新淦，髦鬣非珍；延师则训述中山，脯脩必腆。视彼巴蜀贞姬，惟工蓄产；安丰健妇，但解持筹。洵风范之悬殊，即云泥其奚啻。此则卷葹心苦，精诚可喻诸黄泉；宜其绰楔门高，奇节永垂于彤管已。

某远瞻婺宿，近挹春风。联下马之新盟，金兰簿在；赴听鹂之旧约，柑酒情豪。夙知教孝礼隆，太学本称觥之地；且喜广文官冷，闲斋开戏彩之堂。爰鞠膡以陈词，愿黎收而祝嘏。此日舟来剡曲，尽是登堂拜母之人；他年席夺经筵，莫忘饮水思源之义。

# 祭项闰生先生文[①]

盖闻荫吴凑之槐者，道旁尚铭其手泽；餐郗公之粟者，身后必报以心丧。《薤露》歌闻，里舂辍响；竹林人逝，邻笛衔哀。绸缪之纪既深，凄怆之情斯挚。而况名留郭席，居近秦楼。布代才疏，小如意难参家事；冰清望失，老成人仅有典型。岂其受东床之知，而不□□州之恸者乎！

惟我外父闰翁项老先生，身丁孤露，质秉庞奇。席丰于鼎族高门，毓秀于义乡善里。燔券市义，遂立口碑；指囷济贫，独标情岳。李士谦以家资活万众，德若耳鸣；吴明彻视邻里如一家，民皆泣下。而且入粗入细，能武能文，上舍驰车，当道争迎。郭泰中年投笔，壮怀不减班生。萃亭公弩父之材，提戈闽峤；历泙水凌风之瘁，挽粟津门。十载蓬飘，一官匏系。方渥梅溪之甘雨，复分樵郡之屏星。襄接济于剑州，则刍饷之供不匮；达姓名于斧扆，则芝泥之宠颁频。人以为籋骏云长，运鹏海阔。文渊有四方志，岂第称乡里善人；士元非百里才，行且擢封疆大吏矣。

无何风尘委顿，意气消磨，将回里以养疴，未及耆而致仕。兼之家乡烽火，回千里之召募綦劳；儿辈田园，祝半州之摒挡未尽。

① 录自《黄漱兰先生寿文祭文钞》。

沦精已久,咯血难瘳。谢华屋以长辞,导灵旗而竟去。问孟尝之生日,曾经祝寿于天中;悲李广之暮年,难望封侯于地下。呜呼哀哉!

而某所私感者,幼龄何怙,肯借齿牙,长岁靡依,复承卵翼。幔前择耦,牵丝而恰得第三;宅畔买邻,问价而何嫌千万。石麒麟之家世,摩顶恩深;碧鹳雀之风流,量腰愧甚。乃爱育幸过于诸情,而弃捐竟等于所生。馆舍非遥,忍下舜卿之酒;津梁遽失,谁吟鲁直之诗?天道如此□□,人情乌能已已。所幸持门人健,金花已贲于两朝;肯构才多,玉□更荣于再世。一门盛事,五福完人。倘逝者其有知,庶溘然而无憾。

嗟乎!故居可返,魂兮归来。泰山其颓,吾将安仰?人慕项充高义,旌门可迈乎龙泉;我无徐穉清才,爵地聊陈乎鸡酒。

# 祭洪□□先生文[①]

夫子幼才雄,迁史亦资其祖述;敬文貌伟,邢公每赏其神情。虽云异姓之亲,奚啻同堂之谊。然而溯庆门之嗣复,赖有严君;问枕石之顾郎,常依慈母。椿萱并茂,楂橘俱佳,果寿考之无期,洵天伦之至乐。至于生而失怙,兼罗传砚之哀;蠢尔寡俦,并乏联床之侣。禀义方于内梱,而旋怅终天;叨福庇于外家,而叠遭割爱。则是一身孑立,百岁感交。并非苏子风泉之思,所能写其绸缪;较仲翔丝竹之悲,而弥增怆恨者已。

惟我外祖父洪老先生,燉煌望族,瓯越名门。壮年则早富缥缃,晚齿则弥精铅椠。工诗如杜老,而特怜汗血之驹;劝学若荆公,而每爱雏龄之风。无祝氏半州之产,赒恤偏殷;有樊家二顷之田,解推不吝。

时则外祖母太孺人,亦复庄姝表度,婉娩修仪。授管佩巾,姊娣悉钦其淑范;投簪脱珥,臧获并沐其殊恩。当宁家相宅之时,魏甥尚少;奈袁湛知名之后,刘母先亡。盖某方藐焉如孤,而孺人已飘然长往矣!

至我大舅父府君,质秉徇齐,神凝憺定。远行渚侧,赏韩伯之

---

① 录自《黄漱兰先生寿文祭文钞》。

清和;高咏渭阳,识秦王之察慧。虽非王悦,偏奖风流;纵异阮韬,亦承月旦。遂使采兰之子,得邀嚼枣之恩。黄香之半菽一丝,尽出龙乡之厚眖;任昪之寸田尺宅,亦分凤阁之馀劳。揆诸古人,洵乎同轨。岂意鹏抟未遂,《鹏赋》先吟,暂受尘轺,仍登仙籍。上有钟情之父,伤陨彩于珠胎;下无绕膝之儿,幸取材于玉树。于斯时也,席上授书,谁如宗悫;门前蹑屐,已失都偘。

而某既抱重忧,不无馀望者。谓西州感旧,谢庭之丰采虽遥;而南极延辉,鲁国之灵光尚在也。无何光阴电驶,岁月飙驰,方海屋之筹添,忽泉台之驾促。年登大耋,帝将锡与九龄;星堕少微,天不憗遗一老。斯即情殷望斗,亦难追箕尾之踪;而谓爱断扶床,不更甚石头之痛乎!

某也芹香幸撷,莪蓼愁吟,长侍袁公,谬说王筠。额似少依武子,愧非卫玠神清。数外翁长逝之龄,仅逾八秩;距我舅云亡之岁,今已廿年。抚尘榻之荒凉,哭山丘之零落。亦觉恩同顾复,难酬寸草之春晖;其如路隔幽明,空望孤松于冬岭。

兹值青囊卜壤,丹旐归庐。莨管春回,偕华表之灵辕而并降;梅花酒暖,挹墓门之瑞霭而弥芬。庭阶毕集乎芝兰,沼沚用羞其苹藻。逝者如可作也,料镇西之风韵依然;魂兮其有知乎,问天下之文章谁属?

# 祭王愚亭先生文[①]

　　昔者皇甫服韦公之训,尚在冲龄;陶潜铭孟氏之恩,用陈遗范。老成凋谢,姻戚欷歔。非必誉重庆门,有如嗣复;宠蒙相宅,尽是阳元。而情之所钟,悲何能已;况乃生而失怙,子焉靡瞻。入室茕茕,仅奉义方于内梱;扶床累累,兼叨雅爱于外家。方孤露之自伤,忽德星之又陨。则是衔哀倍切,连涕难挥。范岫少时之景况,无此凄凉;程公没后之风徽,弥堪于邑者矣!

　　我外祖愚亭王老先生,乌巷名家,青毡世业。中郎座上竞识仲宣,太傅堂前首推逸少。棣华绕屋,僧弥本是难兄;兰玉盈阶,羯末尽称佳品。早岁则已精铅椠,暮年则尤富缥缃。卒之荐鹗频膺,瓯海争推为领袖;占熊虽晚,渭阳克荷其箕裘。兼以诱掖英才,爱怜快婿,凡为玉润,并挹冰清。自先君早赴蓉城,已怅东床之减色;而后辈获亲芝范,犹欣南极之延辉。福与寿以俱增,德随年而并□。

　　方谓龄逾大耋,定符骀背之歌;矧兹律届小春,正酿介眉之酒。胡为乎玉棺遽下,瑶树旋摧。仰模楷于士林,方殷望斗;署姓名于仙籍,倏见骑箕。暂谪人间,仍归天上,音容已矣,哀感奚如。

　　某齿在垂髫,恩深坐膝。惭杜老汗驹之目,负荆公雏凤之称。

---

　　① 录自《黄漱兰先生寿文祭文钞》。

颊似镇西,何堪作健;额如景倩,终逊矜严。忝为异姓孙枝,敢思绳武;所憾一时耆宿,遽作修文。纵聆麈尾之谈,雅操难如袁湛;欲述龙门之史,清才未及杨愔。

嗟风度之已暌,缅典型之犹在。丁兹三七,寅奠一觞。昔时梨枣分甘,公所赐也;此日苹蘩荐洁,灵之来兮。悲啼依慈母之旁,拜跪附弥甥之末。怅人琴其俱杳,金疑子敬之化身;闻丝竹而增伤,窃等仲翔之流涕。

# 祭曾母张太孺人文[1]

　　葭灰律动，偏摧淑质于罡风；蕙帐香残，竟掩清辉于婺宿。惟我曾母张太孺人，生瓯郡之名门，实清河之令媛。方当降昨，勤修榛栗之仪；久奉高堂，弗爽莛兰之节。虽教严出梱，每慎内言；而才可持门，常亲中馈。陶靖节田间力作，端赖妻贤；王濬冲烛下散筹，半资妇德。

　　洎乎日落西山，阿翁先陨；星沉南极，夫婿旋□。钗凤分飞，镜鸾孤掩。楼开白玉，难回天上之神仙；堂布黄金，谁作河间之姹女。而孺人独操家政，餐黄蘗以何辞；善示义方，削青蒲而共读。卒使门高通德，彤管辉扬；台筑怀清，素封业裕。娣姒钦其□范，婢姒佩其徽音。

　　方谓慈竹长荣，贞松永茂。节如梁高行，定享遐龄；才若曹大家，必登上寿者矣。乃半生鹄寡，一夕鸾吪；甫□初度之辰，遽抱长辞之痛。膝下有绛纱弟子，问隔幔其谁吟；庭前馀白首孀姑，怅升堂而失乳。不须里巷都欲罢春，岂将恩私方从行哭。

　　某等仁里是依，礼宗久仰。欣逢玉树情深，管、鲍之交；忝附金兰耳熟，郗、钟之范。悲母仪之已杳，缅闺则以何由。用进芜词，并

---

　　① 录自《黄漱兰先生寿文祭文钞》。

陈菲酌。嗟乎！遗训犹存，永垂班氏七篇之诫；招魂无术，聊奠徐孺一束之刍。瞻门第之清华，竟以登龙为幸；抚裙钗兮寥落，可能驾鹤而还？

# 祭金母许太孺人文①

夫多富多寿之征，惟天所授；全受全归之理，自古为难。矧以巾帼之淑姿，极庭帏之乐事。德门星聚，尽优龙劣虎之才；香界风清，遂控鹤骖鸾而去。如我亲家母金许太孺人者，诚所谓灵钟婺宿，福□□畴者矣。

太孺人发祥太岳，遣嫁彭城。当鹿车共挽之时，仪修榛栗；迨鸾镜分离而后，节劲松筠。七叶貂珥之门，端资慈训；九光龟台之母，原是真仙。萃四世于一堂，彤管竞传□韵事；祝八旬于七夕，青闺待启□华筵。乃寿介长春，腰脚之康强已久；而时逢炎夏，膏肓之热恼难消。期爱日兮方长，怅慈云之遽杳。□图萱草，倏就沉埋；凡系茑萝，弥深□惋。然而大家礼法，尚在人□；平地神仙，仍归天上。□□锡诰，永辉堂上铭旌；兰玉随□，同拜床前之绣佛。虽莱子之彩衣罢舞，而华山之朱履犹留。□□谊切外家，心仪内□。且喜魏家孤子，时蒙宁母之深恩；忝为王氏小郎，得稔□□□□范。敬陈清醋，用展微忱。前身之眷属谁联，合与飞琼共□；□□□延期伊迩，愿同织女遥临。

---

① 录自《黄漱兰先生寿文祭文钞》。

# 祭隆山杨真人文①

日临东壁，维扬之宫阙巍峨；星降南方，狄庙之香烟缭绕。际此清和之朔，宜伸报赛之忱。矧白水无欺，兰臭夙联乎良友；岂青山有约，椒浆弗荐于明神。

恭惟杨府上圣，秀骨珊珊，俗情了了。入山修炼，九重早识真人；拔宅飞升，三子都成仙吏。昔逃名于贞观，痼癖烟霞；今著绩于章安，馨香俎豆。

去岁秋冬间，蠢兹赵逆，敢踞隆山，荡析我民居，凭陵我佛国。土焦一炬，痛甚燃眉；斗大孤城，危同累卵。琳宫玉宇，那堪蚊蚋之鼾眠；画栋朱甍，不免么麽之逼处。

神乃夺其鉴而益其疾，赫厥声而濯厥灵。电扫欃枪，雷鸣霹雳。钱王破敌，庙堂闻甲马之声；罗睺助威，灵座动刀弓之色。歼渠魁若振箨，驱馀孽如拨虀。卒之法界尘清，危垣磐固。敌营飞炮，等昆火之自焚；瓯海战艘，助帆风而即至。闽军南下，曾屯铁骑于重峦；岘麓西临，永作金城之二镇。

俾某等枌乡无恙，梓里重安，儿童蒙再造之休，父老获更生之庆。胶庠气壮，终全虎口馀生；车笠盟坚，不蹈龙头陋习。则此日

---

① 录自《黄漱兰先生寿文祭文钞》。文中提及"去岁秋冬间"金钱会军围攻瑞安。故此文撰于同治元年。

之欢联旧雨,幸斯文未丧于天;皆我神之普护慈云,使他族无争此土也。

　　兹当厨开樱笋,酒熟蒲桃,瞻庙貌之重新,向峰头而一笑。大观亭后,好湖山恣我登临;文笔峰高,佳子弟凭君呵护。且喜雪鸿有印,年年联文酒之欢;还祈风鹤无惊,世世拜神明之赐。

# 瑞邑祈天文①

伏以大圜颢颢，讵容下界之莛撞；众汇蚩蚩，畴测上清之荃宰。况复弹丸片土，非神灵环卫之乡；兼之烽燧频年，正天意苍茫之日。崇卑既隔，感应为艰。然而同戴皇天，莫非王土。道涵无外，运何分乎近北近南；诚至斯通，聪不越夫民视民听。岂玉辂瑶坛之侧，委贶纷纶；而城襄州斗之间，陈情隔阂乎！

瑞邑远藩闽境，近翼瓯邦。川后安流，白浪拭云江之镜；岳神拱秀，紫霞凝岘麓之屏。拓□一千年，衣冠蔚起；连乡百馀里，桴鼓稀闻。错永、平、泰、乐而建邦，地本襟山带海；宗孔、孟、程、朱而设教，风亦跨括凌台。

不图岁在重光，忽致变生邻壤。鲸波宵沸，则纤阿为之敛辉；狼烟昼腾，则郁仪因而韬耀。虽伏戎于莽，衅端原起人寰；而暴骨如麻，戾气亦惊帝座。邑之人杞尤结辖，楚泣悲凉。罔知小丑犹骄，不教是长官之咎；几讶么麽未灭，好生非苍昊之心矣！

既而星扫欃枪，电飞霹雳。并河雪意，因王晙而寒销；淝水风声，助谢元而胆壮。紫云生于牙上，□□武之维扬；黑气斗于军前，

---

① 录自《黄漱兰先生寿文祭文钞》。文中提及"岁在重光（庚申）"，"变生邻壤"，指咸丰十年平阳金钱会起事。提及"星扫欃枪"，"蠲租诏下"，指同治元年金钱会和浙南太平军失败，下诏蠲租，故本文作于同治元年。

识敌人之必败。枭鸥诛而灵禽集,萧艾雉而芳草苏。打稻年丰,壮士论功于秋圃;蠲租诏下,穷氓煦气于春台。虽曰人事,岂非天意哉!

某羁身宦海,蒿目尘寰。同与同胞,是吾儒之素抱;一官一邑,皆大地之苍生。前者曾肃明禋,藉以上干聪听。报最未如卓令,幸除密界之蝗;盘根不及虞公,竟破朝歌之盗。在上帝帡幪德大,宁于下邑有私;顾微臣抚字心劳,只觉斯民无罪。

敬以白藏之吉日,聿伸丹悃于崇霄。五色罗云,接香烟而增丽;一轮珪月,引柴燎以联辉。曳旌旗于露布之馀,光弥炳烁;奏钟鼓于雷封以内,响更砰磕。所冀玉烛时调,金瓯罔缺。恤众生之残喘,不吝栽培;俾已死之幽魂,亦归兜率。从此穷乡僻宇,均邀乾象以鉴临;益知赤县神州,永沐泰鸿之呵庇。

# 清恩授乡饮大宾高公培豪墓志<sup>①</sup>

瑞斋高公讳培豪,爀翰公长子也。祖植仁,曾祖淳紫,自闽省泉郡迁居瑞安之四十八都玉壶,成村落焉。配氏张。子二,长钟贤,次钟圣。女三。孙九。曾孙十二。曾元孙四。享年七十有四,寿卒乾隆丁卯年三月初八,生于康熙甲寅四月十四日。墓葬久矣,公之孙琴南与余交最密,叹公之既葬而嘱余为铭,余其可辞哉?遂铭。

铭曰:神无生死留渣滓,元收会了天一尔,万古乾坤那用此?老我□腾无一语,一天月色空江水。

同治癸亥恩科会元、钦典翰林院编修谊再侄黄体芳拜撰。同治五年岁次丙寅春三月榖旦。

---

① 原载瑞安高楼《安平高氏宗谱》,转自《浙南谱牒文献汇编》第三辑。

# 其养民也惠其使民也义（墨）①

养与使，悉衷诸道，郑相之善治民也。夫郑民非易养，亦非易使也。一以惠而一以义，子产诚于道大适哉。尝思治春秋之民难，治小国之民尤难。民气之弱也，无以培之，则生灵日趋于凋敝；民情易骄也，无以范之，则习尚愈即于浇薄。有治民之大臣出焉，慈以培民气，能令弱者庶；严以范民情，能令骄者慑。毁与誉听之于人，因与创继之自己，夫亦准诸道而已。子产有合于君子之道，岂仅见于行己事上也哉？夫致泽无异理，上安者下亦宜全；胞与有同原，躬整者物由此率，则养民使尚焉。鹿铤而伤走险，虎牢而持争雄。郑之民细不足观，纵竭力补葺，已觉辛苦垫隘之不堪终日。苟休养稍乖，其则疲于奔走者半，困于悉索者亦半，岂第受两大国之凭陵？出门歌咏云荼，行与怀露蔓。郑之民逼而无法，纵及时防制，已恐好滥淫志之逐渐成风，苟驱使复失其宜，则汰如伯有者非，宽如太叔者亦非，奚以挽四十年之积弊？然而养与使果遵何道哉？而吾以观子产，养不恃噢咻煦妪之文，有时民不见为养，而养之乃独挚焉。虞民社之难膺，制锦未许乎尹何，刀尤伤乎②；虑民财之易

---

① 录自田启霖编著《八股文观止》（海南出版社，1996年）。该书录有评点：浑灏流转，博大昌明，持满而发，断推此种。

② "刀尤伤乎"，疑作"刀尤伤手"，用"子产论尹何为邑"典。

耗，重币用规乎宣子，贿戒焚身。一念之和乎，无非为穷檐筹保聚。至于舆可济人，田兽弭我，犹其德泽之显然耳，则其道以惠著也。使不尚要结牢笼之术，有时民不乐为使，而使之乃独精焉。处常务节民性，在城无子佩，可消蕳芍之风；处变宜固民心，登陴有甲兵，何畏萑苻之泽？多方裁制，直欲返末俗于敦□。至于龙斗弗规，鹯逐无志，特其权衡之心试耳，则其道以义成也。然而惠与义若相反也？谓毁校可却然明，其待固甚恕①，何以囡之谤罔顾招尤？谓铸书可辞叔向，其律民又甚苛，何以虎也逝伤无为善？水懦火烈之象，立判恩威。而时而邑赂伯石，示民以博爱之怀；时而田阻丰卷，惕民以禁奢之法。不几讶生聚教训，迥出两人哉？然而养与使究相成也。无文德而有武功，道在以惠开使之先，故遗爱可称为母；褚衣冠而询子弟，道在以艺继养之后，故越思必鉴诸农。孰杀谁嗣之歌，何分怀畏而争？承殖为国之基，果亦足觇权变。报仇重人宫之戒，义亦仍寓慈祥，谁不叹鼓舞化裁，统归一辙哉！

---

① "其待固甚恕"，疑作"其待民固甚恕"。

中国近代人物文集丛书

# 黄 体 芳 集

## （下）

俞天舒 原编
潘德宝 增订
温州市图书馆 整理

中 华 书 局

# 诗　歌

## 六十述怀[①]

　　□□□□风雨雷,不成怪物竟驽骀。道光壬辰八月,瑞城飓风大作,雷雨继之,舍后前明李公祠倾圮。病多时累椿萱护,慧短曾无菽麦才。丧父勺龄胡太酷,别兄琴次亦堪哀。少与仲兄卤莽,师事伯兄菊渔。伯兄卒仅四旬,余年方十八。自随仲氏登朝后,家巷频传母教来。

　　强年闽峤牡骈骈,八十衰亲海上违。清俸极知来日短,悲魂遽引使星归。相逢别雁空啼血,从此慈乌不寄衣。有命勉为清白吏,慎旃荣路半危机。

　　再踏京尘直讲垣,联翩新旧几巢痕。缀班禁柳官多暇,承乏皇华帝有言。罗甸八番通画篠,齐烟九点落清樽。中年哀乐飘蓬里,天末孤鸿益断魂。甲戌,周淑人亡于济南学署。乙亥,仲兄卒于京师。

　　临装赐对训辞明,特为儒冠壮此行。五载臣衔天雨露,百粤士誓道干城。阊门圉土身能主,曲突移薪力未争。庚辰九月,以视学江左陛辞,蒙两宫召对,温语周详,并谕:汝虽在外,有见必言。对毕,漏三下矣。

---

　　① 从《六十述怀》至《臣忠女烈,其贞一也,边事孔棘,感愤难言,适吴县师以马贞烈女事征诗,赋此以应》十三目,录自《漱兰诗葺》,载《瓯风杂志》第十、十一、十二期(1934年10月、11月、12月),参校林志甄《惜砚楼丛刊》本。

甲申秋,江阴一夕数警,城内十室九空,余按试镇江,飞饬眷属无他徙。却讶和戎贤相国,全躯馀福逮书生。

还朝匝月杞忧长,自奉温谕以来,上封事八九次。司马论兵制所当。瓯脱胡奴雄虎视,楼船诸将号龙骧。捧卮沃海何终极,听客谈瀛总渺茫。镜砥清平须拭目,不劳鸣凤动朝阳。

镌阶尚未隔风云,逐队银台六稔勤。诏下同僚疑贬谪,天高此职重登闻。每闻旧制红牌密,谁愿官钱赤仄金。通政司饭银之局,创于前通政使周少堂。余与同事奏明,依议相约,无以自润,现存七千馀金。况复南司频摄贰,合将瓯使溯遗文。唐垂拱中,以侍御史一人为理瓯使。宋改瓯使院,为登闻检院两台,有通义也。

挥手榕垣近岁寒,天风送我海漫漫。朝廷特予冬春假,乡邑奚知冷热官。北陇文移知未免,东邻师在见犹欢。谓孙太仆师,时年七十五。松楸重展应何日,矫首南云不忍看。

卅年豪气尽消磨,耻说牛衣涕泪沱。亦识万军化杯水,颇思一篑障江河。少文汲黯狂犹昔,不语娄公意若何?至竟薰膏能自保,小臣终觉负恩多。

百门何处不魔侵,蒲柳飘零悟古今。吴国腹心讹疥癣,桓侯腠理忌砭针。何曾恶石治臧疚,只合投玤作越吟。世有活人如陆九,吾生生灭本无心。

岂因解篆便飘然,夕轨晨轫愧昔贤。缰锁名声虽隔世,耕桑城郭尚瞻天。千峰雨在闲云外,万木春于病树前。自有好音付鹍燕,莫疑鲁直忽逃禅。

酸寒素不与官宜,大□藏身已过期。世故未忘疏答札,机心尽息喜观棋。槐阴有主催租急,花市为邻问价迟。一笑山资何处觅,痴儿还为买书痴。

中秋弦管最清新,我独阑珊隔半旬。刚过长安明月夜,欲为浙水看涛人。来年渐薄西山景,昨夕谁言东老贫。便使钱文符觉叟,历书容易十三春。日者谓余官止于此,年终七十三。

# 二木叹①

泰山从古无颓时,梁木从古无坏期。天为万世建师表,隆化原不区华夷。鹤而轩,猴而冠,鬼蜮而人面。猥以樗材窃恩眷,平生亦解谈诗书,肝肠乃随桀犬变。岂不闻屏翰固本如苞桑,况复泮林密迩鸮所翔。岂不闻柏署兰台翼风教,况复中兴干栋推三湘。咄哉单鹰觇吾土,非直蓬莱失左股。彼绝日月夫何尤,斯文种子忘其祖。我朝虽曰虚无人,那堪大道丛荆榛。束发儿童发上指,恨不匍匐达帝宸。吁嗟乎!通家绝交辱柱下,蠢顽更有桓司马。幸赖孤相②峙朝阳,还求大木支大厦。我思南山有竹达革深,卫公之灵震古今。何不先射双木偶,更拔长剑诛其心。

---

① 光绪二十四年五月二十八日张謇有《奉和瑞安先生二木叹》七古一首。末二句为"吾将刺彼毕斯麦,彼二木者恶当之",注谓内木指都御史徐树铭,外木指山东巡抚,并称体芳师为"憨山老人奋直笔"。见《张謇全集》卷五《艺文》。

② 《漱兰诗葺》惜砚楼排印本"相"作"桐",是,此用当暗用《诗经·大雅·卷阿》:"梧桐生矣,于彼朝阳"。

# 信陵书院作追述耆献三叠仙屏河帅
# 同年均留别院中诸生①

飒爽须眉太史文，原尝侠气并时闻。监门上座犹常事，为国申威最轶群。安得屠儿诛嚄唶，并将媾使痛锄耘。见《史记·平原君虞卿列传》。荐绅莫笑衣冠弊，此辈肝肠不负君。

草蔬饭客淡弥亲，巾袖高谈夫②伟人。车似鸡栖偏疾恶，釜惟鱼在卒全身。服边讲授堪连席，申夏韬潜耻触纶。此后晋材推阮庾，藻思还复数安仁。

载酒蓬池好物华，上头诗笔最清嘉。唐崔司勋颢，汴州人。广文肯啖慈恩柿，郑博士虔，荥阳人，好书，苦无纸，慈恩寺柿叶数屋，岁久书殆遍。中尉难污宰相麻。郑司空绹，荥阳人，德宗时置六军统军，制用白麻。窦文场为中尉，恃功阴讽宰相进，拟如统军，德宗用绹言，罢其事。董史直声青简上，吴谏议竞，浚仪人，撰《武后实录》，直书张说诬证魏元忠事，世谓今董狐云。并州伟略白江涯。刘文献仁轨，尉氏人，赠并州大都督，高宗时攻倭人于白江口，四战皆克，海水为丹。吹台别有三贤迹，三贤祠祀高常侍适、李供奉白、杜拾遗甫，皆当时寓公。更向荒祠舞楚芭。

三馆木天清秘地，八韩二宋贯联车。最难伯厚持冰鉴，宋王公应麟，祥符人，读文天祥卷，顿首为得士贺。岂独元褒校石渠。梁公周翰，

---

①　《晨风阁丛书》甲集卷三第九页收此诗，题作《将去汴梁留别信陵书院诸生，用许仙屏河帅韵》，删去诗中自注，却存有小序："豫省先哲如林景仰遗徽，真有望洋之叹。院中肄业诸生，隶开封郡籍者十之八九，故诗中征引，亦但就一郡而言，然本地风光业已挂一漏万矣，随笔标举，藉以发诸生希贤尚友之思，兼以志鄙人怀古忧时之感，有志于学者，能推类广求，读其书并师其人，则区区实有厚望焉。"

②　惜砚楼本《漱兰诗葺》、《晨风阁丛书》甲集卷三此诗，"夫"皆作"亦"。

郑州人，奉诏修唐籍。台阁弹章赖通议，吕公晦，开封人，三官言责，皆以弹劾大臣而去，卒赠通议大夫。河湟诤论有尚书。孙公路，陈留人，兵部尚书龙图阁学士，元祐初，司马光欲弃河湟路，挟舆地图争之，光曰："赖以访君，不然几误国事。"议遂止。中华夫子如长在，孔公维，雍邱人，使高丽，王治问礼，维对君臣父子之道，治悦曰："今日复见中国夫子也。"谁道东氛未易除。

　　繁台重剔薛碑昏，明汴梁南熏门内，旧有丽泽书院，后徙于城东南三里许之繁台上，更名大梁书院，成化间始竣工。文献弥多鼎盛门。博士榆枋新撰稿，李公濂，祥符人，官山西参政，忤权贵，致仕，博学多闻，撰《汴京遗迹志》于所居榆枋小隐，为通人所称。好官桑枣旧栽痕。甄公铎，祥符人，初宰定兴，锄强抚弱，受诬得白，后补文安令，教民种桑枣，父老指示幼者曰："此甄公桑枣。"子衡绩载家藏集，王公廷相，仪封人，历官中外，考绩后加太子太傅，所著有《家藏集》若干卷行于世。损仲书同国史论。王公惟俭，祥符人，官工部侍郎，为魏珰所劾落职，删《宋史》，自成一家，世称博学。更羡禹州马端肃，晏然名节峙乾坤。马公文升，禹州人，史称其位极人臣，名闻绝域，立朝五十馀年，临利害屹然如山，不可推夺。

　　熙朝昕鼓以时催，洛学昌明涤草莱。八子馨香俱沆瀣，陈文恭公抚豫时，以李礼山及孙夏峰、汤潜庵、耿逸庵、窦静庵、张清恪、张敬庵、冉蟫庵为中州八先生，增祀许州七子祠。两河灵秀此胚胎。中年①云集生徒盛，蟫庵先生觐祖，中牟人，主嵩阳书院，生徒问业者云集。仪邑天褒礼乐才。张清恪公伯行，仪封人，官礼部尚书时，御书"礼乐名臣"额赐之。当日黄流劳圣虑，得人斯免泽鸿哀。清恪公于康熙三十八年督修黄河南岸堤，四十四年圣祖南巡，御书"布泽安流"四字以赐。

---

①　《晨风阁丛书》甲集卷三第九页收此诗"中年"作"中牟"，是。

许公筑舍似黄楼,时有名流纪胜游。槐市经生同仰芘,柳堤诗客亦消愁。要将中土弦歌气,一洗边陲鼓角秋。东海八条应可复,坐收露纷与魁头。

闻道昔贤忆梁友,睢阳云树接符离。我今欲别难为别,人或言痴信自痴。世事岂堪如叶落,老怀原不为秋悲。此祠此院诸君记,六十四翁来去时。


# 松菊图为南雁陈如圭先生赋

昆阳旧属秀灵地,凤冈蠹立人文萃。伯璿能登著作坛,霁山久树词林帜。如圭先生旷代才,瓣香不使风流坠。桓范名高有智囊,边韶腹饱成经笥。先生系自有妫来,簪缨望族人中骥。悬榻时饶仲举风,弹琴颇具子昂志。更兼算学师陈平,谈天独得传家秘。古来善数称商高,阴阳推测非易易。此后此理知者谁,腐儒往往穷于试。先生独能抉其精,理窟洞穿无宿翳。放眼乾坤笔一枝,鬼神入手成文字。评论百纸千万言,先见之明闻者异。即此冥心察两仪,此身已在羲皇世。况复苏公是太医,雅人本自具深致。屈子纫兰骨亦香,王郎爱竹情尤挚。种松种竹与之邻,生涯长向林泉寄。花露融成蚁酒香,茶烟晕入虬枝翠。金谓先生性好游,聊以栽培作游戏。余闻其说谓不然,此中攀玩有真意。比似木兰闻妙香,有如玉笋参禅味。自来万物本同源,春而畅茂秋而悴。后凋劲节傲霜枝,吉凶岂尽由趋避。生平持此以衡人,一理可该万事事。我闻林木古所珍,梅花为妻橘为婢。采撷虽娱香国情,乘除未晓术家义。又闻周髀善算经,宗其术者各为类。长作长安卖卜人,谁如河县栽花吏。先生二者兼有之,宜其一顾群空冀。我家世住飞云江,闻名久

恐失交臂。乍披玉轴识芳容，貌古神臞令人企。南雁年年极壮游，
元龙事事多豪气。为感君情思古人，一图足抵《桃源记》。归云来
兮径未荒，黄粱一梦南窗寐。青囊不向郭公求，白衣可有王宏至。
乐夫天命复奚疑，君与陶潜一而二。


## 题会文书院用太仆师止庵丈原韵

　　重来雁荡辟藤萝，想见埙篪互切磋。近与周刘同沆瀣，远
如谢马出岷峨。洛学之入浙也，以周、刘、许、鲍数君；其入蜀也，以谢
湜、马涓。对床佳话后先肖，合璧名章传诵多。我是泰山老弟
子，拔茅犹敢发高歌。石徂徕为孙泰山先生高弟，尝作《庆历圣德诗》，
略曰："众贤之进，如茅斯拔；大奸之去，如距斯脱。"泰山见之曰："子祸始
此矣。"


## 安固二忠诗次戴鳌峰广文韵

　　板屋良人赋小戎，羊肠转战态何雄。醉挥露布儒能将，死卫
云江败亦功。遗像共惊舁以戟，平生谁信行如铜。君少壮任达不
羁，颇为拘谨者所訾。黄巾十万终须尽，郑帐先旌节义风。右张献之
茂才。

　　名门生长部簪缨，亮节能将日月争。琐尾一家仇未雪，丧元三
日面如生。神驹渥水怜长逝，啼鴂春山怨不平。赖有佳篇当合传，
后先毅魄莫相轻。右孙稷民茂才。

# 前题用孙琴西师韵

　　山中杀贼气吞之，底事援军忽爽期。身是睢阳千载鬼，魂依圯上昔年师。君受业于先君七年。养痈失计嗟当道，服缟同仇感健儿。亦有士林甘伏锧，髑髅相对孰堪悲？

　　多少书生纸上兵，如君慷慨独声名。死生落落男儿志，疑信惆惆祖父情。射策年华宁自爱，枕戈事业惜垂成。鸠媒枉自欺芳草，知否君家白璧贞。去岁会匪之难，有以激变为词者。

# 前题二首

　　书生生长戎马时，不能手斩楼兰清边陲，亦当力捍桑梓作老罴。安可杜门守铅椠，老死牖下无人知。吾乡去岁动鼙鼓，死绥之节谁最苦。荒郊白骨纷成堆，鬼雄独数张秀才。秀才身大不及胆，瘦骨柴立目光睒。贼畏君如虎，同社泣且感。卫乡兼卫章安城，募勇胜募章安兵。南逾二港扫巢穴，西障泰景森藩屏。辛酉十月二十五，贼围吾城焦吾土。狼烟四举腥风号，日光黝然天欲雨。是日君乡亦大战，声震屋瓦阵云变。短衣斫敌日无房，人头如草剑如电。鼓死弦绝君身单，十荡十决发植竿。众贼猬集戈矛攒，血襦红夺山花丹。贼剖君腹锯君头，肉颁诸巢骨置鼎。惨哉君躯死不还，君魂不死犹家山。十万健儿劈面哭，哭声未终誓报复。素甲皑皑耀白旄，将军木刻麾尔曹。卒缚凶渠沥肝祭，至今灵座鸣弓刀。我昔闻君负奇气，龙性难驯物所忌。簋簋獠舞平生言，或虑糊涂及大事。吁嗟呼！书生安得如君狂，狂者乃有真肝肠。岂无脚短因人能作贼,悬头藁街不自惜。

　　章安城外贼如蚁,战血流作云江水。年少孙郎杀贼多,贼诛不尽身先死。道是虓虓真将军,谁识翩翩佳公子。孙郎有父谪蓬莱,风节韩欧差足拟。有叔奉诏练乡兵,伍符尺籍卫乡里。纷纷小丑蔓江村,斗大孤城如卵垒。守令相聚铸铁错,君家坐付狼烽紫。铁山猛将从天来,谓张焕堂观察来援。君拔靴刀奋然起。鼠辈未灭何家为,岂为私仇乃发指。频年角距用在今,所喜健儿尽桑梓。缠腰扈带曼胡缨,霹雳一声出袖底。朔风棱棱血愈热,枭獍当之亦草靡。近郊渐渐橜枪平,又报红巾入边鄙。凄凉瓯脱人烟稀,君独长躯负辒矢。贼伏高冈君在原,君言此虏易与耳。援兵不至空弮张,只身突入重围里。众刃交方彭乐胸,一呼犹碎张巡齿。臣家世世受恩多,茹剑如饴分应尔。死绥倏忽两昼夜,落日荒郊敛遗骸。黄沙遍地山鬼嗥,白马行空怒潮驶。招魂况复来重亲,旁有寡妻并弱弟。拼葬疆场仍首丘,但怜家难目犹视。嗟嗟君死自千秋,我辈毛锥竟安恃。不悲英年为国殇,但问养痈谁祸始?

# 元日早朝感事

　　登闻鼓院比来无,出纳遥知帝□都。军国新猷资辅弼,圣明旧学仗公孤。微臣枉作加巢鹊,晚岁宁思集戟乌。多病由来疏药石,膏肓坐此恐难图。

　　轮铁劳劳藉敝茵,羸躯仍与酒杯亲。自浇薄宦清凉散,不睨天家光禄醇。谢瀹口中宜此物,季鹰身后是何人?长安佳酝知多少,拟逐车尘醉一春。

　　意气平生到此无,真堪湘语笑乾都。市嚣不敢谋充隐,寺近何心访给孤。谁向秦仓观大鼠，但闻楚幕散忠乌。出郊应下仁人涕，元结诗篇郑侠图。

花到残时草共茵，空心老树更谁亲。敢将台职骄袁甫，晋袁甫诣中领军何勖，自言能为剧县，不为台阁职。几见端公踵伯醇。功实从看西北地，声名莫问下中人。多劳金石时相勖，已负年华六十春。

# 赠樊云门次早朝元韵

往迹旁人省记无，翩翩词赋轶京都。独吞云梦胸何壮，同咏霓裳兴不孤。离树身成延祖鹤，鸣弦目送广昌乌。鹓鸾队里多雌伏，输与扶摇万里图。

广雅堂高看拂茵，缎修衫布倍情亲。自关江汉钟英秀，能溯渊源到茂醇。裴幕取材尽佳吏，胡斋治事有传人。武昌旌节君家近，旧雨相离十二春。

# 正月三日招爽秋、子培、旭庄、班侯诸君小集，叠前韵

区区麤饭近三无，赢得朝阳听即都。京洛抚尘终是别，秦徐联轸不嫌孤。宏农锡诰灯花紫，博议雠书袖墨乌。羡煞风流贤令尹，此行合补范宽图。

诸君潘夏称连茵，不分驽骀与骥亲。茶似长孺谁录硬，酒非公瑾敢居醇。贾区见说穿垣事，理瓯惭为贴职人。尽使阳秋皮里满，争如脚底有阳春。

# 赠别樊云门再和前韵①

　　西征未必故人无，似惜簪裾隔帝都。樽酒君随云树远，樾阴我愧岭松孤。未输太守行春马，渐静长安警夜乌。大府颇闻怀若谷，肯施特榻乞规图。

　　尽挈苍黎纳衽茵，采风无俟遣肥亲。盘蛇山水民谣古，巨鹿农桑祖德醇。边吏独饶经术气，中枢应有远谋人。陇头驿使传佳讯，不到梅花已是春。

# 臣忠女烈，其贞一也，边事孔棘，感愤难言，适吴县师以马贞烈女事征诗，赋此以应②

　　豺狼狐狸白日走，精卫衔冤死不朽。黍麦头颈随风摇，傲雪冬青无弱条。梁溪遗躅溯梁孟，至今绮阁有奇行。家世不艳扶风才，

--------

　　①　樊增祥和诗《漱兰丈七叠前韵赠别敬和二首》："同人佳兴似公无，那忍歌骊别上都。怀玉人从秋浦去，抱琴心比峄阳孤。昔将拾芥看青紫，今道栽花致白乌。俱是庞公称引过，强摹半额上眉图。""伏蒲阶下绿如茵，汲直终教帝意亲。请剑心如槐里壮，上书言比广川醇。声名蓍武三君上，子弟珣珉一辈人。笑我身为灞亭柳，最思红杏日边春。"（《樊樊山诗集》，上海古籍出版社，2004年，卷十六）

　　②　此诗后有孙延钊识语："案：漱兰先生马贞女诗，先祖太仆公有次韵和章，见《逊学斋诗续钞》二。今冬，延钊客游沪上，于先生文孙厚卿所，获读先生元唱，光绪甲申作也，公手批其后曰：'予在京师时，未尝知漱兰能为诗，后漱兰官益达，然亦未尝示余以诗，今见此作，直似古人所为云。'延钊窃以先生学术行谊，立朝风节，皆与公后先辉映。顾诗文篇什，世无传本，古体诗尤少见。虽以公与先生数十载师弟子之雅，而至晚年始得见此一首，则外间之罕觏可想矣。亟假录其副，而以元稿归厚卿。两家先人之手泽所存，郅足宝贵，幸其谨护持之。民国十九年庚午十二月初吉，孙延钊敬识。"

楼居竟制绿珠命。自怜生小非无郎,失母何依依渭阳。阖扉手无
寸铁握,属棺骨与皮金香。东海被诬天所怒,身后枭仇观者怖。慧
泉馨洁锡山高,片石铭幽感行路。吁嗟乎!戈矛同室敌同舟,痴姨
翻为浊子谋。安有污泥污白玉,穷山引虎谁之尤。国家御戎慎其
伏,比闻漆室动歌哭。寄语漆室何多愁,高牙下有巾帼服。答言巾
帼自有真,临危不恋全躯福。君看曲水滨,卓哉墓中人。会须墓中
飞出莫邪剑,斩尽佞臣猾贼清边尘。

# 挽王可庄仁堪十六首[①]

　　闽学谁延剑浦传,文勤硕望冠时贤。半千世泽孙应尔,陆九门
生汝最先。同年陆广敷编修先设帐君家,予子弟后亦从学焉。鹡鸰每为
诸子诫,龙鱼竟结两家缘。用昌黎训子诗意。宣南故宅愁重过,君弱
冠时寓顺治门大街道东,今数易宅矣。回首烟云已卅年。

　　槐市遗风渺寡俦,虎贲能代典型不?陆编修亡后,君以举业就质于
余。每因共语惭师表,早识安排作状头。声价何曾争一第,切劘要
各为千秋。歊歆忠孝求难副,多少同官自七驺。

　　人道词臣笔札精,谁抛翡翠掣长鲸。方严可想登朝色,疏谏曾
闻彻殿声。己卯、庚辰间,俄事孔棘,君与户部郎中张华奎等伏阙上书,情辞
慷慨。要使贪狼消反侧,耻随煦燕饰升平。禁中原有真颜牧,莫哂
书生纸上兵。

---

　　① 录自宋慈抱辑《漱兰诗荟·补遗》,见林庆云《惜砚楼丛刊》民国二十四年刻本,
温州市图书馆藏。孙宝瑄《忘山庐日记》癸巳(光绪十九年)十二月初八日记云:"晡,观
漱师挽王可庄七律十六首",可见作于此时。

西河争颂大宗师，但惜菨蒿忽废诗。丹旐返间悲欲绝，赤峰沿海劫方危。可怜徒跣星奔后，正值飞言雨下时。当日陈涛舆论在，何曾吕向有微辞？

东苑西园旧范模，今皇友爱益崇儒。比肩穆白名尤重，促膝间平道不孤。便殿宣仁劳顾问，仙源积庆藉匡扶。此生愿侍承明久，不分淮阳付长孺。

省灾叶语木无差，未必浮嚣等蚓蛙。戊子冬，太和门灾，君偕上斋诸君合疏极论。大范危言惜昭庆，高堂感事论崇华。药因苦口人多忌，火到焦头客尚夸。却想薰膏锁灭故，迂儒何自蹈前车。

喜君衡宇对寒门，予寓下斜街，与君对宇凡五年矣。作郡从兹阔笑言。话别颇伤金友意，令弟旭庄舍人亦他徙。谪居终戴玉皇恩。未应计日论三载，君临别赠诗曰："安得治蒲三载绩，少酬立雪廿年恩。"好奉慈云被五原。此去岂真成永诀，离筵底事泪先吞。又有句云："隔岁离筵泪已吞"，予颇为不欢。

黔粤联翩掇席珍，三吴分外荷陶甄。玉堂仙吏声名旧，铁瓮雄州景色新。且喜帷裳褰视处，半多衣钵受传人。有情不预儿孙事，领取春风福士民。

政平讼理义云何，忍被和戎曲说讹。士有斗心须抚辑，囚无死法肯依阿。下车喜免诸梁胄，按县争持刺史靴。但得上流赞佳吏，中朝赤子受恩多。

贤良高第动宸聪，北固移旌画舫通。白水一杯领吴郡，青天两字遍江东。令行冰上消枹鼓，牍判花阴撤蚨筒。一事生前差自慰，由来刘尹识王濛。

客岁婴痾勉自宽，君去秋大病，寻愈。活人身却乏金丹。梦中高密蛇成谶，殁后长沙马易棺。牖户风摇乌鸟悴，关河雪急脊令单。电音至，旭庄即行。一门群从皆佳器，莫任西华葛帔寒。

斯人忍不恋苍生，事业茫茫未半程。扬子江潮共呜咽，姑苏城月太凄清。壮躯竟以勤官死，文谶真成志士名。君撰《志士仁人题文》有句云："幸而不失此名，不幸而得此名。"余极叹赏之。莫怪天亡王武子，颇闻坐客笑驴鸣。

平安时复报双鳞，仓卒难详致疾因。何物庸医轻见杀，斯民元气更谁伸。痛深辄恨亡何速，惊定犹疑耗未真。四十五年如一梦，白沙挽语到君身。

秋来燕寝篆香深，七月间，接苏守篆。朐入初冬惨不禁。四野观成犹露宿，君以十月十九夜亡，十五日犹出郊观稼。三朝休沐遽星沉。乞假仅三日。南瞻长郁还乡泪，北望空悬恋阙心。愁绝燃藜刘子政，更无馀兴起山林。盛伯羲祭酒挽联有"益坚我山林栖遁之志"云云，辞极雄浑沉痛。

昨岁文来侑一觞，高悬西屋墨犹香。拂衣梁子空相忆，文中云："梁子星海闻予乞退，席间拂衣起，若有所失。"合节温公愧自量。谓予晚节符合司马温公，读之汗下。乌巷君先琴榻冷，黄垆我尚酒杯忙。不应作客迟迟甚，负此良朋积恨长。

吾儿旧倚汝居停，癸未、甲申年寄寓君舍。吾侄新从带舍经。去腊北上寓京口数日。共道天涯犹洽此，岂知河岳返英灵。人生离合无多日，朋辈萧疏仅数星。敢拟遁翁祭文节，此心尚许照幽冥。

## 感 事[①]

边将空吹月夜笳，使臣枉泛海天槎。世无士稚鸡声恶，廷少文贞豸角邪。榻畔他人鼾我室，域中今日算谁家？处堂别有怡然趣，灯火笙歌度岁华。

青蝇俟我海东隅，敢送馀年强自娱。运值奇穷招鬼侮，病甘坐废厌人扶。心真寒极肠犹热，愁到浓时泪转枯。生不嫌迟嫌死晚，眼看净土豢狼貙。

## 题《丁氏双烈图》[②]

弘光残局最伤神，椎布能将正气伸。愧煞急装诸妇女，苦随马上窄衫人。明南京之变，马士英窄衫小帽，跃马出城，随行妇女皆急装。

妇节臣忠等可哀，更从九死别奇侅。当时浅水西洋港，一跃何曾了念台？蕺山先生扁舟辞墓，跃西洋港，水浅不死，绝勺水十三日然后而亡。

---

① 从《感事》至《己酉秋试过桃花岭偶成二律》十一目，录自张扬《漱兰诗葺补》（瑞安陈氏抱遗堂抄本）。其中《感事》底本作《感时》，袁昶《袁忠节公遗诗》卷一（《清代诗文集汇编》第761册，上海古籍出版社，2010年）有《和漱丈感事》，则知此诗原题应为《感事》。孙延钊《瑞安五黄先生系年合谱》系该诗于光绪二十五年条："春首，漱兰先生有感伤时事诗。"

② 吴庆坻《蕉廊脞录》卷六（中华书局，1990年，第186—187页）："如皋冒鹤亭广生刊瑞安黄叔颂、仲弢昆仲之诗，曰《二黄先生集》，余独憾吾师漱兰先生诗无可搜缉。先生不以诗名，而敦崇气节，时流露于篇什间。尝见先生题《丁氏双烈图》七绝三章，亟录之，亦吉光之片羽也。诗云……又于袁忠节《水明楼集》得附刊先生诗四章，并录之。《感时》云：……《喜闻壶公奉召入都》云：……"

哦诗握翦绍先芬,二百年来双节闻。此帧君家犹木像,永维忠孝到仍云。

# 喜闻壶公奉诏入都[①]

不召斯人已十年,苍生重负竟谁肩。高歌莫怨漫漫夜,此醉才醒梦梦天。屋上环观司马过,海滨待钓巨鳌连。乾坤整顿从今始,会看骅骝竞着鞭。

皖水舟中递好音,快浮太白手频斟。登仙未是承平日,爱宠方知戴履心。孤柱障澜须镇定,败棋收局费沉吟。善书酒后妨人引,仰赖皇家倚畀深。

# 题《百石山房印谱》

髀肉悲生百战休,高牙大纛各封侯。燕然勒石男儿事,健笔能扛志未酬。

一编篆籀仿冰斯,儒将风流恍见之。汉玺秦铜须宝重,开函字字凛箴规。

---

① 底本《漱兰诗葺补》题下录诗四首,误收袁昶和作两首,今删去。袁昶《袁忠节公遗诗》卷一(《清代诗文集汇编》第761册,上海古籍出版社,2010年)有《和漱丈喜闻壶公师奉召入都》两首:"龛拯端须仗异材,时屯阳九郁云雷。推枰从古咨长算,乘传亲承敕外台。度实赞于淮蔡定,光留作相洛师来。武昌柳亦知攀恋,一一陶公手自栽。""弱噏强张局势艰,机神无滞在心闲。国工始办刀圭用,群策方收履屐间。括地象图形便在,通天犀带内臣颁。披忱入对天章阁,一豁筹边圣主颜。"

# 题丹徒戴羡门尚书三锡《春帆入蜀图》

我朝平蜀始康熙,山水襟束森藩篱。嗣后寰瀛如镜砥,非独神武清西陲。尔来横流沧海决,胶东辽左蟠蛟螭。难于蜀道殆十倍,对此尺幅如拨霾雾登峨嵋。羡门尚书才福称,拥旄适际承平时。梦游早入仙境界,遗迹应有神护持。从知韦皋下车日,不少陆畅赋新诗。坐令险巇化平地,后之守土者深长思。

# 和陈墨农大令封翁啸沧先生四律用原韵①

联翩佳什意肫诚,袖有巴词未敢呈。天末喜逢旧时雨,人间原重晚来晴。羡君七秩吟身健,有子三珠照眼明。长忆聚星堂上事,太邱名德纪群情。

闻喜宫花尚插冠,鲤庭治谱早传观。长君墨农以名进士令绩溪,甚得政声。昨从水乳留嘉荫,今盼台星照广寒。次君经郏明经,闱艺极佳,预贺抡元之喜。采服欢迎清献父,青毡冷耐郑虔官。吾门怕惹冬烘诮,莫作新昌盛事看。

辌车衔命仗忠诚,天骥材从此日呈。十载雪泥闽海阔,余戊子典试闽中,先余侄绍第十。三春云树汉川晴。客岁儿子绍箕留鄂颇久,今年三月余亦为武昌之游。要知军国需材俊,莫但文章答圣明。客里尚登陈傅榻,重阳前,下榻墨农大令官寓者七日,贤乔梓款留甚挚。馀生多感故人情。

---

① 杨青《慈阴山房三笔》题作"啸沧老兄先生赋诗过奖,枕上依韵口占奉呈"。

共业无分大小冠,通家合作弟兄观。哲嗣与余为文字交,而余侄绍第乃君年家子。儿曹励志须年壮,我辈盟心在岁寒。难得他乡逢旧友,不夸有子喜无官。与君北望兼南望,蕊榜遥知万马看。

## 送别王黻震朝佐赞府二首

争怅离筵感喟增,思量此去路崚嶒。长林叶落蝉辞树,绝塞风高雁避矰。别梦已萦三径菊,归装惟带一条冰。公心凛四知,一清如水,虽餐钱,亦间来质库。去之日行李萧然,于斯可见。江头立尽孤帆影,遥望峰峦卅六层。

本来梅尉是神仙,薄宦勾留已十年。枳棘诚非栖凤地,莼羹况值卖鲈天。黄山风雨人归去,白露兼葭思惘然。惟有中秋明月好,知他欲别为君圆。

## 题陆博泉《连床忆旧图》

龙跃平舆羡曩年,不堪回首屋东偏。吾家早辍吹埙调,今日披图倍怅然。

## 梁夫人挽诗四首
### 许仙屏河帅之篷室四首。光绪辛卯冬。

兰因辗转自成天,卅载持门有令名。翻使人伦夸韵事,彼姝受得汝南评。

好修宛合女师篇,相待弥征樛木贤。除诵金刚四句偈,病中私语但归田。

大河风雪轸疮痍，忍与梅花话别离。腊鼓声声催梦断，来朝刚是月圆时。

宣南雅集夜谈深，清况当年共翰林。谁谓此材须霸道，英雄诳语最伤心。

# 题陈竹笙《竹里烹茶图》三首

壶中小住涤烦子，座上间来潇洒□。下榻恰逢陈仲举，三人对饮各风流。

□□习习起清风，绿玉丛中活火红。莫笑闭门吟太苦，后山诗本学涪翁。君为余先兄菊渔门弟子。

林间苦茗小神仙，愧我难参香火缘。未向东坡求画稿，却思试院瀹新泉。余方北上应礼部试，题此册时骊驹已在门矣。

# 己酉秋试过桃花岭偶成二律

峰如图画万重新，畦似棋枰一幅陈。沙树远连西浙回，洞花多作武林春。牧童过栅牛呼母，旅客争途鸟笑人。一道夕阳秋水色，管教多少宦游身。

人影沼溪整复斜，倦闻村语自咿哑。荒原蔓草疑无路，野店旗亭尽是家。旅迹劳时陪有雁，修途弯处曲于蛇。不须会看桃花色，此去蟾宫有桂花。

# 六潭太守以龙兴寺诗见示次韵<sup>①</sup>

京华话乡国，台荡迤林樾。一别逾四春，重逢散百虑。辒辌遥相迎，枥骥老难御。夹道聆舆歌，连朝辱馆饫。政美足云稼，谈清霏雪絮。肩与长官随，鼎臣观察，长君五年。臂有贤侯助。示我消夏篇，超然见元箸。胜游城北寺，韵事淮南署。此地龙所兴，重来燕且誉。重阳前五日，同年符搏九大令，亦觞我于此。从古重创垂，发祥在仁恕。长白开圣清，兴京号富庶。三韩隶皇图，百倭服神驭。风从漠北飏，日被东海曙。但使筹边长，岂忧蹙国遽。辽豕敢自豪，韦虎不知处。愿君答升平，为世清浊淤。故人从此辞，采药浙东去。

# 六潭和诗有招隐之意，再次原韵

挥手别大梁，淮南接烟樾。帝乡日以远，北顾复东虑。元礼许同舟，喜逾荀君御。日作横头宾，酒与德交饫。白首何所图，江湖荡萍絮。秋风东南来，不我一帆助。此事非天穷，狂歌莫击箸。忆昔游金门，辗转簉台署。独行渺无俦，疏节耻诌誉。辨奸不幸中，罪言安可恕。劳君起蹩躄，保终志所庶。岂有十驾驽，衰老能再

---

① 以下二目录自王咏霓《函雅堂集》光绪间刻本卷十二。王咏霓诗《漱兰通政丈和诗留赠四叠前韵奉答》："高秋得清气，寒色上烟樾。薄暝赴淮乡，逍遥澹吾虑。开轩迓斗宿，下榻问宾御。侍坐罗古欢，微言有馀饫。昔游话京洛，缁尘扑衣絮。朝野系杂记，志林佐谭助。举杯数英杰，闻雷畴失箸。医公名世彦，蚤跻石渠署。风范肃端寮，鲠论重清誉。万言劾宰相，责备不肯恕。惜哉悬车速，仰望失士庶。感兹国事艰，长驾乏远驭。荒鸡声非恶，起舞夜未曙。残棋子可收，敛手公无遽。蒲轮行见召，竹林在何处。期公长南台，浊秽涤河淤。相迟二十年，箸录归田去。"

① 以下二目录自王咏霓《函雅堂集》光绪间刻本卷十二。王咏霓诗《漱兰通政丈和诗留赠四叠前韵奉答》："高秋得清气，寒色上烟樾。薄暝赴淮乡，逍遥澹吾虑。开轩迓斗宿，下榻问宾御。侍坐罗古欢，微言有馀饫。昔游话京洛，缁尘扑衣絮。朝野系杂记，志林佐谭助。举杯数英杰，闻雷畴失箸。医公名世彦，蚤跻石渠署。风范肃端寮，鲠论重清誉。万言劾宰相，责备不肯恕。惜哉悬车速，仰望失士庶。感兹国事艰，长驾乏远驭。荒鸡声非恶，起舞夜未曙。残棋子可收，敛手公无遽。蒲轮行见召，竹林在何处。期公长南台，浊秽涤河淤。相迟二十年，箸录归田去。"

驭。爝火光几何,残星已向曙。君深漆园理,安静能止遽。濠泗古名区,代毓将相处。会当依节旄,一洗东海淤。独惜李西平,英风遂流去。

# 六朝石头咏①

径尺磨崖绣薜春,相看如与昔贤亲。心惊北海真书派,身是东瓯旧部民。季高尝官吾温。白虎林亭委烟雾,朱门琴瑟怨荆榛。苍凉片石成千古,藻翰从来信有神。

半壁河山尽鼓鼙,过江一叟擅临池。曾闻双节停车拜,想见千夫辇石随。纸尾宸题新点后,枕函禊序未镌时。诸君痛定仍风雅,建绍衣冠事可知。

# 联　语

## 庆母寿以梨园觞客自题戏台联

敢为科名荣梓里;聊凭弦管替莱衣。

## 丰湖修禊联

笙歌共醉丰湖月;觞咏为传曲水风。

---

① 录自胡恩燮等撰、胡光国辑《白下愚园集》(1895 年)卷四。

# 悼母联①

母曰予季来兮,昔何为轻别,今何为缓归,痛深哉,旅雁分飞,尚有一家羁异地;儿被微官误甚,生不能承欢,殁不能视含,悔晚矣,翩睢空赋,谁将百行赎终天。

# 贵州省城浙江会馆联

榛莽到今平,此间小筑三楹,好共看富水波光,贵峰山色;梓桑随处是,吾辈壮游万里,应不减西泠载酒,东浙题诗。

# 挽何铁生太守联②

清慎勤万口成碑,即今宦橐萧然,剩有西台留谏草;诗书画一朝绝笔,令我征帆到此,不堪东阁吊官梅。

---

① 《瑞安五黄先生系年合谱》同治九年载:"闰十月二十四日吴太夫人卒,漱兰先生有联志哀云。"

② 《瑞安五黄先生系年合谱》光绪八年载:"扬州府何铁生太守金寿卒于官。先是京朝官中直言极谏有'五虎'之名,而以漱兰先生与何公为尤著。何公忤权贵,由编修出守,至是遂卒,漱兰先生挽以联。"《清稗类钞》"黄体芳何金寿"条(中华书局版,第八册第3621页):"光绪初,京朝官中有五虎之名,其最著称者,则以何金寿、黄体芳为尤著。二人本相友善,皆以抗直闻。未几,何以忤朝贵谪官扬州府,黄适督学江南。何到任后,卒于官,黄挽以联云。"

# 江阴睢阳庙联

无饷又无援,临淮张乐,彭城拥兵,叹偏隅坐困将才,自古英雄干众忌;能文始能武,操笔成章,诵书应口,幸试院近依公庙,至今灵爽牖诸生。

男儿死尔复奚言,若论唐室功臣,四百战勋劳岂输郭李;父老谈之犹动色,敢吁扬州都督,亿万年魂魄永镇江淮。

# 江阴南菁书院联①

东林讲学以来,必有名世;南方豪杰之士,于兹为群。

东西汉、南北宋,儒林道学,集大成于二先生,宣圣室中人,吾党未容分两派;十三经、廿四史,诸子百家,萃总目三万馀种,文宗江上阁,斯楼应许附千秋。

# 南京浙江会馆联②

溯胜朝定鼎开基,文成经济,文宪学术,皆吾浙才也,群贤继轨,何止三忠,岂同乌巷雀桥,名士争夸旧王谢;与诸君引觞刻雨,左眺石城,右眺钟阜,问斯游乐乎,五载乘轺,于今四至,除却龙蟠

---

① 《瑞安五黄先生系年合谱》光绪九年载:"秋,经古书院落成,漱兰先生乃取朱子《子游祠堂记》所谓'南方之学得其菁华'者,命曰'南菁'。"

② 《瑞安五黄先生系年合谱》光绪十一年载:"秋,漱兰先生充是科江南乡试监临","手题南京浙江会馆楹帖云"。

黄体芳集

虎踞，故乡有此好河山。

# 京师下斜街寓庐联①

结庐北枕评花市；入直东过谏草庵。

# 挽孙诒绩仲彤夫人联

堕地是孤星，托庇渭阳，得与子荆偕伉俪；丧夫刚百日，相从泉壤，定教文梓结连枝。

# 瑞安愚溪书院联②

左临邵公屿，右抱赵家山，环水三弓，且喜文光垂北斗；远企通德门，近怀考舍亭，瓣香双炷，相期学派衍东嘉。

# 京师全浙会馆联

枌乡萃吴越英华，各励修名，敢道人文甲天下；槐市继朱查觞咏，重新别业，恰逢春闱似当年。

---

① 《瑞安五黄先生系年合谱》光绪十二年载："九月，漱兰先生移居下斜街，其地为花厂所萃，而明杨椒山故宅在炸子桥，先生每出入必由之，因自题楹帖云。"黄迁《慎江草堂诗钞》卷一《春明杂咏》自注："吾乡黄漱兰侍郎移居宣武门外某胡同，榜于门云：'卜居偶傍卖花市；入值频守谏草庐。'一时传颂。"两处记载有异，姑取其一。
② 《瑞安五黄先生系年合谱》光绪十五载："乐清金兆珍、兆魁兄弟于瑞安北门外集云山麓建愚溪书院三楹。崇礼汉宋名儒，以为子弟读书之所。漱兰先生为撰联。"

·390·

# 挽王仁堪知府联①

廉吏可为乎？只馀身后图书与两袖清风，分贻儿辈；老夫亦耄矣！剩有病中涕泪付长江流水，洒向君前。

# 贺孙宝瑄结婚联②

齐庄为安国次男，幼有文才兄比慧；明复取资政贵女，家传礼法妇能贤。

# 贺孙衣言太仆寺卿八十寿联

明月正圆时，瓯海潮高，仰见斗星接南极；闲云有归意，郑公乡在，愿携杯酒侍东家。

# 挽孙衣言太仆寺卿联③

程门尺雪，幸我乡通德有人，如何一老不遗，剩石室文章，绝学

---

① 《瑞安五黄先生系年合谱》光绪十九年载："十月，苏州守王公仁堪卒于官，年四十五，漱兰先生有七律十六首寄挽，痛悼甚至，又挽以联云。"

② 孙宝瑄《忘山庐日记》壬寅五月二十八日记云："余又记癸巳年婚时，黄漱兰赠联云……"可见贺联撰于光绪十九年。

③ 《瑞安五黄先生系年合谱》光绪二十年载："冬十月，先祖卒，漱兰先生复有联寄挽云。"

重倡浮汜派;吴郡秋风,唯先生见机最早,却恨闲身若寄,听边城笳鼓,暮年忍读首邱篇。

# 祝孙锵鸣学士八十寿联

廿六科芸馆望尊,羔雁联翩,文星环拱寿星次;八千岁椿庭荫火,螽麟蕃衍,生日巧逢人日前。

# 瑞安卓公祠联

吊公屡过石头城,知与陈铁侯张毛郭胡□诸祠同寿名山,毅魄岂唯光故土;肆业犹留江上寺,至今天官舆地律历兵刑之学谁延宗派,追踪应复得传人。

# 山东省城浙闽会馆联

此间为岱阴济右第一名区,借别业三楹亦关灵秀;吾郡距西浙南闽各千馀里,对高朋四座大有因缘。

# 瑞安仙岩梅雨亭联

仰看九天落珠玉;坐闻万谷酣笙钟。

# 南京莫愁湖联

桃叶复桃根,海燕郁金香,遗世佳人难再得;西湖比西子,流莺杨柳曲,凝妆少妇不知愁。

# 莫愁湖胜棋楼联

人言为信,我始欲愁,仔细思量,风吹绉一池春水;胜固欣然,败亦可喜,如何结局,浪淘尽千古英雄。

# 文昌阁联

峰朝华盖,泉沼玉眉,此是城西岑,揽革有怀谢康乐;阁久临江,县同浮沚,大昌浙东派,题碑好接宋雍熙。

# 挽潘荻渔农部联

二十年来瓯江挂席,燕市衔杯,惜君才偃蹇郎官,潘鬓未双斑,化鹤魂归何太速;四千里外老母树萱,同怀梦草,剩此地凄凉姑妇,越声相对泣,愁鹃泪尽有谁知。

# 贺黄母陈太□人六旬晋一联

庆毓新罗,桐枝集凤;龄逾大董,芝诰回鸾。

# 挽殷如珠联[①]

季智本儒生,小试已登循吏传;伯仁由我死,大招难返故人魂。

# 自题座右联

生长乐乡,鸠杖扶老;登受大福,鹤鸣弹冠。

# 赠杨志林联

器宇冲贵,志雅量洪;德猷光劭,鉴明识远。

# 赠小泉表弟联[②]

鹊笑凤舞,大喜在后;麟子凤雏,和气所居。

# 赠吉生亲家联

懿德元通,后世凯式;清修劝慕,神明协欣。

---

① 孙宝瑄《忘山庐日记》甲午(光绪二十年)正月二十二日记云:"晨,谒漱师,谈及殷秋樵之弟名如珠,字还浦,为江苏教谕有声,经师保荐以知县用,出任云南,亦著政绩,未几竟卒。师为联挽之云……"可证挽联作于此前不久。
② 当指宋恕(存礼)父宋宾家(字筱泉,俗称小泉),平阳人,廪生。

# 挽彭玉麟联①

于要官要钱要命中,斩断葛藤,千年试问几人比;从文正文襄文忠后,先开壁垒,三老相逢一笑云。

# 赠陈墨农联

书从历事方知味;理到平心始见真。

# 挽曾纪泽联②

有此佳使臣,万国方知天节贵;真堪续名父,一官惜以地卿终。

# 挽郭阶三太夫人联③

受经随纱幔诸郎,数末座少年,曾许黄裳堪大器;来吊具生刍一束,幸南州孺子,得交郭泰是儒宗。

---

① 录自张瑞雯《瑞安旧联今读》(中国文联出版社,2010 年)第 235 页。

② 录自黄涵林《古今楹联名作选粹》(广益书局,1929 年)卷二。

③ 录自倪星垣《联语粹编》(凤凰出版社,2015 年)第 78 页。

# 卷七　律赋①

## 书 裙 赋
### 以"主人昼寝书裙而去"为韵

　　王子敬铅椠传家，簪缨接武。窥笑管斑，摸工钗股。青毡之旧物犹存，白袷则少年竞取。偶然入幕，披襟而淡若云烟；岂待摊笺，落笔而快如风雨。喜绛厨之高卧，迥不犹人；拂素缣以闲挥，何须问主？

　　当羊欣之在乌程也，弱龄嗜学，远道从亲。琴樽啸傲，杖履逡巡。东晋风流，易衣拂席；西兴太守，倒屣迎宾。袖挹薰风，北牖高眠之午；帐垂沉水，南柯入梦之辰。《黄庭经》何处探来，恨家少笼鹅之帖；黑甜乡者番睡稳，料门无题凤之人。

　　有白练裙焉，六幅成章，五纹刺绣。烂如金缕之襦，广若石华之袖。缝成女手，贴体鲜妍；束住童心，围腰细瘦。异芄兰之佩觿，轻受风拖；拟荷芰以裁裾，净逾霞漱。但看帘阴裒字，漾罗袜之秋波；原殊堂额留题，耀锦衣于春昼。

---

　　① 本卷主要录自《黄漱兰先生赋钞》张枬手钞本，温州市图书馆藏。钞本以赋题字数多少为序，本卷删去手钞本中非黄体芳赋若干，次序及题目一仍其旧。其中《觳觫昭文赋》《红杏尚书赋》《挂席拾海月赋》三篇录自孙钦昂编《近九科同馆赋钞》，据赋题字数插入相应位置，并出注说明。

　　献之乃乘此馀闲,赏其俊品。昔未掎裳,今先接衽。蓝衫席帽,意趣萧然;老带庄襟,风姿淡甚。本为招邀裙屐,骑停何楷之山;谁知菲藉图书,蝶化庄周之枕。喜砚水新融墨汁,架列扈斑;况炉烟恰透篆文,香凝燕寝。

　　于是摇毫露滴,着手春舒。纵横有致,跌宕自如。愧蝇头之琐碎,嗤犊鼻之粗疏。仗天孙为织锦裳,翩翩文字;谓公子原非纨袴,落落襟裾。从兹衔署乌衣,欢如赠缟;爱尔才高黄绢,幼即工书。

　　鼠须染润,蜕羽添纹。硬黄样仿,飞白痕分。讵袭书绅之意,恍慕书帛之文。十二龄花县从游,月旦偏逢长吏;三百字《兰亭集序》,风流也逊郎君。笑他色妒榴花,难施毫翰;胜似歌成桃叶,远送钗裙。

　　熟眠未觉,佳客先辞。但留手迹,已沁心脾。非锦织回文,工夸凤轴;非绢裁酬字,界划乌丝。定知卧榻鼾馀,悟笔花兮璀璨;几讶曲江湔罢,化墨藻以淋漓。想一波三折之时,飘若矫若;陋五色单丝之制,斑而颜而。

　　宜其散彩文房,粉霏香署。妙轶萧行,荣逾李御。薪传感知己之恩,草圣播名家之誉。绝似布袭画字,辉生蝶簇鸦盘;遂教笔阵成图,法演龙翔凤翥。兴尽便须归也,似剡溪夜雪回来;梦醒欲唤仙乎,恐汉殿春风吹去。

# 渴 睡 赋

以"渴睡汉状元及第"为韵

人坐斋头,月沉天末。书味犹馋,吟情转辣。一任鸡啼隔舍,喔喔频催;何曾蝶化重衾,蘧蘧欲活。抛残春梦,似遭诗鬼之揶[①]揄;涸到秋波,翻类酒羌之消渴。

昔吕文穆之未第也,腹饱经纶,目空文字。沉酣长吉之诗囊,枕藉孝先之经笥。毫端泼墨,正渴蜂窥砚之时;吻上生花,在睡鸭添香之地。别有浇胸宿物,不尽咀含;若论刺股深心,岂容鼾睡。

然而志淬风檐,神劳雪案。每值更阑,或经夜半。非不欲抵足移时,支颐达旦。槐乡误入,黑甜结酩酊之缘;蔗境亲尝,丹篆作醍醐之灌。稳拟三爻有饮,语带烟霞;讵同七夕无眠,情牵星汉。

无如莲漏频移,兰缸相向。辗转帷中,惺松榻上。睡魔欲进而赳趄;睡味殊艰于酝酿。绳床摊饭,还劳茗碗频浇;纸帐看花,恰似梅林入望。奈竟夕光摇银海,铜癖将成;怪家人颓似玉山,醉眠无状。

遂乃披衣露冷,窥户烟昏。响惊柝密,灰拨炉温。敲残棋而伴寂,弄柔翰以消烦。孤影自怜,等鳏鱼之失寐;一壶独酌,笑老骥之

---

① "揶",钞本原文作"挪"。

狂奔。空思梦到浣肠,汲清流于仁裕;那得方传润肺,乞甘露于开元。

　　洎乎杏苑平跻,蓬瀛直入。池波满而共饮春多,灯宴开而不嫌夜集。探骊夕寝,句含珠颔之光;司马晓朝,怀滴金茎之汁。从此兴浓一榻,覆蜀缣以无惊;幸无暑误八砖,追邓林而莫及。

　　士有兀坐霄深,卧游路滞。警枕闲欹,愁城独闭。羡宫柳之高眠,怜海棠之微睇。枯肠搜索,凭锦字以疗饥;倦眼朦胧,借金篦而刮翳。对红豆相思之影,聊为屈子独醒;趁黄粱未熟之时,也学虚生高第。

# 风 兰 赋

以"悬根而生可称仙草"为韵

客有自瓯江来者,见夫幽藴映水,细瓣凝脂,犹春于绿,不土而妍。挂枝柯兮旖旎,摇蚹萼兮蹁跹。兰非梦里征来,媚之如是;风似空中御到,善也泠然。托根胜辋水之花,黄磁净养;占信陋唐宫之竹,碧玉高悬。

尔其苞含绝壑,种出荒村。黄歆干短,白缀英繁。比都梁之品美,殊馨列之名尊。最愁霜露寒时,颜因秋老;惯住烟霞深处,气得春温。十八香未写风流,合倩梅溪补咏;廿四番难参风信,差同芝草无根。

泊乎幽崖遍采,弱干轻移。筠篮盛后,竹络紫时。怯朱曦之午射,挹红雨以晨滋。束腰则风致娉婷,柳丝欲绾;回首而风光骀荡,苹末惊吹。谁裁碎锦之苞,试问入我室者;倘傍真珠之种,浑疑尚以琼而。

则有骚人晓起,游子春行。爱荃荪之比类,耻萧艾之敷荣。撷奇珍于蜃浦,赌韵事于鹿城。定知风是大王,位置配国香之贵;况复兰为君子,性情符天籁之清。断梗孤悬,触萍踪于远道;披襟一笑,证蕙约于前生。

若夫绣阁春融,雕桄翠锁。拂拭云英,评量雪朵。湿泥则指爪匀拖,纤叶则鬈丝密裸。却喜封姨解事,添玉蕊之葳蕤;还怜侍女多情,倚珠帘而袅娜。光同转蕙,芳魂欲诉灵均;香似怀椒,小字应呼意可。

　　莫不家珍绿蒂,户系朱绳。泉资绠汲,露谢盘承。灭檀烟而烬冷,嘆茗汁以脂凝。缀系金铃,倾耳听微飙阵阵;皎如玉树,从头舒素萼层层。依稀风过兰台,宫中赋就;想像风和兰渚,亭上觞称。

　　而乃反偏靡定,料峭堪怜。付剪刀于月二,萦舞袖于秋千。高不胜寒,空寄相思于沅芷;飘然欲坠,难同自在之池莲。将毋怨起兰摧,纫佩而未逢知己;更恐轻随风去,持裙而莫唤留仙。

　　抑知奇种长春,灵根不老。爱兹庭院,常有兰升;嗤彼园林,难禁风扫。荣逾燕尾,总归橐籥之吹嘘;顺遇鸿毛,肯受泥涂之潦倒。物同气以相求,人得时兮贵早。漫拟琴心于孔壁,感切悬瓢;愿同翠脯于尧厨,恩推偃草。

# 蜂 衙 赋

以"稚蜂趋衙供蜜课"为韵

金翼闲曹,黑衣小吏。四壁支红,数椽耸翠。是蜂队所羁栖,等官衙之位置。柳外之行行结伴,事判三春;桑间之两两传呼,威宣尺地。名标蜉蝣,偏知定位于君臣;子贡螟蛉,权作侯门之幼稚。

时则柴扉雨过,薜径烟浓。暖风别院,晴旭高墉。京兆莎厅,张敞则晓眠初起;河阳花县,潘安之午课偏慵。漫夸粉署春深,管领则都凭粉蝶;却羡黄堂昼永,回环而遍是黄蜂。

尔乃向阳筑廨,背水悬壶。砌都绕芍,墙尽萦芜。门庭肃静,曹部规模。一寸楼台,退衙而烛应添蜡;两行将相,放衙而网恰开蛛。归衙则静效帘垂,讶焚香于燕寝;报衙则喧如潮沸,看结队以凫趋。

其为地也,锦窠璀璨,铃阁横斜。百穿缭曲,七里蘤华。堂开屋角,路接檐牙。蜂房则迥如架竹,蜂庐则密若分瓜。拓蜡塞之三弓,仿佛衙斋别敞;听蛙声之两部,分明衙鼓初挝。浑如北阙朝回,许撷群芳于杏苑;若与南柯郡迩,定夸对宇于槐衙。

其为类也,派沿宣歙,系出平逢。娇虫族众,丑蟚朋从。车轮阵阵,芒刃重重。蚕尾之科条整肃,范冠之仪制雍容。衙开而乐奏冬丁,笛师叶律;衙散则梦回春午,羽客停踪。却愁花贼偷窥,难脱蜂王之法网;倘有黎民入贡,定增蜂使之常供。

　　彼夫蚌穴凌空,蛎房结实。蚁市雷鸣,蠹窗雾密。国蛮触兮迷烟,塞蠛蠓而蔽日。非不巧构自夸,奇闻共述。孰若此蜂解朝魁,衙堪容膝。宾多入幕,知桃李之盈门;尉是司香,喜芝兰之满室。东西列屋,问衙官可有头衔;小大从公,笑蜂子能融脾蜜。

　　由是公府朝开,玉台夕卧。慎密关防,招邀僚佐。奉规条则觅艳探芳,施律令则赏勤罚惰。到处是金庐玉室,细腰定许专房;其中有露酒花粮,长鬣居然上座。旁临蜗舍,隔墙欲卜乎邻居;下瞰蚁城,戴粒更输乎国课。

# 蜃楼赋

## 以"海旁蜃气象楼台"为韵

试一望兮蚌穴凌空，鳌峰错彩。阁道萦回，檐楣崔嵬。万顷洪波，三层爽垲。雕锼弗倩般倕，寻丈难量章亥。不顷刻而已成，倏奇观之顿改。下临鲭岸，晶宫之金碧千重；旁构蛎房，鲛室之珍珠百琲。轶事览天官之志，是谁巧造凤楼；芳名披《王会》之篇，自古奇传蜃海。

客告余曰：此楼台所变幻，而蜃蛤所潜藏也。居依蟹舍，迹寄瓯乡。狂能吹气，美号含浆。蟠金井之夜月，出翠阜之晓霜。趁腥风蜃雨之奇，与波上下；作霞蔚云蒸之势，在水中央。陡惊泽国波臣，拥羽葆霓旌而至；几讶蓬瀛仙侣，集璇台瑶室之旁。

其始则海市澜翻，江乡风紧。或色变旌旗，或形分甲楯。灿如虹彩之倒垂，散若霜寒之飞陨。环如城堞之纷围，灭似江帆之忽尽。数千里波连渤澥，图画天开；十二楼日接昆仑，栏杆月引。青梯直上，绝同宫峙苍龙；丹艧飞旁，恰有灰涂白蜃。

其继则金粉辉煌，觚棱仿佛。栋宇离奇，波涛鼎沸。既百尺之独撑，亦千金而不费。绚霞彩以烂斑，护岚光而暧曃。近接虹桥碧汉，缀玖瑁兮缤纷；高悬鲭穴红云，幻芙蓉以荟蔚。凭虚结撰，星辰而摘下三霄；不日经营，烟雨而呵成一气。

其为地则鲲壑比邻,鲲墟接壤。蛤柱楹高,龙堂址广。上灯隐约,鼋烛频辉;破瓦迷离,蚶纹恰象。恃鼍梁为结构,杰栋参差;偕蜃户以周环,回廊辉敞。宅阳侯于深处,恍螺房屈曲之乡;邀河伯以来游,从贝阙扶摇而上。岂是长填乌鹊,怅望三秋;居然曼衍鱼龙,纷罗万象。

其为人则波斯杂沓,海若勾留。泉民陪宴,川后命俦。鲸孙钟吼,螺女舟浮。集粉黛兮三千,作鱼婢蛎奴之属;吞云梦者八九,壮蟹王鳖母之游。鲛人之两目泣馀,幔悬珠点;虾婿之千须织出,帘卷银钩。尽多灵效巨鳌,举首戴蓬莱之阙;忆否化由文蛤,凝妆登杨柳之楼。

从知年华闪电,世事飞灰;□□凤凰绣错,鹳雀金堆。栖霞栋爽,玩月楼开。元龙杰构,黄鹤仙才。今则地封荆棘,柱剪蒿莱;月沉废砌,风卷浮埃。何殊色相俱空,幻虚无于蛟窟;始信盈虚有定,忆消息于蚌胎。故睹物性之变化,观人事之往来;夫何伤乎唐代麒麟之阁,魏家孔雀之台。

# 燕剪赋

以"玉剪一双高下飞"为韵

当夫巷陌风和,郊原雨足;候近鸠啼,节临蚕浴。有燕尾之纵横,似剪刀之幻曲。乍蹴落花庭院,未断残红;偶过芳草池塘,思裁嫩绿。女工演就,定知堂是郁金;神术传来,漫说钗曾赠玉。

尔其絮语呢喃,娇喉婉转。集榆社以情深,立苔阶而迹浅。巧窥画阁,睹俊眼之频舒;遍构新巢,喜柔翎之乍展。正是养花天气,雨密如丝;况逢劈絮光阴,风轻似剪。

羌乃两股分张,双锋迅疾。看汉苑之初飞,恍并州之是匹。戛檐铁以冬丁,碎窗纱于屈戌。三径之梨云断处,月影迷离;半庭之柳带梢馀,烟痕疏密。系来红缕,倩谁玉试纤纤;掠入湘帘,讶尔珠穿一一。

则见雕栏暗触,绣户低撞;寒芒遍拂,健势难降。盼盼楼头,断春愁于蕙帐;喃喃堂上,破午梦于芸窗。记玳瑁之频栖,夜夜红裁烛寸;笑芳茨之不剪,家家白掩扉双。

晴烟似织,春雨如膏。颉颃交举,下上将翱。匪矢之直,匪刀之操。者番穿遍杏林,花纫紫绶;前度啄馀芹沼,草绣青袍。问谁剪叶分封,掉尾而乌衣国远;欲与剪桑斗巧,回头而绿树梯高。

彼大鸽信情长,鹏歌和寡。吐鸡绶以班然,赠雀环于使者。讵若此影动丁帘,声催戊社。利如切玉,看春泥点点匀分;试必及锋,有飞絮丝丝暗惹。偷描鸳谱,裁缟袂于梁间;巧借莺梭,组红襟于花下。

  风前欹侧,檐外依稀。藏锋深夜,辉彩残晖。破雾縠之沉沉,若无若有;裁霞绡于渺渺,疑是疑非。分来雁足之书,为问裁笺几幅;划破鸭头之涨,试看掠水双飞。

# 乳 柑 赋

以"柑之佳者名曰海红"为韵

琼浆味美,朱实香含。酥分塞上,果胜江南。有瓯柑之璀璨,同粉乳之浓酣。擘破霜苞,洗尽胸中块磊;餐馀雾瓣,留将舌本肥甘。伊谁肉剥鸡头,润滑等贵妃之乳;好似声闻鹓唱,芬芳携仲若之柑。

尔其名传平蒂,类别生枝。汁如润玉,腻欲凝脂。比蔗浆而味冷,侔萍实以形奇。罗帕尝新,想见芳含齿颊;金丸佐馔,还应沁入心脾。膏腴疑仙露凝成,维其旨矣;风味在人烟深处,薄言撷之。

徒观其绛囊初绽,翠蕚如揩。瓣香蜜酿,圆颗珠排。结实于鹿城之侧,含苞于蜃海之涯。色比澄黄,散秋风之柯叶;阴分桔绿,迷晓雾于根荄。未曾衔到金衣,等梅林之空望;谁信甘逾玉液,较杏酪以弥佳。

泊乎酝酿多时,团圞盈把。剪向水滨,擎来林下。瓣乍擘兮微黄,脂自流其握赭。恍茅津之乍滴,地脉玲珑;疑桐叶之初垂,天浆倾泻。岂是车前星堕,引渭水以濯之;好逢江上霜寒,饷巴人之渴者。

珍逾东府,种胜西平。乳非茶而自拨,乳与笋以同清。结髓兮如乳从石出,浮沤兮如乳与泉潆。爱灵株别唤狮头,倾来六斛;想密叶曾捎燕尾,洒遍千茎。最爱登盘,嬴石鼎晴峰之味;有时酿酒,轶洞庭春色之名。

遂乃香满胸怀,寒侵肌骨。消烦渴于春晨,解宿醒于冬月。剖馀而味尚留皮,嚼罢则颗称其核。惜唐宫之属吏,仅分罂粟于开元;嗤侯氏之美人,未探壶甘于瓯越。争道金柑缀树,黄者尤佳;差同玉乳名梨,白乎不曰。

彼夫乳酪流膏,乳泉洒琲。竹乳则洞里流津,花乳则峰前破蕾。乳盈瓶雪,灵液堪尝;乳作琴泉,馀音常在。孰若此实自含香,色还错彩。有味胜如谏果,供舌底之咀含;无源颇似醴泉,任指尖之缀采。腹似河豚乍剖,润轶西施;脂如崖蜜初倾,珍逾南海。

良以土膏夙酿,地脉潜融。比醍醐于穆氏,分津液于留公。似神浆之乍洒,非佛手所能同。堪笑木奴,仅托灵根于菊圃;应侔桔叟,同充贡物于蒿宫。譬金茎承自汉边,三霄露碧;陋银荔驰从蜀道,一骑尘红。

# 前　题

　　有金丸之异果,饶玉液之馀甘。色芳鲜而外溢,气清脆以中含。春满胸怀,三寸之霜苞乍擘;芬流齿颊,十分之风味初酣。是谁腹剖琳腴,润挹西施之乳;到处手携罗帕,珍逾东府之柑。

　　夫以柑之为物也,名标平蒂,品重离支。神经族茂,佛手形奇。启盒诧董仙之术,开筒吟杜老之诗。然未闻瓣香结髓,圆颗凝脂。调露液于指尖,轻如笋发;孕雪肤于皮里,细似桐垂。就教结子成林,下酒足娱乎仲若;窃恐抱孙分味,含饴难比乎羲之。

　　试与陟泥山之麓,循鸥海之涯。披林选胜,摘叶书怀。见夫烟笼跗萼,露绕根荄。占武陵洲畔之春,微黄欲滴;经孤屿峰边之雨,新翠如揩。盖玉瓣含时,尚似瓜期之未及;自金衣卸后,遂同蔗境之渐佳。

　　其以乳名也,汁似流丹,痕如渥赭。舌本甘回,鼻端香惹。悬乳兮温透绛囊;泛乳兮膏流玉斝。似新剥鸡头之肉,琼屑纷披;岂旧营燕子之巢,珠胎暗泻。赢得凉州甘澍,觉沁齿兮冷然;浑如巴郡灵株,动馋涎于渴者。

　　尔乃旨逾石蜜,熟并金橙。团圞可掬,沆瀣频倾。供美人之夜饮,解名士之朝酲。非关榆火烹茶,聚浮沤兮点点;颇似杏花作酪,注灵液兮盈盈。活色生香,琥珀配瓯乡之酿;连枝并蒂,醍醐齐穆氏之名。

由是摘向秋风,剖从冬月。颗颗匀圆,层层秘脐。推为廿七种之魁,数到两三枚之核。羡橘叟驻颜有术,饱风露之膏腴;笑梅奴赋性偏寒,借冰霜为肌骨。倘合欢于唐殿,如酥则妃子差同;或移植于洞庭,谓谷则楚人有曰。

彼夫竹乳则脉注千寻,花乳则纹成五色。乳煎罂粟,盛以冰壶;乳滴葡萄,散如珠琲。孰若此蒂有蜡封,味殊蜜采。盘辛荐处,侔鲜荔之倾津;爪甲粘时,肖冻梅之破蕾。不比乳从石出,漱丹溜于茅山;讵真乳与泉融,涌琼脂于桂海。

是盖天浆暗洒,地脉潜通。千头共赏,百果难同。本无源而倾泻,若有窍以玲珑。即今贡入帝乡,品冠琼林筵上;胜似承来仙掌,膏流铜叶盘中。还疑羽化于留公,钟凝石紫;合拜头衔于温尹,诏捧云红。

# 渔 灯 赋

以"江枫渔火对愁眠"为韵

五湖社散,半夜涛撞。天昏荻岸,人坐兰艭。乃张锦幔,乃酌银缸。乃理珊网,乃陈玉釭。纬萧作箶,指菊开窗。鲈鳞现六,鸥梦醒双。落日平沙,家家晚市;零星幽火,夜夜长江。

苹白菱红,勾留钓翁。飘然世外,宛在水中。晓妆催妇,晚唱呼童。玲珑渔笛,琐屑渔筒。孤月明时,渔蓑懒脱;三星堕处,渔罾愁空。尚记晨光,清燃楚竹;陡惊夜色,浓映吴枫。

洞庭霞后,浔浦露初。前村路暗,别澨林疏。瓜皮稳憩,芦管频嘘。倚磴烧蜡,开罾数鱼。泽国生涯,青犹有味;江天景色,白欲生虚。笑语一檠,夜兮不夜;咿哑双棹,渔者始渔。

近傍画船,远邻诗舸。野烧闲迷,炊烟细簸。篷罅痕筛,舵楼艳锁。盟联凫鹭,香火三生;利卜鱼虾,穗花数朵。为人写照,笠影双欹;有水偷光,兰膏半堕。泊遍蠡滨,攒如萤火。

每值风狂,或逢雾晦。雨点跳珠,湖阴泼黛。船误藕穿,桨防萍碍。凉蟾未升,枯蚌可代。篙纹划圆,橹色摇暖。浪花暝里,孤翠微荧。烟苇荡馀,片红忽碎。灵蛤吠耀,时怯人来。睡鸳避明,自羞影对。

亦有羁客,闲游钧洲。蓼驿伤别,蓴乡怨秋。猜详灯影,枨触渔讴。尺素遗书,情牵隔舫。寸红刻烛,吟罢扁舟。中夜遥昕,众辉转稠。树红欲爇,涨碧于油。稻饭鱼羹,羡渠清福。松江蟹舍,照我新愁。

　　金莲院里,花蕚楼前。九重炬撤,五夜膏燃。火城凤峙,银栗蝉联。繁华已矣,暮景萧然。几多灯火,不及渔船。柳影花影,溪边岸边。沽酒桥东,櫂歌达旦。卖鱼渡口,帆幅连天。今夕将尽,伊人未眠。

# 铁 马 赋

以"听之有声扣之有棱"为韵

当夫木鱼露洗,石兽风经。铜龙漏永,玉兔光荧。箭激银虬,十分迅速;香焚金鸭,一片芳馨。则有声和木铎,响答花铃。恍马鸣兮入耳,羌铁铸兮成形。破寂寥于春午,闻戛击之冬丁。试看檐角回环,托庇则俨同骥附;此亦诗肠鼓吹,来游而好共鹂听。

尔其炼成玉质,镕就冰姿。似铃圆个个,如珠贯累累。铁炉爇后,铁笛停时。砚欲穿而墨聚,衾乍冷而帘垂。铁弹板按拍歌残,馀音袅袅;铁如意凭栏击碎,良夜迟迟。其形非暮鼓晨钟,有以小为贵者;此地尽雕甍绣阁,择善鸣而假之。

而其以马名也,班异豹窥,响殊鲸吼。非野马之飞向窗前,非秧马之驱从陇右。撞来画阁,各一鸣兮惊人;贯以红丝,恍六辔之在手。有空谷传声之趣,与耳为谋;正春风得意之时,不胫而走。似此掷成金石,几疑水上钱投;笑他骑到儿童,空说胸中竹有。

则有丛台乍建,华屋初营。金貂焕彩,铜虎分荣。侠客遨游之地,美人歌舞之情。玉宇琼楼,如探月窟;瑶笙宝瑟,巧和风筝。刚逢酒换五花,殿角之轻飙乍动;瞥见尘飞一骑,檐牙之旭日初晴。能生阊阖长风,中有神助;一洗筝琶俗耳,四无人声。

更有梵宫日永,古寺烟昏。禅心入定,人语无喧。檀磬敲馀,

黄体芳集

鸡窗面壁;蒲团坐际,兽钥扃门。闻忽疾而忽徐,才入铜瓶铁钵;悟是真兮是幻,消将意马心猿。正钟鱼互答之时,说法则同声相应;当玉麈停挥之处,谈玄而有舌难扪。

至若才人展卷,名士摛词。倚楼吹笛,刻烛催诗。隙驹惊日月之驰,家无长物;绣虎作风云之想,才本不羁。驱残字里蠹鱼,陡觉声来院落;爇尽宵中蜡凤,俄惊响彻帘楣。比如呷角骖驹,形似神似;特为尔音金玉,縶之维之。

由是绣欲成花,嘶非系柳。作大鸣亦作小鸣,能击尾还能击首。白战藉封姨相助,镨自琴如;朱绳凭少妇来添,驭无索朽。何必钱连花五,比青选兮尤精;须知骨值金千,想丹成之已久。尽日作星驰电掣,旁若人无;临风如凤舞鸾吟,曲应天有。

是盖寓形奇幻,作势飞腾。毛因凤顺,气若云凌。在明窗净几之乡,此声非恶;兼玉勒丝缰之胜,其力不称。振策长驱,恍作风行之列子;衔枚疾走,应惊夜读于庐陵;嗤他辕下之驹,漫说鞭长及腹;悟到环中之象,休夸觚破为棱。

# 西 堂 赋

以"梦弟惠连遂得佳句"为韵

　　帘静莺眠,庭闲蝶弄。苔补阶疏,萍添地空。惟康乐之栖迟,独欢娱于伯仲。雅爱数弓辟处,瓯东留谢草之名;浑疑五色携来,窗北记江花之梦。

　　翳惟惠莲,棣萼同心,兰芳竟体。早延誉于妙龄,乃暌违兮旅邸。且喜吟春竟日,故乡无此湖山;还思赋雪一篇,何处觅佳子弟。

　　厥有西堂,谢公所契。柳影压檐,苔花绕砌。倚槛风清,放衙日丽。看云起时,卧月明际。鸣琴常觉帘垂,索句还须门闭。此地擅浙东名胜,洵宜郡阁高歌;其人溯江左风流,可有诗章见惠?

　　蘧蘧一梦,飘飘欲仙。黄粱半刻,绿竹数椽。拟漆园兮境幻,伴蕉坞兮阴圆。伊谁半壁江山,邀得姜肱被共;果尔深宵风雨,恍如韦氏床连。

　　约略五言,分明两地。觉后难忘,醒时暗记。捧砚呼童,裁笺属吏。趁红友之微酣,写黑甜之佳事。称我藤床萝席,间寻午枕以如归;怀人海角天涯,竟幸吟诗之得遂。

　　松声竹声,山色水色。栏影遮红,楼阴泼墨。堂以上兮屏画齐开,堂之下兮花茵如织。足逍遥处,方竹筇支;极闲暇时,乌纱帽侧。忆昔日题诗北固,才名偕群季齐飞;快今朝典郡东嘉,妙手本天然偶得。

案排笔架,座挂诗牌。作判事处,无读书斋。挹西山之爽气,对西射之幽崖。非徒商隐西窗,话乡园之夜雨;雅似士衡西屋,触官廨之秋怀。信相思而不已,羌小住之为佳。

迄今故址烟荒,残阶藓护。庭剩棠阴,园馀柳树。池上楼流水依然,客儿亭青山如故。徒令选胜者留连,寻芳者慨慕。际此秋风庭馆,应续杨蟠怀古之诗;缅惟春草池塘,胜携谢眺惊人之句。

# 屐 齿 赋

以"上山则去其前边"为韵

云路迢迢,山行朗朗。峰曲如眉,沙平似掌。墨客支筇,诗僧挂杖。除是尚书户外,暮雪一双;谁夸阮氏亭前,春风五两。装屐齿以轻携,陟岭头而顿上。

爰有客儿雅制,屏嶂高攀。岩姿自媚,石性偏顽。松冲烟以腰直,柳迎月而眉弯。欲寻古径叉叉,眼花忽乱;试上层崖彳彳,脚力何艰。空笑芒鞋,稳步鸭头之水;谁夸珠舄,高登螺髻之山。

乃出新裁,乃矜异饰。斫木工装,镂金峻刻。羌印迹以粼粼,转闻声而得得。差似金锓之样,搜石发以参差;还同杞梩之工,趁苔痕而拂拭。筇曾驻绿,取乎此而偏宜;鞋可踏青,异于是而我则。

陡上巉岩,旋临孤屿。带桦青丝,杉添白纻。搴藤萝而入深,约麋鹿以命侣。穿入青柯下上,似觉巉岩;踏残小径嶙峋,微形龃龉。倘效王家履倒,如之何其行;原非遵业角穿,不得已而去。

无逆非顺,遇险如夷。履真坦坦,来何迟迟。历尽崎岖之境,相依朝暮之时。尽教露出瓠犀,装来素履;好是列成文贝,饰以朱丝。何须船腹鸣榔,舟歌泛彼;奚羡鞭头飞骑,马爱策其。

寻幽处处,访胜年年。似斜偏整,欲断仍连。转峰腰而忘反,绕石脚以跻巅。岂异飘摇,馀得韩公十九;迥殊朱翠,饰来赵胜三千。故鞋号小头,未足跻攀乎涧曲;即帽名高齿,亦徒洒脱于花前①。

---

# 拳 石 赋

以"一拳石之多"为韵

水面潆洄,岩腰崒崒。洞口飞霞,岭头衔日。有片石兮青凝,列层峦而翠密。揽之盈握,非关秀结神芝;扪则有棱,奚啻大逾霜栗。攒峰成蟠屈之形,抱树露槎枒之质。磊磊而迸开壁罅,浑殊螺点鬟双;嶙嶙而插入云根,颇似鹭翘足一。

夫以石之为物也,质诚磅礴,体极精坚。石脂气馥,石发痕连。石角则春霏香雨,石腰则秋泻寒烟。郁郁奇姿,诧一声之掷地;空空妙手,炼五色以补天。头何点乎生公之偈,血何流乎海若之鞭。龋何洗乎弹窝之水,乳何穿乎泰岱之泉。问谁撷取石英,漱堪砺齿;笑我拂开石藓,睡欲支拳。

其似拳也,动透峰尖,坚撑山脊。云欲起肤,风疑生腋。搏松子兮凝青,长蕨芽兮晕碧。不信熊渠射后,握霜簇以无痕;翻疑鹰爪穿来,印雪泥而有迹。有能伸之者,应同天女指挥;其如示诸斯,且待河神掌擘。讵写真形于面壁,灵通嵩岳之巅;倘摹宝相于眉山,品轶仇池之石。

既磊而落,亦奇以离。握拳兮悟真面目,奋拳兮见古须眉。鹤连拳兮石巅小憩,鹘张拳兮石上闲窥。分来狮子之林,拳毛影碎;描出蟹丁之样,拳足形奇。光明欲问阿难,合谈禅于此地;屈曲真如钩弋,笑化女兮何时。岂其爪似麻姑,爬肩当佳也;剧爱醉如陶令,曲肱而枕之。

　　从知玲珑有致,卓荦不磨。断纹雾蚀,瘦骨烟拖。称了峰之突兀,伴秃岫之嵯峨。非仙掌擎馀,浪说盘高承露;想佛头浓处,定教手软兜罗。东海携来,恰好袖中位置;南宫拜罢,应从掌上摩挲。回眸看握蒜之痕,林凹月朗;撒手悟拈花之妙,磴道云多。

# 胆 瓶 赋

以"胆瓶花插紫丁香"为韵

翡翠制工,琉璃色淡。柳苗芳心,桃开笑颔。看如胆之形奇,对斯瓶而手揽。位置在众香国,石髓星涵;形模如百炼金,冰肌雾暗。青玉案迷离一色,差同砚削马肝;紫微宫仿佛三生,却异剑镕兔胆。

夫以瓶之为物也,细筒错杂,精舍珑玲。瓶胆则粟纹吐艳,瓶腰则莲萼流馨。供净手随身之用,兼修颈坦腹之形。本来心在玉壶,汲寒浆于绠素;或者肠如铁石,认遗幌于衣青。笑曲生一击销魂,未必浑身是胆;问管子三升壮气,可能守口如瓶?

羌乃银瓶象异,玉胆名嘉。既如升兮可玩,亦以斗兮同夸。岂出思谦之室,宜储伯约之家。蟠以螭纹,不羡厄分玉獭;盛来龙脑,非关囊授髯蛇。胸中之磊块全消,合注浇愁之酒;皮里则阳秋自在,不栽没骨之花。

则有摘艳吟豪,寻芳性洽。膨脖鼎设,分到炉香;腼膊棋敲,卷开帘押。爱古器之清奇,作新知之玩狎。恰似熊丸佐读,结绛帐之吟缘;岂真龙曜称神,悟黄庭之慧业。险语莫惊鬼物,好偕拳石以同珍;壮心合伴儒生,试与牙签而并插。

更有拾翠迟归,惜春早起。汲井呼童,倚栏唤婢。摩挲碧玉,纤腕娉婷;拂试青铜,柔肠旖旎。香侵肺腑,折腰而艳上金钗;凉沁心脾,掬水则泉分玉蕊。笑我芳魂夜怯,依然弱柳娇花;倩渠满腹春融,镇住嫣红姹紫。

　　莫不流连宝相,赏鉴芳型。承诸珊架,列以绣屏。斗草取陵游之种,司香邀道放之灵。宵深而遥射月华,绝似秦宫蟾镜;晓起而分尝露液,浑然越国悬庭。莫讶胆寒,看瓶水渐融春午;休疑胆裂,听瓶笙微奏冬丁。

　　彼夫胎珠耀彩,肺石称良。甄夸唇厚,罍爱颈长。鼓细腰而度响,壶大腹而凝芳。孰若此来登有脚,生本无肠。涵春膺上界之封,忠肝披露;止水肖中池之象,劲节凌霜。还疑蜀将化身,幻作千年之骨董;好作郑公清供,留兹一瓣之心香。

# 益智粽赋

以"刘裕答以续命汤"为韵

昔宋祖之战卢循也,益兵耀武,益地宣猷。粮输舸尾,米淅矛头。乃敌军之整暇,藉时物以献酬。自夸角黍芬芳,承筐远致;似为心花憔悴,借箸前筹。药岂鸠人,竟效推诚之太傅;羹曾分我,安能斗智于炎刘。

时则采艾风传,浴①兰节遇。食重赐枭,膳多烹鹜。机丝组条达之形,穴枕诵通灵之句。符虽避恶,那堪馨我巧思;缯或厌兵,未足开人神悟。除是阴阳包裹,抗妙手于区回;庶乎心性澄莹,比浣肠之仁裕。

有粽焉,粒似啄鹦,制同抟蜡。饼饵形殊,米盐味杂。饧滑脆兮中含,箬轻盈兮外匝。角弓射处,夸妙制于觚方;彩缕萦时,诧灵思之绮合。差类片糕志喜,赢来百事之高;岂同一饭推恩,致有千金之答。

其以益智名也,装饰模棱,消融渣滓。品合荐乎灵均,材实搜于交阯。蒲益聪而可佐加餐,花益寿而未容媲美。匀粘金粟,胸中尽有智珠;细嚼琼酥,舌上都含智水。实枣则名同智果,旨否尝其;

---

① "浴",底本原作"俗",据文意改。

缠菰则样比智囊,盛之于以。

　　尔乃蛮榼星驰,螺杯露沃。借此馨香,通其款曲。非陈乞巧之秋瓜,胜酌治聋之春酝。煨残芋火,果然换骨如丹;剖破竹筒,知否守身似玉。倩红豆装成巧样,岂为情长;拟黄粱唤醒痴魂,不教梦续。

　　宋祖于是悟厥命名,欣然答聘。礼似报琼,心如悬镜。谓彼虽餔啜风流,而我已聪明雪净。且喜粽之言中,譬筹策以如神。讵真智不及卿,藉饫饷以养性。短者输而长者胜,可喻军情;实其腹而虚其心,诚如公命。

　　迄今风殊典午,月重端阳。家家抟黍,颗颗含香。九子之名称更雅,五丝之制作尤良。包金夸女手之工,粉团合造;劈玉识童心之慧,昌歜分尝。爱兹节共藕添,雅有玲珑之窍;笑彼心如茅塞,浪传混沌之汤。

# 岳家军赋

以"撼山易撼岳家军难"为韵

宋有岳少保者,报国肫诚,奉身恬淡。骑射都谙,韬钤博览。以士卒之龙骧,挡女真之虎眈。喑鸣则远塞云飞,叱咤则危城月暗。奏南薰门前之捷,气壮兜鍪;题东松壁上之诗,愤馀铅椠。大小眼之光灼灼,秦头岂许争雄;左右翼之势骁骁,胡肉誓将生啖。惟一家尽忠臣孝子,早符鸧鸟之祥;况三军皆良将劲兵,那虑蚍蜉之撼。

当夫乌珠猖獗,翠辇凋屏。赵立捐躯于楚郡,曲端失利于潼关。建康则杜充竟叛,寿春则张俊先还。光世之弃江州,寇烽夕紫;沂中之归泗上,战血春殷。虽吴氏弟昆,陇右破贯鱼之锐;奈蕲王夫妇,江中悲缚虎之艰。孰则铁枪手握,石弩躬弯。等宗泽之屯汴水,胜刘锜之怖完颜。以偏师障小朝廷,英雄盖世;起列校为真将帅,号令如山。

而少保独力捍狼烽,怒张鹏翅。运用存心,纵横如意。少即好《春秋左氏》,每嗤绛、灌无文;君殆非行伍中人,直与孙、吴斗智。始焉高庙惊其才,继则魏公重其器。诏王郦使归行部,如朕亲行;屯襄郡以阚中原,此君素志。自侯兆川被创酣斗,而军气方扬;迨忠义社率众来归,而军心益苹。若与战万无生理,惟黄佐识越寻常;欲犯我除是飞来,笑扬太谈何容易。

或谓功以集成,势难专揽。牛皋威震乎龙堆,张宪勋高乎燕颔。董先、郝晸之骁雄,李宝、梁兴之果敢。徐庆之勇既无伦,王贵之功胡可掩。倘偏裨不受指挥,虽上将得无摇撼。殊不知师陈背嵬,乃翁之夺纛何豪;艺习注坡,诸子之受鞭亦惨。老母涅尽忠之字,背血留痕;贤妻劳远戍之家,爪牙生感。军法原为家法,信阃门同此苡忱;家声进作军声,宜诸贼闻而破胆。

其捷广德也,星落旄头;其捣太行也,霜沉鼓角。其平群盗于固石也,精忠耀厥旟常;其击逆豫于唐州也,胜算操之帷幄。其驰书以招张用也,巩淮上之保障;其举鞭以败李成也,收襄阳以掌握。而且伊洛仗其扫除,颍昌资其剪扑。朱仙之役,响应燕南;黑风之诛,势凌河朔。八千人齐登桂岭,黄旗聊用招曹;二百骑鏖战筠州,红帜都教号岳。

盖由谋成破虏,志在驱邪。振军威于犄角,肃军令于高牙。议营田而军粮有备,给颁犒而军吏无哗。以仁义为驭军之符,诚意可通上界;以智勇为行军之券,威名足动中华。课跳濠以壮军容,士披数重之铠;禁拆屋以申军令,罚严一缕之麻。投壶而雅似书生,偏工将将;调药则恩推病卒,不愧爷爷。用能帅幕府以渡江,惊走赤须太子;誓不学酒楼之运石,浪夸铁睑张家。

夫使以贤父子之韬略,兼诸将佐之忠勤;奠金瓯于一统,麾铁骑以千群。岂不足东清汴水,北洗燕云,南援江浙,西保河汾。怒乘白马之潮,全收内地;痛饮黄龙之府,笑对诸君。胡乃黑貐未灭,鸥风无分。奸谋岌岌,和议纷纷。自坏汝万里长城,误雕儿之蜚语;谁铸此六州大错,没虎将之殊勋。可怜戎马十年,灰心惨狱;坐使河山半壁,满目妖氛。至《金陀》著有成编,聊一吐功臣之气;彼银瓶慨然就义,亦足雄娘子之军。

　　从知冤沉盆覆,局到棋残。千秋血碧,一片心丹。二圣之音尘隔绝,两河之泪雨悲酸。卓天半之灵旗,仿佛绣袍金字;剩雪中之御札,凄凉铁简香鞍。后人之论功独步,读史三叹。谓将军生不逢时,尚建中兴之伟业;况圣代士皆用命,迥殊南渡之偏安。恭逢推毂隆恩,营开细柳;定有登坛壮士,车踏贺兰。缅却姝辞第之风,诸将各宜自奋;佩惜死爱钱之戒,太平竟有何难。

# 红踯躅赋

以"杜鹃一名红踯躅"为韵

　　阆苑踪遗，玉泉迹古。彩散红星，魂销红雨。阑珊过二月之春，踯躅入群芳之谱。名标山客，锦窠不数乎昭阳；步学水仙，罗袜非凌乎湘浦。却讶燕支乍滴，分别种于石榴；讵真蜷局难行，寄离愁于洲杜。

　　当夫重三节近，千万花妍。高枝雀跃，深树莺迁。芳草斜阳之地，淡云微雨之天。杏坞霞明，尽入春皇图画；苔阶露滑，闲来香国神仙。遥看傍水之琼花，趺如拳鹭；不信映山之绛萼，泪染啼鹃。

　　胡乃回互神光，飘摇弱质。立月情深，迎风影密。心振荡而不怡，态彷徨而若失。吊前身于望帝，往迹凄凉；疑有脚之阳春，归心迅疾。倘或踪如萍泛，临波而绛锦层层；非关步有莲生，贴地之黄金一一。

　　况复中含紫瓣，外绽朱英。珊瑚点缀，火齐分明。染绮罗兮色赭，裁刀剪兮痕赪。正一轮红日升时，踆鸟影射；看数朵红云扬处，蹴燕技轻。杂红玉于玫瑰，恰称徘徊之小字；陌红绡于芍药，别传绰约之芳名。

　　于是蹁跹院北，蹢躅墙东。芳心摇曳，醉态朦胧。岂围裙而作幄，非响屦以如弓。招邀踏翠佳人，佩姗姗兮林下；仿佛行春游子，屐得得兮花丛。是谁贻管踟蹰，牧荑比艳；到处击毬踢踘，宫袖迷红。

是殆满腹春愁，化身蜀魄。徙倚无聊，婆娑自惜。既悬树于空山，复含蕤于远陌。伤心红豆，望七七兮家遥；插脚红尘，恨三三之径窄。聊比雪泥印处，重寻鸿爪之迷离；最怜星火飘馀，一任马蹄之腾踯。

客有近砌逍遥，倚栏怅触。携弦管于香山，咏氍毹于玉局。抛沈郎帘里之钱，拟王建宫中之曲。南漪独秀，依然桃自成蹊；西浙移栽，胜似葵能卫足。学舞傍虞姬之侧，同留猩血残痕；寻芳嗟蜀道之难，莫问鳖灵遗躅。

# 小杭州赋

以"从来唤作小杭州"为韵

　　试一望兮七十有二峰，秀灵地占，形势天钟。岭何奇乎三竺，谷何取乎万松。卓乎第一州名胜，焕乎十万里堤封。无地不南龟北赭，有山皆舞凤飞龙。湫水三千，仙客携筇而至；洞天十八，诗人载酒而从。此东嘉之故郡也，而不下西浙之要冲。

　　原夫杭州之为胜也，莲看壁立，松傍城栽。井水含春，唐贤忆李；湖山有美，宋守称梅。勾留而抛去未能，簪裾云集；约略而说来可听，图画天开。而我瓯则户饶桑苎，径剪蒿莱。气吞云梦，目小天台。借明州作门户，涵括州为胚胎。忆苏长公采芍留盟，诗未浙东题遍；自郭太守衔花纪瑞，峰都天外飞来。

　　尔其形胜极多，山川居半。岭白云而影澄，岫丹霞而彩焕。绿波添竹涧之流，红雨积海溪之畔。奇传雁宕，如登灵鹫之千层；秀耸鹿城，恍现金牛于两岸。太玉洞四围碧雾，年年疑葛岭烟腾；飞云江万顷红涛，夜夜认菠湖渡唤。

　　羌乃寺宇高标，林泉秀削。衙戏彩而宏开，斋读书而小酌。轩敞陪辉，园成众乐。丹室延蜗，笙台唤鹤。梦儿有宅，旋来梦草之堂；孤屿名亭，绝似孤山之阁。分玉宇琼楼之景，胜游占瓯越繁华；读南亭西榭之吟，佳话轶齐梁著作。

兼以圣迹既饶，名流不少。孟襄阳对酒杯倾，陆务观泛江楫棹。草为谢客儿而绿，藤席阴铺；花非王逸少而红，荷香郭绕。记否溪山两字，朱晦翁墨迹犹新；居然风月万家，白太傅诗情未了。秋浪洒芙蓉江上，何劳《七发》于枚乘；春光藏花柳塘边，犹认三生于苏小。

至于物华更美，俗尚尤良。柿蒂则织菱仿样，梨花则沽酒开场。东山餐五粒之松，干与虎林共古；北荡煮双枪之茗，泉偕龙井同尝。蜃海风腥，水国纳菱鱼之税；龟岩云冷，山家分梅鹤之粮。杏市嬉春，到处则千金可值；莲舟销夏，此间亦一苇堪杭。

况复气凌仙岛，秀挹沧洲。小赤壁争推华盖，小金蕉屹峙江流。小邹鲁人文蔚起，小蓬莱物色兼收。土宜多是吴风，胜擅六朝金粉；疆域近连闽峤，地当两浙咽喉。楼阁上灯，好倩微之乘兴；江城如画，须教白也来游。客亦知五马坊前，大半吴屏越岫；君不见九牛峰下，至今湖县山州。

# 谢公亭赋

以"谢公来游必憩于此"为韵

　　有亭焉,碧水阶环,青山栏亚。似池上楼,如湖中舍。羡东瓯胜迹之留,税北宋名流之驾。贤令尹十年管领,风月多缘;好湖山几度勾留,烟霞无价。雅近庐陵太守,也曾喜雨名亭;至今瓯海诗人,尽是临风怀谢。

　　惟谢康乐之来吾瓯也,宦情素淡,吟兴偏工。检点隐囊纱帽,安排笔架诗筒。每欲买山一角,相将拓地三弓。订某壑某丘之约,仿一觞一咏之风。池畔春吟,簿书了了;城西晚出,笠屐匆匆。诗酒生涯,可是醉翁作伴;江山成癖,有谁仙吏如公。

　　尔其大江登眺,佳景徘徊。阅紫藤兮绿荇,披密竹与苍苔。每当六七里山行,林泉绝胜;那有两三椽屋矮,棂槛低开。名山名水,安得衙斋近傍;一琴一鹤,直将官廨移来。

　　迨夫秩满而归也,爰辞薄宦,已倦胜游。怅苍茫兮云水,想蕴藉兮风流。南亭而吟兴绝佳,思乡有恨;北亭而离怀隐触,遮道难留。几同五柳先生,三径菊辞归彭泽;聊比四明狂客,一曲湖敕赐越州。

　　乃有父老攀辕,士民载笔。去后愈思,异时犹述。伤丰采之难瞻,冀名区之勿失。为追胜地兮遨游,爰构危栏而崒嵂。居容十笏,比荒祠古庙以依然;小筑三椽,谓碧榭朱楼其何必。亭额而头衔有署,姓氏馨香;亭心而像列如生,衣冠古逸。

其为亭也,古寺半遮,连岩四蔽。双塔风清,孤峰云霁。岂亭传放鹤之名,岂亭仿狎鸥之制。岂亭开花月,张郎中握管成题;岂亭绕竹林,王逸少流觞修禊。好比西堂春草,池以谢名;居然南国甘棠,荫思召憩。

诚以宦游遗迹,吏隐芳誉。恩馀杖履,化洽琴书。一望翼然,高矣美矣;几番游此,朝于夕于。谢公楼前度筑成,共绘客儿之像;谢公屐当年踏遍,曾停长者之车。岂惟览胜雁山,谢公岭名区宛在;聊拟订盟鸥国,谢公桥胜迹应如。

迄今古栋苔青,残碑藓紫。风雨数椽,烟霞十里。登堂荐俎豆苹蘩,讲学忆门墙桃李。孟公楼畔,几曾对酒吟诗;文相祠边,无限落花流水。信翁之乐在山水也,醉复颓然;有客亦知夫风月乎,谁能遣此?

# 前　题

月白侵檐，霞红绕树。砌窄苔缠，栏低花亚。听水有声，看花无价。屐痕印处，差同怀到北楼；琴韵分来，记否步回西射。古人已往，留胜迹于永嘉；太守谓谁，溯遗徽于大谢。

惟谢公之守吾温也，俸还鹤似，盟只鸥同。簿书了了，笠屐匆匆。访上头衔，合共署来竹马；池边眼界，也曾跨到花骢。只应积谷山前，岩寻谢客；记得拱辰门上，楼号谢公。

及其中川眺望，孤屿徘徊。半江月浸，双塔云开。普寂院边，拟买闲山一角；清辉轩外，曾寻曲径几回。至今茅屋三椽，都人士有情未免；自昔蓉江十里，贤宰官洗眼曾来。

羌乃一官草草，两地悠悠。谁访白云之曲，徒探绿嶂之幽。想南亭之行吟，双凫久驻；奈北亭之叙别，五马难留。爱勒残碑于片石，并谋小筑于中流。岂徒画栋珠帘，临渚羡滕王之阁；差比黄州赤壁，横江记苏子之游。

而是亭也，十笏青紫，三弓翠苗。栋认烘云，窗看映日。是际有长廊短榭，钟韵遥传；其词兼流水高山，琴声潜出。问读书何处，对高台之巍然；拜绘像于斯，等十里之式必。

一代风流，四围云霁。鸥绕岸边，鹤宿檐际。数行诗就，也应题满粉墙；几两屐携，曾否踏来瑶砌。恰似扶疏树绕，吾爱吾庐；运同蔽苊棠甘,所税所憩。

半仙半俗,爰处爰居。临流选句,踞石讲书。山色入檐,蓝真是蔚;海潮撼宅,白可生虚。认云日之相辉,松新瓦老;幸雨风之可庇,竹瘦椽疏。文丞相祠许为邻,合是瓣香未泯;孟襄阳楼堪作伴,几曾樽酒相于。

彼夫亭号流觞,亭名问水。富览亭题有羲之,绝境亭建自行已。非不泉石兴怀,烟云落指;孰若此[1]人影镜中,天光画里。青山识面,谢公岭雅号同传;白水盟心,谢公桥芳名竞美。湖山管领,微先生谁与归哉;风月主持,惟贤者然后乐此。

---

① "此",疑衍。

# 孔铸颜赋

以"陶情冶性如金在镕"为韵

扬子对客而蹶然曰：夫咸阳铸狄，首山铸刀。或制镆邪而治跃，或销锋镝以光韬。虽丹铅之可化，终矿璞之是操。今将与子溯泥山之道范，缅泗水之英豪。颜氏其庶几乎，贫忘陋巷；夫子不可及也，富阻墙高。在大贤器以晚成，本擅浑坚之质；矧至圣教如春煦，弗辞鼓荡之劳。惟其橐籥无形，宝气常钟于阙里；绝异炉锤有象，勋臣终隐于定陶。

不见夫孔子之诲人乎？至诚烛照，大道衡平。既光辉而笃实，亦刚健而文明。即之也温，两端可叩；大而能化，一艺莫名。口缄周庙者三，金人是凛；器拟商瑚之六，玉汝于成。示可磨可涅之经，由也模棱未化；抱不雕不污之憾，予乎砥砺难精。是诚教必因材，凤具披沙之至意；畴则质能就范，勿辜徇铎之深情。

则有颜渊者，课我行藏，听其用舍。无施无伐，劳善胥忘；不贰不迁，悔尤已寡。品既等于握瑜，量更同于合瓦。温润而泽，觉天赋之独良；纯粹以精，几人为之不假。列四科而为首，况于亲炙之乎！得一善则服膺，非由外铄我也！方谓箪瓢乐道，可争绝诣于宣尼；岂惟剑戟归农，欲革遗规于欧冶。

然而业贵范围，功资提命。附骥尾而弥彰，赖鸿钧以就正。譬彼他山攻错，终需介石之贞；自非函丈裁成，曷励如铜之行。夫子于是纯乎其纯，圣不自圣。藉经义以取镕，储席珍以待聘。善事则器先求利，研炼维勤；从心而矩自不逾，刮磨胥净。刚者讵真未见，知德成无异艺成；钻之方觉弥坚，洵人性可通物性。

尔乃诚心造就，善气吹嘘。裒多益寡，剂盈酌虚。絜辉光于日月，融精液于诗书。其善问也非木之攻，但迎刃而解矣；其知道也如玉之琢，将韫椟而藏诸。薰德能良，似一气洪钧转到；为仁在熟，恍十分火候调馀。化为绕指之柔，端恃博我约我；断以同心之利，匪惟切如琢如。

假令阐珍任重，作砺功深。仿烁刃与凝器，俾爕阳而理阴。磨荡群生，相息兮若冰与炭；薰陶万类，悦从者若石引针。子将以人治人，有造物为炉之意；颜亦因物付物，运至人若镜之心。胡为乎名山匿采，空谷闳音。恐英锋之流露，甘廉锷之销沉。怅当时予手无柯，莫挽六州之大错；赖我党此心相印，尚存百炼之精金。

是盖太璞同完，群材博采。匪焠指以自箴，只凝神而莫怠。义取于鼓之舞之，象符乎砺乃煅乃。仿佛假桃制作，几经炉转丹成；消磨坛杏光阴，一任燧钻火改。三命凤承遗训，铭鼎益恭；五音用集大成，撞钟善待。从此模山范水，知仁之妙用胥赅；果然甄殷陶周，冕辂之遗规具在。

士有秋霜品贵，化雨灵钟。砥锡勿渝其素，囊锥自淬其锋。铸史抉麟经之奥，铸词居虎观之宗。犹泥在钧，诵名言于东汉；非圭之玷，佩至训于南容。陈庚独荷其薪传，炳矣日星之义；克己常融其藻鉴，灿然冰雪之胸。将铸金以事之，愿效廉公拜揖；毋苦孔之卓也，同归哲匠陶镕。

# 石鼓山赋

以"山石如鼓扣之则响"为韵

　　秋飙四起,夕照一弯。云气蟠结,风声往还。泉清戛玉,水曲如环。有地籁天籁,在松间竹间。石齿嶙峋,惯作惊人之响;石拳剧屴,原非说法之顽。乍闻异响之东丁,竟是如桴应鼓;试访名区于上戊,几疑叠石为山。

　　客告予曰:是为名山,厥有怪石。无岩不奇,有路皆僻。瀑布飞青,苔纹篆碧。却异射来伏虎,夸陇右之雄风;非关化自叱羊,纪山东之仙迹。漫谓九华可拟,韫玉色兮山辉;果然一叩即鸣,作金声兮地掷。

　　一拳突兀,万籁吹嘘。清音戛击,逸韵纤徐。信名区之罕有,锡嘉号而非虚。得非古寺钟铿,渊渊声出;恍似空山筑响,袅袅音馀。有时天籁调来,作大扣与小扣;想是山灵削就,羌琢如而磨如。

　　尔其为山也,松吼有风,泉飞作雨。岩骨云撑,佛门树古。接九斗之奇峰,拓三弓之净土。界瓯海十三浦畔,流水四环;去郡城三十里馀,群峰一俯。胜似伯牙琴韵,志在高山;居然俗耳针砭,坎其击鼓。

　　则有名士长官,诗狂酒史。循渡口以闲游,向峰头兮望久。飘然而来,得未曾有。列处则形疑娲炼,堤惊古道龙蟠;扪来而拜效米颠,几讶昆明鲸吼。也有行春太守,竹马闲停;何须博物茂先,桐鱼试扣。

是盖蟠根古峭,秉质离奇。羌古音兮古节,亦非竹而非丝。绘山客之磊落,占山骨之崎岖。其声清越以长,在红树夕阳之际;有客扶摇而上,咏绿苹初叶之词。漫如唐代长歌,争纪诗篇于韩愈;应与华严佳种,并摹文字于羲之。

彼夫岐阳异迹,几就销沉;太学遗规,屡经拂拭。燕山岩畔,势类柃援;吴郡岸边,奇传桐刻。非不扣之有音,聆之有则。孰若此林壑玲珑,峰峦奇特。石宝山遥对城东,石门山回环岭北。自是山鸣谷应,名讵仿乎三生;居然石破天惊,炼不须乎五色。

迄今古磴苔萦,荒碑草长。寻断碣以扪萝,步危峰而策杖。想风动天寒之地,遗韵犹沉;诵云生岭叠之诗,古人已往。如响斯应,吼雷雨而常喧;不平则鸣,遏云烟而直上。拟钟声兮天上,下界时闻;洗筝笛于人间,众山皆响。

# 前　题

苍烟千叠,白云一湾。花红压架,苔碧晕斑。几疑扣缶声闲,岩腰远送;恰值沉钟自暮,谷口斜环。非同文访昌黎,勒鼎铭于太学;恰似诗题靖节,和琴筑于空山。

尔其九点含青,一卷涵碧。云飞剩香,露湿凝液。圆嵌宝镜,绣螭篆以浮苍;洁比银壶,亘螺鬟而映白。却凝听琴有约,巍巍乎志在高山;谁知浮磬同传,渊渊然声出金石。

而乃峰巅挹出,岩腹撑初。昼清而远,运实于虚。异石碑石经之辨,岂鲁鼓薛鼓之馀。孰假之鸣,听隔山之隐隐;同声相应,疑拊石之徐徐。访取椽作笛之情,音古节古;得破瓠为圆之妙,琢如磨如。

是山也,上戊渡遥,冬丁韵谱。象类成羊,形如卧虎。来到屧声橐橐,磴道云封;和来笙韵于于,岩峦霞补。倩征人之妙法,敲将桥上神鞭;招老衲之禅心,讶是寺中佛鼓。

烟雨秋奇,风云暮走。非玉韫于山中,非钟敲于饭后。岂是山鸣谷应,节协鼍更;果然石破天惊,声随虎吼。漫羡表奇于汉武,触鲸韵而喧鸣;也来博物之张华,刺鱼形而轻扣。

时或岩带雨滑,峰积云垂。绿苹影细,白芷香滋。籁本天生,在万壑千岩之外;声从地掷,是一弹再鼓之时。试吟岭叠云生,曾忆新诗于灵运;应仿濑回星突,待镌妙笔于羲之。

　　乃辟草菅,乃披荆棘。山不仿乎九华,石实夸乎五色。林壑琤琮,峰峦奇特。形原洞若,卧薜砌以倾欹;腹岂嶓其,向苔阶而拂拭。声流春水,曲妙解乎冯夷;响遏秋云,律适中乎夷则。

　　彼夫石柜山册蕴峰中,石帆山蓬推岑上。石门山耸,绝壁千重;石宝山高,深泉百丈。非不灵异常钟,扶摇直上。孰若此击异黄桴,扣应藜杖。访石钟于彭蠡,共调瑰奇;拟石鼓于武当,差堪想像。倘思针砭俗耳,殆移我情;若教鼓吹诗肠,其应如响。

# 虞美人赋

限三百字,不拘体韵

园林春色淡于水,红粉风流唤不起。身轻力弱莫能扶,东风调弄谁家子。

渺渺兮有思,珊珊兮来迟。芍药输艳,蔷薇逊姿。松钗低颤,莲步轻移。与梨同梦,不柳而眉。绿云压蝉鬓,红雨蘸燕支。笑月娇颐解,颦烟眉靥垂。对春无语,半斜忽欹。

小蛮束腰,樊素遮面。纤瘦如新寡文君,绰约如懒妆飞燕。临流如西子浣溪,倚槛如杨妃上殿。将毋浔阳女,羞抱琵琶;将毋班氏姬,怨藏纨扇。

则有诗人约伴,名士多风。联吟紫燕,行乐青骢。照妆砚北,索笑檐东。梦和蝶语,情托莺通。粉何郎而傅淡,眉张敞而描工。怅余发白,怜尔妆红。此恨成千古,无颜笑六宫。

别有罗袜新裁,湘裙初试。翠袖笼栏,绣鞋蹴地。斗草排愁,逢花睹媚。莲并蒂以慵栽,豆相思而懒寄。娇教婢整鬟,愁为郎垂泪。簪来红瓣有馀香,诉尽青春无恨事。

歌曰:女儿情事付春波,花国何须羡绮罗。立尽沉香亭北月,知情夜夜只嫦娥。

# 虞美人赋

## 限三百字并序

虞美人者,或以为项王名姬之魂所化也。吊楚国之河山,繁华一瞬;写宋人之词曲,遗恨千秋。譬之托望帝春心,蜀魄入众香之国;比似洒英皇血泪,湘灵传班竹之名。虽事属无稽,而理非有碍。爰本此意,缀为短篇。

英雄洒泪,儿女捐躯。樽前蚁尽,镜里鸾孤。泄绣阁裙钗之怨,博骚坛诗酒之娱。嗟骓马兮不前,倏成尘迹;叫杜鹃兮无力,自写画图。而今金屋藏娇,休说江东之项;自古红颜薄命,谁怜垓下之虞。

尔其仙骨翩跹,柔姿旖旎。脉脉斜阳,盈盈流水。鸿沟之残局悲哉,鸳枕之新欢渺矣。陌苏小门前之景,柳尚含娇;结韩凭墓上之魂,花都连理。华清宫冷,伤同南内太真;巴蜀城高,恨煞西方彼美。

昔之镜台恋伴,罗帐欢春。弱凭腰舞,羞捧心蹙。歌舞玉楼,云鬟暗蝉;江山金粉,月貌拖匀。今则亭台非旧,宫阙皆新。脂凝露液,梦逐风尘。山茶结社,海棠比邻。果然绝世丰姿,柳如眉而蓉如面;莫问前身恨事,眼中泪而意中人。

遂便雨泣烟愁,蜂娇蝶妒。转瞬三生,回头一顾。肯逐春风而嫁,怪他桃李无情;厌闻夜帐之歌,生怕管弦没趣。封侯贻悔,应动春闺少妇之悲;解佩言欢,忍吟洛水神妃之赋。

# 丁字帘赋

以"重帘不卷留香久"为韵

寅窗人静,甲帐香浓。柳堂午枕,梨院晨钟。对帘波而荡漾,认帘押之横纵。试看舒卷卯斋,影类竹枝个个;漫说飘扬丙舍,弓同远岫重重。

斯时也,烟迷竹院,日照芳檐。绿嵌屏凸,碧洗山尖。壁有蜗而篆绕,炉置鸭以纹添。风节低垂,忽觉一禽窥户;鸾花半卷,悠然双燕入帘。

则有甲院莺啼,辰窗尘拂。几称琴眠,牌将诗乞。开帷而韵绕丁当,入户而躬从丁屈。帘下而书排丁部,和吟韵以铿然;帘边而花种丁香,爱芳姿之鄂不。

别有山馆酣谈,水楼饮饯。樱桃熟而红轻,杨柳飞而翠软。丁沽成市,帘一幅以青紫;丁水名溪,浪三蒿而碧剪。看蜡炬添来丁火,帘尽烟浮;倘虾须映入丁湖,帘偕波卷。

更有深闺遣兴,小女含羞。歌莺声软,睡鸭香留。窥卯木而卷开翠羽,盼辛夷而挂起银钩。丁夜坐来,恰向兰房而学绣;丁娘唤出,正开菱镜以梳头。

半斜半卷,宜短宜长。双钩屈曲,一桁裁量。掩映兮风字砚北,徘徊兮亚字栏旁。只缘玉箔高牵,牛字门无须重闭;尤爱炉烟微散,卍字窗倍觉飘香。

以知巧制偏奇,佳名无负。浣秋水于楼台,挹春风于户牖。鸿泥小记,待丁鸿一一归来;鹤影轻驯,问丁鹤迟迟去否。记得小栏正午,花韵晴初;还思绣榻清晨,酒香醉久。

# 龙湫飞瀑赋

## 以"风吹作雨日射成虹"为韵

十里冥蒙,晴空驾虹。云叶喷碧,浪花溅红。有石皆卓,无泉不空。擅一落千丈之奇,健摇山骨;作五花八门之势,巧夺天工。果然万斛泉源,涌出而都非择地;直是九天珠玉,唾来而顿觉生风。

客告予曰:有雁荡之多胜,惟龙湫为最奇。从石城十折而至,去云漳数里有奇。谷近珠帘,有三峡倒流之势;溪环锦水,正一宵足雨之时。燕尾池縠影平分,犹记讵那锡柱;龙鼻水琴声乍透,几疑子晋笙吹。

其为瀑也,练影横斜,珠花错落。非海汇乎百川,乃泉奔乎万壑。铁城障畔,碧涨成纹;石壁凹中,银涛类削。是何意态,维摩之花放空蒙;放大光明,兜率之天开寥廓。异囊日谢公蜡屐,未结吟缘;忆当年楼守题诗,竟成绝作。

始则白滚霜花,青萦烟缕。灿如日色之相辉,烂如月华之初吐。迥如霄汉之斜通,错如虹霓之乱舞。作电击雷轰之势,岂其地占匡庐;有云蒸霞蔚之观,恰称岑环天柱。下临无地,幻成五千尺波澜;中别有天,泻尽百二峰烟雨。

继则波拥华幢,岫翻卓笔。荇藻纹浮,芙蓉晕密。帘胧之幻影层层,琴筑之清声一一。纵使峰围玉剪,也难裁断鲸波;倏教浪漱冰绡,讶是织成鲛室。何处波涛澎湃,破欲乘风;有时水浪铮钹,坐还移日。

至若声动山弯,冷侵石隙。天公之河鼓动喧阗,星女之雷梭抛掷。有似喧呼铁骑,拥十万之军声;又疑迸裂银河,挂百重之匹帛。听到雨风交作,虚窍齐鸣;照来星月微茫,晶光四射。

彼夫石门则千崖迸落,石梁则几折纵横。双瀑涌忠文之赋,三瀑畅康乐之情。孰若此势走蜿蜒,不数龙潭之迹;气吞鲛鳄,奚夸龙井之名。居然虎啸龙吟,大声发于水上;自是龙蟠凤翥,画图本出天成。

从知翻腾有势,变化无穷。非合浦珍珠乍返,以银潢赤岸相通。风雨昂头,王梅溪吟诗兴逸;雷霆震响,李五峰作记词雄。君不见四围苍翠之中,山如奔马;客如得万派横流之概,气吐长虹。

# 石蚷扬蓶赋

以"形如龟脚春雨生花"为韵

　　蟠蠙穴古,结屋楼腥。壳嵌碧翠,纹蚀岩青。非鱼房乙,异蟹拳丁。有奇珍之郁勃,偏异质兮珑玲。初疑小竹穿来,点沙痕而应雨;倏看奇花吐出,钻小窟以零星。采孕山凹,可配江瑶之味;芬流泽国,俨同海月之形。

　　原夫郭景纯之赋江也,华枪点缀,帆幅吹嘘。向江天而兴逸,咏海市以词摅。异味罗来,腹蟹目虾以外;珍馐搜遍,文鲵海鳖之馀。何来广袖唾成,似赵后碧华绣出;好比朝帆采得,记谢公赤石游初。奚夸蟹长秋风,别珍味于尖者圆者;讵料蚷经春雨,发清辉而焕如烂如。

　　盖有石蚷焉,纷纭应节,出没随时。蚝山错彩,蛎舍争奇。石脊千层凹凸,石鳞万叠之而。非比石华,恍江鳞之腴美;宜名石镜,漾水藻之涟漪。刚逢甲坼蟠成,拍岸而珠辉石蚌;雅称丁沽撷罢,登盘而酒挹金蓶①。

　　尔其杏叶香分,薜墙秀削。滴露初鲜,蒸霞转灼。披秦蓶以缤纷,灿天蓶而约略。蓶吐而冰条璀璨,飞芝盖以依稀;蓶流而藻采

---

　　① "蓶",疑当作"龟"。

鲜明,入苕班兮错落。浪叶云花而外,生本无肠;鲛宫鼍穴之间,春来有脚。

于是盈盈擢颖,簇簇生新。是水中之扬鬐,非云际之扬尘。海波扬到之时,黄烟正饱;帆影扬来之际,海错同珍。趁九十日之韶华,争开水国;压廿四番之芳讯,别占阳春。

匪等蛏田,谁同蜑户?岩峦之琼屑纷披,壁罅之丹砂飞舞。点头解语,散来天女之花;掬手流馨,捧出水仙之府。艳质天生碧海,顿教网共珊瑚;灵苗露灌珠宫,何虑夜来风雨。

岂共珍传玉馔,响吼石鲸。石芝春茂,石菌秋荣。非不班驳撷石膏之润;胚胎流石髓之精。皆未及云腴进罅,月胁飞英。作奇葩瑶草之观,近石而还将石号;轶翠蠯珠蚶之品,非虫而亦以虫名。笑鲛人织就文绡,那得葩飞五色;听海客谈来瑶岛,得无石证三生。

客有梅羹晨挈,兰浆春划。珠珍蠯蛤,侣结鱼虾。玩玉珧于海岸,拾紫蛤于江沙。珊枝拂钓客之竿,潮头簇锦;玉蕊结湘神之佩,岩脊流霞。还将种判菖蒲,别考芳名于《释草》;不信阴围薜荔,转教顷刻以开花。

# 拜石为兄赋

以"米颠拜石呼之为兄"为韵

宋有米元章者,文成一家,书工八体。聚丘壑于胸中,绘岩峦于笔底。宦游灵璧,喜诸峰都似儿孙;宅泛画船,信四海皆如兄弟。乃因爱石之诚,遂切拜嘉之礼。幸奇珍兮入手,与君合是双珠;向清署而折腰,笑我非因斗米。

方其暂辞吴郡,出守涟川。水心独挺,尘虑都蠲。领林泉之旨趣,结翰墨之因缘。龙性驯难,若辈何堪屈膝;虎头痴绝,诸公未许随肩。自怜风雨连床,不及雅怀于坡老;但论云烟落纸,合赓同调于张颠。

有石焉秉质坚贞,赋形耿介。竦如山立,面目逼真;睡似沙抟,须眉入画。土偶人难与追陪,瓦学士嫌其易坏。余为海岳散人,尔乃嵩山别派。或者娲皇未炼,本来生是同根;将毋精卫初填,共此谪居下界。奇情荦确,好联今雨之盟;傲骨嶙峋,愿向下风而拜。

于是整肃衣冠,安排几席。一炷香焚,三弓径辟。拟拜孔而弥殷,视拜经而尤癖。略似王郎高兴,雅传拜竹之谈;却殊耿氏精诚,特运拜泉之策。一番顶礼,灵欲来歆;两字头衔,交诚莫逆。自昔杂宾素甚鲜,弟昆回首乎青山;羡他孺子相呼,老父幻身于黄石。

如从长者,乃效友于。弓翩戒切,磬折忱输。非关山上望夫,化由贞妇;不比寺中说法,聚作高徒。天末相思,聚首则十分欢喜;花前小立,比肩而一样清癯。入我室兮怡怡,何取他山之错;陟高冈兮磊磊,应闻予季之呼。

同气连枝,匪夷所思。形侔璧合,分协埙吹。较双丁别具风流,令人心折;问九子谁为年少,愧我生迟。或同醒酒于平泉,恰好诗成梦草;转怪煮茶之陆羽,胡为泣等燃箕。一卷之多,心可转也;十年以长,礼亦宜之。

彼夫劲松足友,虚竹堪师。鹦歌①唱和,鹤子追随。孰若此九华选胜,三揖修仪。我愿为何氏小山,山栖与共;此即是唐宫长枕,枕卧尤宜。堪嗤风舅草翁,谈多谑浪;翻觉竹王木客,味总差池。当年碑篆留名,况复传家之有子;此日研山纪异,尚怀卧治于无为。

客有斋窗列玩,洞壑怡情。摩挲云母,供养星精。间种谢家玉树,爱栽田氏紫荆。癖似南宫,敬爇心香之一瓣;珍携东海,静参因果于三生。会看灵境天开,罗致玉昆金友;奚止宦情水淡,标题矾弟梅兄。

---

① "歌",疑当作"哥"。

# 为善最乐赋

以"其言甚大副是要腹"为韵

汉有东平宪王者，少耽经术，雅具智思。银潢望重，玉牒名驰。上光武中兴之颂，值永平下诏之时。承赐服于南宫，善以为宝；命延英于东阁，乐此不疲。功高不至谤兴，大丈夫愿亦足矣；体胖良由心广，故君子意必诚其。

夫以善之宜为也，功资蒙养，性协乾元。民彝是好，俗尚斯敦。耳自鸣而德盛，膺常服而道存。薰蒸绝似芝兰，春心蔼蔼；长养浑如禾米，玉色温温。乡里争称，莫笑少游之守拙；江河若决，当师大舜之闻言。

然而贵贱殊情，纯疵异禀。或席宠于桐封，或分支于椒寝。或玩志于游邀，或骋怀于宴饮。平台客满，尽饶丝竹之欢；磐石宗繁，畴饬珪璋之品。便解催诗于梁邸，仍非意趣萧然；恐忘设醴于穆生，辜负声施藉甚。

况以王之五县豪华，三朝倚赖。赐貂则供养频加，遗马则宠荣叠沛。位尊而性易漓，恩厚而情斯汰。乘舆宝器，家珍之罗列如林；秘籍仙图，老景之游娱未艾。安必善为国纪，应禹甸之旌悬；谁云乐永天伦，轶唐宫之被大。

而乃素抱中恬，丹忱上奏。最凛斋居，最严屋漏。善端可喻泉流,乐意恍邀天佑。人诵《甘棠》之德,亟思岁致和丰;自举负薪之才,但愿民跻仁寿。燕笑早承夫令誉,和气攸钟;龙种自异于常人,盛名果副。

帝乃鉴彼肫诚,绎兹妙旨。握手殷勤,赐章褒美。羡雅度之轩轩,称硕肤之几几。颁十九枚列侯之印,我泽如春;赍千万贯内府之钱,天颜有喜。进谏曾同水石,惟其善而莫之违;处身纵异箪瓢,凡有为者亦若是。

厥后丝纶屡逮,鼎鼐能调。劳宣露冕,庆溢星轺。就国则乐天自适,迎郊则乐地匪遥。罢兴筑于二陵,善言启沃;上便宜者三策,善政宣昭。东方事一以委卿,会见黔黎额手;南面王无能易此,休夸朱紫垂腰。

圣朝俗化慈祥,治崇雍睦。各励苾忱,用康茀禄。独乐孰如与众乐,兼善恩乎;不为然后可有为,最初性复。行见麟振衍庆,超俊望于誉髦;岂徒鸿宝招贤,侈博闻于便腹。

# 汉书下酒赋

以"此物下酒一斗不多"为韵

苏子美系出桐山,官居苕水。骨格风流,词章云诡。既酒癖以绝伦,亦书淫而无比。愧牛角行吟之客,未解沽春;笑鹿车痛饮之人,那知论史。幸斯文之沁我心脾,不顷刻而互为惊喜。汗青朗照,萧郎之剩简依然;浮白高歌,处仲之唾壶碎矣。客何为者,主人犹深以为疑;君试觇之,名士乃欣然乐此。

方其在杜祁公舍也,烛影高烧,几尘细拂。似博陵之婿,喜窃缥缃;非皇甫之郎,性萦簪绂。然使邺架方陈,郫筒莫乞。纵董子耽思之际,有味醰醰;恐相如消渴之时,安能郁郁。抑或座有觥盎,文惭衮黻。则提壶买醉,空劳欢伯之追陪;而覆瓿贻嘲,未得古人之仿佛。似此樽开北海,还宜搜柱下之编;与其饼啖东床,孰若进杯中之物。

爰乃披班氏之简编,想留侯之机诈。冀申韩国之仇,狙击秦皇之驾。沙飞博浪,灯前想见须眉;铁跃大椎,纸上犹闻叱咤。胡为而副车贻误,致从圮上以亡身;胡为而十日图形,几等淮阴之出胯。则且拍案欷歔,举杯惊讶。鲸吸长川,龙吟永夜。以是酒急浇块磊,直将斫地悲歌;以此酒遥奠英雄,倘或自天飞下。

洎乎逐鹿将空,从龙已久。气夺重瞳,谋成苦口。鸿沟割据,感吐哺兮恩深;鱼水遭逢,较醇醪而味厚。帝若曰关中决策,十八人卿最多勋;侯以为陛下得天,三万户臣何敢受。信遇合之非常,垂功名于不朽。则又忭舞扬眉,酣嬉拍手。笑对青灯,狂呼红友。以此书拟万金宝剑,引杜老之残杯;以此书当一卷《离骚》,罄王郎之美酒。

由是佳酿重斟,高情四溢。神往汉京,心游汉室。酤酒而雠数倍,服王媪之情深;持酒以贺两家,羡卢君之谊密。置酒则未央殿迥,想奉卮上寿之年;纵酒则故土台高,忆击筑歌风之日。为问斩蛇创业,酒馀之胆气何豪;似闻汗马争功,酒伴之呼声未毕。酒中仙恍乎若逢,书中人呼之欲出。陋书生之结习,自夸裘贳金千;料汉主而有灵,应道羹分杯一。

当是时也,意气激昂,精神抖擞。恨不邀酒吏之朱虚,起酒家之武负。酒酣而谒郦侯,酒阑而逢吕叟。偕栾布为酒保,气盖燕中;与郦生作酒徒,名闻齐右。使酒者河东守,我愿见之;侑酒者沛中儿,今犹在否? 彼避酒如郭解,未足与言;而强酒若灌夫,亦非吾偶。壮士能复饮,羡樊侯立尽金卮;竖子不足谋,嗤亚父徒撞玉斗。

祁公于是窥彼沉酣,赏其奇崛。惊书味之淋漓,爱酒香之芬茀。谓撑肠拄腹,殊窦氏之书痴;谓雄辩高谈,异焦生之酒吃。愿君饮琼林法酒,作霖雨与盐梅;愿君探璧府奇书,奉朵云于纶綍。愿君师前箸借筹之意,留待鳞批;愿君缅下邳纳履之风,暂安蠖屈。此日曲生把臂,已同三爵油如;异时瓠史罗胸,非复十年悔不。

宜其誉流草圣,班列词科;累迁锁院,曾侍銮坡。荐遇范公,《宋史》尚传其节概;名齐梅叔,吴人争唱其诗歌。所惜者奇才潦倒,壮志消磨。官阶未显,党籍先罗。纵蜚声于翰墨,终寄傲于烟波。醉倚苏门,料碧筒之依旧;仙游王屋,比黄石以如何? 即今元祐编新,吾辈之观书勿懈;剩有沧浪亭古,后人之醉酒应多。

# 胸有左癖赋

## 以"武库胸中自有左癖"为韵

　　今将储成竹于肝肠,辟塞茅于肺腑。书富等身,业勤刺股。则必涵盖群言,茹含百部。疲以乐而能忘,疟非诗而亦愈。赏奇文于青史,功属毛锥;析疑义于素臣,才逾肉谱。惟左氏虽盲于目,文章直接宣尼;自晋人有癖在胸,著作更超壮武。

　　昔有杜元凯者,开国勋高,灌园策裕。一身之瘿瘤何妨,四境之疮痍必顾。遂于典午之先,兼领陈庚之趣。胸罗星宿,偏窥汗简于千秋;癖异烟霞,别奉心香之一炷。酷爱瑕邱笔妙,褒诛参一字之权;自欣智府珠明,淹博轶五经之库。

　　其作《左传集解》也,官详纪鸟,典释豢龙。五情荟萃,三体陶镕。见帝虎之讹而必辨,黜《公羊》之诡而弗宗。二百馀载之战争,成败都归于目炬;七十二邦之疆域,纵横足恣其谈锋。学饱官橱,几类华元之皤腹;经馀劫火,幸殊魏子之伤胸。

　　羌乃菁华内敛,根柢旁通。搔从痒处,嗜与痂同。病却殊于鲁瘠,痴讵等于宋聋。果然皮里阳秋,味较董狐而更辣;漫笑腹中空洞,文衡班马而弥工。非梦吞《周易》三爻,蕴苞符于腕底;似醉读《汉书》一卷,浇磊块于胸中。

　　茫乎若迷,飘然有思。抱膝长吟,扪心默识。若有味兮方回,旋无言而自醉。谓疾疢何须药石，肱已折三；问膏肓谁与针砭，竖疑化二。诸子弟供其肴馔，嗜涉猎以奚为；斯文直沁入心脾，喜渊源之有自。

所由伟论独撅，群疑悉剖。笺注时深，研摩日久。挚虞赏之于先，僧诞申之于后。莫诮心淫于风蛊，论文原薄虫雕；不愁腹疾于河鱼，食字已同蠹朽。三十载伐毛洗髓，外腓内充；一万言拄腹撑肠，左宜右有。

彼夫马癖不免于罢劳，钱癖殊嫌其卑琐。太常之爱士虽佳，福畤之誉儿未妥。孰若此意绪千寻，心花万朵。涣然释冰，洞若观火。对镜莫嫌消瘦，行看虹玉之入怀；闭门竟以养疴，翻笑麟经之误我。想见胸多丘壑，故知刘稻之在琅邪；宜其胸具甲兵，不难破竹以平江左。

士也励志缥缃，覃思典籍。绍泗水之心传，慕当阳之手泽。何庸入室以操矛，不愧登筵而夺席。修史起《穀梁》之痼，异想天开；观书同皇甫之淫，遗编山积。笑王济性能悟《易》，始知臣叔不痴；至杜陵语必惊人，益信君家多癖。

# 前　　题

士有虑墙面之贻羞,爱宅心而服古。疵欲求毛,锥将刺股。则必沉醉千家,揣摩百部。辟茅塞于心田,等英名于肉谱。将军不负,谈经则腹笥曾便;臣叔非痴,读《易》之心源可数。喜晋代遗书尚在,辨才可翊圣经;知杜陵佳句能耽,诗史犹绳祖武。

昔有杜元凯者,独具宏猷,兼谙细务。学富缥缃,才经陶铸。平吴之策初成,保晋之谋已固。莫教髀肉,憾到重生;愿作股肱,乘兹良遇。自许尸包马革,安事毛锥;竟然指画豹韬,频挥露布。肆伐真同尚父,鹰扬谁御于商郊;多闻却比张华,雄化曾知夫晋库。

孰意心无别恋,情有攸浓。靳中怀之所向,喜左氏之当宗。目非逆而还送,心却降以相从。白蜡明经,歌忘相鼠;绛郊问墨,典溯豢龙。陋彼身肥,季氏之言早食;叹余疾恶,孟孙之爱偏钟。真怜鬻子之顽,忧其长齿;岂慕魏犨之勇,不惜伤胸。

一览难穷,心攻目攻。将疑将信,非痴非聋。膝何为兮长抱,肠何为兮能充。镇日流连,笔床纸帐;频年供奉,茶灶诗筒。譬吟杜甫之诗,可除疟疾;若读陈琳之檄,竟愈头风。纪二百馀载之战争,富甲兵于胸里;志七十二邦之疆域,罗丘壑于胸中。

茫乎若迷,飘然有思。几载沉吟,一番酷嗜。若有味兮方回,羌无言兮自醉。无端技痒,爪倩谁搔;竟作书痴,讥还交至。菁华撷取，弗参《公》《穀》之言；磊块浇残，半是桓、文之事。糊口藉官厨之味，列肴馔兮何多；洗心凭学海之波，针膏肓而有自。

　　所由笺注时深，研摩日久。挚虞赏之于先，僧诞申之于后。胸多成竹，伟论独抒；胸有智珠，群疑悉剖。莫诮心淫于风蛊，论文原薄虫雕；不愁腹疾于河鱼，食字已同蠹朽。三十载伐毛洗髓，养粹功纯；一万言挂腹撑肠，左宜右有。

　　彼夫钱癖则万贯缠来，马癖则五花综锁。章句癖之咏诚夸，誉儿癖之言非妥。斯皆率性颇偏，未免居心细琐。曷若此与古为徒，以文博我。驹兮若隙，敢令身间；麟也何来，想因泪堕。溯渊源于虹玉，永垂汗简以千秋；吐糟粕于马、班，别灿心花之万朵。是盖起诸家废疾，得趣环中；故能扫四境疮痍，建勋江左。

　　方今圣天子道冠古今，学勤朝夕。既酝酿于一心，复笙簧于六籍。士也缅厥休风，承其遗泽。亲登贾谊之堂，连夺戴凭之席。严攻墨守，睡却降魔；冷沁心脾，诗还存液。食无不化，已灌溉乎灵根；俗岂难医，倏消融夫陈迹。行见经筵数典，争推星宿罗胸；何庸福地观书，自谓烟霞成癖也耶。

# 前　　题

胸有竹成，胸罗星聚。苗向心开，花从舌吐。意若在于偏才，志已殷于博古。赏奇文于青史，说等解颐；析疑义于素臣，才殊画肚。惟左氏虽盲于目，文章直接宣尼；自晋人有癖在胸，著作更超壮武。

原夫杜武库者，涂弗传鸦，毫非用兔。博览靡穷，搜罗无数。赏奇文以开来学，议论生风；注精义以继古今，才华流露。牙签压架，知为曹氏之仓；玉轴连云，识是杜家之库。

其作《左传》之集解也，学推绣虎，才重雕龙。频劳修饰，屡费形容。七十二国之书，详略都归于腹笥；一十二公之事，纵横足恣其谈锋。非梦吞《周易》三爻，悟彻苞符之秘；似醉读《汉书》一卷，浇残磊块之胸。

爰乃五情备列，三礼俱穷。见帝虎之讹而必辨，黜《公羊》之诡而勿崇。果然皮里阳秋，笔法则董狐可拟；莫笑腹中空洞，心香与班马潜通。乐此不疲，谙臭味于大官厨里；小成若性，割膏腴于《繁露》杯中。

心壹如愚，神凝似醉。非王济之癖于驰驱，非和峤之癖于货利。非李澄爱地，世号奇才；非文帝耽诗，人推神智。非誉儿之福畤，癖因钟爱而来；非好士之敬之，癖自怜才而至。诸子第供其看馔，嗤涉猎以奚为；斯文直沁入肝脾，喜渊源之有自。

　　彼夫人本超群，名宜不朽。终军作豹鼠于前，郭璞注虫鱼于后。《诗》详六义，端从辕固以初传；《易》有三名，原自商瞿而始受。岂仅《孝经》一册，固为张禹之功；他如《周礼》一书，实注康成之手。非不彼作而此传，亦各左宜而右有。

　　孰若此考订才高，笺疏笔妥。剖疑案则涣然释冰；参圣经则洞若观火。肠腹凭其撑拄，几疑虹玉之入怀；膏肓谁与针砭，翻笑麟经之误我。想见胸多丘壑，故知刈稻之在琅琊；宜其胸有甲兵，不啻破竹以平江左。

　　迄今遍览篇章，搜寻典籍。斯爱斯传，永朝永夕。修史起《穀梁》之痼，异想天开；观书同皇甫之淫，遗编山积。笑王湛才能治《易》，始知臣叔不痴；至杜陵语必惊人，益信君家多癖。

# 焚香荐士赋

以"或荐一人焚香进表"为韵

薇省持衡,杏闱承敕。藻席征才,蒲筵薰德。同心愿契夫芝兰,非类儌芟夫荆棘。私室绝滥竽之陋,无我则公;彩旌同杂佩之贻,知尔如或。

原夫谢谏议之荐擢也,内结士心,上承帝眷。冀名器之慎膺,恐贪缘之乘便。茅茹连玉笋之班,桃李仰琼林之宴。非燕南丰一瓣,浪传盛典于《鹿鸣》;惟延东观群英,艳说荣名于鹗荐。

尔乃香炷朦胧,卷排甲乙。祥蒸五色之云,瑞霭重光之日。虔诚等祇树之林,妙臭比旃檀之室。分御炉之碧篆,问谁射策无双;凝宝鼎之青烟,祝取簪花第一。

谓夫选严衡鉴,望重席珍。礼宜下士,恩岂避亲。品恐遗夫珊网,宠思渥以蒲轮。况列象上符乎星宿,斯诚求宜出夫风尘。拈来意可之名,此意亦同选佛;篆出心中之字,此心惟计树人。

尔其评量子细,校选辛勤。宠隆宴席,誉溢鸿文。奏牍灿千花之色,赐衣沾百和之薰。此时玉陛传香,彩认锦标之夺;他日金莲彻炬,膏瞻继晷之焚。

是以门高金马,案近玉皇。纶音焕烂,藻鉴辉煌。待金篦之刮目,凭玉尺以衡量。迩来束帛旁征,早卜音声之树;安得羽仪骞举,如薰着纸之香。

　　迨夫知己感恩,兆民彰信。见汲引之必精,亦升庸之庶慎。道惟耳目之交孚,谊取腹心之相印。拟卫公之九拜,但舒丹悃以旁求;比管子之三薰,亦洁赤心而自进。

　　方今圣朝贤路宏开,道心远绍。凤翔征祥,鸿渐卜兆。士有雅度雍雍,英姿矫矫。念十载不负所学,永旌士行之坊;喜一时同升诸公,遹树人伦之表。

# 前　　题

昔者韦苏州焚香扫地,耽公馀之燕息焉。赵清献焚香吁天,表臣心之鲠直焉。虽枕藉乎芬芳,未网罗乎奇特。若夫藻鉴抡才,葵忱报国。爇麝脐之一炷,气夺迦南;登骏骨于九重,群空冀北。谓说士犹甘于肉,馨明德以如斯;倘拈香第洁其衣,荡上心而无或。

则有谏议谢宗源者,宋代名贤,歙州时彦。中禁赐绯,上元预宴。谏正殿而帝亦俯从,辞福州而民犹仰恋。劲节备传于青史,禄岂薰心;清才见拔于黄公,官非识面。所幸朝无阙事,中台何取鸡音;却思野有馀贤,北海宜殷鹗荐。

乃其荐士也,选择綦严,品题罔溢。简亦飞霜,怀原捧日。陋吕公夹袋之储,鉴齐国吹竽之失。颇似梦通帝赉,羹调鼎里之盐梅;初非罗致人才,药备笼中之苓术。伸于知己,殆握三而吐三;热不因人,讵薰一而莸一。

于是珠帘锁夜,锦幔张晨。风清宝鸭,云拥瑞麟。散灵氛于百和,喷宿雾于九真。再拜而祝之曰:臣才惭煨芋,学愧传薪。念涓埃未报圣明,巨鳌空负;惟沉瀣尚通贤路,屈蠖宜伸。当年身侍玉皇,是案前属史;今夕手煎金屑,为陛下得人。

寸衷灼见,一气馨闻。心花醲馤,手草殷勤。奖借则齿牙亦馥,登庸而姓氏都芬。譬诸张说文章,享是香而无忝;悟取刘郎诗句,信佳士之可薰。沉水燃时,想高密真如水淡;博山爇后,料元瑜不待山焚。

夫使市恩拔擢,恣意游扬。推毂则争为魏倩,弹冠则强效王阳。惟趋炎之是务,非薰德而能良。善类寥寥,未化芝兰于一室;美人渺渺,谁纫蘅杜于三湘。就令甲煎流芬,奈众芳之芜秽;那复寅清励节,翊至治之馨香。

而公独锢行相期,冰心自信。望阙精诚,披沙审慎。风流司桃李之春,火候拨荃荛之烬。披残剡牍,阅三日而犹馨;奏近御炉,合双烟而弥润。故上书而升文正,居然一瓣相承;彼怀甓以伺主司,敢与群英并进。

方今珊网恢恢,金瓯皎皎。抽玉维精,遗珠绝少。江湖之凫藻重赓,台省之鹈梨四绕。龙衮浮烟之际,郎官如列宿回环;鹤书赴陇之时,太史奏祥云缥缈。选才犹选佛,谁参香火因缘;为国非为私,此即士林坊表。

# 陈平宰肉赋

## 以"宰天下亦如是矣"为韵

地辟枌榆，材堪鼎鼐。牛耳持衡，豚蹄乐恺。意有取乎裁成，技不嫌乎鄙猥。未借大王之箸，操刀则壮志先伸；请尝小人之羹，染指则馀甘尚在。他日计成烹狗，受约束者淮阴侯；此时道喻割鸡，絜经纶于武城宰。

原夫社之有宰也，送神已毕，颁胙斯虔。觥餽朋酒，殽设宾筵。饮福而人均贵贱，分甘则欲餍肥鲜。志在观颐，曹刿之远谋孰裕；事殊负鼎，阿衡之滋味空传。谁云霖雨储才，审象获和羹之佐；聊比豳风介寿，杀羔逢获稻之天。

乃有陈平者，负郭家寒，读书趣雅。锥颖犹藏，斧柯未假。虽溷迹于里间，早系怀于民社。贷酒资而纳妇，斯人岂长贫乎？委田产以归兄，其志非求食也！料得四方割据，群雄尽在我掌中；羞他一饭艰难，国士乃出人胯下。

对此脤膰，欣然擘画。予取予求，或燔或炙。自侪屠狗之少年，谁怨分羊于畴昔。棠梨花下，芗腥不厌其纷纷；桑柘阴中，芒刃时闻其砉砉。斩大蛇纵输帝子，能者略同；解全牛莫笑庖丁，为之吾亦。

耆英并至，父老交誉。谓孺子多能，宰烹任尔；谓奇材小试，食肉惭余。席门则价重登龙,说士之甘可拟;冠玉则貌逾飞虎,封侯之相非虚。试看拔剑登场,何壮也又何廉也;不羡投壶定霸,有坻如复有陵如。

既而间楚谋成,入关业起。割沃壤之膏腴,制强藩如髋髀。初从高帝,智伏陈豨;卒助亚夫,计除吕雉。鹿亡谁手,一杯羹岂误太公;彘啖生肩,斗卮酒同夸壮士。为问太牢特设,较草具之恶何堪;休嗤异味未尝,食糠核而肥若是。

我皇上养士恩隆,因材器使。宴夸高会,芍鼎调羹;人享大烹,蓬池斫鲤。尧非斟雉之可要,舜有慕膻之足拟。士也鲭却五侯,雌烹百里。及锋而试,定侔三杰于汉家;游刃有馀,不数六奇于迁史。大嚼陋屠门之味,匪为饥者食之;小鲜譬治国之才,益信神乎技矣。

# 京口报捷赋

以"方叔元老克壮其猷"为韵

　　皇上御极之八年,群雄蛾伏,猛士龙骧。警消风鹤,逆靖天狼。列瓯括兮櫗枪焰熄,控雕弧兮霹雳威扬。惟润州当吴越之冲,形成带砺;赖元老扼江淮之险,勋勒旂常。驻军练水横塘,摧巨寇有如拉朽;飞檄金沙古镇,使小丑无敢跳梁。聚画鹢于江头,竟看船趋下濑;困游鱼于釜底,会须剑请上方。

　　夫以京口之为地也,外障广陵,内连运渎。分斗宿于天枢,隶扬州之地轴。削成奇岫,鳌柱孤撑;襟以长流,鲸波半蹙。隔黄柳叶,颜太常每侍旄旗;野茂兰英,谢康乐闲陪辇毂。二百年金汤永固,与吴会为毗连;三千里旌节遥颁,拱燕都而帖服。自昔胜传瓜步,遨游多京洛少年;何曾变起蔓延,跋扈类京城太叔。

　　无何顽民不靖,丑类实繁。驿骚边郡,踣籍中原。梗尧天之德化,违汤网之仁恩。煽枭风于北固南徐,危城雾暗;恣犄角于吴头楚尾,列栅云昏。使或听其猬结,养厥鲸吞。则曲阿之山色苍茫,烽烟不断;沸井之波声澎湃,笳鼓齐喧。击楫中流,恐江左尚无祖逖;围棋别墅,问军中谁是谢元。

　　天子乃不怒而威,以贤为宝。爰命耆臣,肃将天讨。谓黑貉之生非种,膏斧毋迟;谓猰貐之性不驯,请缨贵早。况京口近傍神州,远殊绝岛。形势据八方之会，曾从汗马开疆；版图归一统之尊，那许封狼当道。畴其洗毒焰于鸥苕，畴其洽欢心于凫藻。尔众士颂碑此日，共怜羊祜云亡；予一人赐钺当年，犹道马援未老。

则有帷幄运筹，疆场勠力。酬国士之深知，继元戎之旧绩。萃骠悍之腹心，剪么麽之羽翼。似宋师进黄天之荡，摧劲敌于江东；似周郎鏖赤壁之兵，扫孤军于河北。似雪夜师平淮蔡，诛元济之披猖；似春宵关夺昆仑，定智高之反侧。好湖山岂容割据，赫厥声而濯厥灵；真将军绝妙韬钤，战必胜而攻必克。

时则电掣庚邮，星罗甲帐。歼巨魁则迅若拨薶，抚健卒则温如挟纩。舳舻卷地，据采石之要冲；铙吹殷天，镇丹阳之巨浪。营连淮海，星旄坐拥于舟中；凯唱圌山，露布亲书于马上。张越国之荒屯递迤，若助我以精灵；武乡侯之狠石嵯峨，犹于今为保障。烟雨指金焦两点，称羽扇之风流；江城环铁瓮千重，竖牙幢而气壮。

尔乃捷音叠至，佳报纷驰。开饮玉之筵于紫塞，上策勋之表于彤墀。驿递传书，霜征刁斗；雉垣驻节，月上旌旗。是役也，将使皖浦一隅，闻风慑伏；秣陵数郡，指日芟夷。东则洗寇氛于瀛海，西则戮戎首于江湄；南则固浙闽之门户，北则坚齐豫之藩篱。诸酋敢争地争城，五年于兹矣；壮士尽如荼如火，一鼓而下之。喜此时舞羽阶前，声教已周九有；笑若辈谈兵纸上，勋猷空署四其。

良由皇灵远布，群策兼收。军知讲武，上誓同仇。瞰天堑以为屏，何事江横铁锁；俯海门而设险，顿教壤巩金瓯。视昔之骁骑千群，俘耿藩于海峤；獠徒万队，窜蔡逆于江流。洵神威之悉化，觉睿算之弥周。士有蒜峰蹑屣，蒋阜维舟。借诗酒以酬江山，好比燕然纪绩；听鼓鼙而思将帅，从知猿臂封侯。即今三捷歌诗，荡平鼠穴；奚致《两京》炼赋，粉饰鸿猷。

# 偃伯灵台赋

以题为韵

　　盖闻西汉惜中人之产,罢露台以崇本焉。南宫铭上将之勋,图灵台以垂远焉。非不度式珪璋,荣叨绣衮。乃焚燎未建,占玉律以何从;而轙矢先驱,下金牌其已晚。则孰若剖竹文删,格苗词婉?寅阶拂乎竿麾,甲库巩其管键。伏淮阴帜,赵壁无惊;挥鲁阳戈,羲轮不返。黄沙卧鼓,敕将军撤细柳之营;绛阙鸣鼗,宣骠卫入长杨之苑。髟貐兮斾卷元戎,斪属兮纁收专阃。九仞之丹梁耸峙,插鳌极兮嶙峋;三重之黑肬森储,屏虬旌兮蜒蜿。设既伯勿占吉日,群知卤簿风清;况斯台曾迓祥云,绝胜壁门月偃。

　　有马氏之耆儒,溯鹰扬之秘画。忆夫推毂壮猷,张帷决策。众听誓则立尔矛,王兴师曰修我戟。乃罗弩父之名,乃按材官之籍。羽林蓄锐,结牦尾以缤纷;角管宣威,扬辈章之络绎。竖礜幨而军行如水,竿首縿升;握杓窥而法重于山,璜形玉擘。以是伯护鱼须十二仞,直如左券填黄;以是伯摹虎贲三千人,奚事右旄麾白。风云听其指挥,天地为之阖辟。固将弯鳅面之弧,折狼牙之拍。耀大武之干朱,夺蚩尤之旗赤。篁柄持其八尺,□□□□□□□;兰锜征以五兵,□□□□□□□。□□□□□□□□□①,收铁钺之权于

___

① 底本天头原注:"此处底本已缺数句。"

九伯。

夫以灵台之为制也，琳琅饰栋，珊瑚启楔。屹栾栌而岳峙，环甬道以烟冥。朱桷森兮藻井接，彤墀拓兮芝蕣停。紫气晨融，鸱尾缀琉璃之汁；翠华夜拥，螭头分翰墨之馨。画五色于史臣，雄鼎之休征互引；校三驱于部曲，鲸钟之逸响遥聆。然而折能中矩，高可建瓴。薄长乐神仙之馆，轶承明制作之廷。只因甘雨摛词，辉煌金碧；讵似凌烟写像，炳灿丹青。倘其抗电㟹而易霹雳之火，抑或降天罕而指招摇之星。柱擢金茎，欲拟节堂耀武；盘擎铜叶，未教押室韬形，祃牙定错乎翔晕，飙斿未卷；延颈常觑乎熙象，日观常扃。纵教申令维严，树崇坛之六纛；曷冀辰居丕壮，答蕃祉于三灵。

大马于是倚雕栏之匦匝，瞩层构之崔巍。百常径达，八袭围开。音沉鼓鼙，令辍衔枚。唱凯脱萍花之剑，策勋斟杏酪之杯。纳缥驽于韬中，负保之獠徒尽返；束绸杠于帐下，乘轺则蕃部遥来。采蕴丝红，掩铜虎之符而雾扫；隔垂麻赤，笼绣龙之袋以霞裁。茸头之徽号谁分，旌无蟠地；柰尾之油囊并裹，橄不鸣雷。登斯台也，但见棁栭彩错，砊硠缦回。锋销七萃，焰烛三台。讲艺者五家壮士，横经者六郡良材。函木剑之雌雄，阃内则棱将英簜；奏金门之乔庆，殿前则管动葭灰。想尔时赤伏握乾，共听鸾和于东洛；陋后世白幡约信，空争银榜于南台。

是盖黩武有箴，观兵非务。修幢已敛乎烟髦，速藻讵夸乎露布。偃帜奚须却敌，长消海宇之鲸波；偃旆无俟闻商，早肆泽宫之狸步。护持之斯为神物，令行山行阪以纷回；懿烁哉用巩皇图，瞻美焕美轮而景附。宜其铁券同珍，允矣金瓯永奠。剡皇上行狩车攻，重农戟铸。内廷达以玺书，外服输其琛赂。罢诸军之节度，勿迎鼓角于重楼;驱清跸之蒙公,只曳飞鬐于五辂。赤羽日白羽月,瑱楹之秘钥常缄;元炜冬青炜春,扣砌之祥春近驻。试听鼍逢壁水,经营赓《在沼》之章;岂惟凤翳华芝,奏凯诵《甘泉》之赋。

# 虚堂悬镜赋

以"虚堂悬镜吏治可风"为韵

　　将欲汝阴社立,御宸名书。民绘陆云之像,人攀刘宠之车。一鹤携来,烟花管领;双凫化去,风草吹嘘。则必胸有智珠,靡微不到;案无留牍,非种必锄。上驯保鉴之心,报国而丹真贯日;下照覆盆之隐,入庭而白可生虚。

　　昔有陈氏,宰我安阳。朱丝表直,黄绶分香。谣兴秀麦,颂拟《甘棠》。展胸襟而雪亮,洗眼界于云光。明月前身,目笑金篦之刮;阳春有脚,才凭玉尺而量。陋虞城汲井之风,知否鉴无于水;轶单父鸣琴之治,居然身不下堂。

　　不观镜之为用乎!明能止水,圆欲象天。如玉辉石,似珠媚川。毫发无遗,澄莹表里;一尘不染,透澈中边。金背初颁,高季辅官方自饬;冰衔早署,宋广平相业争传。漫从温峤台前,风流自赏;谁似咸阳宫里,星斗高悬。

　　兹乃芸案烟薰,柳衙日净。座列图书,斋惟觞咏。芝兰已发其芬芳,菱叶更分其明靓。栽刘旷庭前之草,绿晕齐描;照潘安县里之花,红妆朗映。曰仁曰寿,愿斯民祝寿跻堂;照胆照心,洵至人用心若镜。

　　雪牖辉澄,雷封光被。旁若无人,中真有意。定而后静,如风风人;公则生明,活泼泼地。府同僧舍,问心知竹叶堪师;才满公门,及第恍芙蓉兆瑞。老具无花之眼,拓开银海瞳神;臣怀如水之心,记是玉皇香吏。

由是一叶传名,五花判事。非关运甓之勤,不假挈瓶之智。贫怜悬磬,政拙催科;惠轶悬鞭,心劳抚字。辨等悬河之舌,狱堪折以片言;清存悬榻之心,士岂失之交臂。胜似悬鱼表节,高风称汉守之廉;奚须悬象示民,正月播周官之治。

是盖素抱无惭,苍生克荷。车必篴前,券如操左。觉天君长此惺惺,嗤俗吏何为琐琐。涵万千之景象,笑谈而春满讼庭;通一点之灵犀,坐照而明占离火。此日证玉壶一片,视无形而听无声;他年编金鉴千秋,献其否以成其可。

方今圣天子三无悬像,九有咸通。金瓯祚巩,玉烛年丰。镜清砥平,为亿兆涤瑕荡秽;堂高帘远,仰九重明目达聪。凡兹一邑一官,伊人似玉;靡不半仙半吏,言行如铜。方将垂顾令之帘,坐消长日;何事乞谢安之扇,愿奉仁风。

# 眠琴绿阴赋

以"眠琴绿阴上有飞瀑"为韵

清风户外,凉月窗穿。红腔隐约,碧荫芊绵。玲珑面面,掩抑弦弦。藉草为茵,寒不觉晓;因花作幄,中别有天。密接莺巢,分蕉半角;凉停雁柱,学柳三眠。

司空高致,典雅元音。裁红刻翠,垂露悬针。声声戛玉,字字镂金。秀可夺山,间饶画意;调成流水,中杂仙心。唾落珠玑,班香宋艳;洗清筝笛,阮啸嵇琴。

藤古青撑,杨垂翠沃。态学云酣,姿含雨足。芳径三弓,雕栏一曲。非关梅落,笛响纵横;尚护花香,铃声断续。仙家位置,净几明窗;香国光阴,瘦红肥绿。

翠帷沉沉,馀音绕林。调高响逸,低唱遥吟。拾香作枕,裁叶成衾。槐弄午清,碧筛清碎;松敲子落,浓向眸侵。绛蜡停烧,粒殊棠眠;黄莺答响,路有柳阴。

铿尔希声,悠然绝唱。螺徽细拂,拾翠人归;蝶梦同酣,蔚蓝天漾。四条弦子,松石之间;一幅画图,羲皇以上。

青眼低垂,红牙共守。眠目醒初,眠云醉后。眠鸥伴佳,眠蚕节久。嘱婢添香,呼童缚帚。神仙眷属,风集梧桐;俗耳针砭,鹍听柑酒。古音渺矣,爨下桐非;文境似之,胸中竹有。

绿云晕活,绿雾纹围。绿天掩影,绿意霏微。绿波涨阔,绿叶香肥。绿萼仙来,黄粱未熟;绿章夜奏,白雪初挥。弹罢绿公,寒同鹤守;停将绿绮,目送鸿飞。

苍翠扑帘,丹青满轴。葱茜连天,扶疏绕屋。囊倩锦裁,酒凭巾漉。日长夏午,飞倦花驹;露滴冬丁,梦回蕉鹿。琴风解愠,清奏薰弦;阴雨洗春,上有飞瀑。

# 前　题

　　清梦如烟，飘飘欲仙。藉苔当褥，坐花开筵。响乍停乎三叠，影徐度乎八砖。最宜韵静冬丁，悟操缦安弦之趣；恰好日长夏午，称焚香扫地以眠。

　　有司空表圣者，熟精诗品，妙契琴心。独弹古调，谁订知音？喜佳景此间曲曲，想伊人有德愔愔。补景蕉天，雅合临风舒锦；寄怀怪石，却如仁月停琴。

　　当其径养花阴，峰回晴旭。奇石戛金，飞泉漱玉。碧纱笼处，好写画图；清箪携来，闲看棋局。拓软碧四围之地，倩谁曲谱小红；坐蔚蓝半角之天，尽是衣披惨绿。

　　花落沉沉，浓烟护林。竹凉坠粉，树密抽簪。静宜鹤守，高只蝉吟。响寂朱弦，横之净几；梦酣白醉，覆以香衾。记曾谱入桐丝，偶弹庭月；却似护将棠睡，乞借春阴。

　　时则绿野堂开，绿波水漾。绿宇碑摹，绿醑酒酿。囊盛绿绮，玉轸轻停；拍按绿么，金徽稳放。此地有茂林修竹，翻疑声在树间；其人若流水高山，只觉曲应天上。

　　屋高补杉，路曲环柳。洗叶雨酣，飞花风吼。矧复座无杂宾，室有良友。吟支两颐，睡阁双肘。无弦契靖节之澄，不鼓与昭文为偶。约南楼静谭庄老，同调谁赓；似北窗高卧羲皇，会心别有。

眠月怯冷,眠云懒归。眠鹤无警,眠蚕渐肥。浓青隐几,空翠沾衣。罩七弦以晨霭,漏三匝之斜晖。借来映户花丛,莺巢暗接;敲得落床松子,蝶梦惊飞。

雁柱声沉,螺徽睡熟。排闼半山,画桥小筑。兰亭弦管,觞咏都宜;花屿书床,岁华可读。看闲欹之枕簟,恰似故家;洗俗耳之筝琵,如听飞瀑。

# 驷不及舌赋

以"夫子之说君子也"为韵

论衷平易，见陋方隅。路羊罔晦，海蠡何愚。苟舌端之妄逞，纵驷马兮难追。漫参止水微忱，语经百炼；何敢籥云捷技，力辟万夫。

昔有棘子成者，目击时艰，心伤俗靡。分据天据地之经，昧有本有文之旨。师东国狐裘示俭，骨质徒存；比南山豹雾含姿，皮毛不以。讵必膏其唇吻，吐辞莫谨夫三缄；所嗟轶乃范围，朽索未箴乎六子。

夫以驷之善及也，腾骧赴远，沛艾呈奇。禀灵月孕，服御星驰。秦孔阜而衔枚善走，郑虽小而脱鞯谁羁。且夸按辔眉飞，高门得得；底事望尘却步，周道迟迟。聘彼长途，试两骖兮沃若；饶他行脚，羌一蹶以喻之。

尔乃舌锦纷披，舌齿横呰。舌柄倒持，舌锋怒折。舌拓木而坏无枝，舌回澜而狂不绝。掉舌以往，讶炙辇之难名；鼓舌长嘶，任鞭长而莫掣。漫诩言霏玉屑，自有专家；争夸误袭金根，徒乖正说。

妙论纷纷，闻所未闻。是即策阋，广走兰箸。奋虞渊而脱迹，过冀野以超群。任他辨类雌黄，清词浣雪；未必名高飞白，逸笔凌云。犬虎承讹，既一斑之涸我；骓骝开道，共千里兮送君。

是知叱拨虽灵，鼓簧莫止。势既溃而难收，途以穷而曷跂。虽问华山放处，偏教视履于华池；可怜梁地照馀，莫效神通于梁峙。讵似括囊无咎，鲜寡吉人；那堪捉麈高谈，目空馀子。

所望隽首独标，浮词不假。特伸公说于庸中，忽寄悲鸣于枥下。广长善运，戒凛多言；跕弛无闻，风希大雅。亻见鹤鸣待和，好音时惠夫①风兮；讵同鹿覆终虚，谩语警传夫马也。

---

# 名士如香赋

以"名士如香固可薰"为韵

士有铅丹习艺,竹素关情。品琴谱订,看剑杯倾。莲制筒而写意,兰纫佩而无声。结文字之良缘,蔷薇手盥;话烟霞之故事,茉莉心清。馥郁宜人,可是苔岑合志;芬芳袭我,曾从萍水知名。

尔其逸气霞轩,澄怀月似。同留杜老花间,合住文君竹里。梦寄荃芜,交深桃李。笑太尉足如桂馥,洗濯匆匆;羡此生体竟兰芬,襟期尔尔。若许莲花结社,依然香国仙人;倘教竹树环家,定是香山居士。

当夫纸窗静坐,竹屋闲居。帘疏焚鸭,沼曲观鱼。宋处宗谈鸡开卷,卫济之使鹤检书。化来香宰净心,金应粟绽;修到名花仙骨,玉想梅舒。沁人而一味清凉,词摘杜若;向我而十分芬茀,人淡菊如。

至若看山着屐,玩水携囊。松风管领,梅雪半章。游可推夫灵运,懒堪让夫嵇康。行修藻洁,论粲花长。事贾岛以铸金,烟还篆馥;画放翁于团扇,风亦流芳。齿颊含芬,合傅何郎之粉;胸怀挹秀,频薰荀令之香。

莫不醉月涤烦,吟风得趣。舌本莲生,胸中竹具。瓣香领得,杏花聊问人村;佳士情多,桃叶还偕妾渡。窗吹豆蔻之风,炉焚芙

蓉之露。赠美人兮芳草,三湘莫问乎灵均;参净业于旃檀,一瓣曾
倾乎子固。

其修词也,如薰芼藻于帘前;其立品也,如置鹅梨于席左。其
相对也,如柳絮之依人;其可亲也,如花茵之坐我。芝室风薰,桂山
烟锁。菊为婢使,闻香思而心清;梅倩妻呼,伴香魂而梦妥。自昔
耳根雷灌,早知冀北之群空;即今眉宇风流,不数江南之意可。

方今槐厅选秀,芸馆衡文。周梧竞茂,鲁藻扬芬。士也心怀就
日,手拜瞻云。笔正生花,挟椒兰而意泻;词芟有莠,抒葵藿而情
殷。将见颂献太平,愿作三薰而三沐;名伸知己,奚有一犹而一薰
也哉?

# 丈八蛇矛赋

## 以"十荡十决无当前"为韵

　　昔陈安之战陇城也,势拟蜗争,人疑乌集。习斗俱严,干戈莫戢。将军虽跋扈称雄,众士则守陴尽泣。一方割据,接宝鸡之界以牙连;千里腾骧,跨铁马之鞍而汗湿。扼险等负嵎之虎,视尚耽耽;交锋逢当道之罴,危真岌岌。值劲旅之相追,只长矛之是执。争奈陇头刘曜,一麾而骑拥三千;空如帐下典君,双戟而斤量八十。

　　时则貅子威扬,猘儿锐养。猿臂争雄,狼牙振响。兔铁星驰,猊鍪月朗。盾尽交龙,刃皆剿象。旗骊骝而频挥,幡虾蟆而高敞。千重之虎帐烟屯,三尺则鱼肠雪亮。强敌似豕蛇荐食,森万垒以坚持;诸君亦矛戟同仇,卜孤城之扫荡。挽三百斤乌号之弩,山岳暗呼;列五十里犀密之戈,风云激盪。

　　而安乃银铠外披,锦袍内袭。当蚁斗之情危,复蜂屯之势急。自忘一木难支,狠冀孤军深入。于是舍櫜鞬,屏决拾。未磨吾刃以须,先誓尔矛之立。声惊霹雳,矛头之紫焰纵横;神走跌跄①,矛角之赤风嘘吸。舞出八门阵势,似尉迟之稍夺者三;腾来万丈光芒,非诸葛之矢连以十。

---

　　①　底本天头批注:"太公兵法矛之神名跌跄。"

其为名则既异屈卢，亦殊椎铁。曲似蛇蟠，铦如蛇啮。方鳞铗而弥精，斫犀梁而顿裂。卫虎颈虬髯之骨，磨牙疑有珠衔；轶雁胫鹤膝之形，应手能令戟折。斩蛇剑逊其锐利，诧白帝之更生；长蛇阵恣我横行，讶索金之忽掣。想是常山遗蜕，首尾击而光若电旋；定教褒水生波，左右盘而势同湍决。

其为制则重莫是别，十折难符。倍寻未足，径寸悬殊。非地下丈馀之槊，异车前丈二之殳。休夸戟铸丈三，能兼五刃；若较枪提丈七，待举一隅。量以三弓，配颜高六钧之数；握其半段，想卢曹九尺之躯。拟一丈之拍刃而加多，真觉力如虎有；絷三尺之长绳而过半，宜其旁若人无。

倘能奋其骁勇，靖厥披猖。勋高铜柱，名并铁枪。隔虎幢六尺以跳刀，青芒耀日；彻兕甲十重而没镞，白羽凌霜。自宜塞外建功，卜封侯于燕颔；何至陕中转战，悲失利于羊肠。而乃寻约繁来，已伤发短；五花驰去，空恃鞭长。追城近三交，转瞬倏传乎夺矟；纵刀横七尺，孤身难肆其跳梁。回思匹马横矛，奚啻猬须之磔；堪笑大蛇断道，仅如螳臂之当。

迄今鸿猷邈矣，龟鉴昭然。既缅平先之烈，旋歌陇上之篇。试看鹬蚌相持，横槊之英雄安在？始信鲸鲵易靖，著鞭则壮士宜先。后之人才娴豹略，锋握龙泉。弯八尺武库之弓，时冲虹焰；铸丈五天罗之锁，直扫狼烟。烛万丈而钩跃龙青，识鬼神之呵护；越二丈而稍飞骝紫，惊天地之回旋。所期作万里长城，并包莫外；何事逞匹夫小勇，踔厉无前。

# 一士谔谔赋

以“鸷鸟累百不如一鹗”为韵

落落奇才,巍巍伟器。托迹西秦,空群北冀。能决策而运筹,乃出类而拔萃。不数雕虫小技,众口雷同;自饶扪虱高怀,万言日试。为当局言之侃侃,才不列于鸡群;愿自今视勿耽耽,势漫同乎鹰鸷。

当夫舌战方酣,论锋交扰。七雄相争,三寸是掉。纵多如雨之谋,孰具凌云之表。效谈天于邹衍,岂真盖世翩翩;争炙輠于淳于,自诩馀音袅袅。漫谓一夔已足,恐所好之非真龙;试思一鸣则惊,可以人而不如鸟。

而孰则舌本如澜,廉隅自砥。呐呐出诸口,其中退然;循循善诱人,所立卓尔。饶矫矫不群之慨,磊落襟怀;守扬扬自得之真,清高顾视。不学金人口戒,居然直效鳞批;能当铁汉头衔,示似危同卵累。

则有赵良者,我舌犹存,非心必格。利可断金,贞如介石。排众论之雌黄,表臣心之清白。笑举国争矜簧鼓,肯拜下风;劝将军勿恣网罗,此为上策。惟少许胜人多许,果然诺一金千;竟小言自逊大言,无取人十己百。

由是士气顿伸,士风莫屈。謇谔之论纵横,鲠谔之姿仿佛。按时势以切陈,摅生平之抑郁。此际殆哉岌岌,燕惟幕上之巢;几番诲尔谆谆,龙岂池中之物? 敢谓陈言弗去,善与人同;如云苟法可行,信也吾不?

诚以群疑莫释,伟论畴摅。苟随声而附和,将非种以难锄。由其度式如金玉,故厥词大放琼琚。耻撷拾于齿牙,言中有物;露峥嵘之头角,名下无虚。彼碌碌馀子者流,尽是滥竽处士;有咄咄逼人之气,何殊完璧相如。

奈何名既风流,言尤日出。谈之纵近于情,闻者难弥其失。知薰莸之臭殊途,惜芝兰之香满室。安能郁郁久居此,与诸君辱在泥涂;胡为纷纷不惮烦,使俗吏弄其刀笔。似此冠时独出,愧孟尝门客三千;倘其从谏如流,洵秦代功臣第一。

士有器宇轩昂,性情浩落。品植圭璋,词成镰锷。冯煖岂叹无鱼,嵇绍果堪比鹤。锥处囊而脱颖,皮毛之赏鉴终虚;金作砺而受镕,骨鲠之丰裁自卓。凛白圭之三复,岂惟论薄雕龙;珥丹笔于九重,奚止名高荐鹗。

# 黻冕昭文赋①

以"礼章度数服制卑崇"为韵

将欲辨天泽之仪,肃庙朝之体。文治肇修,文明大启。则必纂锦组以彬彬,集冠裳而济济。黼黻错宗彝之象,稽采色于《虞书》;冕旒辉衮服之龙,法方圆于《周礼》。

在昔风仍汤穆,治近洪荒。麂衣以临薄海,鹿冠以莅明堂。五色之施孰辨,三加之意谁详。何以文为,用只取乎羽毛皮革;昭其俭也,制未区乎服物采章。

后圣有作,虑夫惆幅②之相沿,而等差之易误也。乃为之治麻丝,分绚素。春秋冬夏之殊时,苍赤黑黄之毕具。彰帝制于炳麟,蔚朝仪于振鹭。爻占贲饰,殊大布大帛之风;义协离明,式如玉如金之度。

有黻焉,绨绣功深,黑背色互。负扆容庄,垂裳道寓。非朱黻之与绶同颁,非赤袯之惟衣是护。浑似篆分两已,摹钟鼎以成文;每当旗建三辰,合旆缨而昭数。

复有冕焉,玉纽贯笄,朱纮祈縠。纊就煌煌,紞衡郁郁。麻冕

---

① 录自孙钦昂编《近九科同馆赋钞》卷二,上海淞隐阁光绪四年刻本。赋题下署"大考二等第四名黄体芳,癸亥"。按:癸亥为同治二年(1863)。

② "幅",疑当作"愊"。

常耀乎彤廷,绤冕并辉乎黄屋。九重戴璪,文章增华国之光;十二
邃延,文来配郊天之服。

且夫日星悬于宇宙,所以开蔽翳也;珠璧韫于山川,所以彰美
丽也。天文无蓄而不宣,人文有兴而罔替。先明衣弁之尊,旁及带
鞶之细。故黻有被躬之训,绣裳并美秦风;而冕兼俯听之形,黇纩
聿同汉制。

由是华虫异饰,毳鹭因时。或画斧之模稍别,或总干之舞攸
宜。均大文之炳若,遂来许之昭兹。祀先则典重春官,丕焕几筵之
色;致美则德传夏后,何伤宫室之卑。

皇上葱珩度饬,藻火仪隆;万邦就日,四海同风。昭质既钦无
斁,昭明更赋有融。被黻斑以展文为,讵止五方服备;端冕衮以修
文物,群瞻九仞阶崇。

# 红杏尚书赋①

以"红杏枝头春意闹"为韵

宋子京芸台望重,槐院才雄。一品而衣披仙骨,十联而诗在屏风。西清分视草之荣,署开仆射;北牖得生花之梦,笔授文通。居然两字头衔,合倩银函印紫;恰好一枝手折,遥看锦袖翻红。

当其粉署徘徊,春园管领。珂殿风和,玉堂日永。每遇金门入直,随学士之八砖;频当琐院工吟,仿郎中之三影。忆得书修唐代,炬撤金莲;记曾策对宋廷,花簪紫杏。

尔乃帐裁绛锦,纸写乌丝。问江南之香讯,题天府之新诗。忆者番夜雨催诗,小楼听罢;想前度春风及第,上苑游时。昼日归来,正侍宴樱桃之阙;倚云栽处,羡联芳棣萼之枝。

七言蕴藉,一代风流。宜传钞于万纸,遂流诵于千秋。位列中台,刚是芍厅入直;名题禁籥,漫同花县分猷。九十日如此春光,吟来天上;三百人是谁年少,宴罢江头。

声闻曳履,度想垂绅。绛帻之丰姿如绘,锦囊之佳句堪珍。比三槐而品贵,异五柳之名新。总领莺花,班压紫薇之署;平章风月,羹调银酪之辰。争谈北斗官衔,记否前身花史;应受东君物色,得

---

① 录自孙钦昂编《近九科同馆赋钞》卷三。赋题下署"黄体芳,癸亥"。

非有脚阳春。

蘅院风清,兰台烟媚。金华殿上之人,玉皇香案之吏。笑他红药舍人,则自诩风标;傲尔青莲学士,亦徒劳位置。岂才夸博物,虞秘书献策擅长;非句好惊人,谢参军吟诗得意。

是盖序列鹓鸾,变占虎豹。长安之花事方新,天禄之名书可校。雅化在春风桃李,争夸吏部文章;新词如初日芙蓉,不数骚人推敲。行见金瓯枚卜,诏草黄宣;岂徒玉笋班联,榜花红闹。

# 挂席拾海月赋<sup>①</sup>

## 以"川后安流天吴不发"为韵

江乡风味，诗酒因缘。帆张天远，桨划波圆。漫夸菰叶横塘，蛤蜊之壳痕微晕；刚值桃花流水，鳜鱼之麟影方鲜。一番泽国邀游，篷推隔岸；几度食单检点，舟过前川。

原夫谢康乐之游赤石也，乘兴霞馀，怡情夏首。浪静波臣，澜安川后。远览石门崔崒，山小如螺；近瞻孤屿澄鲜，城环似斗。却好痕拖十幅，乘流而风异打头；谁知浪泛三篙，掬水而月还在手。

乃有海月者，随潮壳实，映雪芒寒。潜游蓼岸，近傍芦滩。向鲛宫而结伴，依蜃巾以为安。肥孕明珠，晕微黄兮的皪；圆嵌宝镜，琢淡白兮团圞。曾将瑶柱同珍，撷盈一掬；应与玉珧并荐，饱称三餐。

尔其升沉应节，皎洁临流。游偕巨蚌，狎趁闲鸥。坐疑天上，初来珠胎暗掠；近是水边，先得香饵频投。薄言掇之，乃就深而就浅；我所欲也，羌予取而予求。

爰撑画舫，爰荡轻船。簠纹斜曳，棕缆遥牵。投珊网以收来，腥风满壑；快银樯之飞去，水色连天。求则得之，光恰同乎照镜；物

① 录自孙钦昂编《近九科同馆赋钞》卷四。赋题下署"黄体芳，癸亥"。

其有矣,取奚羡乎临渊。

海风浩渺,海气清腴。趁涛头兮旋转,竞渡口兮招呼。蒲莞悬来讶似,织成鲛锦;筠篮携到也同,探得骊珠。罗异品于江干,早说形分半月;溯芳名于郡志,争传味冠三吴。

比瑶草兮芬芳,拟石华兮仿佛。非虾筋之纷披,异螺纹之蟠屈。潭印而晕浮水面,蟹火全迷;潮咸而腥上船唇,鲎帆半拂。想琼脂切处,原非鳞作之而;笑银脍调来,只爱溪寻馀不。

于是篷背欹斜,樯牙凹凹。棹头烟水之乡,帆影风波之窟。此际兰桡桂桨归来,夸海物珍奇;前番碧砾丹砂聚处,应月光盈阙。奚止瓯江文蜃,景纯之佳话堪稽;漫同吴郡莼鲈,张翰之归思顿发。

# 搔首问青天赋

以"携谢朓惊人诗来"为韵

　　李谪仙诗名早擅，文笔难齐。当花选句，对酒拈题。诵成《天姥吟》诗，后无来者；继得当涂游兴，若有人兮。适才路上华山，杖头倦倚；绝胜诗传吴郡，袖里欣携。

　　则有落雁峰者，磴本难攀，岭将谁跨？此殆最高，还须不借。想是处遥通帝座，天光共与徘徊；问伊谁的是仙才，人口向曾脍炙。只记楼名黄鹤，妙句怀崔；还看山近青天，新诗忆谢。

　　谁彼元晖，高才绝调。风帘则双燕成吟，荷沼则戏鱼寄啸。乍羡澄江如练，造语欲仙；且看红药翻阶，好辞更妙。矧值高峰之在即，正可头昂；倘携佳句以频来，讵穷目眺。

　　以彼雷霆锐走，日月光争。胸中雪亮，腕下风生。出手而凌云势健，得心而捧日才呈。思总飘然，诗句浑疑神助；妙真偶得，文章都本天成。缅惟磊落奇才，寄兴则星辰可摘；更遇清虚妙境，揽词则风雨皆惊。

　　尔乃天真毕露，天语如亲。翘首而观，迥超下界；回首以视，远绝风尘。兴会浓时，似爬得麻姑之痒；胸怀拓处，岂效来西子之颦。惟将散发天边，世谁与语；直欲举头天外，旁若无人。

　　千山似削，两鬓如丝。支颐看后，脱帽吟时。欲扶摇而上也，乃寄托以深之。似兹天地非人间,尘缘罕到;况复君身有仙骨,妙句谁知。允堪俗耳针砭,拟仲若之携斗酒;何必吟髭捻断,仿延逊之赋新诗。

　　谪仙乃昂头远望,放眼来回。欲默通夫天意,恨不得夫天才。遏云之逸响难逢,凝眸踯躅;唱月之奇思未就,伫足低徊。信如天际云中,妙境访大千界上;奚止楚山吴岫,清词超三百年来。

# 经训乃菑畲赋

以题为韵

昔昌黎之教子城南也,砚田无恶,艺圃通灵。勤栽培于书籍,奋胼胝于典型。芸心田以有获,植性圃而常惺。披芸编兮字绿,燃藜杖兮灯青。志切搜罗,礼必隆于庚子;思无越畔,道先列乎丙丁。想蓬庐久荷薪传,亦等耕晴刈雨;倘芸案顿开茅塞,何妨负耒横经。

原夫经之有训也,根柢当深,耘耡必奋。起八代之精微,传千秋之雅韵。贾董则字字膏腴,程朱则言言醲酝。托勤劳于茧纸,既可目耕;寄生活于简编,何妨心粪。为仁在熟,无过则遵诸先王;味道之腴,有获则学于古训。

盖儒生经训无荒,即农者菑畲不息。异种先耡,芜词早改。既性禾善米之无亏,复情种礼耕之有在。以匡、刘为田祖之神,以郑、黄作农官之宰。探奇小酉,浑同载耒元辰;释奠上丁,何异享农吉亥。喜词苗之勃发,文在兹乎?知书味之堪餐,心尚启乃。

观其耕烟历历,耡雨丝丝。畲则成乎三岁,菑但历乎四时。乃痔其钱镈,乃剪其茅茨。乃积乃仓,杜库与曹仓并富;乃疆乃理,笔耡与墨稼兼资。乃亦有秋,得味始知其旨;乃弗肯播,偷安难免斯饥。岂真学稼未能,有负乃师之训;庶几占年有庆;无荒乃父之菑。

使或籽耘不力,灌溉多疏。既等石田之可弃,何殊草宅之多虚。似此功惭二酉,何能富拟五车。然穷经之不息,又勤学其谁如。恒士可喻恒农,欲传家学;肯播当思肯获,能读父书。从前经辟町畦,是彝是训;胜彼壤分畛域,曰菑曰畬。

士也蕴蓄深醇,研求饶裕。百城坐拥,俨成比栉之形;群籍纷罗,应识盈仓之趣。将见玉笋联班,花砖翔步。心苗颖悟,深惬宸衷;意蕊滋荣,特邀圣顾。兼赓稼穑,诵《魏风·河水》之诗;劳忆力田,进潘岳《藉田》之赋。

# 志不在温饱赋

以"君子务知大者远者"为韵

王沂公忠忱翊运,介节超群。丝纶重望,曲蘗元勋。黼黻两朝之骏烈,茹涵百代之鸿文。充布帛菽粟之原,用汝作霖雨;视文绣膏粱之奉,于我如浮云。漫夸温胜三春,赐南海之裘于近侍;堪笑饱尝一膏,遗东方之肉于细君。

方公之未第时也,慧业夙成,寒宗崛起。应上界之文星,为益都之名士。甫驰誉于青州,早盟心于白水。择配当从李氏,传衣之雅望匪虚;惊人先赋梅诗,调鼎之奇才有俟。问绨袍其谁赠,怜寒者恋恋故人;耻剑铗之长弹,乞食于翩翩公子。

既而蕊榜高标,金銮独步。月殿题名,云梯得路。衫同草绿,九陌风和。饼束绫红,六街春暮。赐服则袍披蜀缬,笼锦轴之香烟;颁脯而宴设郇厨,沃琼林之甘露。似此清华晋秩,即腰金馔玉以奚妨;谁知淡泊盟心,惟补衮和羹之是务。

则有中山刘子仪者,校书琐院,珥笔彤墀。爱仙才之首选,为宾戏之微词。谓圣代词臣,尽饶清福;况少年魁第,倍荷荣施。羡君绣闼添温,刚换鹄袍于杏苑;从此金斋软饱,频尝鲤鲙于蓬池。料给驺清道之馀,赢得膏能自润;岂释褐离疏而后,辄云清畏人知。

公乃正色而言曰:簪缨者雨露之恩,钟鼎者风云之会。奇珍者

· 499 ·

上品之饁,饥渴者人心之害。曾之身忝侍承明,曾之志惟知报最。莫谓三条烛烬,正人情冷暖之时;须知六籍膏腴,在世味酸咸之外。比阮氏常穿犊鼻,何妨室似磬悬;陋昔人日啖牛心,空说印如斗大。

坐不侈乎高轩,居不荣乎广厦。贵不同闭阁之令狐,富不效题桥之司马。身不披汉殿之雉头,口不咀吴江之龙鲊。誓不为苏季子,貂裘献策于秦中;生不学陈思王,驼炙称珍于邺下。不羡管大夫之饰豹,敝衣而予又为兮;不师张文正之餐羊,健啖则世无比者。

宜其位冠台阶,名高阆苑。先韩、范以格君心,抗丁、雷而扶国本。颉颃吕氏之勋名,仿佛莱公之忠悫。间道谢故乡父老,易衣殊觉从容;残笺遗旧友子孙,具馔弥征缱绻。令蘸座不衣自暖,晏温之爱日常留;俾苍生鼓腹以嬉,醉饱之流风更远。

我圣朝才重萧、曹,学崇董、贾。耕织陈图,桑麻遍野。春台煦煦,挟纩欢多;夏屋渠渠,授餐意雅。士也服似烂银,颜如渥赭。覆大被则思为白傅,暖遍茅檐;割小鲜则愿作陈平,甘分榆社。为问君恩波及,不足于口于体欤;未闻臣节冰清,而耻恶衣恶食者。

# 铜雀台瓦砚赋

以"里人掘土得瓦为砚"为韵

　　万古繁华,一奁秋水。翰墨奇珍,英雄故址。破瓦萧然,高台
渺矣。璧坏而鱼鳞叠叠,旧月重圆;奁开而鸲眼星星,浓云四起。
看此日珍同赵璧,桃油润带三分;笑当年字解曹碑,庙臼智输卅里。

　　夫以魏之有铜雀台也,冀城境内,漳水河滨。骊宫比丽,凤阙
争新。复道熊熊,丹青彩焕,回廊雄雄,金碧光匀。天开半壁河山,
增画栋雕薨之色;地启六朝金粉,有琪花瑶草之珍。构成金凤玉
龙,卜宅占寰区胜域;料得鼠须蚕茧,挥毫多慧业文人。

　　无何夕照红沉,落英绿郁。松压垣颓,苔穿栋屈。旁多扑地浮
埃,中有惊人法物。并土齐穿,出尘细拂。杰构已成瓦解,吊邺郡
兮欹歔;遗珍尚幸瓦全,拟仇池兮仿佛。问赤壁旌旗何在,百雉空
存;讶丰城宝剑初腾,双龙并掘。

　　遂乃利擅心田,香生眉宇。彩闪珠光,膏分石髓,始焉辱在泥
涂,继也藏之璧府。籍成笔阵之图,增入文房之谱。自昔鸳鸯彩
错,得秀气于江山;须臾翡翠函开,走毫端之风雨。从此砚田珍重,
似融汾水之澄泥;陋他瓦缝参差,空剩阿房之焦土。

　　其为形也,雷斧痕留,土花篆刻。尘不侵红,质惟守黑。紫气
频腾,铅华勿饰。常多霞雾之蒸,不受冰霜之蚀。洁如和氏璞,而

凡骨换丹;圆似仙掌盘,而微凹聚墨。想是溪山相对,故教笔砚安排;只今江水长流,不让楼台先得。

岂陈琳草檄,物色犹存;岂王粲登楼,言泉久泻。岂章成七步,因而挥洒烟云;岂鼎定三分,藉以主持风雅。或者当赋诗酾酒,携之江中;将毋等折戟沉沙,埋之阁下。胡为乎日月推迁,风雷陶冶。质谢雕镌,状逾拱把。颇似桐材入爨,中郎善解调琴;倘教米拜同颠,学士何妨号瓦。

昔之管弦杂沓,栋宇离奇。宫蟠鸾凤,殿竦蛟螭,红颜云集,翠辇风驰。槊可临江,久闻虎踞;玺名传国,空翔鸿规。胜游渺矣,宝物随之。而惟此器能尚象,珍等探骊。一拳所系,千载如斯。端与歙为价几何,得此砚庶几相埒;汉与魏而今安在,登斯台亦奚以为。

迄今草长重茵,江横匹练。胜迹难寻,轶闻争羡。布置砚床笔架,咳唾随风;凄凉台榭陂池,光阴闪电。以是砚仿瓦当文字,彩管双飞;以是砚作铜狄摩挲,精金百炼。可惜琼楼玉宇,并难如戏马之台;若论铁画银钩,应不数帝鸿之砚。

# 鱼肠谓之乙赋

以题为韵

午桥浪卷，丁港风疏。银梭剖后，铁画摹初。枕尾间无容摭拾，丙丁外大费爬梳。一笔分明，想像当年吞墨；寸心曲折，猜详远道传书。登盘而已笑肠枯，莫媲呼名之燕；学篆则浑如乙屈，翻疑食字之鱼。

夫以鱼之有肠也，龙肝未化，鲤腹深藏。非唼花兮吻唼，异喷雾而耆扬。吐滓秽于吴江，厨丁惯识；肖形模于欧剑，渔子能详。看他亥市携来，可共虎威以挟乙；试问午潮网后，讵同蚓类之无肠。

不观其形之象乙乎？环转无端，锋藏可畏。非鹿肠之玲珑，拟鼠肠而髴髣。想是敲针钓后，幻上古之籀文；岂真缘木求来，得东方之春气。认字迹于虫书鸟篆，似是而非；别物类于鳖丑兔尻，其斯之谓。

当夫辛盘餍饮，午馔珍奇。菌丁共献，芹甲同持。描白文于指爪，详异味于肝脾。雅诹鱼丽，逢子贡论诗之日；宠占鱼贯，值殷王归妹之时。错疑千卷肠撑，称乙编而遗我；生怕九回肠断，燃乙火以烹之。

由是象形谐声，循名核实，游魂则溉釜堪悲，鲠骨则悬钩难出。有客掣鲸得意，舟恰乘莲；何时荐鲔尝新，月应在桔。倘使六鳖并剖,定惊波折三三;若教双鲤同烹,绝似丝抽乙乙。

　　然而入馔非宜,加餐易误。味失膏腴,物同朽蠹。《礼经》之箴戒常垂,《尔雅》之释文可悟。《鱼经》尚在,谁将甲乙标题;鱼乐安知,剩有肝肠吐露。岂是肠堪注酒,藉丁沽而子细吟诗;何须鱼号知更,当乙夜而辛勤作赋。

# 风暖鸟声碎赋

以题为韵

　　穿花鸟小，擘絮风融。万年枝上，二月林中。音多断续，树自西东。讶幽韵之疏迟，啭来百舌；爱新腔之错落，歌异三终。何来鼓吹纷纷，声类芭蕉之雨；却喜楼台煦煦，暖生杨柳之风。

　　当夫觞进椒花，律回葭管。园里风和，庭前风缓。烘暖日于轩窗，缀暖花于词馆。风光明媚，拂暖玉以屏开；风气清和，恋暖衾而梦短。檐下则碎撞玉铎，恍如幽鸟鸣春；苑中则碎击金铃，知是香风带暖。

　　则有鸟语梁间，鸟鸣林杪。鸠妇啼春，莺儿报晓。紫乙音清，仓庚韵绕。韶光旖旎，唤残老舌般般；雅唱萧疏，送得娇喉了了。为报连朝日暖，窗前催未起之人；因怜前度风寒，枝上噤将啼之鸟。

　　但闻夫声如碎玉，声似碎琼。音多杂沓，语欠分明。岂碎红以堕粉，岂碎碧以飞英。谱叶碎琴，剩冬丁之馀韵；坊开碎锦，闹春午之新晴。好凭裁叶工夫，剪残簧舌；恰趁卖饧时节，搀入箫声。

　　错杂兮圆吭，喧哗兮众喙。唱来朝旭，穿树重重；啼破晚烟，依花对对。惊好梦于楼头，和繁弦于庭内。笑公子偏多絮语，乱吐珠玑；讶封姨小住花阴，轻锵环佩。不羡江边鸭睡，逐流水以先知；试听陌上鹂歌，击唾壶而欲碎。

　　从知好鸟多情,温风得趣。节值融和,声如怨慕。洗俗耳之筝琶,触芳心于竹树。语含花气,知天籁之渐融;歌出柳阴,答人声之易误。异日薰风度曲,用吟销夏之诗;此时花鸟萦情,盍拟游春之赋。

# 晓霜枫叶丹赋

以"霜叶红于二月花"为韵

千林曙色，一幅秋光。天开艳景，人怯新凉。当笋舆之选胜，见枫叶兮凝芳。莫嫌木叶萧条，滴吴淞之暮雨；剩有丹青点缀，散蜀缬于斜阳。听彻鸟啼，记江上曾眠落日；染成猩色，认枝头尚饱残霜。

昔谢康乐之晚出西射堂也，觞咏情豪，登临兴惬。感切林栖，望穿嶂叠。莼鲈则宦海思深，竹马则人村影接。非复红桃散圃，迎丽日以鸣筎；还殊绿篸苞箬，送和风而理楫。有石径停车之趣，剧思家住白云；续池塘梦草之吟，不数沟流红叶。

云树玲珑，锦窠一丛。馀兹败叶，道是寒枫。酝酿连宵，春心别具；描摩几度，画手难工。浑疑榴火开时，珊枝电掣；错认荔盘堆出，绛瓣霞烘。忆前番对影苹洲，鸦点剩几分之碧；讶此日移栽花国，雁来分·捻之红。

当夫晓痕渐展，晓色初舒。霜欺干重，霜压林疏。葭水之梦魂醒后，板桥之游迹经馀。傍人烟橘柚之场，淡淡恰称；较初日芙蓉之笔，濡染何如？本来白露凝成，乃以素为绚矣；任是暝烟罩住，讵出蓝而青于？

则见灿若云蒸，烂如星坠。野烧迷青，岚阴失翠。射朝曦而逾竞鲜妍,含宿雨而倍惊明媚。想是羽人晓起,斟蚁酿以颜酡;将毋青女晓妆,蘸燕支而颊腻。霜林缺处,间窥黄菊之两三;晓漏阑时,漫数碧莲之十二。

尔乃影照水滨,辉生林樾。霜坠叶兮异采纷披,叶凌霜兮奇姿焕发。午风曳而弥茭,暮霭笼而未歇。留一段鲜妍颜色,容我凝眸,经数番渲染工夫,从今换骨①。可有丹沙化液,玉盘而承向三霄;非关丹桂成林,金粟而飘从八月。

客有吐思若雪,裁句如霞。筵开桔圃,路出槐衙。涉巇蜡客儿之屐,游郊驻太守之车。悟大块之文章,老去而十分绚烂;笑永嘉之风景,寒来而一样繁华。奚须霜镜湖清,赋枫江之落叶;愿趁晓钟户辟,步丹陛以簪花。

---

① 底本天头注:"'留一段鲜妍颜色'两联,改本云:'挹嵊州之瑞气,艳胜涂脂;分汉殿之仙株,灵疑换骨。'"

# 诗为儒者禅赋

## 以"每逢佳处欲参禅"为韵

脱口如生，吟肠自在。思入仙乡，踪离苦海。得诗家之欢喜，登坛而高揞群言；开禅界于清凉，面壁则勤功千载。惟传灯别具智根，斯下笔直摅真宰。才地应推无量，唾珠玉兮纷纷；法门倘认本来，忘冠巾而每每。

翳惟儒者，缄金凛训，灭火修容。饫百家为肴馔，宣六藉为笙镛。否则齐物栩庄襟之蝶，抑亦谈元骖老带之龙。从未闻弃圣贤戒，朝菩萨宗。鸠扶卓锡，鲸刻鸣钟。试看铎教传薪，瞻山斗而心源可印；讵等瓢禅证果，订石泉而梦里相逢。

而诗则推敲意妙，竞病词谐。契真修于岛佛，删绮语于宫俳。破烦恼城，非非入想；放光明藏，落落言怀。画里通神，领取维摩宝相；醉中觅句，居然苏晋长斋。从知掷地声清，鱼呗之闻根共彻；始信生天竟早，乌衣之韵法殊佳。

每当语挟秋清，思通神助。了了法轮，超超元箸。比当头棒喝，而字欲铿金；作俗耳砭针，而义尤屑锯。倾禅讲以庄严，摒禅魔之妄虑。妙参水月，似镜台即色即空；吟澈烟花，从香国自来自去。摘藻助囊中佳话，原非戒衲编成；剜苔窥石上留题，颇似谈经坐处。

壁顊风流，沙门约束。盟联香火之新，味却笋蔬之俗。句笼纱碧,约后会于木兰;思浣尘红,现前身于金粟。想游戏别通三昧,花灿管以香霏;喜文章普度众生,珠放船而光烛。讵必派宗东鲁,葩经嗣风雅之馀;却疑格创西昆,竺国大皈依之欲。

岂不闻儒风善守,儒行能谐。诵遗芬于洙泗,砭异说于瞿昙。兹复辨才锋发,道味渊涵。牙慧拾人,可有灵童付钵;心香祝处,愿教弥勒同龛。师钦一字之尊,观宿老偈传面北;韵斗八叉之险。看大家礼仿和南。繁华空谢草江花,清修惯领;萌柢具周情孔思,净业重参。

士有百篇拈咏,六艺钻研。和声玉漱,妙语珠联。苦欲捻髭,拟蒲团之坐定;饶同炙舌,看莲萼之吟圆。惜晚唐已落声闻,乘非最上;羡老杜别闻世界,法本无边。直将唤醉梦尘,绝唱正千秋三觉;岂独游从佛印,微词调四大之禅。

# 虱念《阿房宫赋》赋
## 以题为韵

翳有物兮蚑行，本无心于蛾术。何气孕之微躯，具口占之慧质。醒苏氏蕾腾之睡，漏滴更三；诵樊川哀艳之篇，珠穿语一。忆曩日大言挥洒，早夸下笔如蚕；问何人细响咿唔，不料处裈有虱。

夫以牧之之赋阿房宫也，驰议纵横，选词华赡。以唐代之文章，写秦皇之气焰。论千古今不刊，读百回而未厌。三百里楼台逦迤，迥殊蚊睫营巢；卅六年歌舞繁华，但许蛾眉斗艳。除是文人慧业，婆春梦兮能醒；讵同古佛遗经，娘雪衣而解念。

而虱则生由垢腻，细等么麽。之才觅惯，景略扪多。屈体讶琵琶之小，劖牙悲汤沐之苟。笑生涯颇似蟪蛄，那识祖龙之事；纵文字能摹蝌蚪，定多帝虎之讹。未闻纤爪搔馀，胜读杜诗韩集；不信娇喉唱彻，如赓激楚阳阿。

羌乃曼声宛转，缛节悠扬。魂苏榻小，韵入灯凉。乍听则响同警枕，徐聆而音欲绕梁。非鸡谈兮娓娓，非蠹食兮行行。将毋乌有先生，言霏玉屑；抑或紫薇太守，骨蜕银床。噬渠败絮栖身，浪说虹盘复道；有客寒衾抵足，差如蜂蠹高房。

岂泥沙兮幻化，岂弦管兮玲珑。岂凤住廊腰之侧，岂旧游瓦缝之中。岂脂水抛馀，曾粘涨腻；岂椒兰焚处，惯受烟烘。岂晓云扰扰之时,鬓边巧匿;岂秋雨凄凄之候,袖角低笼。胡为乎舌如莺啭,心有犀通。自悲炉火馀生,焦同楚炬;也学洞箫佳制,诵遍汉宫。

已焉哉,昔之暖殿春融,长桥云亘。镜影晨开,车声夜过。贵戚蝉联,杂宾蝇附。倏成陈迹于六宫,空寄哀吟于一赋。六王扰攘,枉为蛮触之相争;二世凌夷,更似蜉蝣之易暮。翻使文傅小杜,动虮吊于千秋;直将国入大槐,唤蚁魂而一窬。

是知人事堪怜,物情善悟。若抑若扬,如泣如诉。莫言蠢动之形,未解兴亡之故。比虾蟆之登法座,别有知音;拟蝇虎之舞凉州,弥饶逸趣。身非蝶化,漫披漆园叟之遗编;技似虫雕,试续玉溪生之小赋。

# 笔非秋而垂露赋

以题为韵

翰苑香霏，管城彩溢。妙到秋毫，华摘秋实。散花则法悟如来，起草则春生不律。讶秋风之容易，齐下管双；分仙露之清华，似穿珠一。绝类金茎承处，三霄倾汉武之盘；非因银浪翻馀，八月走枚乘之笔。

原夫露之垂也，甘曾逾蜜，汁欲染衣。莲粉则频融酪乳，蓼花则暗洒珠玑。红渍庶潭，乳桐绝肖；丹研毕勒，楷楮曾挥。年年珪月圆时，琼浆乱堕；夜夜罗云淡处，玉屑纷霏。记曾诗怅葭霜，吟成采采；除是书摹《蓤露》，想入非非。

胡为乎节如秋肃，候隔秋收。叶非红乎枫径，花非白乎苹洲。羌香痕其如滴，乃翠色之欲流。似蔓草初溥，腴分酒液；似木兰乍吸，馥溢歌喉。天教五色吉云，镕就金壶墨汁；我把一枝班管，涤从雪碗冰瓯。笑枯肠若渴之人，何由润笔；讶着手成春之里，乃亦有秋。

绝妙好词，非夷所思。垂条纹结，垂穗痕滋。落纸如云烟，指挥自在；随风散珠玉，咳唾都奇。岂其声自西南来，方使欧阳动兴；否则文得春夏气，缘何姑射生姿。大块假我以文章，运之掌也；明珠能方其朗润，尚以琼而。

由是兴酣笔落,意到笔随。笔扫千人军,胸中雪亮;笔扛百斛鼎,腕底风驰。此身托仙掌而生,蓬莱小谪;倾刻夺天工之巧,藻采纷披。不知秋在谁家,乃取怀而兴也;始信笔参造化,须盥手以诵之。但见行间错彩,字里凝脂。耐人咀嚼,沁入心脾。何侈乎万斛之泉涌出,九天之云下垂。

是盖隽旨独标,神光回互。涤意蕊兮双清,爇心香矣一炷。手抄梧叶,分宝井之馀芬;舌吐莲花,挹玉盘之佳澍。自是补天有手,换凡骨于金丹;得非下地腾文,托深心于毫素。清词咏罢,应殊银烛秋光;巨集编成,不数玉杯繁露。

士有胸竹纵横,言泉奔赴。证来金粟,桂子遥攀;题到色丝,齑辛巧悟。江淹不炫乎笔花,袁粲何奇乎露布。语多神助,讶神浆一气灌输;文本天成,看天乳十分倾注。行见如虹气吐,渊渊乎成掷地之声;岂徒司马才高,飘飘乎奏凌云之赋。

# 铸剑戟为农器赋

以“息兵为农民用康乐”为韵

昔颜子以孔铸之名材，抒农山之特识。黩武垂箴，修文仰德。谓佩犍尚勇，但讲行军；结驷从游，盍谋足食。倘壮士惟知擐甲，其克诘尔戎兵；将丰年曷以析辛，而尽力于沟洫。则何如壁垒收，畜畚饬；鱼梦占，狼烽熄。散军清函夏之氛，合耦实有秋之穑。剑器昔曾腾虎，销锋而可佐耘苗；戟名旧是雍狐，敛锷而用资艺稷。想见炉蒸紫焰，熊熊渐抑其光芒；奚虞未舍青畴，燕燕徒眈乎居息。

夫以剑戟之为器也，太阿激滟，勾孑纵横。铦惊鸿截，制重鸡鸣。击柱震燕支之响，立门标越棘之名。方其炼钢灌就，冰滴凝成。剑脊琤琤，昆吾耀采；戟牙锬锬，胡子含精。一挥而霄汉高凌，液流丹兮郁勃；双舞而参星遥拱，玉淬白以晶莹。纵然百炼呈功，火煽丙丁之焰；岂忍三时废业，山闻庚癸之声。故锻乃戈矛，王者本有征而无战；况藏之府库，圣人惟耀德不观兵。

不观夫农之有器乎？柞芟是务，蘸蓘爰资。耧车制古，策额惊奇。几经匠氏摩挲，鹤头曲肖；到处田官董劝，鸦嘴争持。南陌划泥，绝异湛卢之九锋；东郊起坡，迥殊瑞珌之两歧。乃自牙璋屡动，羽檄纷驰。未修稼政，先失瓜期。耙齿谁磨，霜寒万井；镰腰莫刈，月偃半规。伯兮但解执殳，吾刃将斩矣；耕者方叹悬耜，惟草其宅之。岂知柔发坚摧,胜勾兵刺兵之用;曾是譬形镜表,乃刬木槺木而为。

诚使仁风普被,化日欣逢。六师尽撤,三革无庸。卷朱绶之璀璨,回铁骑以铮铩。脱剑者三千人,倏掩吹毛之利;持戟者百万众,顿收拥项之锋。然而鞞韫萍青,鞘鞳雾蚀;囊韬油赤,兰锜尘封。与其包以虎皮,拟盛世櫜弓衅甲;曷若炼诸兽炭,助我民比栉崇墉。爰趣曾孙,平原笠聚;乃宣段氏,巨橐烟浓。劈雌雄之胆以奋椎,瓟销翼翼;分大小之支而发鼓,钜化溶溶。镃錤可以待时,譬之工必先利器;刀削何妨迁地,敢曰吾不如老农。

其铸剑以为农器也,松纹灼汞,莲叶燔银。倚天锷屈,斫地华湮。毫曹裂其耿介,磐郢碎以璘彬。袄褫屏兮宝光匿,镡璏埋兮英气驯。自经炉火纯青,买犊讵争乎渤海;无复土花绣碧,跃龙空骇乎延津。俄焉铦刀色灿,钐刃硎新。制出耜义,铤馀虬尾;装成镈镵,铗认鲸鳞。回头而北斗秋高,失纯钩于冶子;屈指则西畴春及,挥黛耜于元辰。合溪铜堇锡以取材,锄其匪种;仗薛烛风胡之馀力,粒我蒸民。

其铸戟以为农器也,戈勿资吴,斤非运宋。敛戣瞿之锐于阶垂,更铻鑮之模于荆雍。弃若戟而汉制恪遵,修我戟而秦风辍诵。格摧雉尾,漫矜磬折之有棱;竿斫龙头,空诩榮衣之无缝。昔之长铩缤纷,短铤错综。闪雪低昂,随风操纵。闭铁室于獠徒,列金铃于驺从。今则斫斸是珍,锼胡勿重。折异沙沉,刚穿土壅。不见凤凰镠镯,偕罕罩以遥临;但闻虎旅櫹椮,落渠挐而遍种。镶头添处,较工倕之耦何如;钩喙熔馀,问冉氏之矛安用。

尔乃方圆各中,广狭胥量。甄陶术巧,磨厉材良。陋无弹无蝎之技拙,合谓锛谓盉而制详。幻三尺水于匣中,陇飞电紫;煅八十斤于帐下，亩割云黄。工师于焉蒇事，主伯用以降祥。借五寸之茎长，稻花剪艳；讶重围兮蓬转，麦穗含香。似兹切玉如泥，薙草则定夸脱颖；依旧烁金为刃，耰禾而尚吐雄铓。跖铧滋细雨之痕，犹记长铍化汁；连秒射斜阳之影，翻疑悬烛腾光。兹予其明农哉，岁熟用书大有；夫兵者凶器也，民劳汔可小康。

是盖业重胼胝，书焚韬略。异铸钟兮逸响硱訇，殊铸鼎兮群灵骇愕。非铸镜试盘龙之术，素篆分明；讵铸铜立司马之门，丹铅炳烁。堪笑咸阳千石，铸金枉象神人；剧怜武库五兵，铸铁竟成大错。惟器非求旧，改作改为；斯农乃荐新，肯播肯获。我皇上治必探原，政先求瘼。所由鼓荡尽神，版图式廓。舞皆有羽，教讫要荒；比隰如鳞，民安耕凿。剑室乍熔乎巨阙，都供帝藉之耰耰；戟衔弗建其干将，尽付洪钧之橐籥。靖刁斗于赤域紫塞，示天下不用兵；驻辁舆于翠陌红塍，知田家自有乐。

# 武侯借风破曹赋

以题为韵

烽火千屯,云霄一羽。气压魏军,力扶汉主。以西蜀之栋梁,作东吴之砥柱。乞灵爽于焚轮,壮声威于镗鼓。狂飙鸣兮彩鹢奔,噫气怒兮老蛟舞。仗风师为内应,走七百馀里之鱼龙;遣风伯作前躯,摧八十万军之貔虎。艅艎电掣,十艘而飞渡长江;瓯脱星罗,一炬而爇成焦土。天所与不可废也,奇谋愿助周郎;世之雄今安在哉,失计空怜魏武。

当曹孟德之下江陵也,宣威甲帐,结阵庚邮。烟盘寨栅,日射兜鍪。河北之数雄已灭,江东则一望能收。乘平地之风波,蹂躏泽国;揽长天之风月,睥睨神州。赋诗而风雪寒侵,占冬初之胜景;下令则风霜气肃,据夏口之上游。方且拔剑斫地,投鞭断流。目小吴越,气吞孙刘。谈笑而潮平铁鸢,喑呜而土缺金瓯。料今番酾酒豪吟,欲拟歌风于高祖;嗤若辈运筹坐困,空思借箸于留侯。

乃有诸葛武侯者,谋略深沉,经猷蕴藉。管、乐其才,伊、吕之亚。伤荆楚之受降,向柴桑而税驾。谓行军须奋神威,谓制胜贵参造化。牧野振会朝之旅,甘澍洗兵;鲁阳挥薄暮之戈,斜曦返舍。笑彼师如潮沸,惊风雨之合离;待余策用火攻,变风云于叱咤。诸虏方顺流而东,我兵实自天而下。君自是南阳高士,尽饶破浪之怀;孤不能北面事人,愿效背城之借。

　　则见星坛密构,云垒斜通。鸠刻表端之玉,乌悬檐角之铜。台三层而曲折,竿五两以玲珑。略同疏勒拜泉,灵钟地脉;却异蚩尤兴雾,巧夺天工。上帝可通诸呼吸,大王试决乎雌雄。俄焉飞廉效命,摄提奏功。铁絙吼鳄,朱鞘翻虹。煽灾威于阏伯,喷烈焰于祝融。十八姨枹鼓亲操,拟吴宫之督战;三万众帆樯迅驶,随列御以行空。聊为长坂报仇,看此日阵飞肉雨;可笑当涂褫魄,胜昔年檄愈头风。

　　由是幻若蜃楼,旋如蚁磨。士气方张,军威远播。黄沙匝野,怒挟箝号;黑雾漫天,疾逾箕簸。诸将观从壁上,连环之妙计谁知;彼军泣向釜中,横槊之雄图尽挫。侯乃肃幕府之旌旗,集楼船之僚佐。分兵争翼轸之墟,料敌夺孙吴之座。壮志则扶摇直上,讵同三匝乌飞;欢声与霹雳齐鸣,不负半生龙卧。忆昔鸿毛风顺,三征感知己恩深;从今鹤唳风声,一战使敌人胆破。

　　向非回天术妙,报国情豪。扫槐枪于风火,鼓瓮赭于风涛。则老瞒恣其猖獗,全吴受其驿骚。控荆襄九郡之师,纷驰露布;扼汉沔三江之险,坐拥星旄。诸君何以御之,恐上国难堪封豕;大事从此去矣,问中流谁掣灵鳌?而侯则图成《八阵》,法肄《六韬》。驱万毂之蒙冲,先鞭早着;决三分于鼎峙,左券能操。故后来威镇牙幢,形胜争收巴益;而此日仁扬羽扇,指挥已失萧曹。

　　顾或谓猛士鹰扬,群贤蚁附。仲谋而斫案坚盟,公覆则驾帆疾渡。程都督不愧英雄,鲁子敬尤谙机务。似乎功不专归,才非独步。然而楚亡垓下,计出陈平;唐定淮西,谋推裴度。惟侯是识时俊杰,力能保障鄂州;而风非跋扈将军,意在维持汉祚。终古峰高赤壁,空馀劫火于江山;即今水绕乌林,犹振商飙于野树。后之人樊口闲游,峨嵋小住。悲芒角之星沉,望储胥而云护。底事春深铜雀,诙谐吟小杜之诗;应知月出斗牛,感慨入髯苏之赋。

# 梧桐之叶十三赋

## 以题为韵

阳馀玉瑄,漏永铜壶。时从岁积,物与化俱。推三百六旬而不爽,视七十二候以无殊。值韶华之大备,验嘉木之荣敷。略同历荚抽条,纪中天之瑞草;绝似昙花缀瓣,培西域之灵株。问光阴于太华峰头,节刚益藕;递消息于博陵园里,叶复添梧。

夫以梧桐之有叶也,浓阴密栗,秀影玲珑。龙柯带雨,鸾翮凌风。孤干产寒山之上,双株生空井之中。本来拔地枝高,绕百围而直上;亦复周天数巧,推四序以差同。十九番花信清和,肯后折腰之柳;十六椽竹声嘹亮,还输焦尾之桐。

若夫门扉左阖,斗柄斜移。验朱英于合朔,参绿字以归奇。坼甲无痕,荣逾客岁;添丁有喜,秀挺弱枝。随凤尾以同增,赢得片云绿绕;讶蝉声之渐少,化为一瓣青滋。前番偕漏刻同符,此其大略也;今日与筝弦合算,岂曰小补之。

其为数也,旧缀芳苞,新增翠荽。既阴耦兮阳奇,亦规重兮矩叠。拟葭灰之剩以尤奇,较棕木之生而倍捷。讵似舟停枫浦,数商妇之妙龄;应同纸种蕉天,拓《洛神》之馀帖。过十暑三霜之后,犹然气抑扶桑;异十洲三岛之中,侈说经翻贝叶。

非芝草之九茎,非松株之七粒。非八千之椿树阴浓,非三五之桂枝露湒。非千叶花兮传吴郡之名，非七叶木兮载庐陵之集。漫诩两歧并苗，十五叶朱草芽新；翻嫌一节难增，十二叶碧莲花湿。媲仙桃而纪候，应分岁月三千；叹梅瓣之消寒，空逐风光九十。

是盖元机鼓荡，淑气包含。华类萍生，因时始放；茎如菁长，识闰尤谙。十三实兹菰恰肖，十三簧匏木齐参。寄诗句于桐花，十三行书从鲤剖；斫琴材于桐木，十三徽壳认螺含。尽堪按月而稽，休坠银床叶一；便论零星之数，已符赤水珠三。

我皇上松栋云凝，枫宸日驻。兰锜留神剑之名，藜阁校圣经之数。六骃七萃，茂苑时巡；五花八门，瑰材景附。敞十三间之秘殿，曾收楚室名材；调十三板之元音，并取峄阳嘉树。行见高冈梧莽，凤鸣延亿万之年；岂惟上苑桐垂，马射续重三之赋。

# 鸟啼山客犹眠赋

以题为韵

山气冲融，山容缥缈。山涧风微，山峦雾绕。山楼漏永，缘知鹤梦方回；山寺钟沉，不觉鸡声唱晓。山云出以高低，山花落兮多少。叩山舍而扉常自掩，须知卧必师龙；睹山梁而雉亦知时，可以人不如鸟。

乃有王摩诘者，怡情泉石，寄兴山鸡。慕祇园之乐地，作辋水之幽栖。托迹莲台，曾结三生缘分；谈经竹院，能通一点灵犀。何忧春色恼怀，眠处而月移花影；岂若客心愁闷，眠时而霜满乌啼。

想夫晴岚隐约，远岫回环。清风径曲，流水溪弯。听鸣禽之上下，发幽韵而往还。许多凤管鸾笙，吹来竹阁；更有鸿宾燕客，度过松关。当兹红树歌传，戴仲若应携斗酒；岂意玉楼春暖，袁处士尚卧寒山。

然而书画多痴，烟霞有癖。迹凝漱流，情同枕石。仙怀蝴蝶之魂，境觅邯郸之迹。宿醒未醒，但知北牖堪依；好梦宜寻，遑问东方既白。差似毕公心醉，当窗作抱瓮之人；还如孟子情慵，隐几遇留行之客。

是故莺迁幽谷，燕语高楼。缠绵往复，格磔钩辀。任他百啭千声，犹然坦腹；真是五旬一觉，犹可蒙头。卯舍开而犹移蕉枕，寅窗启而犹拥鸳裯。但教山里乐官，莫惊我梦；奚羡山中宰相，克壮其猷。

俄而睡魔渐减，醉眼微鲜。鸟声方碎，鸟语遥传。阅历历之娇音，尘怀尽涤；对绵绵之雅韵，俗虑胥捐。看来午院落花，应念惜花早起；听到子规啼月，还思爱月迟眠。

彼夫纸帐春寒，罗浮晓悟。曲记巴山，调赓《行露》。孰若此别墅闲居，芳园独住？尘喧既避，人俨乐夫羲皇；睡意方浓，盟可寄于鸥鹭。际此春景之犹妍，为感诗情而作赋。

# 宋高宗驻跸江心赋

以题为韵

维建炎之四年,敌焰方张,兵威屡用。期恢复于中原,冀缵承乎正统。整三年之旗鼓,将自非凡;树百队之檀枪,敌何堪纵。奈犹未扫鲸波,遂尔频劳骏从。问何处江山最险,扁舟直抵东瓯;幸一时社稷偏安,薄海咸尊南宋。

当夫烽烟迭起,戍角悲号。汪、黄之党方盛,苗、刘之祸旋遭。或云南守镇江,驻瓜步而民欣敌忾;或劝西巡巴蜀,驻关中而士乐同袍。才逢杭郡驻辕,忘却钱塘潮吼;忽又越州留跸,经过天姥峰高。

于是沿缘远岛,眺望孤松。橹摇晓雾,帆指晴峰。棹逦迤兮山连积谷,溯迢遥兮江号芙蓉。长风送扈从齐来,岚烟一碧;红日映旌旗几队,海水千重。几同进辇澶渊,仰銮舆于宋祖;竟似停辕蜀郡,劳车驾于唐宗。

隐隐江云,离离江树,岸古争登,波平竞渡。陟岛屿兮高瞻,契禅林兮少住。听得东西铃铎,浑疑召岭铙吹;飞过三两艅艎,想是明州露布。此皆吕颐浩浮航进策,故教玉辇遥临;若非张公裕引舳横攻,焉得金舆暂驻。

然则当斯时也,假令运际升平,情殷赈恤。或从名境而时巡,不必深宫之简出。则必鼓吹周遭，笙歌稠密。迎仗人忙，称觞路溢。乐鸣珂之载道，诚因问俗省方；睹羽驾之清尘，亦或卜征诹吉。仿汉武周行东海，境当纪夫求仙；拟太宗驾幸北山，峰亦名夫驻跸。

而乃敌锋甚锐，兵势未降。仓皇征盖，严肃载幢。渡盈盈之浙水，泛阵阵之吴艭。江树白云，偶憩鸣驺之六；青骢翠辇，徒看古塔之双。差同云路龙沙，驾飞烟于大漠；如遇秋风雁塞，悲落日于长江。

然而危机宜避，国恨方深。卒告功于韩、岳，终雪耻于徽、钦。他时浙绍亲巡，共喜蜺旌队队；异日临安定邑，咸瞻凤阙森森。回头谢客岩边，胜迹曾探夫山背；接踵文公祠外，精灵长著于江心。

迄今孤屿依然，中流如故。天庆宫旧址遮云，宋行在残碑掩雾。览清辉之古寺，头衔半蚀苔纹；寻翠幄之遗基，指点惟留榕树。想此地曾邀鸾驭，岂惟羡襄阳对酒之诗；记当年偶驻龙旗，方且颂崔氏巡方之赋。

# 今月曾经照古人赋

以题为韵

　　玉宇兮沉沉,抚古剑兮调古琴。怀美人兮何处,恍山巅兮水浔。嗟千秋兮一瞬,渺陈迹兮难寻。剩无情之明月,独团圞而至今。

　　徒观夫天朗气清,云收雨歇。白露如珠,青山似髪。晄晄者今夕之楼台,皎皎者今时之宫阙。药于今而杵香,桂于今而花發。方且逸气纵横,奇情郁勃。谓此乐之可长,讵我生之易竭。几不知谁古而谁今,而但见此人而此月。

　　月兮月兮,尔不记夫秦宫日落,汉殿烟澄。太液、蓬莱之迤逦,未央、长乐之崚嶒。项羽何心而夜舞,唐宗何事而宵升。某也是横槊英雄,铜台气壮;某也是迷楼帝子,金缕愁凝。任兴亡兮万状,都相识之似曾。

　　尔不记夫玉堂春宴,银烛秋屏。赤壁苏公之舫,会稽道子之庭。咏尔者柳三变,望尔者张九龄。卢仝对尔而吟苦,谢谭见尔而酒醒。俄而邀渚上袁宏,则冰壶夜彻;俄而遇楼头庾亮,则璧彩晨停。彼仲蔚之径,与子云之亭,夫孰非纤御之所经。

　　曾从灞岸而流辉,曾向阳关而吐耀。曾依三辅之健儿,曾送五陵之年少。曾随苏武于河梁,曾伴哥舒于边徼。庾信思乡之夕,曾触其惊魂；刘琨对垒之时，曾资其清啸。人见月而弥悲，月何人而不照。

亦曾迎粉黛于西湖，亦曾映胭脂于北部。亦曾佐彩鸾之歌，亦曾肖宵娘之舞。箫玉人兮曾吹，瑟湘灵兮曾鼓。张夫人曾拜于堂，班婕妤曾窥于户。曾与秦弄玉为徘徊，曾与杨太真相媚妩。明妃怨兮尔曾闻，文姬归兮尔曾睹。靡不晤灵匹于三生，诉芳情于万古。

今则齐梁兮泡影，魏晋兮烟尘。故宫兮枳棘，华屋兮荆榛。锦袍之人去矣，谁为尔认前身。金谷之人杳兮，谁为尔证夙因。尔又胡为乎灯前酒半，露夕花晨。轮修转固，弓练逾新。历万劫兮不老，倚云端而笑人。

已焉哉！光阴若逝波，富贵如朝露。明镜兮长存，朱颜兮易暮。虽万物之最灵，曾不及乎蟾兔。人有往而有来，月何新而何故。又安知今日之辉光，不旋动后人之感慕。余故诵李谪仙之诗，而拟续谢希逸之赋。

# 二月春风似剪刀赋

以题为韵

　　有声自树间来者,劈絮芒尖,穿林痕细。巧可夺天,狂非刮地。快哉欲披襟以当,望之俨及锋而试。仲阳入律,正踏青拾翠之时;少女多情,有薙绿裁红之意。惯拭蛾眉于柳叶,睦开秋水一双;恍分燕尾于杏梁,影掠珠帘十二。

　　时则醅熟葡萄,羹陈笋蕨。箫弄饧香,鼓催花发。停针共指乎红闺,赐尺争传乎绛阙。问剪桑于秦陌,裹蚕之令节犹遥;忆剪彩于汉宫,簪燕之芳情已歇。剧爱时逢轻暖,丝欲绿烟;却殊秋入广寒,斧先修月。

　　羌乃春光淡黯,风力停匀。低牵晴絮,浅扬香尘。觉指挥之如意,遂刻划以生新。宛怜游子衣单,当胸熨贴;想是孟婆技巧,触绪纷纶。拂来五两竿头,好比发硎乍试;量罢二分烟景,顿教着手成春。

　　方其起由天末,运自化工。飘飚上界,披拂长空。似剪雨兮秋透,似剪露兮烟笼。似青女剪成,晓霜冷逼;似素娥剪破,夜月光融。似天人剪水作花,闲霏屑白;似王母剪罗成字,共宴楼红。非关天姥剪霞,恰值灵桐收瀑;倘与玉妃剪雪,休疑弱柳因风。

　　俄而遍拂芳园,低捎花市。石竹兮剪绒,宫梅兮剪绮。似剪月瓣于赭罗,似剪浪花于白芷。似剪开油绿,蒲叶抽馀;似剪破巾红,棠花睡起。似彤云剪片,催阶药以舒苞;似香雾剪绡,助山茶之结蕊。栀子剪成六出,若有人分;蔷薇剪自双成,得其神似。

亦复绣阁晨穿,湘帘夕卷。剪幡同此轻匀,剪钱方其圆转。学剪凤兮钗新,赌剪虫兮罗软。似琼葩点额,剪纸情深;似金斗熨波,剪纹痕浅。似剪合欢之胜,逢人日以争携;似剪吉庆之花,拜女星而遥眄。刚值搔头弄影,悄裁舞蝶之衣;偏闻弹指传声,巧试缠龙之剪。

别有剪茅堂窄,剪菜畦高。留客而雨中剪韭,呼童而花下剪蒿。忽轻扬之习习,增乐意之陶陶。似拂到离筵,剪裁别恨;似飘来吟案,剪削枯毫。韵答金莺,似端午剪圆鹦舌;凉飘玉麈,似上元剪碎鹅毛。似巴雨怀人,剪秋光于夜烛;似吴淞入画,剪红水于并刀。

是皆大块文章,洪钩鼓铸。劈积无痕,雕镂有具。每当红雨之纷霏,多费绿章之乞护。领头衔于香国,未知桐叶谁分;试手段于封家,且喜楝花未度。正南浦吹来冉冉,偃草全低;奈东君归去匆匆,茹裳欲赋。

# 王右军五马出游赋

以"绣鞍银勒出则乘之"为韵

  十里云平,六街春昼。唤客禽忙,迎人花瘦。则有戴岭词豪,蓉江太守。暖著青衫,荣膺绿绶。三百字流觞序罢,分符而满郡风清;二千石游骑飞来,按辔而长堤星骤。一路引开草色,银埒红粘;两歧秀出麦花,银羁绿逗。九牛峰近,贤宰官曾此扬镳;五马坊高,好山水从教错绣。

  昔王右军之守吾瓯也,才名骥展,书法龙蟠。堂非梦草,亭不名兰。峰近松台,举头相对;园开橘囿,容膝易安。何夸望府之三龙,偶呈瑞兆;不羡夹轮之两鹿,豫卜高官。舄化双凫,望气真同仙尹;庭兼一鹤,清风差近儒酸。坐青牛坞畔之衙,饱看华盖;驻白鹿城边之驾,稳据雕鞍。

  乃有马焉,骨真卓立,性本难驯。列庭前而待驭,跨陌上以行春。或竹耳兜风,龙鬐表异;或兰筋踏雪,骥足称珍。颜太常赭白之文,难名俶傥;杜子美丹青之引,未罄铺陈。赢他虬赐宋庭,侈说五花之产;笑彼驴乘灞岸,只飞一骑之尘。歇玉齐嘶,正燕寝香痕篆碧;投钱小饮,看蜃江水色翻银。

  当夫案牍馀闲,笙歌令刻。古锦囊携,碧油幢饰。三生石畔烟斜,九斗山边路直。春深则亭上飞觞,秋晚则池中试墨。击声声之衙鼓，首欲瞻东；拥队队之旌麾，群真空北。绕南陌而紫丝缰短，柳外蹄轻；挖东风而白鼻骢骄，花间帽侧。骑驴客过，可同京兆骀冲；倚马才高，忆否华岩碑勒。

则见宝铰凌霜，金疃耀日。叱拨声齐，腾骧影密。镜湖之旧侣追随，瓯海之芳尘奔轶。嗤叔段两骖购得，辈未增三；较石公六策数来，筹惟逊一。倘益同槽之数，定伴八骏于周庭；或逢结驷之人，合拟九良于汉室。置驿而恩铭棠舍，恰当五果栽成；锵鸾而响彻莎厅，忽报五花飞出。

俄焉汗血交流，卷毛如织。惊闪电而沙平，过飞霞而径仄。云五朵而锦盖飘飘，风五两而文旍得得。犹记扇题五字，映夹镜以成文；旋看裘咏五紽，散鸣珂而退舍。花领耀黄金之络，如抚五弦；草头迷碧玉之鞯，倏成五色。观荷有约，好开花县于安仁；骑竹偕行，胜迓玉山之叔则。

况复文君有访，富览频登。判事而争端尽息，携壶而丰采堪矜。迹纪神仙，额留太玉；治崇慈爱，街冷条冰。夜月催归，但采苍松之五粒；春风送别，宛寻芳草于五陵。非五马集向浚郊，诗歌盛事；非五马浮来江渚，谣应祥征。倘邀支遁同来，赠策之豪情可想；转惜子猷远涉，回舟而雅兴空乘。

从知名流望重，循吏声驰。皮非可相，才本不羁。大半佳儿，门第著五龙之美；无双妙墨，楼台抒五凤之奇。迄今郡留旧治，街剩丰碑。寒食杏花，如闻镫响；宫堤柳絮，恍按鞭丝。重寻轶事于白鹅，道士空馀古沼；为比芳徽于紫马，客儿合建新祠。缅星驰电掣之时，公真健者；问云散风流而后，谁其嗣之？

# 月点波心一颗珠赋

以题为韵

玉宇莹添,银涛光发。洗眼鲈乡,昂头蟾窟。月华高朗,漾水面而澄清;月影分明,映湖中而飘忽。不信波流澄澈,辉生照乘之珠;都缘水国空明,清点如圭之月。

当夫落日悠悠,和风冉冉。大地光临,长河缥掩。水浅碧以疑揩,天蔚蓝而似染。想此地直通上界,濯秋汉以无声;更何人欲滓太清,爱暮云之微点。

则见珠光甚灿,珠影尤多。月随波以荡漾,波涵月而婆娑。唾落珠玑,定咏霓裳于仙子;影摇珠翠,恍凌罗袜于嫦娥。涨足三篙,皓皓深涵夫玉魄;宫开七宝,溶溶静印夫金波。

夜漏初沉,月色成阴。明添曲岸,影澈秋浔。错落兮似昆池之乍照,匀圆兮如合浦之初临。非关赤野藏珍,媚兹水色;直讶绛宫如意,抛自天心。

尔乃宝气双清,琼辉四溢。点水纹圆,贴波晕密。明逾百琲,俨探骊颔之珍;照彻双堤,如坐鲛人之室。皎若羊须乍捋,护九馆之珠三;俄焉鲸目齐明,印千潭兮月一。

泊乎永夜将阑,圆光欲堕。疏烟则万片初凝,暮蔼则几重薄锁。瞻落月兮迷离,弄微波之淡沱。依旧湖头浪静,铺将锦绣千层;错疑海上人来,网去珊瑚几颗。

彼夫虹悬玉皎,日耀轮朱。云罗净拭,霞绮匀铺。讵若此夜开金镜,魄濯冰壶。回头而星似珠矶,空中朗澈;对景则露如珠滴,分外清腴。却殊南浦春深,争道绿波入画;始信西河景胜,非惟白雨跳珠。

客有放棹联吟,临流索句。对月色之横斜,喜珠光之流露。天真不夜,珠比月兮何殊;境辟无尘,月较珠兮未误。波流皎洁,爰搦玉管以吟诗;月色晶莹,快对珠船而作赋。

# 露似珍珠月似弓赋

以题为韵

露颗抛前,月华射树。一夜花滋,四更山吐。瀼瀼之碎玉澄清,隐隐之坠环洁素。但觉玲珑有影,圆讶探骊;遥看上下分弦,光犹缺兔。滴就牟尼一串,庭前之银砌无声;挑来皓魄半钩,天上之琼台微露。

夫以露之为物也,点点敲蕉,频频打蕊。桐叶洒然,菅茅沾彼。名传天酒,飘来画槛雕楹;号锡神浆,润到瑶阶金毗。读韩琮露圆之句,光泽珠如;咏谪仙露白之诗,团圞玉似。

月则初销霞绮,乍没日轮。蟾光飘忽,兔魄清新。楼台不夜,世界无尘。讶举头如此分明,圆光似扇;善对饮犹然相识,素魄如银。伊谁吹笛楼头,望月挂窗前之幕;有客举杯檐下,邀月成席上之珍。

其似珠也,珠圆可爱,珠颗堪娱。珠光琐碎,珠影萦纡。万颗盈头,夜光恰似;五更滴沥,灵粟非殊。绕砌累累,错认遗珠于绣履;沾衣的的,浑疑解佩于罗襦。承来童子囊中,掷非藉米;捧出仙人掌上,弄可成珠。

其似弓也,或东或西,忽收忽发。一曲参差,半规凹凸。银盘则李白曾呼,玉斧则吴刚屡伐。几讶树头挂处,鹰鹯惊避弓弦;浑

· 534 ·

疑石齿衔来，镰锷竟成月窟。影射鸳鸯瓦上，鸦点零星；光穿翡翠屏前，乌啼落月。

露影清圆，月辉丽绮。缀珰颗以齐明，印珪形而半起。坠鱼目于红蓼洲前，悬蛾眉于白云影里。数枚错落，还疑合浦之初回；一曲弯环，定讶越人之绝技。走金盘而不定，霜如复见饧如；印宝镜而半悬，神似依然形似。

其淅沥也，似银河之倾泻；其皎洁也，似玉靶之横空。其影散银阶也，似藏渊之澈底；其光横酒盏也，似贯串之当中。其上下之光明也，似鱼精之堕水；其晨昏之疾渡也，似神臂之追风。看今宵玉屑飞琼，应讶蚌多含宝；俟后日金壶耀璧，岂真鸟尽藏弓。

客有即景生情，怀人觅句。灵液轻霏，玉轮徐渡。相对一天星雾，何妨露滴琴床；爱看千里风光，正是月临梵宇。此夜珠垂一串，当赓露湛以吟诗；今夜弓挂三山，尽拟玉钩而作赋。

# 山深四月始闻莺赋

## 以题为韵

　　层峦雨滴,秀岭云斑。有新声之宛啭,当列岫之回环。不是蜩鸣树里,非同燕语梁间。节届清和,忽尔笙传远岭;音疏睍睆,依然筑击空山。

　　夫以风光隐约,暖气幽沉。密林宿鸟,古木栖禽。不觉春来何暮,岂真雾锁成阴。非关仙界秋高,笙吹月朗;几讶客船夜泊,钟彻云深。

　　时则仲昌初调,和风乍至。旧土燕添,新荷鱼戏。秀蓂时节,芳草连天;熟麦光阴,落花满地。放眼则夏峰如滴,烟峦正列万千;回头而春事都残,风信恰传廿四。

　　有莺焉,栖园林,巢灵窟。响异啼鹃,飞殊健鹘。呼儿则乙乙乔迁,求友则丁丁木伐。每值韶光旖旎,唤残老舌百般;何曾消息乖违,错过春阴三月。

　　宜其雅调先弹,清声早起。预试娇喉,常来悦耳。乃入夏而方啼,岂鸣春之有俟。不信花飞十里,偏鸟啭兮歌来;非同帘卷双钩,待燕归而下始。

　　是盖重峦插雾,叠嶂迷云。羊肠路曲,螺髻烟纷。忘流光之荏苒,只岚气之氤氲。正绿肥红瘦之时,欲与鸣鸠互答;想路转回峰之地,应偕唳鹤同闻。

　　始翻巧舌,始试和声。韵始谐于凤管,曲始叶乎莺笙。趁明月清风以遣兴,越千岩万壑以怡情。盍往观之,约仲若重浮绿蚁;是何声也,想佳人打起黄莺。

　　彼夫雁鸣雝雝,雉声呴呴。关关雎鸠,振振飞鹭。孰若此一声初唱,谱幽壑之清歌;百啭频更,助高人之妙趣。此日谈鸡养晦,坐宋窗而漫拟新诗;他时鸣凤应昌,向魏阙而再赓雅赋。

# 乞借春阴护海棠赋

以"绿章夜奏通明殿"为韵

艳景迷离，芳心委曲。我泽如春，伊人似玉。趁酿曲之韶华，联聘梅之眷属。权作一枝之偕，情传密约于东风；养成三月之阴，同卫灵株于西蜀。曾为夜深睡去，故教烛照妆红；生怜花落奈何，空自琴眠阴绿。

管领群芳，谁如海棠。锦缠翠袖，粉腻红裳。坊碧鸡而卷幔，蒂紫蜡以开房。金粟垂须，浓艳最宜新雨；绛纱映肉，娇娆似爱斜阳。也从定惠院东，记苏子酒曾五醉；漫向沉香亭北，仿谪仙调进三章。

然而令节难留，繁华易谢。香残桃李之园，影瘦蔷薇之架。曾家名友，易动离愁；苏氏太医，难回造化。纵是幡悬崔苑，揽住莺声；那堪钗堕樊亭，纷成狼藉。君身自有仙骨，只可怜雨泣烟愁；此事合唤天公，莫辜负风晨月夜。

当夫雾罩帘栊，烟铺锦绣。春水青连，春山碧逗。怜春梦渠犹未足，漫惊枕上黑甜；笑春皇尔也有灵，知否帘前红瘦。宵月争将一刻，不须花有清香；晓寒留得二分，莫说天无私覆。绿看叶洗，成阴过寒食之期；红报花开，乞药拟暖房之奏。

春事匆匆，春光一丛。也不愿金屋贮，也不愿碧纱笼。天是熟梅,乞分馀翠;地多修竹,乞罩浅红。乞四围桑柘之枝,压遍香霏阁上;乞数尺芭蕉之叶,覆来药肆巢中。拥霞瓣以千重,麝烟密锁;感风情而一笑,犀点潜通。

十分护惜,一段阴晴。慰将蝶梦,诉出鹃声。半面轻笼,本思葛庇;寸心默祝,忱效葵倾。栽来花县之红,拟南国长思勿翦;移过画桥之碧,想东君未免有情。大块假我文章,到处珠围翠绕;此间得少佳处,一村柳暗花明。

由是罩网呼蛛,抱花嘱燕。芍药分围,樱桃开宴。护来红杏门墙,乞向碧梧庭院。沉沉锦幄,凭他芳草天涯;曲曲朱阑,依旧桃花人面。奚事护花铃系,韶华留天宝之宫;非向乞巧线穿,佳话说长生之殿。

# 兵气销为日月光赋

## 以题为韵

当夫歌庚纠缦，调叶清平。欣重华之复旦，睹四海兮永清。文艺堪修，驱子弟尽归力穑；武功可偃，示天下不复用兵。

斯时也，锋镝初消，舆情渐慰。迢塞尘捐，长天霞蔚。卜师贞之是吉，用教兵尽苍头；冀泰运之将开，旋得光呈紫气。

则见戟铓掩，剑锷消。腥氛息，矞采昭。著精光于宇宙，伸志气于云霄。马牛欲放于长林，民安国泰；弓矢载囊于富岁，雨顺风调。

民风皞皞，景物熙熙。抚辰化洽，恭己裳垂。光彩焕若陆离，可谓明也；兵戈幸无再震，何以伐为？

然当兵气之未销也，弓月双开，阵云四出。仰日驭兮辉沉，睹日轮兮影失。鲸氛未靖，难瞻珠璧之光；豹略竞夸，正是战争之日。

且也月影朦胧，月华迷没。马虑痡瘤，人疲征伐。在户记蟏蛸之苦，何殊《破斧》三年；载途增雨雪之悲，急似《采薇》六月。

而至此兵车不以，兵甲早藏。月升兔白，日守人黄。阵勿夸鹅鹳之形，乾坤永定；威不尚熊罴之气，离照重光。

方今我皇上国祚绵延，文风远布。藻鉴纷披，枫宸普护。端士习以息兵争，凛天威而宏气度。光分日月，昭回赓《云汉》之章；位奠乾坤，和煦奏《阳春》之赋。

# 秋水共长天一色赋

## 以题为韵

秋容冉冉，秋景悠悠。天光明净，水色空浮。坐旅馆兮灯青，凉飔满袖；望中庭而地白，皓月当头。四围之江水平铺，景堪入画；一望而海天空阔，气欲横秋。

斯时也，浪影方涵，波流正驶。云薄成罗，霞明散绮。眺玉宇之溟茫，渺银河于尺咫。冷涵螺绿，恍如欲晓之天；黛晕卵青，知是初寒之水。

况夫蟹舍灯明，鱼矶箔拥。荇叶参差，芦花错综。睹远浦而彩鹢时飞，对清泉而锦鳞可纵。惟见江流天际，孤帆之远影难描；况逢月点波心，千里而清辉与共。

则有独居桨涧，孤影山庄。诗赓露白，歌谱葭苍。栖衡泌而自多真乐，欲溯洄而宛在中央。睹兹渺渺清光，盼穹苍其无际；剧爱澄澄寒影，与虚碧而俱长。

更有深闺少妇，别浦蝉娟。极目于白苹岸侧，寄怀在红蓼花前。迢迢波涨，缕缕情牵。念昔时共结鸥盟，操心有如白水；际此日难传雁信，搔首欲问青天。

至若词客抽毫，文人投笔。壮志云飞，诗涛浪溢。挹江上之清风，送山间之落日。放眼则城如画里，浪打蒿三；回头而人在镜中，舟浮叶一。

雾縠蓝拖,波纹绿织。天气初高,水光如拭。天生水而出固无穷,水接天而流真不息。岂第洞庭岸阔,汪汪翻八月之涛;却似河汉宵悬,耿耿缀三秋之色。

客有曲院寻幽,临流独步。挂桂楫以闲游,泛兰桡而遥渡。掬来在手,此间疑圆峤方壶;望去无踪,到处有白云红树。际此伊人可慕,宜从水沚以吟诗;何如高阁堪登,快对秋波而作赋。

# 文信国玉带生遗砚赋

## 以"忠灵墨气常凝聚"为题

丹衷日丽,墨彩云烘。银丝绾界,漆匣铭功。净土莫求乎赵氏,高歌旋续以张公。阅天水而怀珍,三百载犹存泽古;问崖山之残局,四千艘莫哭途穷。藉此金城之贵,聊支铁木之攻。不关砚锡九重,酬奇勋于博物;讵独带留半偈,传佳话于文忠。

昔文信国者,毓文山之秀异,垂宋代之典型。职垂黼黻,节凛丹青。喷碧血为烟云,画本半淋漓入化;写青年之丝竹,琴声偏鸣咽难听。矧复词章吐艳,输墨留馨。集杜既精于衲体,柬刘细削夫桐形。早知玉牒官清,问簿书之细务;每对玉山泉滴,瞻河岳之英灵。

有砚焉,墨海中分,石城环植。翠墨浓堆,红丝罢饰。外周郭兮围高,内微凹而光拭。珍惜比韦簪魏笏,呵护神灵;留贻等汉鼎周樽,斑斓古色。可是形色雀瓦,依稀雀铸栖瓬;记曾路过鱼湾,想像鱼吞宿墨。

其名为玉带生也,暖抱烟含,方流泉拂。肖铜砚兮心坚,方竹砚兮品贵。璆声谐一片琳琅,理致露百重经纬。活活之鹆睛双吐,带钮星嵌;森森之龙尾半垂,带纹霞蔚。典诰惟生代经纶,草檄惟生当锋镝。位置有笔山相对,谁知沦落多年;铭词偕衣赞俱传,信具英雄壮气。

慨自政衰德祐,险失钱唐。陵畔之冬青放遍,堂前之秋蟀吟忙。剩骨空埋夫石塔,危机莫问乎花纲。临安亭劫换红草,彩绳梦去;严子台魂招朱鸟,竹节悲凉。则抚斯砚也,得毋与文节号钟,尘封行箧;岳山铜爵,土蚀寒芒。何兹之心交订谢,手泽摩扬。几番日炙雨淋,开砚奁而无恙;一例方珪圆壁,炼玉质兮非常。

但见其墨花隐隐,圭角棱棱。雪方池无斯滑泽,香姜瓦逊此崚嶒。缅遗踪之磊落,信古谊所依凭。以是砚方苏武节旄,凛霜毛而色洁;以是砚比关侯印篆,出江面兮波澄。回思南渡山川,颇似玉蟾光缺;为问北归踪迹,谁教玉海寒凝?

迄今景丞相之高风,访勤王之故土。犹闻夫《正气歌》豪,《零丁曲》苦。缘深文字,旋着紫石飞英;运厄沧桑,曾见黄冠出祖。功名与瓯缺无殊,骨董之瓦全何补?怀是砚者,有不叹航海臣孤,陶泓器古?今日藏同只履,香花之顶礼如斯;当年文映三台,炼石之肝肠尚聚。

# 谢灵运登石门最高顶赋

以"连岩路塞密竹径迷"为韵

　　灵岩天半,好句云边。神仙窟宅,笠屐因缘。有吏才兮似海,驰遐想于初烟。岚翠迎人,雅宜扑面;侨俦列座,只许齐肩。略同孙守游台,石城壁立;胜似蜀山插汉,石栈勾连。

　　在昔谢康乐者,澄怀自矢,俗虑都芟。憩西射而晓霜林绚,游南亭而落日峰衔。缘谢簿书,证头衔而不耐;盟联丘壑,饱眼福以非馋。最怜前迹皆尘,字篆右军之星濑;莫负大观壮往,魂依玉女之仙岩。

　　不见夫石门乎! 石笋嵱崶,石鳞回互。石穴辟而险若未经,石窗敞而光生无数。双柱齐撑,一峰屹露。星斗参差以外,鹤啸应闻;楼台窅渺之中,鸾翔偶驻。汩汩而泉流涌出,恍疑泻地无声;融融而卵色烘来,信是梯天有路。

　　设非蹑屐遐探,扶藜恣涉。觅九曲之羊肠,展三霄之鹏翼。则亦对烟峦兮恍惚,向若同惊;淹日御之驰驱,循途莫即。任使青城浩渺,洞天别现乎桃源;争教碧巘峻嶒,蹊路顿忧乎茅塞。

　　灵运于是冥想飙驰,奇情泉溢。思绝顶以置身,喜登临之有术。晞发绿波亭外,鸭涨纹回;振衣黄鹤峰前,螺鬟秀朳。左瞻柏岭,黛靉班班;右盼芝田,茎抽一一。不似东莱幻境,跨瀛海以徐升;颇饶北固吟怀,入茂林而必密。

磴道青横,林峦翠矗。壁藓成纹,岩花散馥。昂头而唾落珠玑,入耳则心清琴筑。纳大千于金粟,芥子同浮;接十二之琼楼,蓉城小筑。曾否胸间岳起,盘十丈之红莲;有时脚底雷鸣,戛一声之爆竹。

则见列岫屏围,断岩炯亘。点麝墨以添毫,擘鸾笺而引兴。迹扫石苔,音谐石磬。隔天扃兮咫尺,别开世界清凉;韵水乐之玲琮,惜少朋侪酬赠。似此瀑飞素练,分胜迹于石梁;直宜家住白云,上寒山之石径。

迄今芳踪已杳,韵语谁题?躡萝根兮彳亍,踵高径兮攀跻。绝壁摩空,弓三境窄;疏□延爽,尺五天低。地临挹碧之轩,凉生栋牖;客到迎蓝之馆,思入云霓。有怀春草池塘,鸰原莫问;徒盼回溪对岭,鸿爪都迷。

# 卷八　日记笔记

## 钱虏爰书[①]

### 咸丰十一年辛酉

### 六　月

#### 廿六日

辰刻,平邑金钱会首赵启、朱秀三[②]率众数千人,至瑞安十七都林垟团董陈安澜家,倾荡房屋,罄劫赀财。陈故素封,服物玩器辇负满道,其所藏书及宗祠香火,尽弃圊溷中。随焚掠附近民居三十馀所,陈氏、谢氏二族遭祸尤烈。

---

①　温州市图书馆藏稿抄本三种:甲本索书号为00167,书首抄写题记称,该抄本借林氏惜砚楼录副本缮写,原本藏黄氏敬乡楼,题记时间为"二十七年七月";乙本索书号为00168,首尾残缺较多,文中多处涂抹增删,文字改易后往往与甲本、丙本同,参考其笔迹,疑此本为黄体芳原稿;丙本索书号为13894,随文标示公元纪年及专名号,书后附有孙锵鸣致左宗棠两札。另有北京大学图书馆藏手抄本(1952年购入),聂崇岐曾据以整理编入《金钱会资料》(上海人民出版社,1958年)。马允伦据温图乙本与聂本进行互校整理后编入《太平天国时期温州史料汇编》(上海社会科学院出版社,2002年)。本书以乙本为底本,残缺处据他本补,并参校甲本、丙本、马允伦整理本、聂崇岐整理本。

②　"赵启、朱秀三",底本、甲本、丙本无,据马允伦整理本、聂崇岐整理本增补。"赵启",底本、聂崇岐整理本之外诸本皆作"赵起",全文同,不赘注。

赵启，平之钱仓人，充钱江埠役，其家临江设饭铺。秀三，平之江南河前人，卖药为活，粗知医。二人少习拳棒。先是，金华有卖笔者周荣，久客钱仓，诡称于某山得金钱七，异日当大贵，遂与赵、朱等私铸金钱，招村民入会。复有塑神像者缪元，鬻□□者孔广珍，与其党徐公达[①]、刘汝凤、张元等三人均合谋，钱仓汛外委朱名邦亦与焉[②]。其地有北山庙，祀五显神。众对神结盟，无长幼，俱呼为兄弟。每入会者，先诣赵启饭铺受金钱一，出制钱五百文，归诸会首。

当初立会时，托捍御长毛为名，遂私刻"精忠保国"印，以故众为所惑。如是蓄谋者历有年，以前任唐令法尚严，伏而未敢发。自翟维本[③]接篆后，吏治日弛，诸会首心易之，沿钱仓江南北，公然醵饮焚香，金钱外复加红帖，编列八卦号数。

平之十八都人王秀锦，从赵启取金钱数百，为分给万全诸乡。自是万全一带，延及瑞之港乡，所领钱均出秀锦手。赵、朱等闻[④]其有私，虑事败，因指为冒充金钱，摈勿与共事。秀锦乃自为会，然人数远不及钱仓。

邑中讼棍程殿英曾受秀锦钱。是年春，其侄以事系狱，法当死，殿英谋聚众劫之。翟令计窘。诸会首欲鼓众而无名，乘此纠党数千人，阳若为官府仗义者，由钱仓直抵西门，刀枪耀日，旗帜连云。赵启、朱秀三握剑持旗，率队尽毁程家房屋数所，有服物山积，焚之。翟令以是感其恩，犒之金帛。此后秀锦势衰，遂至郡改充

---

① "谢公达"，底本作"徐公达"，他本皆作"谢公达"。

② "鸣邦"，底本作"名邦"，他本作"鸣邦"。左宗棠《查明失察会匪酿变之员弁从重拟结折》称"李鸣邦"即"李明邦"，见马允伦《太平天国时期温州史料汇编》第253页。

③ "翟惟本"，聂崇岐整理本作"翟维本"，全文同，不赘注，甲本作"翟惟本"。

④ "闻"，聂崇岐整理本作"寻闻"。

义勇。

诸会首自以为有德于翟,益横行,威胁诸富户,使出钱谷助军资,会中人有犯法者,官不敢问。或议其不道,则劫杀之以徇,寻仇雠殆无虚日。翟令惧祸及,勉从江南团长朱汉冕议,以金钱二字适与金乡、钱仓地名合,再三劝改为义团。赵、朱等虽就抚,而不轨之谋借此益肆。数出入公署,并于城市中煽诱诸绅民,自万全北至瑞界,向属秀锦者,争改辕归之。林垟、郭巷等处,群不逞之徒,皆为之羽翼。

时侍读孙锵鸣以奉旨团练在籍,谋散其党,使村各为团,人执义团白布一方以为号,凡入团者,不许入会。林垟绅士至城,孙侍读劝之入团,因领郡县谕札,归与绅民竖义旗。里有棍徒李子蓉、金成俊、蔡聚升、叶南卓、梅□□①等,皆会中人也,隐若敌国,率众拔其帜。郭夏会党陈炳式、陈廷楠、陈应乾、陈庆常等六七人,亦与其地诸团董为难,横恣一如林垟。事闻温守,温守委员罗惇樏密察之,随带林垟地保郑步高密拿诸人。地保亦与会者,纵数人逸。罗以地保归郡城,下之狱。

赵启在平城闻报,憾陈氏切骨,驰回钱仓,星夜啸集党与。时天气苦暑,旱禾将登,或度其事必中阻,而不意诸乡冒暑蚁集者竟以三千计,远至闽省福鼎,亦倍道而来。北山庙中,人声鼎沸,香烟蔽空。近城人有自钱仓回,入城告变。翟令预闻其期,不能阻;平协亦无防城意。是日遂劫林垟,合林垟、郭夏两村,不下四千馀人,各饱所欲而去。午后,沿途放炮,分按八卦旗号,以次南去。其后队夜行达旦,犹络绎不绝。来往俱经县前之南门,道路以目,翟令

---

① "梅□□",马允伦整理本作"黄梅字"。

安坐如无事也。

### 廿七日

贼有回钱仓者,有据林垟者。赵启、朱秀三留平阳县城。

### 廿八日

赵启、朱秀三等留平阳县城。

### 廿九日

林垟附生陈安澜、陈体乔、陈庆霄、谢作申,监生谢锦爵与诸义民被祸者,率眷属陆续奔瑞城。

# 七 月

### 初一日

林垟诸被祸者,自瑞城奔赴郡,泣诉于文武各衙门。镇军叶炳忠、郡守黄维诰,均许以会营进剿,唯观察志勋耽于樗蒲,状入不省。

### 初二日

叶镇军议拨温营兵丁四百名,并檄调瑞营兵丁二百名,会剿林垟及郭巷,启行有日矣①。瑞安沈焕澜者,以资为江苏候补知县,苏城危时脱归,与会匪通,力劝陈、谢等议和,入协署阴阻之,使谗咎于办团之孙侍读。副将赵振昌亦以沉谋②闻于温镇。于是众文武一意养痈,不复以除莠为事。

---

① "会剿林垟及郭巷,启行有日矣",底本空两格置于本日最后,此据甲、丙两本改。

② "沉谋",聂崇岐整理本作"沉议"。

## 初四日

前永嘉县令高梁材自郡城至瑞。梁材,粤东人,以勇目得官,颇谙戎马事,前宰永嘉时,曾为民除暴,有能名。此行将由瑞抵平,金谓庸中(傲傲)〔佼佼〕,必不以姑息了事。林垟诸避难者,于是有望岁之思。

## 初五日

钱仓之近村为祈雨故,放炮迎神,钱仓人误以为官军至,妇女大声疾呼,匿稻田间至终夜。二日前,古鳌头演剧,忽哗传兵船数十号将抵江口,台下人自相踏藉,至有破面流血、身受重伤者。谍者自古鳌头来,具述其畏剿状,而道府延不发兵。

## 初八日

平邑附生余书勋、温和钧至瑞城。和钧,雷渎人,其嫡兄和锵亦邑附生,居平之渔塘。雷渎尽温姓,合渔塘及三大厂丁壮不下五千人。其地敦族谊,好勇仗义,强盛之势甲于平阳。合族戒勿受金钱,诸会党无敢扰其境。四月间,曾以县令谕办乡团。至是虑金钱逼处,欲先发制之,苦无官兵为之援,与余偕来,商其事于孙侍读。

是日,屿头蔡华亦至城,挈会党刘姓者来见孙侍读。先是,蔡致书孙侍读,意欲为会匪开罪。孙侍读回书招之,如期至。席间以利害晓刘,刘无辞,蔡亦无所可否。俄,屿头有人驰报蔡,诈称粤匪数十万水陆并至,蔡匆匆辞去,众始疑其有异心。

## 初九日

闻城中营弁绅士入会者,有翼王、豫王、八指挥诸名号,将迎贼于东门,阖城人自此有风鹤之警。

## 初十日

高梁材至自平,述赵启语,乞以林垟棍徒数人易地保郑步高,仍与官约,不得重治数人罪;诸被毁家,仅许葺其墙垣;财物还十之一二。高及孙令劝陈、谢使如议。陈以为蹂躏家庙,甚于破家,誓与贼不两立。且彼以无名之匪徒,易已拿之首犯,意欲何为?安危关一郡,非一家所能主也。二令语塞。高令至平,纳赵启之贿,故遂为贼左祖。

### 二十日

隔江苦久旱,集众祈雨。自衢衙至吴桥等处,村庄二十四,俗名廿四社,各有神。先一日至永邑茶山之龙潭,渡江者千馀人。是日未时,回至瑞,以船数不敷,鼓噪入西门。时我邑祷雨,扃南门,众断其钥,舁神至公堂上,将毁署,邑人止之。社中人多受金钱者,阖城惊传会匪至,岌岌震动。申刻,孙令焚香礼神,以库钱数十缗犒众,去者半。其神于明日舁还。

### 廿五日

林垟诸无家者,遣人至省垣,诉之于浙抚。

# 八　月

### 初二日

会匪以雷渎不附己,焚温族之居三大厂者数十家。

### 初三日

平邑渔塘附生温和锵以三大厂被焚,与族中棒师名阿晓者间道至瑞。时附生余书勋、武举人游飞鹏俱在瑞,星夜偕之赴郡城。

### 初四日

孙侍读由桐岭赴郡,以温和锵、余书勋二人进谒道府,备言贼势猖獗,荼毒良民,及早图之,无使滋蔓。二生向领郡县谕,各集团勇数千人。温氏族大,选子弟壮者成一家军,尤精锐可用,请官兵克期进发,直捣钱仓,令义民扼各处要道,三面夹攻之,渠魁可立擒也。侍读再四指陈,道府坚以兵力单薄为辞,无诛贼意。

### 初五日

在籍刑部主事黄体立赴郡谒志观察,观察称病。旋谒黄郡守,极陈利害情形,词甚激烈。郡守坚弗从,如所语孙侍读者;并谓杀人放火,报复之常,祸由侍读,无与郡县事。时平邑附生蔡维屏为贼侦于郡,以道府语驰告贼,贼胆益张。

### 初九日

高梁材复至瑞,嘱瑞邑之与陈氏、谢氏善者,劝陈、谢遵前议,无与诸会党为仇,沈涣澜亦从旁怂恿之。瑞人益知梁材纳贿之不诬矣。

### 十一日

林垟人探知诸会匪逆谋益甚,日招亡命,磨刀置械,竖帅字黑旗于钱仓,将大举。陈、谢二族议倾烬馀之资,为阖郡除一巨害。商之孙侍读,亦首肯。辗转挪借,得数千金。于郡城东门外雇台船三十馀号。游飞鹏同勇首徐文久督其船。预与温氏兄弟约,使以雷渎、渔塘、三大厂等众,分道夹攻,务清巢穴。众议已定,准于十三日卯刻水陆并进,齐薄钱仓。

### 十二日

平邑温氏闻钱仓江中有大船数号,云为会匪作救应者。度台船小不敌大,宜缓兵,随遣人赍书由瑞驰郡止舟师。师期遂屡改。

### 十三日

高梁材复自瑞至平,游飞鹏亦往平。飞鹏,平之下河游人,陈氏中表亲,与赵启亦旧相识。高及翟劝为陈主和,邀赵启入署使面议。飞鹏与两官一盗谔谔坐谈,不合,拂衣而出。翟令恶之,以书遗孙令,谓游出言不逊。盖翟令畏贼甚,见赵启以客礼。而飞鹏言直,恐其忤贼也。

### 十四日

辰刻,孙令受翟令密约,简从渡江,至林垟,同翟令会勘诸被祸家,日中而返。林垟之变,距今月馀,会匪盘踞如故。前陈、谢二家请勘、请剿,至再至三,孙令惧祸不敢往。至是,翟招致之,竟似单骑见虏者。然众谓二令闻剿匪之耗,急欲为贼弥缝,翟所带丁壮皆会中人,孙故恃以不恐。高梁材时在平,亦与其谋。

### 十六日

高梁材回瑞城。时平邑温和钧以军实未充,由潘岱至城,向陈、谢密议其事。申刻,其乡人驰报温,始知师期即在明日也。星夜回雷渎。

### 十七日

卯刻,台船进钱仓江。钱仓人以守令畏懦,自谓必无官兵,日夜鸣鼓纠众,方谋举事,陡见台船至,惊惶失措。台勇持鸟枪上岸,夺取岸上炮,焚赵启屋及钱仓城内外数十家。赵启与诸会匪各擎大旗奔北山上,麾众,众无斗志。赵启凶惧,祷于庙,将自尽,其党止之。

是时,渔塘、三大厂猝闻师期,大队未集;雷渎人复仓皇失算,未及兜剿钱仓,而分队攻江西垟。台勇因援军爽期,不敢长驱直入,以故贼众虽窘甚,而不能遂破。先是,陈氏议雇闽勇二百,由陆路夹攻钱仓,而高梁材、永嘉陈令宝善及局绅陈世珍等皆迎合道府意,不欲击贼,阴阻之,故水师无援。

## 十八日

平邑柳庄义民拿钱仓细作二人,解至台船,搜其身,各获一函:其一寄与江西垟等处,约令十九日攻本城;其一寄瑞之港乡,首列金谷山潘明璋,其次小篁竹夏士增,岩头黄孔标,唐岙谢守球,涂头高美瑀、林福瑞,沙垟谢邦高、谢宗瑞,马屿林月珍、郑日芳,俱称义兄弟,约令十九日攻瑞城。两书作于台船未至时,游飞鹏使拘其人于舱下。是日,贼势大挫,乡民畏罪争缴钱。雷渎人昂其赎罪之直,专意射利,不复以入穴取子为事。众心稍懈,贼党因之复聚。

## 十九日

贼至江南之朱家栈,其地团董朱汉冕,以数百金乞援于台船,至则其家已被毁矣。贼首见台船移泊江南,钱仓可以无警,遂乘势进攻雷渎。渔塘、三大厂等众不及救应,雷渎势孤。温家至戚有为贼间者,和钧中计,合家老少溺于江,棒师温阿晓亦被杀。

是日,瑞城举人叶宝衡,贡生胡姚、许登墀,廪生胡涵,生员薛锦圻等,以钱仓贼氛不可扑灭,数日内将有攻城夺邑之举,我瑞自必先当之,相率至郡城告急于黄郡守,剀切陈词,几于痛哭流涕。郡守愤愤,犹谓瑞人好事,不尽为公愤来也。诸绅结舌而退。

高梁材自愧两至平城,迄无成局,遂与孙令谋反坐陈、谢以激变之罪,谓前所勘林垟房屋,迹似捣抢,无足深尤。并称瑞绅之办安胜义团者曾鸿昌、朱蕱等,妄欲扑灭金钱,酿成巨患。意中竟以奉命办事之孙侍读与谋逆之赵启为偶。邑间诸绅士闻之愤甚,不期而会者数百人,相率至署诘高以延匪入署、屈意求和诸罪状,高匿署中不敢出。时申文已在道,孙令密遣人追回。

## 二十日

大雨。金谷山贼首潘英、郑禹云等率贼千馀人至廿五都之潘岱,焚劫孙侍读家。先是,侍读整饬团练,人给白布一方,上书"安胜义团"四字为号,贼遂指为白布会,瑞城绅士之通贼者附和之①。其时,平之南乡有办团者,亦以白布为号,觌若画一。金钱误谓平邑之白布,俱受孙家节制,于是憾白布愈甚,而仇侍读益深。侍读时在瑞,其兄安庆太守衣言方家居,集民团守土堡,而先驰书瑞城请援兵。瑞城官兵皆畏贼,内奸复从中尼之,不发兵。贼自屋后山而下,大肆焚掠,家赀及御赐物顷刻皆尽,诸老少及太守皆仓猝避去。太守长子诒谷独与亲勇一二人在堡城开炮击贼,不能中,而众皆散去,亦走。团丁孙凤镐、刘玉瑞被戕。有老人童姓客其家,竟亦被杀。午、未两时,黑烟冲天,瑞城十里外告变者踵至,文武官置若罔闻。是日,贼欲乘势攻瑞城,以阻水,各归其巢。

### 廿一日

午后,忽传贼至十五里之下塆。是时城中不设备,人心动摇。协署闻报,放号炮五声,传令闭门。城内外人出入拥挤,至有谓贼已迫城者,登高四望,杳然无踪,不知讹言自何起也。

### 廿二日

西、北、小东三门俱闭,城内士民多挈眷避乡,以城中无备故也。孙侍读于是日由瑞赴郡城。

高梁材为《自誓文》张于县署大门外,反复申辩,极明贿属之诬。见者以为受贿与否,天知地知,至誓语中谓"事止抢劫村庄,非聚众谋逆可比",岂不闻自古谋逆者皆始于劫掠?且会匪啸党累千万,非聚众而何?其丧心病狂可恨也!

---

① 此处据甲本、丙本等补。

### 廿三日

诸绅士诣文武衙门开陈利害,劝其速为防守计,并集殷户筹捐。于是始授兵登陴,设筹防总局于学宫,四隅亦各置局,令诸绅干练者分董其事。

### 廿四日

四隅选丁给粮,竖旗帜城上,取八年办团所制军械分给诸守城者。堞楼炮台,弁兵守之;全城八百馀垛,垛一团丁;五垛悬一灯。有警则城上击鼓,城内鸣金。其羡者竭作。

是日,闻贼首朱秀三率众至平邑铺南,毁宕垟余书勋家,旁及其书塾,并掠其临河之酒肆,酿具一空。午后,复燔下河游飞鹏屋。自是,附郭诸绅家、富家日被侵扰,暮夜不安矣。

### 廿五日

绅士胡姚、陈庆霄等自郡回。时寇氛渐逼,道府处堂忘祸,绝口不言兵。我邑以经费未储,又无力募水陆各勇。局中人人自危,再三哀恳县丞赵荣兴、训导戴咸弼复赴郡城乞救援。

### 廿六日

各隅绅民按户稽查奸细。夜初更,查至右营百总杨世勋家,获隔江曹村细作五名于床下,曳出之,并拿杨世勋解之县。复有虞国龙、吴汝荣二人匿城内徐家,亦同时被获。

### 廿七日

瑞邑新选拔贡蔡华揭竿起。华居廿三都之屿头,少苦学,与其弟岑俱为廪生。去岁应科试,学政张锡庚亟赏之。家有田七八顷,衣食颇饶。性嗜利,于宅边开木行,与赵启合伙。每清晨躬负木料,不以为疲,殆所谓跐之徒者。复与其邻林氏有宿仇,常怀报复志。至是,设局勒捐,开炉铸械,聚恶党啸负屿头,白云江以南数十都胁从者甚众,贼势颇横。

是日,温州守黄维诰至瑞。维诰之来,与永嘉拔贡陈世珍俱,意在议抚,发功牌五百张,欲以啖贼,而不知贼已决计攻都城矣。

## 廿八日

辰刻,金钱贼首赵启、蔡华等率贼党二千馀人分道犯都城,由三角门、大小南门入,抢库劫狱,毁小南门堞楼,焚掠各铺户及各绅富千七百馀家。时黄郡守在瑞,陈永令乡征未回。志观察以夜与女乐酣饮,至是,梦中惊醒,科头跣足,缒城出走,逃至乐清馆头,其母、妻子皆短衣逃至东门外陈家,道、府印俱为贼所掳,各署丁幕友有被戕者,黄守嫡叔、陈令胞叔均遇害。叶镇军闻变,出城招集台船诸勇由东门入,随率标下兵丁协拿,贼狼狈败走。高梁材悔悟前非,亟欲讨贼自效,亦率粤勇迎敌,杀贼二名。午后,小南门外复有黑旗贼千馀人续至,巡勇炮毙贼首二执旗者,馀带伤乱窜。

是日卯刻,贼分股约二千人兼攻瑞城,有黄旗至城西横山下,城上大炮击之。贼知有备,遂引还。

巳刻,黄郡守赴协署,瑞邑军民适下城,遮道陈诉,固请发令进剿。黄守置弗理,还至学宫明伦堂上,军民诉如前。黄守怒其渎,力辨赵启等为义团,并斥瑞民强悍。众愤甚,交詈骂之。

申刻,守在县署畅饮,突闻府印被掳、亲丁被戕等报,始悟己所谓义团者,即逆贼也,捶胸太息而已。

## 廿九日

辰刻,东城①外突有会匪一名自郡窜回,失道被获。送县鞫之,供认无讳;并称同党数人私匿城内杨世勋家。杨掌北门管,约某日

---

① "城",诸本作"门"。

至军局放火,乘乱夺门,事成,便为瑞协。牵前所获五人至,一一指名证之,俱伏罪。杨亦无遁辞。午刻,杀苏云龙、□□□、□□□等三人于城内小教场。申刻,复杀杨世勋等三人,众称快。

是夜,大雨。城上哗传贼至,居民争上城。自初更至三更,雨声、雷声、金鼓声、枪炮声、五城发喊声,杂然响应。文武官分坐堞楼,诸绅士箬冠草屦巡城相激励,所需薪篝等物取给绅富家,并视家之上下为粥食守陴者。更馀,雨少止,人心益定。贼知城内应绝,不敢近城。鸡鸣后,犹见西北山路间灯火如疏星,渐渐引去。

# 九　月

### 初一日

把总杜之才逾城遁。是时,有绅士三人巡城,见之才自小东门[①]城上与一卒耳语数四,状甚惶遽;顷之,北行,从僻静处缒而出。见者走报赵副将,副将故纵之不复问也。之才,平之杜山头人,曾寓杨世勋家,又与杨父子同守北城,众夙疑其有异谋。至是,知事败,遂奔贼巢。

是日,黄守出示:平粜,谷价、米价俱减十之五,令四隅足谷人家,各运谷于米铺中,日舂数十石以粜诸贫者。

### 初二日

闻志观察避至乐清馆头,是日始回郡,以永嘉陈令再三迎请故也。

自前月杪郡城失事后,有防无剿,势将蔓延,瑞之河乡渐有为

---

① "门",据聂崇岐整理本补。

首刁民私为贼分散火钱,托辞骚扰者。是日,诸绅士闻报,请县令速发示,令缴钱帖送县。时城中缴钱者数十家。

### 初三日

平邑诸绅驰书至瑞城公局,书中多左祖钱仓会首语,并称金谷山会友潘英、陈炳锡诸兄未肯修和,因飞函劝我邑诸绅婉为说合,末署十人姓名,曰:陈隽芬、吴达三、周京、苏元、王棫、吴步瀛、孔广孚、孔广翔,而并列杨配镳、王禹绩二人于上,盖以杨、王素负乡望也。此是贼初陷郡城后为贼议和事。

是夜,贼北逾桐岭,焚娄桥,火光烛天。娄桥距郡城仅二十里。

### 初四日

卯刻,贼复犯郡城小南门。城中人闻娄桥被焚,彻夜申警。比贼至时,勇首徐文久、管士拱、刘官升等带台勇数百名迎战,夺取大旗一面,挡牌二面。贼恃众犹冒险直前,叶镇军、陈永令率弁兵绅民协守城垛,鏖战逾时。士拱以来势甚锐,逾城求援。高前令督带彪勇,千总陈国泰督带民团,叶镇军复飞调台勇,由大南门、三角门出,分道要击。小南门外军功运同衔孟璜见兵勇云集,亦遣外委李景然等断小南门桥,用大炮截贼来路,贼中炮堕水者以数百计。陈令同高令追至十馀里,向晦始回城。

志观察托名督守,远驻大观亭,闻炮声避至东门外阙围处,贼退乃入。

### 初六日

平邑绅士十人复驰书至局,以蔡树桢、夏肇源易前孔广孚、广翔二人姓名,馀如前。持书人何姓,名元,向在平署服役者。书中语,自言深知贼罪,而力主和议无异前函,具言明日设局南岸,约永、瑞诸绅俱去说合。此是贼再犯郡城后为贼议和事也。

是时,贼党在平阳城,恣行敛钱,城内质库、槽坊及各市肆搜括殆尽,军械半取之营中。文武官苟且求活,任贼所为。诸绅多开门揖盗,稍有志者,亦唯相对如楚囚。斗大昆阳城,一变而为在崔苻泽矣。

### 初七日

午后,何元复至局,云平邑诸绅已集南岸矣。局中人以来意叵测,过江后,彼众我寡,惧为所胁,因婉辞遣来使还。

是日,贼党竟据南岸,画江拒守,南北遂道梗。

### 初八日

八都丁①田有尤江和者,恃勇横行,其二子亦愍不畏死。与市庄逆党董凤水同恶相济,挟会匪势大,恫喝诸乡,乡民无敢与之抗。把总项国荣率众往拿之,尤家父子闻风逸。众毁其室,遂北行至三都。三都凤川时亦有刁民纠聚,勒富户出谷数十石于庙中私橐之,众运其未橐者入公局。道经市庄,焚凤水所居之山厂。

### 初九日

有郡城商人自平邑间道来,具言贼中相惊以官兵至,颇畏惧,而文武官不敢一言防剿。自平城至瑞界,遍地皆会匪爪牙,往来良民恒有罹虎口者。

是夜三更,月色朦胧,巡城者俯瞰云江,觉有一种肃杀气。不意重九良辰,竟于危城上作登高之会,鼠贼正复败兴。

### 初十日

江中备方艚船四只,日夜巡哨,以防隔江之偷渡者,使舵工王作高领之。作高胆力过人,生长风波中,使船如马,又善于数丈椷

① “丁”,马允伦整理本以为当作“汀”。

末扬大旗;众爱其勇,令为巡江之长。

**十一日**

勇首于纪青以台勇八十名至。

是夜二更馀,江中有小杉①板船一只,自南岸向东山行,以风逆不得泊,渐渐飘回江心,为巡江者所获。搜其船,得九节枪二管,铁锅十馀个,火药铅弹各一桶,刀械俱备;船中二十馀人,被拿者六人,馀赴水。

**十二日**

贼遣其党蔡士礼至东山,复自东山潜行近城。士礼故海滨剧盗,有识之者,从城东酒肆中擒之,斩其首于小东大教②场。时孙令鞫昨所拿之六人,诸伙多陶山人,其一籍隶台州之太平,俱称负贩海滨,并不省会中事。孙令不能诘,委典史徐尔钰复讯之,再三穷治,颇露其实。一唐姓者,名上鸾,廿七都人,诸伙争指为首逆,坚不肯承。众刲一人于公堂上,杀四人于县前照墙下,以骷髅掷其前,始惧而伏罪。众以为几上肉,改日诛之。

廿四都下湾匪首金大桂颇猖獗。是日午后,右营千总沈作霖、外委陈鹏扬率兵丁数百进剿下湾,于纪青亦带勇助剿。下湾之惧罪者尽室以逃,众焚贼巢十馀所。俄屿头炮声殷天,有小船三五只自南而北,城上瞭望者讹传兵勇被围,城内诸军民纷纷出郭为之援,回城时日已昕矣。

是日,勇首陈飞熊以台勇卅名至,于勇续至者二十名。

**十三日**

北城上有人逾城出。赍红烛、药物,将至隔江。众诘之,知为

---

① "杉",马允伦整理本作"舢"。
② "教",底本作"较",据诸本改。

城内金耀墀所遣。金女为蔡华妾，众疑其通谋，至其家拉出，将杀之。几陨首矣，有昵金者，力辨金与蔡馈问素疏，必无从逆意，遂获免。

是日，勇首陈燮、王锦澜以台勇六十名至，陈飞熊勇续至者三十名。

## 十四日

应济潮以台勇三百名至，陈勇续至者六十七名。

## 十六日

勇首管士拱以台勇三百名至。

## 十八日

管勇二百六十名续至。午后，诸勇乘方艚船十馀只进剿南岸，瑞城诸民团亦以小船渡江。江边有崇明船一只，后艄高与城齐，船内多太仓人，五月间避风入港，以无伴不获归。左营千总孙纯良上其船督战，架大炮直攻南岸，贼避炮伏寨城中。管勇自衢衕西先登，应、于诸勇首迁延未进。孙千总素无勇，恶闻炮声，不欲令兵丁数开炮；所坐船未下铁锚①，渐随流而东。船又无柁，离南岸远，炮无所施。贼乘势纷纷迎敌，管勇苦势孤，俱从泥淖奔上船，有被杀于淖中者。贼追至衢衕，扬旗呐喊，城上观者皆失色。回城后，众归罪于孙，管亦以败故面斥孙，誓于明日独出一队决胜以雪耻。

是日，移总局于县署。

## 十九日

兵勇分道渡江，右营千总沈作霖坐崇明船督队。船中兵丁上南岸，见隔浦有舞双刀者，识为逆弁杜之才。众大呼杀贼，之才心

---

① "锚"，底本、聂崇岐整理本作"猫"，据丙本改。

怯,率贼党奔横河以东。时管士拱自中洲登岸,延烧民舍,渐逼宝香山。中洲人望西逃窜,与屿头贼并力扼守宝香山,管勇不得进;南岸贼为我兵所隔,亦不能西援中洲。于是贼首尾不相顾,我兵毁其寨城木炮,并焚杨府庙后诸庐舍。顷之,潮退,众上船回北岸。

### 二十日

巳刻,邑人雇广艇二号、台钓船四号,由海口进港。

有人误传观察至,黄郡守出城以迎观察为名,遂逃去。黄守留瑞二十馀日,虽曰防贼,然终以郡城破,时与志道及永嘉令陈宝善商同饰辞混禀,犹冀为招抚计以饰其非,城间防剿事往往为所牵掣。我邑人窥破其心,姑留之而不复听其指挥。守窘迫甚,至是遂脱回郡城矣。

是日曹□□以台勇一百名至。

### 廿三日

兵勇及义民复攻南岸,于纪青所部勇缚八旬老人及十四岁童子至。孙令问毕,遣南岸地保送二人还,给示数纸,令就近分贴解散胁从者;至南岸,贼尽杀之。

### 廿六日

午刻,广东艇三号进港,志观察与前任永令高梁材、前任瑞令孙源同舟至。广东人心轻观察,每语邑人,谓其避谤入船,非为督师至也。是以船之行止,观察不能为政。

志观察以奉总督严札,不得已至瑞督战。而永嘉令陈宝善致书孙令,犹为危辞以阻兵;盖其意犹在抚也。不肖令长愦愦如此,可恨也!

是日,勇首徐文久以台勇八百名至。

## 廿七日

巳初,我兵乘潮水分三路剿屿头:把总牟德贵、乡导李景然同勇首高世珍、余献廷、陈飞熊等暨城内安胜义团,由屿头[①]西面金浦入;勇首管士拱、于纪青等由屿头东面中洲入;遣广艇一只攻宝香山,复以广艇二只、台钓船二只直攻屿头、衢衙,使高前令督其船。午初,管、于二队先上岸追贼,夺宝香山炮,复夺屿头山炮。广艇无斗志,高令促之行,而潮势渐平,猝难近岸。宝香贼为管勇所逼,奔金浦。金浦诸勇为贼所冲,中队先溃,余献廷虽骁勇,而牟德贵顿兵江岸不敢前,陆军失援,兵勇逃回者争舟,失勇首陈恭及余属义勇一名、安胜义勇一名。方宝香鏖战时,我兵另分一路兵攻南岸衢衙,勇首徐文久督带前把总游飞鹏为乡导。南岸贼率众迎敌,我兵伪退。贼追至江边,徐勇喷筒火箭齐发,进毙贼无数,蹑贼至前金,以桥断不能过。

志观察督广艇二只,在南岸衢衙之东截贼援路。是夕,闻有宋家埭、柏树等村居民诣观察行营自首求免罪者。

## 廿九日

是夜三更馀,北门外有灯光三五点,倏明倏灭,自猪头岩接连西南呑一带,闻城上枪炮声则错落四散,顷之复聚。四更馀,西城外义民巡至稻田间,缚其三人,自称刘稻者,孙令不能诘,禁之狱中。

## 三十日

卯刻,城上军民开北门出,焚猪头岩山厂四五所,虑其为贼薮也。

---

① “屿头”,底本作“社头”,据丙本、聂崇岐整理本改。底本本日前文提及“社头”,但又改成“屿头”,此处未改。

辰刻,贼所雇石子岙船七只进港,置炮桅尾,为攻城计。俄而城西横山下贼数百,摇旗呐喊而来,离城仅二里许。台勇之怯者潜从小径绕东城逸去,众心颇危。以广艇五号分泊江中,石子岙船不敢薄城。我兵出西门御贼。贼首执白旗,忽前忽却,作诱敌状。隔江屿头、中洲诸贼皆出巢,在江岸聚观,并放炮呐喊助声势。两岸贼炮自相答应,未敢与我兵交锋也。

午后,广艇索公局千金为我破贼,胜则以船中军实归我,而自取其船。瑞营兵丁知公局拮据,自出米票八百馀纸犒广艇。

申刻,广艇迎潮进,乘风开炮,一炮即毙数十贼。船上贼亦发炮,炮声震天,铅弹如雨飞入城。

薄暮,贼船遥对小东城。城上以五千斤大炮击之,中其篷,舵工碎首死。是夜,石子岙船遁去。

# 十 月

### 初一日

辰刻,贼乘大凿船十馀只至焦石,于山隔摇旗放炮。我邑西门外义民三十馀人奋勇先驱,弁兵继进,台勇亦陆续进扎横山下。贼据险不出,我兵逾双山诱贼,接战于山蹊间。旋遣台钓船三只溯江而上夹攻贼,飞炮自山凹入,声如雷霆,船中勇亦上岸持火器助剿。贼前队执黄旗者中枪而仆,伤十馀人,斩首二级,馀贼奔焦石。我兵欲乘胜追之,为把总项国荣所止,乃引还。

### 初三日

已刻,我兵大队剿屿头,方艚船二十馀只,台钓船四只,渡船、小杉板船不计其数。副将赵振昌坐广艇督领全军,旌旗飘扬,刀枪森列,无虑四千馀人。金议屿头地险,宜先令广艇数号踞其前,用大炮攻之,使贼不敢伏衢衕上,然后诸船鱼贯而上,可以直抵贼巢。城上观者俯瞰长江,锐气百倍,谓此举如摧枯拉朽也。既而广艇以索饷缓行,渐愆潮候,过江时,未及接应,诸兵勇先上岸者,因后军不继,已纷纷乘小船回矣。是役也,管勇先进,见贼伏春碓间,以药包伤其数人。方接战,温营中有黄衣赤帻者大呼贼至,且呼且走,众惊溃,竞奔上船。一船陷沙中,贼来夺船。众急推船得脱,舵工某溺于江,其子年方十五①,自水中衔死者发辫浮江而还。

### 初四日

未刻,屿头贼以战书束小棹上,顺流推至北岸,城外人拾之送局。前头大书"谕"字,末填一"檄"字,自称金钱义旅,声言初七日攻城,并有北扫温郡、西下泰顺、南破福鼎等语,狂言满纸,殊不自量其为蚍蜉也!是日,有平阳人坐海船至瑞,云福宁府马兵七百自桥墩门与贼战,歼贼五百馀人,贼势不支,方调瑞安港乡诸匪为困兽之斗,候我乘虚袭之,故伪作此书为缓兵计也。

### 初五日

城内大街义团为要结广艇计,馈花红豕酒等物,并红旗九面,船上人金鼓迎之,并放炮十馀声。屿头贼疑其发令进剿,设烽火聚众以为备。是日,城上喧传海口贼船至,居民多外徙,守门者阳之,不得出。

### 初六日

志观察饬委员屈连升、张瀹严谕筹防局,使缴钱四千缗为行营供应。是时,兵勇蜂聚公局,催给军粮,局中窘甚,无以应。申刻,

---

① 底本天头注:"查其子姓名"。似作者提醒自己查后补入语。

隔江有绅士数人从东山上岸,乡民潘焕高走白公局。局董项建纶、贡生许登墀商之文武官,至东山诇其来意。

**初七日**

卯刻,项、许二人以平邑绅士陈㝢芬及苏元、王械等入城。陈与许至戚,寓其家。军民以为细作,拥入许家,以刀属陈颈,噪至县。孙前令谓未得其情,禁之署,俟鞫,苏元、王械匿肆中,俄亦押至署。先是,会首赵启、朱秀三等托团练名,数至平邑,与衿士交通。嗣后贼势日张,公然设数局于城中,附者益众。㝢芬等皆欲依贼自全,前两书为贼议和,㝢芬等与焉,众以是愤之。

是日,副将陶宝登以台勇八百名至。

**初八日**

勇首管继涌以台勇数百名至。连数日,屿头贼大半南救钱仓,虑官军袭击,日夜放炮以示有备。我兵以饷匮而阻雨,遂不过江。

**初九日**

志观察以军饷不继,移书至县谕各户加捐,其不书捐者胁以法。邑附生曾鸿昌家仅中人,是岁二月间,闻平邑金钱蓄谋不轨,愿出家资从其姻家孙侍读督办安胜义团为御贼计,志大力薄,不数月,资产荡然,诸同事者委之去。道府及瑞令方欲以激变委过于孙,并迁怒曾,逼令加前捐数倍,知其无以应也。曾既取怨于贼,复获罪于官,士民冤之。

**初十日**

观察行营接闽省报云,制军兵船数十号指日可抵云江矣。郡城叶镇军亦移咨至,遣舵工王作高出海口迎之。

**十一日**

西门外义民以会匪数自横山来,城西沿江一带附郭重地,深虑有失，议筑土堡以卫民居。公局韪其议，遂于是日鸠工。四十九都生员张家珍遣其弟崇新来城，局中为飞函至郡，乞拨枪手为援兵，并请瑞安官兵会攻贼。家珍素任侠，以不附金钱故忤贼。贼悬金购之急，几不免，遂于九月二十一日起兵讨贼。每战皆胜，连破金谷山贼，杀其党数千人。于是金谷山贼为所牵不能下援岲头以南，亦不敢北犯泰顺。

### 十二日

辰刻，勇首管士拱等率台勇五百名上船，请志观察督领广艇、台钓船齐进。巳刻，诸船始扬帆以东，将近沙园，以潮退不能薄岸，自江心放炮击贼；沙园旧有大炮，贼用以御我。久之，炮声俱息，诸船仍驻江心。午后，筹防局绅固请陶参将出队。陶及勇首管继涌领台勇六百名乘船抵南岸，贼聚衢衖内路亭放炮御陶。陶跃马直入，诸勇且伏且进。贼再开炮，陶率诸勇已进至亭，杀数贼于亭侧。追至四五里，逾铁炉而西，以途径错杂，孤军不宜深入，收队而回。陶殿后，稻田间突有数贼截路。马怒，贼惊，陶舞刀奋斫，自马上斩一贼首。还至岸，与马止于汀。陶虑贼夺马，挥众用火器击退贼，牵马上船。船行时，群贼拥至衢衖上，叠发十馀枪，我兵离岸远矣。是时，广艇、台钓船已回，管士拱欲自宋家埭上岸，苦不识途，薄暮引船而返。战之前一夕，金议陶、管并攻南岸，观察督舟师助剿。计已定矣，四更馀，观察函至，忽有分道之议。公局不能争，以至陶军无援，不获取奸贼党，并失所部勇三人，观者惜之。陶亦以是怨观察。

### 十三日

是夜，上灯初，隔江贼沿岸发炮，自乔里至衢衖，又西至中洲、岲头，次第相应，末复数炮齐发似连珠炮声，广艇亦放红衣炮拒之。

### 十四日

观察自广艇上岸,移驻南门外税关。夜二更馀,贼轰炮如昨,立藁人月下为疑兵,喧呼之声达数里,众知其乘月刈禾也。观察闻之,遣人持令至县,催办小船数只,众莫测其意。

### 十五日

公局请陶参将出队,延至日旰,不果行。是夕,大小船齐备,并招集士夫五百名,各带犁锄竹木,为明日过江扎营计。

### 十六日

卯刻,陶参将乞发赏号四千缗,公局以饷匮辞,过江之事遂寝。午后,西城守者获隔江细作黄阿高、黄阿展、马阿凤、黄揆礼等四人,供称同伙数十人,贼定于十六、十七两日攻城,使伊等佯为赎典衣者,伏城中为内应。讯毕,日已晡,戮四人于城西小校场。一少年于路呼冤,其三人临刑犹哓哓语,但怨其为首者张德坤,以为死后当去索命云。

是夕,四十九都廪生高王风飞函至,自陈义团六千人,合张家珍等众共万人,连日与贼接战,斩获无算,杀毙贼首郑禹云一名,贼首潘英逃去。禹云字日芳,马屿人,与潘英俱邑附生。初入会时,其父怒,将鸣之官,族人劝止之。父死后,遂肆意谋逆。潘英,金谷山人,字明璋,曾受业于高;高劝之缴钱,弗听。金谷山贼欲杀高,以潘救得脱,遂集乡兵助家珍。二人议先清金谷山,次剿屿头,约在城兵勇为策应。是时,军需孔棘,诸勇各有去志,局中虽得高函,不能行也。

### 十七日

辰刻,陶宝登、管继涌以台勇回郡城。已刻,徐文久、叶官庆等相率去。观察先一日上广艇。午刻,广艇五只、台钓船四只亦扬帆去,惟管士拱所部勇在局,绅议留之城中,俟城西土堡竣,使扎营其中为犄角。管初亦愿留,至是闻诸勇星散,索饷益多。夜二更馀,率勇入局,刀光如雪,四绕座隅,胁令诸当事各书欠券一纸。书毕,攫之出城,径登舟去。

### 十八日

城中人为船勇俱撤,蜚声四起,以为大势不支,多捆载出城,携眷属以遁。兵民禁之,并请孙令出示,于三日内招回徙者。

### 十九日

西门外土堡竣,外至江边,内至城河,广三里许,尽环竹排头以内诸民居。惜义民土著者仅百馀人,虽日夜巡逻,未能倚以为固也。

### 廿二日

在籍主事黄体立、候补知县沈涣澜、候补盐大使项挺芳、平邑举人候补同知祝登云,为议兵议饷,同至郡城,泊舟小南门外。在郡局绅孟璜家午饭毕,黄、祝以事入城。勇首管士拱突率数十人向沈、项索所欠饷,沈辞以券非己出,项以券期未到,俟汇算清偿。管不听,胁之行,诸勇持刀猬集,拉二人至舟中,列坐前后舱守之,并攘其卧具。夜二更,黄亦登舟。三人同坐,耐寒达旦,不能寐。

### 廿三日

城中叠接警报,云会匪知瑞城势孤,聚众古鳌头,重修石子岙船之击坏者,备炮械其中,选亡命数百人,定于月之廿五六日进港。孙令飞檄至郡,向永嘉陈令乞援兵。是日,管士拱设席民家,邀沈、项二人来,为负荆状;席终,仍留二人于船中。

### 廿四日

黄主政、祝司马为沈、项被劫故,自郡驰回。是时,捐户多在局，勉强部署，仅得纹银二百馀两，印洋二百馀元，益以钱谷若干，尚不满千金之数，急遣绅士郑宝麟送至郡，赎回二人，缓则虑有变也。

**廿五日**

巳刻，贼渡江至焦石。午后，西门义民与贼战，获一贼，送县斩之。时石子岙匪船七号已进港，自西南城外放炮攻城，飞弹大者如碗，或穿破人家重垣，或散堕城边隙地。城上守者、城内居者、行者各无恙。我兵用大炮击贼，一船中炮受水，遂西行，屿头贼蚁聚江岸，以旗鼓迎之。是夜，贼船俱泊横山下。

**廿六日**

巳刻，贼遂分队自横山来。西门外义民不能御，俱挈眷避入城。贼逾土堡，焚掠民房数十所，午后，贼分股至城北，杀周岙居民六七人，城外忠义庙前有绰号“军师”者，身负重创，趋数步而仆，仆而复苏；其弟阿昌亦遇害。贼旋至隔河，以稻草引火，分置人家窗户间，顷之，黑烟上腾，皆为灰烬。贼于烟火中，倏往倏来，城上开炮不能中。

申刻，莘塍、九里等地义民二千馀至城西御贼。贼前队枪炮齐施，乡民苦无火器，不战而溃。道中闻东山、上鴣诸贼党乘虚下乡，诸义民各自顾村庄，夺路散去。贼二万馀追至东门，焚后垟鲍氏屋。是时，孤城巍然，五门外皆为贼据，赖军民踊跃，绅士俱持械上城，黄岩候补县丞赵富寿以台勇八十名列守西北诸堞，亦昼夜无懈。炮台空阔处均盖芦蓬，供各神庙香火。自是众勇可贾，如有神助。

**廿七日**

贼抢据城东隆山上，遣其党分道来攻城。以西、北刀城城垛较低,又无濠河,遂将民房之附郭者纵火焚之。时西风甚急,烟焰逼城上。贼欲乘势上城,军民坚据雉堞间,炮石齐下,伤贼数人,贼稍却。石子岙贼舍舟登陆,束红巾,系紫带,以藤牌冒矢石而进,剽悍尤甚。有执红旗者三人,于屋舍稠密处往来如风,每间数家则掷以一炬,不移时,火起,延烧西南一带半焦土矣。贼又分股焚东门洞桥庙及东镇宫,自丰湖亭至白岩桥两岸,屋肆千馀家,颓垣堕瓦,声如霹雳,旦暮无辍响。城东西南黑雾漫天,日光为晦,遍地惟黄尘漠漠,城中人相顾失色,有讹传城已陷者,妇女望空泣拜,哀声震天。俄西城上一大炮不火而发,毙贼百馀人,诸贼股栗,始相率窜去。是夜,城外灯影时闪闪有光,城上鼓声亦阗阗不绝。自此一夕数惊,阖城中无一安枕者矣。

### 廿八日

贼复于五门外纵火,然不敢近城。遥遥相持而已。贼每分队而行,一队不过十人,故疏其武以避炮。城外诸庙宇及诸小屋之未毁者,贼多匿焉。时复远聚林莽间,木叶脱处,数见旗影,有从道旁负暄者,有立高阜上向城辱骂者,或以稻草蔽身伏而走,炮不能中。

是晚,城上哗传小东门守者谋开门迎贼,绅民亟白赵副将,以把总王梦宝易项国荣,随令搬运木石填其城闉。夜初更,城内获放火者三人,供称馀党尚多,于是四隅巡逻加密焉。新观察支方廉于是日抵郡。

### 廿九日

贼架炮城东洞桥上,复舁数炮于龙山之西,向城轰击。一大炮约重千馀斤,一铜炮约六百斤,馀炮较小,俱取之石子岙船者。隆山形势高峻,俯瞰全城如在瓮中。贼炮自上而下,响震岩谷,铅弹星驰电掣,从城内屋檐上过,俱呜呜有声。赵副将面如土,泪如雨,密语绅耆,有降贼意,兵民厉声叱之。贼乘势来扑城。城上金鼓喧阗,喊声四起,惟东城偃旗卧鼓,兵民潜伏女垣中。贼于新埭头架木桥,守者伺贼渡时,急以炮击之,毙贼十馀人,衣巾尽飞,血渍河岸。贼乱窜,其已渡者匿水滨榛莽间,顷之,匍伏过埭头,一一疾趋如脱兔。其时西城炮台上叠发红衣,亦毙贼无数。

是日,项挺芳自郡回。时金钱贼党蚁聚河乡塘路一带,刀枪林立,无敢从中流过者;而项与其仆扁舟一叶,竟得上岸入城,咄咄怪事。

# 十一月

### 初一日

阖城人约持斋三日,各户设米盆于庭,妇孺焚香礼拜,以祈神佑。自贼围城后,各隅人家之有力者均具馇粥送城上,日夜凡四顿,下户亦率以为常。至是,复酌派谷数,舂三日粮,分给诸守陴者之家。于是贫民无内顾忧,守益固。

城东十八家有李奶儿者,与城内项季芳、项继堂三人逾入城。众问奶儿来意,自云为贼议和,语甚支吾。固诘之,始得其通匪状;并言季芳在沙塘底被贼掳至隆山,旋奉贼首赵启令下山入城,道中得无阻梗。众录其供,送奶儿于县,下之狱。于是飞言四起,项家无以自明矣。

### 初二日

辰刻,贼射两书于小东门城上,劝军民降。众愤甚,痛詈其赍书者,掷石击之,其人抱头鼠窜去。

已刻,贼列炮于城东涌泉巷,复于后垟鲍家祠侧架台一座,将置炮其上以攻城。台未成,城上炮击碎其柱,毙筑台者数人;馀贼弃竹木遁。俄有黄旗数面自隆山疾驰而下,旗上书"兑"字,又红旗一面,大书"赵"字,由城东新埭头越濠河,齐集射圃之官厅,城上枪炮击散之。

### 初三日

隆山上炮声甚急,伤西城团丁一人、东城团丁二人,一团丁匿帐房中,亦中弹而毙。贼见城上稠密如故,疑药力不及,因密增药于炮中,先后连炸三炮,震死数贼。城西贼复于西镇宫放炮,误燔火药桶,毙数贼。

是夜,闻贼以龙舟载薪,欲毁各处水门。守者俱嗤为下策,仍以石密填门内,敷湿苫于外,更多运水石置门楼上,以俟贼至;贼不敢来。

### 初四日

贼于三都岭设局,以梗永、瑞往来之道。城内所遣孙新庸、胡大发二役同时自郡回,经三都南山,为贼所获,拥至隆山。贼首搜取其回文,杀新庸,纵大发还,并付伪檄一纸,自称"大统领赵",狂悖如前书。大发具言水陆援兵二日内可到,众心稍安。

午后,贼至东南城外,伏隔河楼窗内,以抬炮攻城,墙隙瓦缝间铅弹不时飞出,多从人丛中穿过,至有洞袖裂襟者,而人皆无恙。相持良久,贼始退。军民逾南城出,尽焚近城残屋,于是贼无潜身所矣。

是日,贼队中有一人至小东门城下,一为平邑江西垟人,其一居隔江之根桥,向城上诉胁从之苦,具言石子岙三百馀人,敢死者百人,已折十之一二,贼首倚为先锋,啗以数千金,使乘间偷营,留其能炮以为质。二人传语时,屡反顾隆山,惧有侦者。夜间刀城外果有数贼潜来,为守者所觉,以乱石毙一贼于城下,贼伙拖其尸以去。

### 初五日

河乡义民苦贼骚扰,闻郡城所拨兵勇至穗峰已三日矣,争往迎之,罗拜岸旁,劝令助战,有胆壮者,负大蠹为前驱;台勇犹逗留不进。众促之行,台勇怒,枪毙三人于岸上;众亦怒,格杀台勇六七人。时海安、长桥、中埭、石冈各有绅士诣船上,勇首劫之去,至晚,其乡以钱米赎还。

是夜,东门贼甚众,自三更至五更,枪炮之声不辍。贼取龙舟八九只,自塘路边推下水,暗渡至洞桥。城上炮石乱击之,石尽继以瓦。贼逾岸走,复聚,伙伏吊桥外牌坊旁,以抬炮攻城。其药桶忽自火起,城上见者俱喊笑;贼以竹撞地,故为聒耳声,达旦始息。

贼初至东门时,佯于城西一路发喊,疾驰而去,暗留其众伏西门外,俟夜阑来扑城。西门守者以贼去远,颇不为防;且苦战九日夜,多倦卧。贼伺人静时率众潜来。有数贼舁梯先行,梯甚重,舁者疾呼将伯。城上一团丁惊醒,鸣鼓警众。比众起时,则一梯已倚城旁。仓卒间,炮不及发,急以抬枪击之,毙数人于梯下,旋用大小炮三面攻贼,贼众弃梯遁。右营兵丁陈镇涛潜逾城出,斩城下中伤者首,一贼来夺尸,亦斩之,获药包数个,重各一斤,遂提首级两颗逾而上。众误以为贼,投以石。至垛间,始识为某兵,众壮之。天将曙,众出城,取所遗梯四副。其梯长逾城二尺许,阔八尺许,可并立四五人。见者愕然,始知适时之险绝也。时东门外亦有数梯倚道旁,军民毁其梯,并掣回龙舟数只,覆之于岸。

### 初六日

巳刻,永嘉前令高梁材以广艇四号进云江,阖城人喧传救兵至,欢声如雷。贼首赵启于隆山上遥见帆樯,即率众下山,向城西窜去;蔡华亦于是早飞奔过横山,五门外诸贼闻风鸟兽散。军民争出城追贼,沿途递有斩获。道遇竹兜子自隆山来,杀异兜人,拿兜中贼黄盛藻,红巾黄褂,服饰类渠魁。解至县,供称平邑江西乡人,为贼首主簿籍者。

先是,东门外有开钱铺者陈瑞锦,开药铺者叶雨金,二人比周为党。九月间,众罚雨金钱四百缗入公局,其同伙为之缴钱帖,具状保之。瑞锦簧鼓乡梓,罪浮于雨金,屋肆为弁兵所毁。局绅中有徇庇之者,私授以免死旗,而二人复乘乱与东山、下埠、上墕、八十亩诸村人勾引贼党,逼令河乡一带各竖降旗,不从者杀其孥、掠其资。诸乡民不得已,具鸡黍款之,为自全计。

至是,闻城内有援,密传消息,各涂粉于眉以为号,顷刻间齐起杀贼,沿河数十里,不约而同。有奸民数人引贼焚前池,随至鲍田。鲍田附生陈兆宾、武生黄兆奎等率众百馀人,至南河桥头拒贼。贼以鸟枪伤乡民四人,兆奎等亦以箬刀搠数贼于桥下。贼于隔河叠施抬炮,绅民不能御,俱返奔。贼过桥,奸民助之,纵火焚掠十馀家。久之,鲍田奔者以参将池维屏所部官兵至,贼始退。官兵见贼去远,割桥下首级三五颗,自以为功。

贼窜至前池,前池人要击之,其地有附生池涵与其弟景泮,歼贼最多,小店①下武生陈定江兄弟五人均有膂力,亦手刃十馀贼。贼纷纷如釜中鱼,所至辄授首。积尸遍岸陌,河水尽赤。贼首朱秀三弃剑令于丁田②,自小店下奔至董田,自刭不死,投水死,董田人载其尸至城。秀三所从棒师,年逾七旬,为丁田义民所追,十馀人

---

① "小店",马允伦整理本以为当作"小典",下同。
② "丁田",马允伦整理本以为当作"汀田",下同。

刀械不能入,一人自后刃之,犹挺立不仆,惟自惜六十年工夫,失手一朝,太息而绝①。时又有棒师被围薛里,握双刀敌数十人,力尽被擒。众植木倒绷其身,以乱箭攒射之,至死不自述姓名。一贼被杀于周田,亦猛鸷无敌。沿途所遗军械不计其数。除就地枭首外,各乡生擒者不下五百人,献俘于城。弁兵绅民争杀之以为快。丁田贡生张时葵②留郡乞师,其弟时宝,素与兄参商,密献策于赵启,解入城,就戮于县前。一衣紫者为石子岙贼魁,众褫其衣,交刃之,血肉横飞。东门射圃中,无复净土。

贼东窜者,或从东山渡江,广艇以红衣击沉其两船,溺死无算。自围城十日夜,贼中炮毙者约千馀人。是日戮于城乡及堕水死者,殆以三千计,贼势自是大挫。

午后,文武员率众出东门,剿东山、下埠,诸从贼者已于数日前携眷属过江。军民火其庐,以贼党杨焕新、陈棻式二人归,至东教场斩之。

## 初七日

池维屏率乐大、盘兵三百名至,管士拱率台勇五百名至,附生孙诒谷、勇首孙赞清率台勇二百名至。我邑军民以东山私局中存谷尚多,将为泛舟之役。管勇随行,至则托名搜捕,各取其财物以归。有云上埠、中埠半为逋逃薮,自是二埠居民不能无波及之祸。时廿四五都等贼党未散,设局于澄头、祇陀寺,赵副将拨兵丁数百,令把总叶荣庆督队进剿,孙诒谷暨赵富寿各以所部勇偕行。至莲潭,荣庆逃归,诸兵勇一哄而散。西门义民百馀人屯芦浦以待,见

---

① 刘祝封《钱匪纪略》中称这名棒师即陈成开。见马允伦《太平天国时期温州史料汇编》第166页。

② "张时葵",马允伦整理本以为当作"张庆葵"。

后军不继,亦随众回城。

是日午后,孙令至上埠安抚居民,并劝富户加捐,以资军饷。

初八日

河乡一带虑贼来复仇,因约连乡选丁壮,有警则设燧、鸣钲相策应。自海安以南,至九里以北,集众得数万人,各执军械,由塘路鱼贯至城,遍绕五门外,西略横山①而还。城上望之,如火如荼。然近北诸乡尚有未至者。

是日,外委熊庆功复以兵勇数百名望祇陀②进发,日中饭于芦浦。芦浦虽与贼为邻,义不从贼,闻官军至,喜甚,各具食款留兵勇,约明日为前导助剿祇陀。兵勇胆怯,讹传祇陀贼数千人将宵突我军,纷纷散回。熊外委被村民苦留,以百馀人宿芦浦。至夜复逸其半,仅留数十人。

初九日

芦浦人犹留熊外委,谓大军迅集,可以遂扫贼巢。各村民至城乞援者道相望,而营官竟如儿戏。勇首郑昌麟、陈文捷等,彼此观望,赵副将强拉之出城。行未数里,则与熊外委先后引还。于是芦浦义民大失所恃。鲍田有奸民周大勤者,夫妇俱助贼纵火,二子一侄为乡民所诛,大勤随贼脱逃。诸被火家恨之甚,缚其妻至城,戮之于东教场积尸之侧。

初十日

支观察闻台州有警,乐清戒严。橄池参将以大荆、盘石兵回郡。福建记名道张启煊以闽勇至穗峰,援温州。先是,孙侍读以与

---

① "横山",底本作"槐山",此地名前文皆以红笔改作"横山",此处未改。据诸本改。

② "祇陀",底本作"奇陀",据诸本改。

府、道议不合,避居山中。十月下旬,新观察支公方廉至。张观察启煊又以闽师继至,皆奉督抚令,决计剿贼。侍读知事始可为,以廿一日至郡,谋进兵。而张观察之师新在诸暨失利,无器械;既至郡,议造战船十只,为水陆夹攻计,而闽饷不至。侍读乃谋于永嘉上河乡绅富任加淦等,得钱四千缗,以给观察军。侍读留都二十日,而船械始具足。

**十一日**

诸兵勇复至廿四都,朝发夕回,仍不敢攻祗陀。

**十三日**

午后,孙令闻张观察将以全军至,趋穗峰迓之。申刻,孙令与新令黄宗贵俱入城。

**十四日**

张观察以闽勇千馀人至。观察绛衣白马,马前选八人击鼓,年皆十四五,宛然童子军。其前锋分前后左右四队,旌旗整肃,见者知为节制之师。

午后,率众出城视形势,遂移兵驻隆山。孙侍读是日亦至城。初,支观察至,郡守令之庇贼者犹言瑞安团练激变,观察不为之动,而贼于破郡后,南陷福鼎。及侍读再至郡,志道、黄守见之,默默不能发一言;至瑞时,赵副将及孙令见之亦有惭色。

**十七日**

众于东教场骈戮黄盛藻、李奶儿及朱秀三之甥郑大标。盛藻本蔡姓,名芝山,临刑时犹自讳其名。时又有瑞民杨上福者,自东山来,为小东门弁兵所获,杨故安胜义团中人,两与过江之役。或指其为贼掣"坎"字旗。项国荣押赴县,遂与三人同日死。既而营中以为冤,行刑者心悸,为焚纸钱于尸旁,为之挂孝。

### 十八日

大雨。是夕,西北风甚急,城上苦寒,警夜者犹传呼不绝。风声飒飒中,贼自隔江潜渡,已迤逦至横山矣。

### 十九日

卯刻,贼潜来西门外,城上人闻广艇炮声,始知贼至。一贼持大红旗引众至西祖宫,西城燃炮遥击之。贼退至横山,军民出城追,广勇、台勇继进,贼溃退,中途弃大梯七副,蓝舆一乘,舆中虚无人。屿头贼有渡江来援者,广艇以潮落不能进,移铜炮于小杉板中击之,贼飞棹去。追者逾双山以西,斩首一级如僧状,复生擒一秃者。诘其故,始知贼党以赵启令俱薙发为僧矣,斩之于东教场。其肉毙二犬,众以为毒逾蛇蝎云。

### 二十日

有传贼倾巢过江,众至数万者,城上严阵以待。至夜,贼潜从廿四都山行窥河乡。河乡人探知之,聚众于塘河之西,扰扰竟夜。

### 廿一日

贼自廿四都逾大山,焚掠所岙、仙居、沙渎、沙河等处,杀沙渎武生陈启彪于稻田。时勇首郑昌麟以温勇数百名屯穗峰,闻贼至,夺路四散。贼善避鸟枪,见火光即伏地,不能中。乡民乘贼起立时,以抬枪伏而攻之,击四人毙。诸勇之散去者,沿途大呼贼来,麾乡民使速奔,因乘机掳掠村庄,取衣物无算。乡民夺取焚之,诸勇与贼俱遁去。

### 廿二日

卯刻,张观察以河乡告警,率闽勇逾三都岭,绕大峃岭,约乡团由要路兜剿。贼闻风自大山遁。闽勇蹑之,斩首四级,活擒二人。乡民闻大山多逆党,毁十数家而返。

时上墹会党林阿丰夤夜自隔江来,乡民碎剐其躯,传首城内。申刻,贼众十馀艘将渡江犯东山,兵民二千人趋截之,贼不得渡。

是夜,城北诸山灯聚如萤,广艇中放炮警众,闽勇亦列炬满山,城乡瞭见之,俱击鼓鸣钲。终夜有声。

### 廿三日

午后,平邑有赍书者,至南岸,由广艇送入县署。其书露封,署黄绍奎名。我邑黄令前宰平阳时,绍奎适为丞,故与有旧,议遣平邑绅士数人至瑞商万全策,其意犹在和也。平阳人惩前事,惧触众怒,约勿杀,然后敢来;并致书于张观察。

### 廿四日

辰刻,管士拱率勇回郡城,所欠饷已偿讫矣。申刻,大山有老者陈汝传、杨申海二人解逆党杨银喜至,申海为银喜叔,其家被焚,深憾土人之勾贼者,因证其侄卖姜为业,受隔江金钱,遂为贼作乡导。同党三人,其二人俱逸去。

是日,瓯江火轮船中装军饷二万两、火药数千斤,自闽省运来接济吾郡者。

### 廿六日

闽省候补知县程尚堉、候补县丞钱庆升解军饷五千两、火药十馀桶至瑞城,以其饷归张观察。

### 廿八日

小东城上瞭望者失其所司,把总王梦宝将按军法,众鼓噪,赵副将不能制。梦宝怒,乞辞职。小东兵丁有心服梦宝者,力挽留之。

# 十二月

### 初一日

钱仓贼首缪元驰马入平阳城,向平协王显龙索营中炮械。王正色拒之,随密谕士卒,厉兵为备。征调至日旰,竟无一人应者。

是夜,王副将率亲丁巡狱墙,狱中匪徒闻人声,误谓劫狱者至,掷石墙外以为号。副将入视,搜获金钱二十馀枚。副将欲杀之,翟令畏祸力阻,仅诛其七人。

### 初二日

张观察闻战船将竣,又以请饷事赴郡。前闽饷至郡,原议一万两归张,张取其半,以其半留贮郡库。而黄守言之支观察,欲不复与,张观察因至郡,面索之,始肯以所贮归还。实则贼皆在瑞,虽二万犹不足也。道、守仅顾都城,于是瑞局益困。

是夜,屿头、宝香等处炮声不绝。或传贼见江中战舰数百艘纷纷南下,彻夜严防,而不知船从何来,殆神助也。

### 初三日

平邑前任县丞黄绍奎、前任训导钦陞良至南岸,巡江船载之过江,自埭外遥语把总管宝铤,具述翟令畏贼状。管问其来意,二人不欲公言之。顷之,逾城入县署。

### 初四日

辰刻,张观察以军饷五千两至自郡。我邑黄令偕黄县丞、钦学博上隆山谒之,议甚秘,鲜有知者。

是日,缪元率贼党复入平阳城,尽取军局诸炮械。王副将自投于河,贼众扶出,絷之归钱仓,并系都司方□□以去。

### 初五日

黄县丞、钦学博偕祝登云归平邑。船至江心,隔江贼沿堤聚观,广艇以红衣击走之。

### 初七日

缪元据平阳城,四门分布贼目,禁城内外无得擅出入。时闽省援兵由福鼎来,数战皆捷,直逼南关。贼虑钱仓孤立,将有腹背受敌之患,故分股先取平城,为死守计。

### 初八日

祝登云自平阳逃回,自言与黄丞、钦学博道过前金,贼党孙姓者拉至局,三人具道此行为尔曹计,问答良久,始纵之行。将至城,闻贼已据平阳,遂宿于近城之周家,昼伏夜行者,三日乃脱虎口。入瑞城时,汗泥犹半其身。盖贼首虽据平阳,而惧有备,故阳言求和以懈我,黄丞辈不知也。

### 初十日

张观察所部陈元彩、卢成金以炮船十只驶至瑞,从昇之入江。其船长四丈馀,广八尺许,状似吾瓯之龙舟,底平而体轻,行则十馀桨齐动,虽逆流亦迅如飞鹢。船头架九节枪数管,随贼所至,便于转移。每船容二三十人,皆闽人之善水者,一队长于后艄掣旗督之。

### 十一日

贼首用平阳县印为伪檄抵瑞令,言金钱会党已愿就抚,端邑白布法当重惩,狂悖益甚。是时,各贼首分据平阳官署,邑中钱谷簿书皆使其党主之,官不得与闻,翟令罪状罄竹难书矣。

### 十二日

已革署巡道志勋与府经历陈德元及幕友沈□□等以广艇赴上

海。志道携装颇多,广人心艳之,私授意于石子岙贼曰:"此奇货也。"使掳之。拷索数千金,志勋、陈德元等皆赴水死。

**十五日**

张观察定议进剿,先勒兵于城外,令战船十只扬旗列炮,自大教场江岸扬帆西上,略宝香山外,至白塔、屿头。贼飞炮乱发,闽勇使船如马,从容鼓枻而返。观察喜其可用,即檄调一都团董吴一勤逾紫岙岭,八都团董张时葵率众随营进发,两路合剿祇陀寺;复饬拨两营兵丁一百名上方艚船,接应水军;令公局雇夫役五百名听行营差遣,调直洛团董叶秀标以乡团五百人守隆山,俱于明日辰、巳二时取齐,违令者以军法从事。

**十六日**

辰刻,张观察遣闽勇二百馀名以战船先行,屿头中洲望见之,放炮鸣鼓,嘈杂逾时。已刻,闽勇数百人由陆路进发。观察以夫役后期,午后始移营下山,行至廿四都,见前村火起,则吴一勤、孙诒谷等已以乡团破祇陀寺矣。活擒贼目四名,斩首八级,贼众西窜。一勤诣观察行营,遂与闽勇分屯半浦、后垟等处。

张时葵前谒张观察,约以乡团五千人随营,及奉檄,无一人,乃赴隆山乞缓师,观察怒斥之。是日申刻,偕武生张飞鸢、陈定江以数百人至城。前陕安总兵秦如虎致书孙侍读,具言前月廿三日克复福鼎,馘斩会匪数百,进兵水北溪,并约张观察之弟张启德速纠民团自贼后掩之,以通闽浙咽喉之道。

**十七日**

辰刻,张飞鸢、陈定江以前池、华表、小店下等众赴观察行营。观察持重,谕民团当蹑官军后,不得吾令勿轻进。孙诒谷少年气盛,是日黎明,与一都团董吴一勤、城内监生孙松涛等,率众直抵横塘、周渎、北山诸村。有诈降者,留众午餐,额书"上"字以示众,众不之疑。食间,贼大至。村民拭额上字,出怀中黄旗,周麾而呼,要杀乡团六十馀人。孙松涛颈后被创,以毡帽厚,得不死。贼追孙诒谷急,诒谷以洋枪毙前截路贼,跃而过,追者刃之不中,中贼尸。诒谷疾走,溺途中,八人掖之起。一都义民亦掀吴一勤于淖水,已及其颈。观察中途闻变,帅所部卷甲疾趋。时乡民铤走者五百馀人,拜伏江滨,乞瑞营拯入其船。船中人麾之起,随登岸力战,无不一以抵百。闽船诸勇亦列铳堵击岸上贼,并截渡江贼船,碎其满载之两艘。贼大败,退至二里外,军民俱扎澄头街。先是,观察志在抚辑,戒军民无得肆屠戮。至是,知豺狼成性,不可以恩义结也,遂下令所到各村,但言投降不以绅耆为质者,均聚而歼旃,虽比户延烧亦勿罪!

### 十八日

官军与贼战于桐田埠头,闽勇一健者麾旗疾驱,贼执长矛双击之。二矛倏卷入旗中,贼并力不能夺,弃矛走。众追贼至泥涂,斩首九级,道仆及生擒者十馀人。午后,贼以黄旗引队至周渎,于桥上轮放数大炮。我兵泊船桐田埠,以阻沙,艰于移船,遂与闽勇绕堤而避,夹派对击,轰声沸川。闽勇有三人泅水而进,将抵岸,贼刀矛交下,毙二人,其一游涌而回。众舁尸庙中,观察亲视敛。军民观者莫不惜二人之勇,而感观察有恤下之仁。

### 十九日

永嘉上乡团董前临安训导徐汸,率义民千人由桐岭至瑞助剿。是夜三更馀,巡江船十馀只潜驶至屿头山下,每船十数人,沿堤鼓噪,故为掩袭之势。贼闻警,未测众寡,列炬如昼,鼓不绝音。我兵乘月回棹,贼栅中钲鼙铳炮犹嚣呼沸腾,至晓不敢少息。

## 二十日

贼千馀人聚北山杨府神庙,俱以黄布束腰。官军在船者仅百五十人,上岸与之战。闽勇裸身当先,持利刀掷贼数十丈外,应手而仆。瑞营抢手继进,亦所向披靡,斩贼六名,其伤者贼党冒死负之去。众以贼首级及所系黄布献功行营,观察善其以寡击众,厚赏之。

## 廿一日

官军仍驻澄头街,近乡以刍米犒师者襁属于道,胁从各村皆请衿耆膝行乞命,观察均许以不死。金谷山、沙垟各贼巢亦遣人待罪军门,见者眦裂,谓二村罪人之尤,律无可宥,势穷款附,必将首鼠。观察谕来者使各缚送要犯五十名,馀众当复业;如不用命,则悉若众以抗我师,赭若土而后已。于是士气益厉,人人有寝皮食肉之思。

## 廿二日

澄头之隔江,地名下洞屿头,贼分股聚其村,犹开炮抗拒。瑞营兵丁蔡永升与七人乘小船南渡,炮至则以盾卫身。舟抵南岸,贼数十人噪而出,则又回舟而北。如是者再,始飞棹回北岸。永升矫捷善斗,每临劲敌①,恒以身先,瑞营中无其对,自军兴以来,累立战功,张观察赏以五品顶戴②,遇之逾常人,是时,立马高冈,见其进退闲暇,以为深得探营之法,温语奖之,永升益感奋。

## 廿三日

屿头贼以官军由北岸通其上流,欲窜仙降。仙降在屿头西之十五里,村民被胁久,见义旗南指,亟欲箪壶迓师,而虑为贼所梗。城内有贡生周国琛者,是岁夏避居其乡,蔡贼屡聘为伪军师,辞勿

---

① "矫捷善斗,每临劲敌",据丙本、聂崇岐整理本补。
② "张观察赏以五品顶戴",据丙本补。

就。至是,知时不可失,劝乡民悉力拒贼,杀三人,遣其子绍言渡江以献,乞援于行营。

## 廿四日

巳刻,贼率其党焚仙降民居。观察遣水军往援,贼已分窜金家堡、蒋岙等处。我兵夺黄旗一面、九节枪一管以还。午后,附生张镇枢奉观察令,率城西义团过江,至下洞,孙诒谷亦以乡民潘焕高等踵之行。绅耆焚香出迎,搜获石子舂铜炮一、九节枪一、艮字腰牌无数,药弹火草盈小船。赴行营缴所得,观察以为能,以军功九品剳赏镇枢所率之十人及潘焕高等。

## 廿六日

未刻,城内军民乘小船数只,由宝香山下登岸。贼方西拒官兵,屿头巢虚,贼麾黄旗出御,从者百馀人,老弱居半。我军未识其实,因分击之,贼疲于奔命①。

## 廿九日

总兵秦如虎率兵至萧家渡,焚濒江一带贼巢。露布所至,势若发矇,自南北两港至坡南以外诸村庄,靡不罄所积聚,飞挽军前。羊酒之属,以亿万计,秦总兵温语抚之。惟萧家渡等处密迩钱仓,间有抗拒大军者,尽痛剿之。生擒贼首徐公达,解之闽。檄平阳在城文武使解散胁从,令速擒首逆赵启以献。翟令不知所为。

## 三十日

雨雪。至夜,雪愈甚,平地数寸,苦寒倍于常年。

---

① 此下底本残缺较多,不可辨识处据诸本补。

# 同治元年壬戌

## 正　月

### 初一日

天宇晴明,雪消冰释,开户负曝,如登春台。自去腊苦寒,阴涸逾旬,不图今日拨云雾而见青天,间阎额手相庆,知么麽之不足灭也。

### 初三日①

--------

① 此日底本仅此三字,全卷完。

# 醉乡琐志①

## 一

听雨楼,在京师宣武门外神匠胡同,为严介溪别墅。国初昆山徐健庵尚书居之,后归溧阳史文靖公,其后分为数处。太仓毕秋帆宫保在枢曹时得之,为燕会觞咏之地。迨出为观察,遂归嵋峨周立崖理卿。理卿酷好书法,为侍御时,于琉璃厂肆中见宋元石刻之佳者,随时售归,不少真迹,取褚、颜、蔡、苏、黄、米六家,先勒于石,非

---

① 录自民国十六年冬汪曾武、杨寿枬校印本,题下署"东瓯憨山老人随笔,门下士汪曾武、杨寿枬谨校"。每条序号系整理者所加。查孙宣《晴翠馆日记》民国十九年九月二十九日条云:"晚阅味云所刻《醉乡琐志》,疑义可指甚多。即通政自署憨山老人,绝无所据也。前岁厚卿(体芳孙)亦言其家藏书籍并无此印记,而汪仲虎乃言《琐志》录于其家,何其诞邪!"甚至认为"细校一过,则即仲虎所为也"。经检核:一、《清史稿·黄体芳传》论黄氏"日探讨掌故",《醉乡琐志》正是掌故之书。二、《琐志》提及"光绪甲午仲冬,余于琉璃厂肆见之","光绪乙未,余客都门",均符合黄氏行踪。三、《琐志》提及"与萍乡文廷式学士、福山王供奉懿荣访其址","门人端午桥""为余置酒,邀同盛伯羲、王廉生赏鉴",均属黄氏交往,和汪曾武毫不相关。四、《琐记》所记掌故秘闻,如内阁藏吴三桂《上康熙皇帝书》、英和《神木行》、张思恭《乌船纪略》,黄氏曾任兵部左侍郎要职,始能获知,决非汪曾武所能杜撰。五、张謇《奉和瑞安先生二木叹》诗已提及"憨山老人",孙延钊《瑞安五黄先生系年合谱》据以写明黄氏"晚号东瓯憨山老人"。据此,《醉乡琐志》确为黄著无疑,孙宣怀疑毫无依据。现将汪曾武、杨寿枬二跋收在附录以明真相。

全璧也。今胡同更名"丞相"，楼址不知谁属，石刻亦莫可考矣。

## 二

明末流寇张献忠入荆州，自称西王。时惠邸乐户有琼枝、曼仙者以色艺擅名。献忠召侑酒，琼枝骂贼不屈。胁以刃，骂愈厉，曰："汝技止此耶！"群贼脔之以饲犬。曼仙则极其技能，为献忠所宠，乘间置毒于酒。献忠昵之，令先饮。曼仙色变，不获辞，饮之立毙。献忠觉其毒，磔其尸。上海赵升之光禄作《乐户行》以悲之。

## 三

欈李吴鉴南户部璜，咏《古剑歌》七古一章，青浦王兰泉司寇录入《湖海诗传》。人但知剑系王梅冶中丞故物，及见门人汪仲虎孝廉曾武，始悉王氏为其外家，询知剑乃中丞开抚粤东所得，系故将某征蛮时遗物，龙身虎气，铮然有声。其孙廷和孝廉在京时，曾约同人会饮赏鉴之。

按：鉴南，商宝意太守之甥，乾隆二十五年进士，户部主事，分发四川，以知州用，从总督刘秉恬办金川粮饷，兵溃，行至登春，战殁。朝廷赠巡道，入祀昭忠祠。

## 四

《元祐进马图》，程真江收藏。五马，每一马后标志年月，独不载画者姓名，画却生动有法。一匹：元祐元年四月初二日，左骐骥院收，董毡进到"锦膊骢"，八岁，四尺六寸。一匹：元祐元年十二月十六日，左骐骥院收，于阗进到"凤头骢"，八岁，五尺四寸。一匹：元祐二年闰四月十九日，温溪心进"照夜白"。一匹：元祐二年十二月二十三日，天驷监拣中秦马"好头赤"，九岁，四尺六寸。一匹：元祐三年八月初九日进到"豹头骢"，四尺六寸。沈子大光禄起元题七古一章于卷末。

按：子大，太仓人，康熙六十年进士，官至光禄寺卿，有《敬亭诗文集》行世。

# 五

楼西浦京卿俨，工音律。初为上海寓公，与缪雪庄、张幻花以词唱和。康熙己丑，诏修《词谱》，被荐入武英殿纂修《词谱》，与杜紫纶诏同馆。辨析体制，考订源流，驳正宜兴万红友《词律》百有馀条。又以张綖之《诗馀图谱》、程明善之《啸馀谱》及毛先舒之《词学丛书》，率皆谬妄错杂，倚声家无所遵守，自订《群雅集》一书，以四声二十八调为经，以词之有宫调者为纬，并以词之无宫调者，依世代为先后，附于其下，朱竹垞太史彝尊为之序。卷帙重繁，未能付梓。门人曹君直孝廉为我言之，惜未得见，今不知尚有钞本否。

按：西浦，浙之义乌人，侨居上海。官至江西按察使，改京卿。有《蓑笠轩仅存稿》。

# 六

光绪庚寅，余游鄂垣。客有谈及荆州郡廨有石槽，土人传是汉寿亭侯饮马器。咫尺深广,雕镂精致,岁久剥蚀中断,雨时积水盈槽。或牵马就饮,辄惊跃不前,岂有神呵护之欤?

# 七

张篁邨宗苍,工山水,名盛于时。未遇时,尝游嵩山太室,见汉武帝所封大将军古柏,高不逾三丈,围且过之,因对景作独树于巨幅,铁干霜枝,直可与树并传。归贻长洲蒋绣谷,祝其六十寿。久而失之,伊孙绍初孝廉购得之,作《嵩山古柏歌》以纪其事。

# 八

上海曹剑亭副宪锡宝,为人抗直,立朝守正不阿。乾隆二十二年进士,早入内廷侍直,及登进士,改庶常,复由部曹擢为侍御。劾和坤贪婪不法,有司询无实据,吏议请革职。诏特原之,仍令留任。迨至嘉庆己未正月,朝廷追念其慷慨敢言,不愧诤臣,且其事亦非失实,追赠副都御史,荫其子为中书舍人。圣恩叠沛,真异数也。

# 九

李元妃妆台,京师人士传萧后晓妆台,旧传辽太后梳妆台。李为章宗之妃,曾与章宗露坐,上曰:“二人土上坐”,妃应声曰:“一月日边明。”台为大定末年造,台前瀛洲、方壶、玉虹、金露四亭。见《西元集》。今已失其故址矣。娄东毕秋帆宫保咏七古一章纪其事。

## 一〇

仓颉造字,后世尊奉之。秦汉以来,如嬴秦忌"皋"字,用"网非"字为之。"叠"字从"晶",新莽改用"三田"。"影"本"景",葛洪《字苑》始加"彡"。"對"字从"口",汉文帝改从"土"。"奲奰"二字,吴孙亮造,音"挛觙"。"囜囸",唐武后造,作"日月"。类此颇多,偶一记忆,信笔及之。

## 一一

王蓬心太守宸,官中书舍人,寓宣武坊南,与青浦王兰泉司寇望衡对宇。司寇所居,赵天羽给谏寄园故址,张南华宫詹、沈归愚宗伯先后居之。太守时相过从,为画《蒲褐山房图》,并题五古诗于后;又画《惠山竹炉茶卷》,仿明王孟端旧本而作。乾隆庚戌,司寇按事长沙。太守踏雪过访,为画《云栖教观图》,萧疏苍翠,卓然成家。著有《绘林伐材》十卷,上自黄帝时史皇,下逮国朝乾隆时人,亦画史之总龟也。当时梓行,今太仓王氏,不知尚有版存否。

## 一二

王审渊观察凤仪,为梅冶中丞之孙,克传奉常画法,曾为上海赵升之光禄文哲画图十幅:第一《邓尉探梅》,第二《云林消夏》,第三《龙湫濯足》,第四《修书》,第五《塞垣簪笔》,第六《夜船闻笛》,第七《金江雨渡》,第八《玩泉》,第九《蛮人献刀》,第十《丙舍授诗》。光禄先以《乞画诗一百二十四韵》赠之。观察曾入蜀，求其翰墨者日众。山腰谷脚，行帐一区，草束米囊之外，绢素盈床；日以鸟道蚕丛作为画本，间以吟哦，所作益奇。生平题画诗章颇多，惜皆散佚，询其乡人，无知之者。

## 一三

王存慷慷，为烟客曾孙，画得家法，苍深雄厚，兼擅其长。曾为王兰泉司寇绘《三泖渔庄图》，春夏秋冬四幅，见者称为奇绝。又为吴企晋舍人写《寒山雅集图》，张彬如补写照，时称双绝。其仿刘松年山水及《山寺独游图》，仿李晞古《渔父图》，笔意超隽，直入宋元之室，均有题句。年远代湮，不知尚有存否。

## 一四

东方未明之砚，前明赵忠毅公物。砚出端溪水坑，长三寸，广二寸，石有眼，数点如星，池作半月状，额镌"东方未明之砚"六字，背有铭，曰："残月晖晖，明月睒睒。鸡三号，更五点，此时拜疏击大奄。成则策汝功，不成同汝贬。"旁署"梦白居士题"五字，下刻"南星"二字小印。曾为沈椒园司皋所藏，名人题咏甚多。

## 一五

邝湛若露，渔洋山人所谓海雪畸人死抱琴者也，有砚一，镌"天风吹夜泉"五字，"湛若"二字，有"朱明洞天"小印，后为蒲褐山房所藏。湛若工各体书。亡命入广西,寻鬼门旧迹,又为猺女执兵符者云弹娘记室。归撰《赤雅》一编,以纪其事。诗名《峤雅》,手自开镌,备极工致。国初之奇人也。

## 一六

泉唐金冬心布衣,性情逋峭,工书画,隶书本《天发神谶碑》,画花卉、人物,尤工梅花,世以迂怪目之。尝绘四十七岁小象,蒲州刘仲益题云:"尧外臣,汉逸民。著簪韦带不讳贫,疏髯高额全天真。"亦可见其丰格矣。

## 一七

朱竹垞老人井田砚,自制铭曰:"水而风,田之容。耕不尽,年长丰。"砚出于端溪,后为山阴吴朴存明经所得。

## 一八

四川广元县东百丈关水中,有大石如席,横三尺,纵一寻,上有文如符篆,土人谓之石符,传是张道陵所书。佩之能辟邪,孕生男。南汇吴白华总宪曾得拓本,作《石符拓本》七古一章。

## 一九

绣谷在姑苏城内桃花坞,蒋树存州牧、盘猗司马父子觞咏之所也。中有倚梧巢、西畴阁、交翠堂、苏斋诸胜。康熙己卯，尤西堂侍讲年八十二，树存约为送春之会，乌目山人王石谷写长卷以记之。时沈文悫年二十七耳。至乾隆己卯，文悫年八十七，树存之孙升枚茂才，佐其父复为前会，名流至者二十馀人。林屋山人王存愫作图。吴中传为佳话。今吴门蒋氏子姓甚多，不知是否树存之后？此图亦不知尚存其家否？江南大族，余识甚多，每一询之，辄不能答。屺怀好古綦笃，故乡韵事亦未之知，况其下者乎？良可慨已！

<h1 style="text-align:center">二〇</h1>

吴中名妓张忆娘，为顾侠君、惠半农二君所眷。蒋树存州牧为作《簪花图》，其孙升枚重加装潢，名流题咏，卷如牛腰。屺怀以百金得之，携至都门，一日招饮，曾出示图，满目琳琅，宜其珍如拱璧。同座诸君子约同题句，旋以天寒风雪宵深，亟归而罢。

<h1 style="text-align:center">二一</h1>

娄东毛罗照农部上炱，性耽吟咏，少时与朋辈结诗社，天才横溢，出入唐宋诸家，尤工六法。初法王麓台司农，后与蓬心太守临摹宋元墨迹，纵横变化，自成一家。官中书时，公卿交相延誉。诸城刘文正公尝语之曰："'一卷青山送一年'，非君佳句耶？"可见名重都下矣！

<h1 style="text-align:center">二二</h1>

宋谢文节公桥亭卜卦砚，出自端溪，修约九寸，广半之，厚不及

寸。额篆"桥亭卜卦砚"五字,背楷书"宋谢侍郎砚"五大字。左侧镌程文海铭,曰:"此石我友也,不食而坚。语有之:人心如石,不如石坚,谁似当年,采薇为食守义贤。"右侧刻题字云"大明永乐丙申七月,洪水去,桥亭易为先生祠,扪地得之,后学赵元"行书二十七字①。

按:《宋史》言先生当宋亡后,入建宁唐石山转茶坂,寓逆旅,日麻衣草履,东向而哭。既而卖卜建阳市中,元翰林学士程文海荐之,不起,被魏天祐逼至燕京,居悯忠寺,见壁间《曹娥碑》,叹曰:"小女子尚知节义,我宁不如若哉!"遂不食而卒。又考《福建统志》,今建宁县南门外,有朝天桥,一名濯锦桥,宋绍兴中筑,酾水十三道,覆屋七十二间,上有谢叠山祠,与元题字吻合,则桥亭之为朝天桥无疑矣。特先生官止江西提刑副使,史传及《辍耕录》皆同,砚背刻"谢侍郎",未知何据,俟再考。砚为宛平查榕巢太守礼所得,乾隆丙戌九秋,太守置酒约诸名流赏鉴,各有诗篇。

# 二三

宋高宗在建康,有大赤鹦鹉,自江北来,集行在承尘上,盖道君时宫中所畜。足有小金牌,有"宣和"二字。比上膳,草草无乐,鹦鹉大呼"卜尚乐起方响",久之曰"小娘子不敬万岁"。盖汴京掌乐宫人以方响引乐,故犹以旧格相呼。高宗为罢膳泣下。见《枫窗

---

① 王昶《金石粹编》卷二五二"桥亭卜卦砚铭"条此句作"大明永年丙申七月,洪水去,桥亭易为先生祠,扪地得之,闽后学赵元"。刘声木《苌楚斋续笔》卷六"南宋谢枋得卜卦砚"条关于右侧刻题字云:"大明永乐丙申七月,洪水去,桥亭易为先生祠,扪地得之,闽后学赵元"行书二十七字。可知黄体芳《醉乡琐志》底本中此句于"后学赵元"前脱一"闽"字,全句乃二十七字。

小牍》。

## 二四

　　文信国书凡三百四十七字,前幅散佚。文载《清河书画舫》,后有一峰跋语,谓空坑败后所寄。一峰不知姓氏,小印署"冰蘖"二字,或云宋遗民也。向为李中丞鹿山所藏。跋语颇多,大都雍乾时名人。旋归泉唐鲍文学廷博。嘉定王光禄鸣盛以书中"入汀"一语,疑非空坑时作。然英灵至今未泯,尺书尚在人间,洵可宝也。

## 二五

　　新城王阮亭尚书西城别墅,有石帆亭、樵唱轩、半偈阁、大椿轩、双松书坞,小华子冈、小善卷、春草池、三峰、啸台、石丈竹径、绿萝书屋诸胜,凡十二景。一时名士咸有题咏,大都清远闲旷之作。公子启涑,汇而刻之,不分卷帙,都九十馀人,此书为《渔洋全集》所不载。嘉定王赓仲初桐《海右集》,有《新城访王氏西城别墅》诗,见《蒲褐山房诗话》。

## 二六

　　汉铜雁足镫铭,共六十一字,"建昭三年,考工工辅为内者造铜雁足镫,重三斤八两,护建、佐博、啬夫福、掾光主。右丞宫、令相、省。中宫内者第五故家"四十五字,隶书,在盘下;"今阳平家画一至三阳朔元年赐"十三字,篆书,在前唇;"后大厨"三字,篆书,在趾下。镫作于建昭三年辛卯,阳朔元年赐元舅阳平侯王凤,侯受此镫,即刻铭以识,荣君赐也,三年八月凤即薨。越三十年,汉祚为新莽所移,非独人事积渐所致,亦天意也。拓本流传极多。

按:《汉书·王莽传》:"内者令为傅太后张幄。"盖"内者"主供张,奄人职。邗江马半槎曰璐所藏雁足镫,为竟宁元年戊子,铭云"竟宁元年,护为内者造铜雁足镫,重四斤十二两,护武、啬夫霸、掾广汉主。右丞赏、守令廪、护工衣,史不禁首。山宫内者第廿五受内者"。彼此造镫之年,只距己丑、庚寅二岁,二镫俱有名人题咏,证以泉唐厉樊榭征君集中所载,乃马半槎所藏竟宁雁足镫,与建昭三年所造之雁足镫,重量不同,铭词亦异,而《博古图》不载诸镫,考古者当并录之。

# 二七

妆域,儿嬉之具,始创于明万历。有雕漆为之者,有象齿琢成者。泉唐黄小松司马易,曾藏妆域,乃是琢象齿为之。其体圆,径二寸五分,面平,而底稍隆起,正中有脐,六棱突起,脐中卓一锥,长三分寸之一,粗如镫心而不锐,可使几上旋转者,即此锥也。六棱周刻小楷字,自右而左顺读曰:"甲寅年七月二十四日造,李得仁。"盖万历四十二年也。六棱之外,云气缭绕于仙山、楼阁、琪花、瑶草之间,下有二鹿牝牡相倚,文显而不深。其正面则楼馆、山树、人物,皆镂空飞动,洼处大小二艇,舟子相待,老羽衣翩然,携琴童子继至,雕琢精美无匹。考古家决为明万历宫人儿嬉之具。偶阅樊榭手稿,曾有妆域联句,谓是明神宗宫人儿嬉之具。乾隆间,鲍氏知不足斋亦售得一具,是雕漆所制,上刻神宗年号。厥后,黄司马所藏象齿妆域，为毕秋帆宫保所得，或云小松所贻，今后裔不知尚能世守否？

# 二八

京师东便门外黄木厂，有巨木长六十尺，相传明永乐建北京宫殿时，自南方辇致，因不中规矩，弃置于此。乾隆癸亥、戊寅，纯皇帝御制两诗纪之，后又置祠岁祭，满洲英树琴相国和有《神木行》，嘉庆末忽失所在。光绪乙未二月，余客都门，与萍乡文学士廷式、福山王供奉懿荣访其址，祠亦不如昔日之观，土人尚能述黄木之历史也。

# 二九

国初礼烈亲王岳托，太祖孙，有良马曰克勒，犹汉言枣骝也。马高七尺，长丈有咫，耳际肉骨寸许，腹下旋毛若鳞甲。顺治朝，汪编修琬为之作传。其后，王孙汲修主人属张船山太史问陶补图。马在军中闻鼓声，奋迅欲出。王尝乘至安平，马病蹄，自跑土出泉，洗其创而愈，今有圣水泉。王薨，马闻哭声，哀鸣不已，未几遂毙。宗室盛伯羲为谈亲贵事甚多，此其一也。

# 三〇

吴县潘文勤公，曾有人携铜爵求售，爵高五寸六分，中容四合，重四百八十九铢，中镌"精忠报国"四字，左侧有小印曰"岳珂建造"。一时赏鉴家定为岳武穆祠中祭器,值五十金。文勤以值昂,未即售,费屺怀太史欲以半值得之,亦以议价不合而罢。迨光绪甲午仲冬,余于琉璃厂肆见之,而廉生适来,始道其事,时文勤已殁,屺怀小病恹恹,此爵终流落人间,是可慨也!

# 三一

厂肆有古刺水罐,上镌"永乐二十年熬造"。古刺水一罐,净重三斤,罐重四两。当时好古者佥云:"永乐年间物,决非赝品。"后不知何人购藏。

# 三二

唐陀罗尼石幢,国朝以来,所在皆有,罕见有著作书人姓名者。门人端午桥官兵曹时,有杭人以《佛顶尊胜陀罗尼经》石幢拓本来售,幢镌"永徽元年八月,弟子褚遂良书。惟唐咸通四年岁在癸未八月辛酉朔廿一日辛巳建立,镌字汤惟成"。有泉唐梁山舟学士同书书后一则,文曰:"陀罗尼石经,所在皆有,多无著作书人姓名,此陀罗尼经,自应与石幢衹书经咒者有别。但河南笔法尚劲利,细看帖内,似是而非。又兼用别体数字,唐大家不应如是,疑仿为之,故当时不甚著名,至二百年后始出耳。然而古矣,可以备唐人一种书也。"午桥爱不忍释,以二十金易而藏之。越数月,为余置酒,邀同盛伯羲、王廉生诸君赏鉴,获睹此本,洵眼福也。

## 三三

晋砖近代出土甚多。光绪间万葵生比部得晋太康砖,侧有文曰"晋故夜令高平檀君窆,太康八年二月七日壬辰"十七字。

按:《说文》:"窆,坎中穴也。"此砖当为墓道中物。王佑遐侍御谱《疏影》词纪之。余于海上读之,结句"好铜壶相伴延光,汉铸晋陶双绝。"当①询半唐,答以葵生藏有汉延光铜壶,得砖后,以"汉铸晋陶"名其居,故末句及之,盖纪实也。

## 三四

吴兴赵氏一门真迹,仁和杭大宗太史世骏曾观之。首赵魏公松雪《孙行可提领记事》,次魏国公夫人《渔父词》四首,次公弟孟硕《送刚父学正》诗,次公子奕仲光《和允中郎中〈秋兴〉》八首,次公孙麟彦《征孝廉张先生乞粟疏》,仲穆子也,末附公甥王蒙叔明《雪夜访戴安道图记》。太史题诗云:"清远吴兴松雪翁,一家辞翰动宸枫。亭临鸥鸟烟波外,人住莲花世界中。文敏所居名莲花庄,有三品石、洗砚池。得向酒乡窥墨妙,试从书苑溯门风。更参黄鹤山樵笔,莫以家鸡傲阿蒙。"

## 三五

宫僚酒器银盏十事,式如棠花,以大覆小,外刻"宫僚雅集"四

---

① "当",疑作"尝"。

字,杯心各刻姓名、表字、里居,自王渔洋、汤潜庵辈凡十人,皆官宫僚时所制,后被浙人孙颐毅志祖所得。承平乐事,先哲风流,可以概见。

按:颐谷娶泉唐汪仲连太常博士璐之姊,见《松声池馆诗存》。

# 三六

梁山舟学士,题德清朱雨花女史画海棠便面,跋云:"予犹女适德清许氏,一日归宁,手一扇,上画折枝海棠,生秀圆润,署款朱新,字雨花,盖女史所贻也。予叩何人,曰:'此即五世一堂,竹溪戴翁德清人之曾孙妇也。'向予慕其家风孝友,尝买棹访之,见其祖孙四世,而五世孙徵符方在襁褓,即女史朱所诞育也。夫蚕织针管,是宜所习,不意画手渲染之妙,其朴而能文可知矣。予生平所见闺秀画不一,最上如黄石斋先生之蔡夫人、钱尚书母南楼老人,绰有徐、黄遗法,妍丽中气骨古厚,非如吴下文淑、恽冰徒以姿媚一派见长而已。女史年未满三十,而技若此,倘得前人名迹浏览而静摹之,所造当更有进于是者。予故因犹女之请,跋其便面,以报所赠。嘉庆八年岁在癸亥二月之末。"此跋未入《频罗庵集》中,故亟录之,见汪氏《玉台画史别录》。

# 三七

《宋史·列女传》载韩希孟《练裙诗》。希孟为韩魏公五世孙女,《宋史》作巴陵人,或曰韩琦之裔。襄阳贾尚书子瑾《辍耕灵》作琼。之妇,为元兵所掠,知不免,遂赋《练裙诗》,投水而死。越三十年,托梦赵魏公,为书《练裙诗》,而清节之名益彰。希孟曾绘《水仙图》小幅,画法高简,文秀洁净,识小楷六字:"韩氏希孟戏写。"图为唐伯虎、方正学所题,略述其《练裙诗》。陶宗仪《辍耕录》载托梦赵魏公事。诗各不同,《宋诗纪事》两载之。所奇者作画人死节,题画人死忠,流芳千古,不可作寻常图画观也。

# 三八

王士禛《居易录》:"黄石斋先生道周,继配蔡夫人石润,字玉卿,今年将九十,尚无恙。能诗,书法学石斋,造次不能辨。尤精绘事,尝作《瑶池图》,遗其母太夫人云。"夫人曾作杂花十幅一册,每幅俱有题句。《山茶》云:"蛮风蛮雨,浥注鲜明。"《千叶桃》云:"不言成蹊,匪繇色媚。"《芍药》云:"折花赠行,黯然销魂。"《诸葛菜荷包牡丹》云:"蜀相军容,小草见之。"《莺粟》云:"对此米囊,可以疗饥。"《萱花剪春罗》云:"眷言北堂,勿之洛阳。"《铁线莲》云:"小草铁骨,亭亭自立。"《金丝桃品字兰》云:"湘江武林,或滋他族。"《秋海棠淡竹叶》云:"君子于役,闺中断肠。"《月季长春》云:"两族并芳,四时皆春。"此幅题"石道人命石润蔡氏写杂花十种,时崇祯丙子",小印二,曰"石润""玉卿"。珠江郑太守千仞跋云:"石斋先生被难以前,蔡夫人致书谓'到此地位,只有致命遂志一著,更无转念'!谆谆数百言,同于王炎午之生祭,闺阁中铁汉也。后抚孤立节,死者复生,生者不愧,足当斯语矣。写生得五代人遗法,一花一叶,俱带生动,所谓'为君援笔赋梅花,不害广平心似铁'者耶?"此册先藏赵谷林小山堂,后归梁山舟学士。

# 三九

常熟县北郭厉坛,有古松,秀挺虬枝,蟠结如盖。国初需战舰巨材,将伐之。季文学廷缨所居乐野斋,在其侧,闻之,言于当事,欲保留之。晨起,望松且拜且祝。翌日,伐松者至,天未明,假寐待旦,梦苍衣绿髯伟丈夫,指季君居,大书"万户木公"四字,觉而告君,君曰:"木公非'松'耶?万户非'厉'耶?厉坛之松,岁久有灵,不可伐。"于是得免,至今呼为"四拜松"云。翁叔平为我言之。

# 四〇

京师白塔寺,在阜城门大街。元初有童谣曰:"塔儿红,北人来作主人翁。塔儿白,南人作主北人客。"见《草木子·古今谚》。元世祖时,塔儿焰赤;明太祖起兵淮阳,塔白如故。《燕都游览志》:"成化元年,于塔座周围砖造灯龛一百八座,相传西方属金,故建白塔镇之。然同时元创有五色塔,今亡矣夫!"

# 四一

钱遵王文学曾,牧斋宗伯族曾孙也,诗学晚唐,宗伯撰《吾炙集》,以遵王《宿破山寺》诗为压卷,并书其后云:"每观吴越间名流诗,句字襞绩,殊苦眼中金屑。今观遵王新句,灵心慧眼,玲珑漏穿,本之怡性,出乎毫端,不觉老眼如月。'莫取琉璃笼眼界,举头争忍见山河。'取出世间义理,写世间感慨,此何异忉利天宫殿楼观,影现琉璃地上乎?"其推许如此。遵王为宗伯诗注,廋辞隐语,悉发其覆;梵书道笈,各溯其源。著有《读书敏求记》《怀园莺花》《交芦判春》《奚囊》等集。

# 四二

上虞王细二翁为宋戚里,精天文地理,尤善诗歌。改革后,宋宗室赵子昂承旨荐之于朝,欲爵之,不应行。遁游吴下,遂家于常熟之补溪,赋《行乐歌》以见志,有"吾贞所慕在西山,甘学夷齐采薇志"之句,盖唐、林、郑、谢一流人也。墓在补溪东,有手植桧一枝,历数百年,坚同金石,香比栴檀,奇状与七星埒。国初有族人居奇贾利,先断其亚枝,立夺其次子,而操锯者亦即毙桧下。其灵异如此,岂翁之忠节,易代犹不泯欤?

# 四三

《帝京景物略》:京师七奇树,天坛拗榆钱居其一。他榆钱于春,惟天坛之榆钱于秋,今则无人言之。七树之中,惟卧佛寺娑罗二株,尚有人知之者。

# 四四

范石湖先生《邨田乐府》,备载三吴岁时土风,可为采风之助。虞山处士许青浮山,作《续邨田乐府》。其一《藏菜行》,初冬择菘菜腌渍藏之,为御冬之用,闾巷皆然。其二《白酒行》,收获后,取秫米酿白酒,谓之十月白,过期则色味不清冽矣,酒中之趣,他郡所无。其三《罶鱼》,吴人善渔,以小网著双竿之末,手为开阖,探则必取,谓之鱼罶,每当腊月,赍罶具,驾小艇,什伯为伍,聚族而渔,以备卒岁。其四《扫烟尘》,二十四日祀灶罢,缚帚于竿,尽扫室中尘污,朱门白屋无不然者,取除旧生新之义。其五《岁糕今俗称年糕行》,不知何昉,吾乡特尚,岁除前必舂磨炊蒸,互相馈遗,赍及臧获,留至元宵,谓之撑腰糕,今俗以二月朔食年糕为撑腰糕。食之可免终岁腰痛。其六《拜北斗词》,北斗掌人间寿算,于二十七日上天述职,以善恶定修短,是日具酒果,率阖家老幼罗拜,以乞延年。其七《浴残年行》,小除夕,阖门洗濯垢污,亦扫尘之意也。其八《门神行》,图画门神,以辟鬼祟,吴中尤为精工,剑佩陆离,对立如活,岁除则易以新者。其九《米囤词》,闭门守岁时,竞以石灰画圈于地,谓之米囤,囤中大书吉语,以祈丰稔。其十《瓢卦词》,除夕人静后,以瓢转沸汤中,视其柄之所指,微行窃听,俟人语,卜休咎,盖镜听之遗也。其诗远攀韦、许,近俪高、杨,殆举体无俗韵,诗人中最为秀出矣。有《弃瓢集》行世。

# 四五

墨井道人吴渔山历,文恪公讷之后,故第在常熟子游巷,墨井遗迹在焉。道人工诗画,精书法,钱牧斋宗伯、王烟客奉常亟称之。同时王石谷以绘事名天下,请乞者日塞于门,高官大贾皆得饱所欲而去。道人则尺素寸缣,购致不易,故其名虽隐,与石谷埒,而笔墨流传绝少焉。书法东坡。尝游吴兴,谒郡守。投刺未即见,憩僧舍,见东坡《醉翁亭记》真迹,喜甚,遂即其处临摹三四日,太守遣人遍索墨井，无有也，摹竟即归，高致可想。晚年弃家出游，航海至西洋，往反数万里。隐居上海，年八十六而终。

# 四六

接叶亭，汤西崖少宰故居，在京师彰仪门内烂面胡同中间。雍正时，张南华鹏翀居之。乾隆丙辰，鸿博征士，若杭堇浦、周兰坡、申笏珊恒集于此；厉樊榭、沈东甫、沈幼牧、连耕石、汪槐塘同寓于亭，名流觞咏，一时称盛。《朱笥河集》有《书祝芷塘接叶亭卷后》，历举前后寓公，足补《藤阴杂记》之遗。亭之对门为华亭王文恭顼龄旧第，堂曰"锡寿"，公孙祖庚以保定太守谒选，癸未宴丙辰同征鸿博八人于此。刘文定诗："人间盛事传衣钵，天上荣光属斗台"，谓太守继文恭举词科时，惟朱稼翁稻孙亦继竹垞而举，海内只此二人。钱萚石侍郎载，时为宫庶，绘《七清图》以纪之。

# 四七

京师琉璃厂窑户，乾隆三年掘土得古墓，棺椁不具，而骨节异常人，旁有一石，视其文，则"辽银青崇禄大夫检校司空行太子左卫率府率兼御史大夫上柱国陇西李公墓志铭"也。督厂工部郎中孟澍募人改葬于故兆东二十步，别买石书李公官位表于道，而志石仍瘗之，其文骈丽，略云："公讳内贞，字吉美，妫汭人，以保宁十年六月一日薨于卢龙坊私第，以八月八日葬于京东燕下乡海王村。"

按：此石当时仍瘗墓中，世无拓本。《潜研堂集》《笥河文钞》均有记，具录世系、官阀，而钱记加详。《旧闻考》所录，与《笥河文钞》

同,而钱又有诗,见本集。今海王村俗人且不知李墓,亦莫知故址矣。

# 四八

黄山人衍,字昌宗,一字长原,世居小山,一峰老人裔孙。工书法,精篆刻,京师贵人寄石请镌,郑重致币,岁月不绝。尝病近世人篆籀讹谬,不复知六书根柢。谓就"足"字而言,此字之象形者也,真书上面"口"字,在篆书应作"⌒"形,所以象膝之盖耳。而今人竟作"凵"字,"凵"系口字,篆文膝上岂容有口乎?诸如此类,其失不可枚举。于是作《六书探原》五卷,识者谓其功力不在周伯琦下焉。

# 四九

国初吴中有侠士冯行贞,字服之,号白庵,习武艺,枪法得之天都张老。山行遇虎,挺短枪毙之。投石百步外,十不失一。腰悬锦囊,贮二铁丸。会平西王吴三桂反,康亲王率师南征,侠士请从,王壮之,置麾下。贼帅赵鼎臣,聚众岚岢山以拒大军,众议环攻之,侠士独持不可。单骑入其营,谕之祸福利害,鼎臣请降,大军得以前进。滇南平,以军功题授参将,格于部议,侠士拂衣而归。善画松石,能诗,有《白庵集》二卷。

# 五〇

明嘉靖年间,杭州西湖有诗社八:曰紫阳社,曰湖心社,曰玉岑社,曰玉皇社,曰南屏社,曰紫云社,曰洞霄社,曰飞来社。祝九山时泰、高颖湖应冕、王十岳寅、刘望湖子伯、方十洲九叙、童南衡汉、沈青门仕为社友,更迭主之。

## 五一

后周《西岳华山碑》,天和二年万纽于谨撰文;赵文渊,字德本,奉敕书碑。中有云"大冢宰晋国公,任属阿衡,亲惟旦奭,弼谐六乐,缉熙五礼"等句,字体隶书兼籀篆。

赵明诚《金石录》后周延寿公于寔颂碑跋云:"寔,谨子也。谨,后魏于栗碑子洛拔之后。余家有《洛拔子烈碑》,云'远祖在幽州,世有部落。阴山之北,有山号万纽,于者公之奕叶居其原址,遂以为姓'。"宇文天和之际,主上英毅,而碑文诌谀冢宰,宜乎国祚不长也。

## 五二

古厌胜钱,见于金石家著作及各家记载多矣。杭州厉樊榭征君曾得拓本五。汪袚江赠者四:一曰千秋万岁,面有龙凤形;一曰长生保命,面有北斗及男女对立状;一曰斩妖伏邪,面有立神一,蹲虎一,符篆一;一曰龟鹤齐寿,面无文。汪为山赠者一,文曰金玉满堂,篆书,面有双龙绕之,上有柄,作片云形,大径二寸。装潢成册,各题诗于后。见《樊榭山房集》。

# 五三

杭州龙兴寺,有唐开成二年陀罗尼石幢,处士胡季良书。寺在梁为发心院,唐改龙兴,宋改祥符,在城西。旧基广袤九里,后渐没入民舍。石幢在夹墙空墌中,明季忽放异光,居人舍宅重建,去今祥符寺里许矣。厉樊榭有诗纪之。

# 五四

钱王有外国颇眩伽宝,方尺馀,状如水晶,置龙兴寺佛髻中,皇朝改为太平祥符寺,自唐至皇朝,凡有十宝,此其一也。见宋王巩《随笔杂录》①。

# 五五

泉唐龙华寺,有傅大士真身塔,及敲门椎、诵《金刚经》拍板、藕丝镫三物。藕丝镫乃梁武帝时物也,所织纹,实《华严会说法相》,有天人、鬼神、龙象、宫殿之属,政和后索入九禁。见蔡絛《铁围山丛谈》。

---

① 王巩《随手杂录》(中华书局,1991 年,第 4 页)收有此条,则此书名当为"《随手杂录》"。

# 五六

西湖慈云岭,崖上篆刻云:"梁单阏之岁,兴建龙山,至涒滩之年,开慈云岭,便建西关城宇、台殿、水阁。今勒贞珉,用纪年月。甲申岁六月十五日,吴越王记。"共四十九字①。田氏《西湖志》止载十八字。考"单阏"为梁朱温开平元年,"涒滩"为乾化二年,甲申则后唐庄宗同光二年,盖吴越武肃王所题。

# 五七

明郑贵妃书泥金《普门品经》,卷首题云:"大明万历甲辰年十二月吉日,皇贵妃郑,谨发诚心,沐手亲书《观音菩萨普门品经》一卷,恭祝今上圣主,祈愿万万寿洪福,永享康泰,安裕吉祥。"卷用瓷青纸。时妃居翊坤宫,卷藏西湖灵隐寺,乾隆时犹未佚也。

# 五八

"帐构铜"之名,汉以前无之,始于刘备,"取帐构铜铸钱,以充国用",见《南史》。

魏景初帐构铜,状圆如筒,径一寸,长四寸许,中空而底方,旁出歧枝,有孔。上有字云:"景初元年五月十日,中尚方造,长一丈,

---

① "吴越王记",阮元编《两浙金石志》卷四《吴越武肃王开慈云岭记》(浙江古籍出版社,2012,第88页)作"吴越国王记"。

广六尺,泽漆平坐帐上构铜,重二斤十两。"凡三十二字①,八分书,相传韦仲将书,殆以魏明帝宫馆宝器皆韦仲将书故耳。为邗上方西畴所藏。

# 五九

"宣德军节度使"印,铜质,纵广二寸许,小篆文曰"宣德军节度使之印",杭州凤凰山左近葫芦井畔,老媪淘井所得。

按:周显德六年,从吴越王俶之请,升湖州为宣德军,以王弟偡为节度使。浙人厉樊榭、丁敬身,访古凤凰山,过葫芦井。老媪出观,樊榭欲买之,不可,墨摹其迹以归。见《樊榭续集》。

# 六〇

唐王涯有"永存珍秘印"。金章宗明昌七印:一曰"内府葫芦"印,二曰"群玉珍秘"印,三曰"明昌珍玩",四曰"明昌御览",五曰"御府宝绘",六曰"明昌中秘",七曰"明昌御府"。

严分宜书画被籍入内府,穆宗时出以充武官世禄,成国公朱希忠以善价得之,后以饷江陵。张败,又遭籍没,掌库宦官盗出售之。其入严氏时,有"袁州司籍官"半印;入张氏时,有"荆州司籍官"半印。

---

① 董珊《景初元年帐构铜考》(《故宫博物院院刊》2002 年第 3 期)录有铭文三十二字,知底本"泽漆平坐帐上"下脱一"广"字。

# 六一

永州龙兴寺,为吴军司马蒙之故宅。怀素尝浚井,得"军司马印",每草书,用此为志。见《大唐传》载。

# 六二

宋奉华刘妃有"闭关颂酒之裔"印,姜尧章有"白石生四屣"印。王晋卿有小印曰"晋卿珍玩",于卍字中回环刻之。顾阿瑛得未央宫故瓦头,朱伯盛为刻"金粟道人"印。吾子行有"竹素山房""我最懒""怀真乐""飞丹霄"数印,印鼻小,韦带,尝在手弄之,欲和其四角,令有古意。明妓徐惊鸿书扇印,曰"徐夫人",与奉华刘妃,皆以妇人用男子事,徐更巧合。如皋冒辟疆姬人金玥、蔡含,合笔画《红梅玉茗》,小印曰"书中有女画中诗"。乐安长公主小玉印,篆刻极精。太白山人孙太初印多自制,时有方唯一者,眇一目,而善谑,孙为制一印,唯一每书辄用之,李献吉戏题其上曰:"方唯一目,印制甚曲。信是盲人,罔觉其俗。"唯一知而亟毁之。印制乃朱文三字相连,而横界其中,寓"目"字也。见徐元懋《古今印史》。

# 六三

明张居正夺情事,在万历五年,吴中行、赵用贤引纲常力争,俱廷杖谪戍。史册载之详矣。

当时,有宁国府儒学生员吴仕期,具书力诋其失,值家人病故,不果上。刊刻传布,后有人将其书托起用南京吏部侍郎海瑞名具疏,劝神宗许其守制,不过泄人心之公愤耳。而南京操江都御史胡槚,与居正同里,诇知之。遂行原任太平府同知龙宗武,密切缉访,展转究出刘承宗等十馀人,最后密审王律,招出吴仕期。

宗武据前书刊布,锻炼成狱,回报胡槚,一面揭报居正,一面具疏题请。仕期举家惊窜,其父九思累死于途。宗武恐仕期或死,无以证胡槚之疏,日给米一升、肉半斤养赡。旋得胡槚将居正回札发示,云:"若出搢绅,不容不参奏;若出别项奸徒,廉实杖毙可也。前疏封回未上。"宗武得"杖毙"之言,遂断肉米不给,用片纸写"操院要打仕期一百杖",着去任冯县丞密示。仕期自知难免,顿足号哭,亲撰奠文,为歌自祭,至于咬衣啮袜,而七日死矣!

大理少卿晋江王用汲《乞究朋杀正士疏》中,有"仕期之祸,不在伪疏,而在于上相国书;仕期之死,不死于王律,而死于宗武之屏狱食。况供状虽出于律,而闭门密语,难免指授之疑,即初招之间教唆拟遣,情可推也。杖责虽未加,而吓打一百,明示杀之心。若二县贯肘囊沙之言,惨又不可形容也。拟以故禁,虽无怀挟私仇之心;拟以故勘,则屏去服食,甚于用刑拷打矣。宗武其何说之辞?臣谨按《奸党条律》内云:'若刑部及大小衙门官吏,不执法律,听从上司官主使,出入人罪者,亦如之。'谓上条'罪斩,妻子为奴,财产入官'之文也。今胡槚非主使之上司乎?宗武非听上司主使乎?议此狱者,当云宗武除故勘及屏去服食轻罪不坐外,合依从上司主使故入人罪,与胡槚各减等,妻子为奴,财产入官。但胡槚原系三品大臣,在应议之列,应否末减?龙宗武应否姑从故勘?伏候圣明处分。如此则法行于下,恩归于上,臣可依议惟谨矣。今抚按屈坐王律,而以宗武拟徒,固为失刑之甚。三法司会议欲薄罪王律,将胡樌、龙宗武拟遣，不知所引者，为律乎？例乎？臣不知何所据也"。又曰："臣忝会议之列，既不能阿诸臣之议，复暗默无一言，是胡樌为权门之苍鹰，龙宗武为抚按之剑手，臣亦为衣冠之偶人矣！伏乞圣明，特赐罢斥，以为不职之戒。"

疏入，奉圣旨："朝廷立法惩奸，如果情真罪当，岂容轻贷？龙宗武等所犯，该法司会同三法司参酌律例，定拟发遣，已从正法了，姑依议，该衙门知道。"

可见居正当时朋比私人，陷戮正士。神宗留居正，动曰为社稷故。名教纲常堕于大臣，宜乎传二世而斩国祚也。

# 六四

钱唐丁敬身居士，藏有汉铜龙虎鹿卢镫，形似舟，无足，仰为盂，偃为盖，盂有咮，中有轴，如鹿卢旋转，盂底左右镂文，青雕素威，铭四字曰"宜子孙吉"。

按：《吕静韵集》："无足曰镫，有足曰锭。"徐铉云："锭中置烛为之镫。"此镫可称奇绝，厉樊榭作歌纪之。

# 六五

桑弢甫水部，买得《元人百家诗》，后有小笺，粘陈氏坤维诗云："典及琴书事可知，又从案上检元诗。先人手泽飘零尽，世族生涯落魄悲。此去鸡林求易得，他年邺架借应痴。亦知长别无由见，珍重寒闺伴我时。丁巳九月九日，厨下乏米，手检《元人百家诗》付卖，以供饘粥之费。手不忍释，因赋一律媵之。陈氏坤维题。"陈氏惜不知其居里，以贫鬻书，作诗志别，想是故家才妇也。

# 六六

宋钱叔谦别墅，在湖州西门外，地名张钓鱼湾，即张志和钓游处，水亭三间，名"渔湾风月"。见韦居安《梅硐诗话》。

# 六七

今俗称人之寿辄曰秩，甚至四十、五十，亦称秩者。《礼记》："八十曰有秩。"故大夫七十致仕，未言秩也。白乐天诗《行开八十秩》，自注："时俗以七十以上，为开弟八秩"，可见七十以下不足云秩。《芥隐笔记》亦引《礼记》，故以八十为八秩，足纠正世俗焉。

# 六八

方正学先生《双松图》，为唐丹崖先生寿而作，款题"洪武八年花朝写，祝丹崖老先生嵩寿，后学方孝孺。"考是年先生父克勤戍浦江，先生始从宋景濂游。此图后为宛平查莲坡为仁所藏。

# 六九

《神龙兰亭》墨迹，明时在槜李项子京天籁阁，其子德宏摹石。国朝朱竹垞检讨得之，曾为跋尾，称其较瘦本差肥，而抑扬得所，骨力相称，诚为唐人所摹。袁伯长《清容居士集》有云："开皇《兰亭》

真本，入德寿御府，号神龙兰亭，纸前后有'神龙'半印，唐中宗印也。宋理宗下嫁周汉国公主于杨镇。故事，奠雁进奉礼物一百有二十奁，理宗从复古殿取《神龙兰亭》为第一奁以报。"

此本后有至元中金城郭祐之跋云："获于杨左辖都尉家，传是尚方资送"，与伯长所纪符合，杨盖宋亡随两宫入燕，位至左丞，此其故物也。

检讨曾孙绳武，以拓本贻厉樊榭征君，樊榭跋之，尾有"因书以贻好古者，为《兰亭》增一佳事云"。

# 七〇

朱弁《曲洧旧闻》云：薛昂肇明《和驾幸蔡京家》诗有"拜赐须臾应万回"，太学呼为薛万回。

按《宋史》：薛昂，杭州人，登元丰八年进士。寡学术，初附王安石，后因蔡京进仕至尚书左丞门下侍郎，与朱谔、林摅、余深始终附京，至举家为京讳，犯即笞责，昂尝误及，即自批其口。昂之猥琐诙佞，见于正史稗乘者如此，可以知其人品矣。

# 七一

康熙十三年，吴三桂以滇南叛，全楚振动。挂镇海大将军印京口将军张公思恭，奉天辽阳人，隶镶蓝旗，时为副都统，闻变即移驻武昌，佐讨逆将军鄂公鼐，帅水军进剿。贼党盘踞岳州，出没洞庭，公谓水陆夹攻为上计，遂以沙船屡败其众。

凶渠杜辉，独乘乌船，船势骏骈，不可仰攻。公请于幕府，造乌船以敌之,附掠阵使臣入奏,奉命使公至江南监其役。京口船式,久废无考,公因福船之制增损之。船成,凡六十艘,复溯流入湖,舟犀士饱,风利帆驶,连有桃花峡、柳林觜、君山、垒石之捷。会十月水涸,众虑阻浅,为贼所乘,公不为动,横截上流,使之馈援俱绝,王师于是直抵滇城,逆党即时殄灭。论者谓保全岳、鄂,得乌船战力为多。

公著有《乌船纪略》一编,其子景仲录而藏之,孙宝善刊而传之,属泉唐厉樊榭为之序。

## 七二

沈润卿《吏隐录》,载马和之小景四幅,杨妹子各题一绝云:"人道中秋明月好,欲邀同赏意如何?华阳洞里秋坛上,今夜秋光此处多。""石楠叶落小池清,独下平桥弄扇行。蔽日绿阴无觅处,不如归去两三声。""清献先生无一钱,故应琴鹤是家传。谁知默鼓无言曲,时向珠宫舞幻仙。""雨洗东坡月色清,市人行罢野人行。莫嫌荦确坡头路,自爱铿然曳杖声。"此乃东坡黄州作也。

马,泉唐人,绍兴中登第,官工部侍郎。工画,用笔清逸。杨为宋宁宗杨后之妹,工小楷,秀媚中饶有劲致。

张泰阶《宝绘录》,载黄子久跋马和之画卷云:"陈维寅持《秋林曳杖》小幅来。"盖指弟四幅文忠诗句而言,曾为船场陈氏藏,厥后周穆门得于云间。吴中旧物,流传有自,尤可宝也。

## 七三

《九日行庵文宴图》,吴中叶震初画小象,方环山补景。图中共坐短榻者二人,右箕踞者为武陵胡复斋期恒,左抱膝者为天门唐南轩建中。坐交床者二人,中手笺者歙方环山士庶,左仰首如欲语者江都闵玉井华。坐藤墩撚髭者鄞全谢山祖望。一人倚石坐若凝思者临潼张渔川四科。树下二人,离立把菊者,泉唐厉樊榭鹗,袖手者,泉唐陈竹町章。一人凭石床坐抚琴者,江都程香溪梦星。听者三人,一人垂袖立者,祁门马半槎曰璐,二人坐瓷墩,左倚树、右跂脚者歙方西畴士�、汪恬斋玉枢。二人对坐展卷者,左祁门马嶰谷曰琯,右吴江王梅沜藻。一人观者,负手立于右,江都陆南圻钟辉。从后相倚观者一人,歙洪曲溪振珂也。童子种菊者三人。树间侍立者一人。撰杖、执卷者各一人。其植有蕉、有竹,又有杂树,作丹黄青碧之色,纪时也。

按:行庵为马嶰谷、半槎兄弟购僧房隙地以为游息之所,在扬州北郭天宁寺西隅。寺为晋谢太傅别墅,西隅饶有古木,马氏兄弟筑室于斯,庭轩多得清荫。乾隆癸亥九日,约同人雅集,悬仇英白描陶靖节象,采黄花、酌白醪为供,以“人世难逢开口笑,菊花须插满头归”分韵赋诗,觞咏竟日。逾月而叶震初来,为写同人小象,合成一卷,命曰《九日行庵文宴图》,各书所作于后,厉樊榭为之记。今不知尚在人间否也。

# 七四

宋宣和中,有僧妙应者,江南人,往来京洛间,能知人休咎,其说初不言五行形神,且不在人之求而告之。佯狂奔走,初无定止,饮酒食肉,不拘戒行,呼之曰“风和尚”。

元长褫职居泉唐,一日忽直造其堂,书诗一绝云:“相得端明似虎形,摇头摆脑得人憎。看取明年作宰相,张牙劈口吃众生。"又书其下云:"众生受苦,两纪都休。"已而悉如其言。见王明清《挥麈录》

按:元长,蔡京字,少年鼎贵,权势烜赫,行新法病民,国事日艰。靖康初,下籍没之诏。适毛达可友守杭州,达可,元长门下士也,缓其施行,密喻其家,藏隐逾半,所以蔡氏之后皆不贫。又尝以金银财宝货四十担,寄其族人家海盐者,已而蔡氏父子诛窜,不暇往索,尽掩为己有。至今海盐蔡氏富冠浙右。

又,越人姚宏,字令声,宣和中在上庠。有僧妙应者,能知人休咎,语令声曰:"君不得以令终,候端午日,伍子胥庙中见石榴花开,则奇祸至矣。"令声初任监杭州税,在任三载,足迹不敢登吴山。将赴江山宰,自其诸暨所居趋越,来访帅宪。既归,出城数里,值大风雨,亟憩路旁一小庙,见庭下榴花盛开,妍甚可爱,询祝史,云:"伍子胥庙。"其日乃五月五日,令声惨然登车,未几秦相以宿怨,追赴大理而死。

绍兴初,妙应僧犹在广中,蜕于柳州。明清《投辖录》中亦书其略。

# 七五

东坡云:"轼倅武林日,梦神宗召入禁中,宫女围侍,一红衣女捧红靴一只,命轼铭之。觉而记其一联云:'寒女之丝,铢积寸累;天步所临,云蒸雾起。'既毕进御,上极叹其敏,使宫女送出,睇眄裙带间,有六言诗一首云:'百叠漪漪风绉,六铢纵纵云轻。植立含风广殿,微闻环佩摇声。'"

又云："轼自蜀应举京师，道过华清宫，梦明皇令赋太真妃裙带诗，乃前六言诗也。觉而记之，今书赠柯山潘大临邠老。"

二说不同，故并录。见《渔隐丛话》。

# 七六

绍兴元年二月辛巳，礼部尚书兼侍读、参知政事、龙图阁待制孙觌，时知临安府，以启贺桧，有曰："尽室航海，复还中州；四方传闻，感涕交下。汉苏武节旄尽落，止得属国；唐杜甫麻鞋入见，乃拜拾遗。未有如公，独参大政。"桧以为讥己，始大怒之。

# 七七

钱塘江潮八月十八日最大，天下伟观也，临安民太半出观。

绍兴十年秋前一夕，江上居民或闻空中语曰："今年当死于桥者数百，皆凶淫不孝之人，其间有名而未至者，当分遣促之，不预此籍则斥去。"又闻应声者甚众。民怪骇，不敢言。次夜，跨浦桥畔人，梦有来戒者云："来日勿登桥，桥且折。"旦而告其邻，数家所梦皆略同，相与危惧。

比潮将至，桥上人已满，得梦者从旁伺之，遇亲识立于上者，密劝使之下，咸以为妖妄，不听。须臾潮至，奔汹异常，惊涛激岸，桥震坏入水，凡压溺而死数百人。既而死者家属来，号泣收敛，道路指言，其人尽平日不逞辈也。乃知神明罚恶，假手致诛，非偶然耳。事载《咸淳临安志》。

## 七八

吴仁璧，关右人，中第入浙谒钱武肃。殊礼之，累辟入幕。坚辞不就，以诗谢云："东门上相好知音，数尽台前郭隗金。累重虽然容食椹，力微无计报焚林。敝貂不称芙蓉幕，衰朽仍惭玳瑁簪。十里溪光一山月，可堪从此负归心。"武肃复遣人请撰《罗城记》，仁璧不从①，武肃怒沉于江，吴人惜之。

## 七九

宋苏文忠守杭州时，尝于城中创置病坊，名曰"安乐"，以僧主之，乃请于朝，三年医愈千人，乞赐紫衣并度牒一道，诏从之。有《与某宣德书》云："蒙遣人致金五两、银一百五十两为赙。轼自黄迁汝，亦蒙公厚饷。当时邻于寒殍，尚且辞避；今忝近臣，尚有馀沥，未即枯竭，岂可冒受？又恐数逆盛意，非朋友之义，辄已移杭州，作公意舍之病坊。此盖某在杭口所置，今已成伦理，岁收租米千斛，所活不赀，故用助买田，以养天民之穷者。此公家家法，故推而行之，以资公之福寿，某亦与有荣焉，想必不讶。至于感佩之意，与收之囊中无异也。"

<hr />

① 底本作"罗城仁记璧不从"，按此条当出自《咸淳临安志》卷九一，《咸淳临安志》则作"《罗城记》，仁璧不从"，据改。

# 八〇

宋元祐中，东坡守杭，毛泽民为法曹掾，公以众人遇之。秩满辞去，是夕宴客，有籍妓歌《赠别》小词，卒章云："今夜山深处，断魂分付潮回去。"公问谁所作，妓以毛法曹对。公语座客曰："郡僚有词人不及知，某之罪也。"翌日，折简追还，留连数月，泽民因此得名。

# 八一

济南李芘，字定国，寓临安军营中，以聚学自给，暇则纵游湖山。尝欲诣净慈寺，过长桥，于竹径迷路，见青衣道人林下劚笋。芘揖之，道人问所往。曰："将往净慈，瞻礼五百罗汉。"道人曰："未须去，且来同食烧笋。"食之甚美。俄而风雨晦冥，失道人所在，芘皇惧，伏林间。少顷雨止，寻径而出，至寺门下，觉身轻神逸，行步如飞，洎归舍，不复饮食。

其从兄大猷，时为诸王宫教授，将之任，遣仆致书。见其颜如桃红，且能辟谷，以语大猷。及大猷至，则已去游茅山矣。后又闻入蜀，隐青城山。大猷为梓路提刑，使人至眉访所在，守复书报，数年前已轻举乘云而去，今惟绘象存。

# 八二

朱思彦则，淳熙初知临安具。因钩校官物，得押录高生盗侵之过,其妻尤贪冒,每揽乡民纳官钱,许给印钞而私其直。时高以事上府,先逮妻送狱,高归,询诘之,应答殊不逊,遂并鞠治。囚系月馀,日加绁讯。一夕,丞定牢,二人哀泣,言楚毒已极,恐无生理,丞恻然怜之。会朱延过客饮宴,席未散,乃为破械出之,使潜窜迹。明日,丞诣县与朱言:"高某为胥长,而夫妇盗没民钱,且对官长咆哮,诚宜痛治,然久在囹圄,昨夜呼其名,已困顿不能应,不免责出之。旋闻皆到家即死,幸不殒于狱,不必彰闻。某子亦愿敛瘗,既从其请矣,失于颛擅,此情悚然。"朱喜丞之同嫉恶,又处事委曲无迹,致词言谢。迨反室,复念彼罪不至死,一旦并命,异时岂不累己?正不然将有阴遣冤祟之挠。自是寝食为之不宁,遂见二鬼裸形披发,棰痕遍体,径前挽衣裙曰:"我罪不过徒隶,乃沦冥涂,又使县丞屏去骸骨,惨忍如此,必得尔往地下证辨,断无相舍之理。"朱噤不得对,遂感疾,鬼朝夕在旁。丞来问疾,朱告之故,且曰:"思不忍一时之忿,至不可悔,今又奚言?"丞笑曰:"两人实不死,吾悯其困而脱之,匿诸邑下亲戚家,而给以亡告耳。"朱曰:"若是,则旦夕现形吾前者为何人?"丞曰:"此忧疑太过所致,当呼使来。"甫经宿,果至,朱登时心志豁然,厥疾顿愈,命高复故役焉。

# 八三

淳熙七年,夏秋之交,浙西不雨苦旱。吴江塔院大古井,其水秽黑,不堪汲饮,僧命匠王大者浚之。日亭午,外间居人,见烈焰从井中出,蓬勃丈许,匠被爇,皮肤皆灼破,急出即死。一卖果实小民过其旁,亦损面,又焚井亭,自是水清可鉴。

同时,有菜户孙氏亦浚井,匠人凿土,闻其下人声,良久,一衣绿者坐胡床，一黄衫卒捧文书，一童侍立。匠望其处，如官府然，厅堂整峻，黄衣叱之出，急引索而登，仅获免。识者疑为龙神所据，无复敢窥，此井遂废。

# 八四

王仲衡希吕，淳熙二年为起居舍人，居临安，僦吴山一新宅。方徙居，次日未晓，将赴朝，其婢诣厨，欲煮汤，才开厨门，见异物如人，在灶下，若摇两扇状，呼问诃叱，皆勿应。婢恐而出，告于王。王未以为然，复遣老兵张进携灯往验。物凝立不动，灯亦灭，进还报。王淮北人，有胆勇，暗中拔剑径趋之，物犹自若，旋觉有人至，疾走至后门，穿狗窦出，未半，王挥剑断其身为二，取火照见，乃白鹿也，洒血满地。王退朝，剥其肉，分饷侍从。鹿之白者，世所鲜有，初疑为不祥，后一月，乃除淮西帅。

# 八五

赵粹中，为吏部侍郎，梦出至厅事，大门豁开，吏报客通谒。其人长七尺，著道士羽服，形容端严，视其刺字，曰"北方镇天真武灵应真君"。赵奉神素谨，肃然起敬，趋下迎揖，不敢以主礼自居，神固请，赵东向坐，曰："侍郎是主人，今日之事，公为政毋用谦辞。"遂就席局脊而寤。是时，孝宗于潜邸王宫创建佑圣观，以答在藩祷祈感验之贶，明日降旨，差赵为奉安圣象使，乃悟梦语。

# 八六

秦会之初赐居第时,两浙转运司置一局,曰箔场,官吏甚众,专应付赐第事。自是讫其死,十九年不罢,所费不可胜计。

其孙女封崇国夫人者,谓之童夫人,盖小名也,爱一狮猫,忽亡之,立限令临安府访求。及期,猫不获,府为捕系邻居民家,且欲劾兵官。兵官皇恐,步行求猫,凡狮猫悉捕致,而皆非也。乃赂入宅老卒,询其状,图百本于茶肆张之。府尹因嬖人祈恳,乃已。

# 八七

内阁藏有吴三桂《上康熙皇帝书》,文曰:"皇明罪臣吴三桂,致书康熙皇帝陛下,人言三桂反,三桂实非反也。先帝殉社稷,三桂效申包胥痛哭秦庭之义,请援贵国。那九颜王子,惟恐桂心不诚,宰乌牛,杀白马,立誓煞水神前,誓曰:'奸贼之后,凡中国所有,悉归贵国。'那九颜王子犹虑桂心未尽,又令薙发、胡服,然后发兵十万,令桂居前,清兵居殿。进兵百里,即遇降贼逆臣唐通,桂奋力一战,杀贼殆尽,李贼卷资疾趋。桂念君父之仇,不共戴天,奋战逐北,直至潼关地方,李贼破胆而遁。桂因神京无主,返兵西向,那九颜王子顿背前盟,将顺治皇帝怀抱拥立。斯时即欲理论曲直,惟恐贵国之师扼其前,李贼之兵蹑其后,是功未成而身先丧,知者不为也。锡以王爵,封以通侯,岂得已而受命乎?厥后嗣王不道,政归权臣,四镇鸱张,六师纷沓,与三桂无与也。那九颜王子贪心无厌,驱兵南入,以致灭我社稷,使十七叶神圣天子斩宗绝嗣,言之痛心。

一统之势既成，版图悉归清有，那九颜王子恃功跋扈，毒流宫闱，章皇帝赫然震怒，粉骨捣灰。在皇帝之待九王子太薄，而九王子背盟受祸，不为过矣。桂三十年来卧薪尝胆，求太祖之后无其人，血泪几枯，呕心欲死。不意天复眷明，去年二月间，于夔州太平县界，得太祖十四代孙周王，聪明神睿，汉光武、宋高宗不足比拟其万一，真属中兴之令主，因未告庙，先称周王元年，统兵百万，直抵燕京。三十年之积聚，任皇帝移归建州，以娱终身，三桂之待贵国，不为薄矣。即皇帝之祖宗亦属内附，普天赤子，有何嫌疑？其中国人民社稷，留待新主拊循，非皇帝之所得预闻也。桂前不顾父，以殉旧主，今不顾子，以扶新主，心事可知，遑问其他。望皇帝勿归罪，请撤去藩臣，幸甚！幸甚！"

# 八八

太基山郑道昭题刻，在掖县东二十里，《仙坛诗》、《青烟寺题字》、《仙坛铭告》、《青烟里题字》、《朱阳台题字》、《元灵宫题字》、《白云堂题字》三种、《通天洞题榜》、《中明坛题字》、北南。《山门题字》、《壬辰题字》、《郭静和题名》，共十五种。见《金石萃编》。

按《魏书》：道昭，字僖伯。少而好学，综览群言。初为中书学生，迁秘书郎，累官至秘书监荥阳邑中丞，出为光州刺史。熙平元年卒，谥文恭。吴县潘文勤祖荫，藏有《青烟寺》《白云寺》《北山门》《玄灵宫》题字四种，钤"滂喜斋"及"郑庵"大方印。

# 八九

嘉定钱竹汀宫詹大昕，著述等身，搜罗金石，工汉隶，人未知其谱六法也。铅山蒋心馀太史，曾有题先生画白莲诗云："楷法写枝干，行草写花叶。作画如作字，吾师白阳接。"可见书家多能画，惟世罕有知者。

# 九〇

钱献之坫，号十兰，竹汀先生之侄。工篆书，兼铁笔，善画，曾有墨梅一幅，仿石室老人，繁枝密蕊，极寒瘦清古之致。

# 九一

丹徒王梦楼太守文治，书法妙天下，世亦罕知其能画。惟见《南照堂集》中，有《过晋庵画梅一枝于壁》，题云："梅花树下与僧期，旋染陰麋写折枝。却忆去年花放日，无人看到月斜时。"又《画石》诗云："平生足迹半中外，胸中万峰纷伟怪。每逢奇赏不自摹，自恨当年未之画。"又《画菊于便面，戏赠王菊田》云："君家种菊已成田，每到秋来香满轩。写把一枝君手里，赚君看画忆乡园。"太守画不多见，题诗名隽有味，读其诗，可知其画，并可见其人矣。

# 九二

金云门女士礼嬴，号五云，又号昭明阁内史，王仲瞿孝廉昙继室。工画，凡山水、人物、士女、花草，悉能师心独运，妙夺古人，尤精画佛，庄严妙丽，得者宝之。尝手制《观音圆通二十五象》，为仲瞿祈佑，题诗曰："神仙堕落为名士，菩萨慈悲念女身。"

后与仲瞿同居西湖红柏山庄,墙周二千步,内外植梅、桃三千四百馀株,极幽隐之乐。旋得呕血疾,皈心净土,跌坐二百五十馀日,丁卯四月化去,遗令以《维摩经》殉,年三十有六。仲瞿诗云:"撒手县厓我不如,居然龙女证明珠。净居曾散维摩老,闲煞明朝香积厨。"大兴舒铁云位志其墓。

云门画甚夥,其著名者《建安七子图》《谢芳姿秋风小影》,时人题咏殆遍。其《梅月双清图》,仲瞿题曰:"追钟、王楷法于千条万蕊中,为元章古法之所窥。"可见其妙于画梅,而书法晋唐,兼工汉隶,益可知矣。

# 九三

嘉定姚八愚贡生承绪,藏有刘松年所画宋高宗泥马渡河事,人物、山水,院体之下乘者,且事由俗传,不征史传。即崔府君者,后人考辨,终未得其实。

惟灵芬馆《爨馀丛话》载:"宋嘉定间,楼攻媿作《中兴显应观记》云:'靖康中,高宗再使金磁,去金营不百里,既去,谒崔真君祠下,神马拥舆,胪鬈炳然,州人知神之意,劝帝还辕。'此俗语所本也。神本号真君,又号府君。攻媿据《仁宗实录》,言府君贞观中为相州滏阳令,再迁蒲州刺史,更其名。其时封诏有曰:'按求世系,虽史佚其传,尸祝王官,而民赖其德以证。或以为北魏之伯渊,后汉之子玉,皆非也。'其考证甚核。元遗山《崔府君庙记》云:'唐崔玉府君祠,所在有之,或谓之亚岳,或谓之显应王,莫知所从来。府君平定人,太宗时为长子县,有虎害,一孝子为所食,乃以牒摄虎至,使服罪。一县以为神,而庙祀之。'世所传盖如此,则俗语流为丹青矣。且以后汉崔子玉为唐人，尤谬。然其论淫祀之非礼，伤时之无所畏忌，可与陆鲁望《野庙记》并传。府君庙本始于北，而盛于南，今杭人犹尸祝之。"《丛话》所载如此。

松年，泉唐人，淳熙画院学士。绍兴初待诏，孝宗乾道九年后即改元淳熙，其去绍兴初只四十馀年，刘以院中待诏，摹写本朝中兴事迹，不应附会至此，当是赝本也。

# 附　录

# 《清史稿·黄体芳传》<sup>①</sup>

　　黄体芳,字漱兰,浙江瑞安人。同治二年进士,选庶吉士,授编修。日探讨掌故,慨然有经世志。累迁侍读学士,频上书言时政得失。晋、豫饥,请筹急赈,整吏治,清庶狱,称旨。时议禁烧锅裕民食,户部核驳,体芳谓烧锅领帖,部获岁银三万,因上董恂奸邪状,坐镌级。

　　光绪五年三月,惠陵礼成,主事吴可读为定大统以尸谏。诏言:"同治十三年十二月初五日降旨,嗣后皇帝生有皇子,即承继大行皇帝为嗣。吴可读所奏,前旨即是此意。"于是下群臣议,体芳略言:"'即是此意'一语,止有恪遵,更有何议?乃激烈者盛气力争,巽畏者嗫嚅不吐,或忠或谨,皆人臣盛节,而惜其未明今日事势也。譬诸士民之家,长子次子各有孙,而自祖父母视之则无异。然袭爵职必归之长房者,嫡长与嫡次之别也。又如大宗无子,次宗止一嫡子,然小宗以嫡子继大宗,不闻有所咎者,以仍得兼承本宗故也。唯君与民微有不同。民间以嫡子继大宗,则大宗为主,本宗为兼。天潢以嫡子继帝系,则帝系为主,本宗可得而兼,亲不可得而兼。

---

①　录自《清史稿》卷四四四。

若人君以嫡子继长支,则固以继长支为主,而本宗亦不能不兼。盖人君无小宗,即称谓加以区别,亦于本宗恩义无伤。此两宫意在嗣子承统,慈爱穆宗,亦即所以慈爱皇上之说也。今非合两统为一统,以不定为豫定,就将来承继者以为承嗣,似亦无策以处之矣。试思此时即不专为穆宗计,既正名为先帝嗣子,岂有仅封一王贝勒者乎?即不专为皇上计,古来天子之嗣子,岂有以不主神器之诸皇子当之者乎?即仅为穆宗计,皇上可如民间出继之子乎?即仅为皇上计,穆宗可如前明称为皇伯考乎?夫奉祖训,禀懿旨,体圣意,非僭。先帝今上皆无不宜,非悖。明其统而非其人,非擅。论统系,辨宗法,正足见国家亿万年无疆之麻,非干犯忌讳。此固无意气可逞,亦无功罪可言也。"疏入,诏存毓庆宫。自是劾尚书贺寿慈饰奏,俄使崇厚误国,洪钧译地图舛谬,美使崔国英赴赛会失体,皆人所难言,直声震中外。

七年,迁内阁学士,督江苏学政。明年,授兵部左侍郎。中法事起,建索还琉球、经画越南议。十一年,还京,劾李鸿章治兵无效,请敕曾纪泽遄归练师,忤旨,左迁通政使。两署左副都御史,奏言自强之本在内治,又历陈中外交涉得失,后卒如所言。十七年,乞休。二十五年,卒。子绍箕、绍弟①,并能承家学,而绍箕尤赡雅。

---

① "绍弟",当作"侄绍弟"。

# 《浙江通志·黄体芳传》①

## 叶尔恺

黄体芳,字漱兰,瑞安人。咸丰辛亥举人,问学于孙太仆衣言,同治癸亥以进士第一人入翰林。初,(庚申)〔辛酉〕岁,瑞安金钱寇起,围城,体芳治乡团,以忠义激励人心,登陴坚守,誓与城共存亡,卒赖以固。又以独力保全善类,事甚委折,尝作《钱虏爰书》纪略。患平而功不居。及官京师,由编修累迁内阁学士,授兵部左侍郎。

光绪初,以讲官奏承统大体事。戊寅,晋豫大饥,请筹急赈,饬吏治,清庶狱。自后频劾俄使崇厚之误国,洪钧译地图之舛谬,美使崔国因赴赛会之失体,皆人所难言,直声震中外。典试黔、闽,视学闽、鲁、江左,奉旨便宜言事。在江左五年,崇经术,擢幽隐,博搜先哲佚书至数百种,牒送史馆入儒林、文苑二传。士趋实学,风尚一变。甲申中法之战,沿江戒严,手谕家人勿动,并饬县令勿徙家,人心始定。建索还琉球之议,屡进规画越南之谋,语极切至。保荐左赞善于荫霖之器识,山东知府全士镜之吏治,临海举人周郇雨之算学,后皆各有树立。

乙酉还京,痛劾重臣治兵廿馀年无尺寸效,请别简忠毅大臣治

① 录自《敬乡楼丛书》本《江南征书文牍》。

海军,事下吏议,左迁二阶,旋补通政使。时通政司积有饭银七千馀金,与同官约,勿以自润,奏明立案。权左副都御史,奏言自强之本在乎内治,又历陈中外交涉事,后其言皆验。

辛卯六十,因疾乞休,以一子绍箕官编修,仍偕居京师。身虽退隐,每遇国家大事,意所不可,辄深罊扼腕。甲午中日之役,上封事者多以稿就正,每为之手定,一时人望仰如泰斗。而感叹时局,终不复出。

生平敦尚风节,爱才疾恶,家素贫而轻财好施,俸脩悉周恤戚友,力不及,或贷资为之。复斥巨资创建南菁书院于江阴,置会馆于京师,助义赈于乡里。通籍三十年无馀财,无一椽之庇。所作诗文,多不存稿,即奏稿亦有佚去者。己亥卒于家,年六十九。遗著有奏稿、公牍若干卷。子绍箕自有传。

# 《吴县志·名宦传》①

## 沈维奔

　　黄体芳,字漱兰,瑞安人,同治癸亥会元,光绪六年,以詹事府少詹事视学江苏。时诸生狃习举业,不务实学,体芳创建南菁书院于江阴,选各府州县学高材生肄业其中,延南汇张训导文虎、定海黄教授以周,迭主讲席,以经、史、古学,分门月课,一时士风丕变,皆务为有用之学,实沐体芳之教也。

---

　　①　录自曹允源、李根源主编《吴县志》(苏州文新公司铅印本,1933 年)卷六四。

# 《近代名人小传·黄体芳》①

## 费行简

　　字漱兰,瑞安人。幼赋异秉,读书目下十行,及入翰林,日探讨掌故,慨然有用世之志,而性峭直,往往面折人非,同官挤之,以兵部侍郎乞休,归,竟不复出。然其任江苏学政,置南菁书院,以经训试士,搜考艺文,征敬隐逸,清誉恒三十年弗少衰。立朝日频上书言时政得失,侃侃不挠,时与张佩纶、陈宝琛等主持清议,而体芳诚笃忠挺,表里若一,佩纶、宝琛皆惊声华,不足拟也。唯其性急遽,与人语未终,已顾而之他,故学博而罕有著述。

---

　　①　录自费行简《近代名人小传》。

# 醉乡琐志叙①

## 汪曾武

　　吾师瑞安黄漱兰先生，文章气节，为世推重。甲午以后，士大夫醉心欧学，师斥其舍本逐末，不能救国，适以速亡。目击心忧，决然引退，褫被出都，并令仲弢学士送眷南归。未几而庚子乱作，又十稔而清祚斩矣。

　　曾武自光绪甲申科试受知，岁必亲炙，嘉许之甚，无出其右。甲午叨领乡荐，出叔颂先生之门。入都晋谒，先生呼为末座弟子，命叔颂师以世兄弟礼相见，一时传为佳话。旋以忧伤时事，遽归道山。

　　生平著作，仅存奏议，吴子修太史拟为编次梓行未果；诗章尤罕见，仅得《二木叹》古诗一首，乃乙未仲春感事刺人命和之作。

　　是编随笔记录，自署"东瓯憨山老人随笔"，名曰《醉乡琐志》，藏于其家。敬录一通，置之座右。同门杨子昧云见之忻喜，亟为校印，冠诸丛书，以符搜集师友著述之旨。

　　吾师往矣！白首门生，亦复无多；得此片羽，如见羹墙。昧云属叙缘始，敬书以归之。丁卯冬日，门下士太仓汪曾武谨识于燕京寓庐。

---

　　① 录自《醉乡琐志》。

# 醉乡琐志跋[1]

## 杨寿枏

　　《醉乡琐志》一卷,吾师瑞安黄漱兰先生所著也。先生气节文章,万流仰镜,轺车四出,甄采英髦。朝列奉为羽仪,士林尊为宗匠。当日谏草弹章,千金购募;程文试牍,万本传抄。而身后遗书,顾未刊布,是编为同门汪子仲虎所掌录。盖先生晚年耽玩缃缇,随笔纂辑,中多标举雅故,陶写胜情。其时,朝野清晏,士大夫吐纳风流,衣幨蕴藉,禁近簪毫,多窥秘笈,燕谭挥麈,悉属珍闻。敦立却扫之编,京叔归潜之志,此其例也。

　　先生以光绪辛卯乞休,乙未返里,旋归道山。角巾东路,肯污庾亮之尘;挝策西州,遽陨羊昙之泪。迄今三十馀年,门生故史,大半凋零。余与仲虎以髫岁受知,今亦垂垂老矣!每念莲社宴游,曾参末座;兰台著录,仅剩残编。谈天宝之旧闻,溯永嘉之学派,音徽已沫,竹素犹馨。爰取是编付印,冠诸丛书,缮校既竟,敬题简后。先生饮量最豪,有酒龙之目,生平手不释图史,口不离杯铛,名以"醉乡",盖纪实也。

　　丁卯冬日,门下士杨寿枏敬跋。

---

　　①　录自《醉乡琐志》。

# 醉乡琐记书后

## 夏 鼐

此系杨氏所辑之雪在山房丛书刊本,其书刊于民国十七年戊辰。余于民国廿三年春游故都厂甸,获见此书,乃以廉值购得之。书无足观,以其为乡先哲之遗著,故仍珍视之。

黄氏所著尚有《江南征书文牍》,收入敬乡楼丛书第三辑中;又有《钱虏爱书》,系记述咸丰庚申瑞安金钱匪事;《漱兰先生诗葺》,则系瑞安杨嘉所辑,仅诗六十八首,二者皆未刊行,见黄溯初《江南征书文牍》跋语。至于黄氏奏疏,闻有稿本,但亦未见传刻云。

民国廿三年二月十九日,作民跋。

# 江南征书文牍跋①

## 黄 群

　　余友杨君志林所辑《瓯海集内编·公牍类》，载有黄通政漱兰先生督学江苏时之文牍。其时，国史馆方纂办儒林、文苑、循吏、孝友列传，先生札饬各学采访先正著述及事迹，并以汇咨史馆。其所札访大抵以著述为主，盖儒林、文苑原以著述为凭，而循吏、孝友亦往往见于名人撰著也。按《札苏州府学》文云："循吏、孝友，例由服官处所及乡里呈报，兹不列焉。"据此则知是编专详著述之由。

　　编内所列姓名、书籍，除已立传进呈外，详搜博访，于前清同光以前之通人、名著网罗殆尽。先生以事系"表彰学行、振兴世教"，故勤勤为此，诚足以备一时掌故，非寻常之文牍比也。

　　余正拟录副印行，先生文孙厚卿、友人林君同庄，先后以原牍刊本见示，以校志林所录，彼此互有出入，乃悉为次第，排比付印，题曰《江南征书文牍》。通计采访凡四年，汇咨凡三次，在事颠末，颇觉完具，然非志林搜辑在先，则此"征书"一重公案无复有举之者矣，其苦心讵可殁哉！

　　先生立朝侃侃，直声震中外，在江左五年，崇经术，敦实学，一时士风为之丕变，即此公牍一编，亦足见其崖略。

---

　　①　录自黄群《敬乡楼丛书》第三辑之九《江南征书文牍》。

　　先生训勉学官，有《司铎箴言》十则，兹并附刊于后。在江阴督学署时，曾刊有叶水心《习字记言序目》一书，所著尚有《钱虏爱书》及志林子则刚所辑《漱兰先生诗葺》，仅诗六十八首。皆未刊行云。

　　民国二十年四月，黄群记。

# 国史馆移会江苏学院①

国史馆为移会事。本馆于光绪七年闰七月十九日,具奏《续办儒林、文苑、循吏、孝友列传》一折,本日奉旨"依议,钦此",相应钞录原奏移会贵院,查照原奏核实访察,除已入国史馆列传顾炎武等一百九十八人,另行开载无庸查报外,如有前项应行编入列传诸人,即将履历事实造具清册并著述书籍一并陆续咨送本馆办理,至所有本省通志,务望先行咨送一部到馆,以凭查核,幸勿迟延可也。

须至移会者。

右移会

江苏学院

光绪七年九月　　　日

奏底

粘单附后

奏为纂办儒林、文苑、循吏、孝友列传,请饬各省确查举报,以资表彰,恭折仰祈圣鉴事。

窃查已故大臣,文职副都御史、巡抚,武职副都统、总兵以上,例由臣馆向各衙门咨取事迹,查照历届谕旨奏牍编入列传。忠义,

---

① 录自《江南征书札》。

则无论官阶大小,行查各省咨报纂办。其儒林、文苑、循吏、孝友四传,自嘉庆十三年御史徐国栿奏请办理,奉旨允准在案,惟时故大学士阮元方以编修充国史馆总纂官,网罗故实,成儒林、文苑、循吏列传共十四卷,正传一百六人,附传八十六人,迄今事阅四朝,相距七十馀年,续行编入者仅循吏龚其裕等十馀人。而孝友一传,则国初至今阙如也。

伏念圣朝教泽涵濡,英贤辈出,勋耆硕彦,彪炳史册,而独行绩学之士,或乡隅伏处,终老无闻,即立官清廉、政绩卓著者,亦限于闻见,未能周知,故嘉言懿行,往往草野间尚能传述,而国史转不著其姓名。臣馆职司纂纪,傥不及时搜采,湮没必多,殊无以仰副我皇上振兴世教至意,相应请旨特谕各省督抚、学政,确切访查,凡有可列入儒林、文苑、循吏、孝友各传者,随时察核咨报,务以本人著述及实在事迹为凭,不得空言溢誉、轻率滥举。

所有前项事实书籍,即径行咨送史馆,以凭核办,其有著述刊布及事迹昭著确然共信其可传而未经纂入列传者,应由臣馆博采诸书,先行编纂。所有应行考订各书,除《钦定一统志》《皇清奏议》《钦定四库全书提要》及各项官书外,近年各省通志次第修办,其入祀乡贤名宦、题旌孝子诸人,礼部皆有事实册,此外私家著述详审可据者,亦可兼供考证,应一并由臣等行文调取,以备参稽,如有事实参差,尚需详查者,并随时咨明原籍服官、各省督抚详确查覆,应如何分别去取,仍督率提调等官严定体例,详慎校辑,总期无滥无遗,以协公论而重史职。臣等为表彰善行起见,是否有当,伏乞皇太后、皇上圣鉴。谨奏。

儒林传

江苏

顾炎武,昆山人。　张弨,山阳人。　朱鹤龄,吴江人。

高愈,无锡人。　高世泰,无锡人。　顾枢,无锡人。

彭定求,长洲人。　彭绍升,长洲人。　陆世仪,太仓州人。

王懋竑,宝应人。　潘天成,溧阳人。　王锡阐,吴江人。

顾祖禹,常熟人。　李铠,山阳人。　吴玉搢,山阳人。

惠周惕,吴县人。　惠士奇,吴县人。　惠栋,吴县人。

余萧客,长洲人。　陈厚耀,泰州人。　顾栋高,无锡人。

陈祖范,常熟人。　吴鼎,金匮人。　严衍,嘉定人。

任启运,荆溪人。　沈彤,吴江人。　蔡德晋,无锡人。

臧琳,武进人。　钱大昕,嘉定人。　钱塘,嘉定人。

浙江

吴任臣,仁和人。　黄宗羲,余姚人。　黄宗炎,余姚人。

黄百家,余姚人。　应撝谦,钱塘人。　沈昀,仁和人。

张履祥,桐乡人。　刘汋,山阴人。　邵廷采,余姚人。

邵晋涵,余姚人。　胡渭,德清人。　叶佩荪,归安人。

万斯大,鄞县人。　万斯选,鄞县人。　万斯同,鄞县人。

万经,鄞县人。　万言,鄞县人。　沈炳震,归安人。

全祖望,鄞县人。　盛世佐,秀水人。　吴廷华,仁和人。

卢文弨,余姚人。　孙志祖,仁和人。

直隶

孙奇逢,容城人。　刁包,祁州人。　颜元,博野人。

李塨,蠡县人。　朱筠,大兴人。

河南

耿介,登封人。　武亿,偃师人。

陕西

李容,盩厔人。　　王心敬,鄠县人。　　李因笃,富平人。

湖南

王夫之,衡阳人。

湖北

陈大章,黄冈人。　　刘梦鹏,蕲水人。　　曹本荣,黄冈人。

江西

谢文洊,南丰人。　　彭任,宁都人。　　张贞生,庐陵人。

山西

范镐鼎,洪洞人。　　阎若璩,太原人。　　梁锡屿,介休人。

山东

刘源渌,安邱人。　　张尔岐,济阳人。　　马骕,邹平人。

周永年,历城人。　　薛凤祚,淄川人。

福建

李光坡,安溪人。　　李钟伦,安溪人。　　王士让,安溪人。

安徽

梅文鼎,宣城人。　　徐文靖,当涂人。　　江永,婺源人。

汪绂,婺源人。　　胡匡衷,绩溪人。　　戴震,休宁人。

凌廷堪,歙县人。

文苑传

直隶

谷应泰,丰润人。　　申涵光,永年人。　　庞垲,任邱人。

边连宝,任邱人。　　陈仪,文安人。

山东

宋琬,莱阳人。　　王士禄,新城人。　　王士祜,新城人。

徐夜,新城人。　　赵执信,益都人。　　冯廷櫆,德州人。

黄体芳集

## 安徽

施闰章,宣城人。　　　高咏,宣城人。　　　梅清,宣城人。

梅庚,宣城人。　　　汪楫,休宁人。　　　赵青藜,泾县人

汪越,南陵人。　　　刘大櫆,桐城人。　　　吴定,歙县人。

姚鼐,桐城人。　　　姚范,桐城人。

## 江西

李来泰,临川人。　　　鲁九皋,新城人。　　　蒋士铨,铅山人。

## 江苏

秦松龄,无锡人。　　　倪灿,上元人。　　　严绳孙,无锡人。

汪琬,长洲人。　　　计东,吴江人。　　　乔莱,宝应人。

陈维崧,宜兴人。　　　吴绮,江都人。　　　江懋麟,江都人。

潘耒,吴江人。　　　徐釚,吴江人。　　　尤侗,长洲人。

黄虞稷,上元人,本籍福建晋江。　　　邵长蘅,武进人。

吴嘉纪,泰州人。　　　陶季,宝应人。　　　史申义,江都人。

严虞惇,常熟人。　　　黄之隽,华亭人。　　　张鹏翀,嘉定人。

孙致弥,嘉定人。

## 浙江

柴绍炳,仁和人。　　　张丹,钱塘人。　　　陆葇,平湖人。

陆奎勋,平湖人。　　　叶燮,嘉兴人。　　　毛奇龄,萧山人。

朱彝尊,秀水人。　　　李良年,秀水人。　　　谭吉璁,嘉兴人。

冯景,钱塘人。　　　姜宸英,慈溪人。　　　查慎行,海宁人。

查嗣瑮,海宁人。　　　查昇,海宁人。　　　胡天游,山阴人。

陈兆仑,钱塘人。　　　沈廷芳,仁和人。　　　厉鹗,钱塘人。

商盘,会稽人。

## 陕西

孙枝蔚,三原人。　李念慈,泾阳人。

山西

吴雯,蒲州人。　　傅山,太原人。

湖北

顾景星,蕲水人。　叶封,黄陂人。

福建

朱仕琇,建宁人。

贵州

周起渭,新贵人。

汉军

李锴,正黄旗人。


循吏传

奉天

白登明,盖平人。　崔宗泰,奉天人。　祖进朝,奉天人。

山西

毕振姬,高平人。　汤家相,赵城人。　卫立鼎,阳城人。

邵嗣尧,猗氏人。　刘体重,赵城人。　刘煦,赵城人。

顺天

方国栋,宛平人。

浙江

赵廷标,钱塘人。　茹敦和,会稽人。

汉军

于宗尧,正白旗人。

河南

张沐,上蔡人。

陕西

王又旦,郃阳人。　　陈庆门,盩厔人。

直隶

崔华,平山人。　　陈德荣,安州人。

安徽

姚文燮,桐城人。　　桂超万,贵池人。

山东

刘棨,诸城人。

江苏

陶元淳,常熟人。　　李赓芸,嘉定人。

湖南

严如煜,溆浦人。　　钟谦钧,巴陵人。

福建

龚其裕,闽县人。　　龚嵘,闽县人。　　龚一发,闽县人。

龚景瀚,闽县人。

云南

李文耕,昆阳人。　　刘大绅,宁州人。

江西

刘衡,南丰人。　　毛隆辅,丰城人。

广东

徐台英,南海人。　　云茂琦,文昌人。

贵州

黄辅辰,贵筑人。

# 国史馆移会江苏学政①

国史馆为移会事。本馆现办儒林、文苑、循吏、孝友列传，深恐山陬水滋穷经笃行之士，或身未显达，或著书不能刻，或刻而未盛行者，终归湮没。相应移会贵学院，于辀车往来之时，明示各学教官，令其采访呈上，由本省督抚设法运送到馆，所采之书，自顺治初年起，至同治末年止，并望示知各地方官，一体筹资录送，以昭信史而阐幽光可也。须至移会者。

右移会

江苏学政

光绪八年十二月　日

---

① 录自《江南征书札》。

# 江苏学政黄体芳饬各县学访
# 书札一卷（钞本）提要①

清黄体芳撰。体芳，清瑞安人，字漱兰，同治进士。官至兵部右侍郎，降通政使。峭直刚正，同光间为京朝清流之魁。视学江苏，建南菁书院，以经训造士，得士最盛，是书为光绪九年准国史馆文移访求积学笃行及立官清廉、政绩卓著者，备儒林、文苑、循吏、孝友四传之选，共札知者凡六县，即上元、无锡、阳湖、嘉定、丹徒、溧阳。可列于儒林传者，何可胜数？然江苏人才，似不及浙江之众，江苏可与浙江相比者，仅为江南一部，而江北大部则稍逊，故本书所载札知之六县，亦尽在江南也。各札之内，既指定人名，复胪列书目，以备征齐汇进，外又有《嘉业堂丛书目录》《吴兴丛书目录》《求恕斋丛书目录》《留馀草堂目录》，以及嘉业堂单行本与《金石丛书》，盖由一己访购，而不责成各县也。

---

① 录自中国社科院图书馆整理《续修四库全书总目提要（稿本）》（齐鲁书社，1996年）第 26 册第 563 页。《江苏学政黄体芳饬各县学访书札》一卷即《江南征书文牍》，载本书"江南征书文牍"卷。

# 黄侍郎官书二卷（清抄本）提要<sup>①</sup>

　　清黄体芳撰。体芳，字漱兰，浙江瑞安人。同治二年进士，授庶吉士，官至左副都御史，官具清史本传。是集乃其督学江苏时所为官书，未见刊本。今藏国立北平图书馆。

　　首为录礼部奏疏，奏因筹办儒林、文苑、循吏、孝友四传，请各省确查举报一疏，以下则黄居江苏督学之位，咨饬各州县胪列本省学者耆贤山林隐逸之文牍，内中所开文人姓氏及其著述，有为史传所未收者，有为志乘所漏缺者，皆足以为考征文献者之助。黄氏在当时为名谏官，有清流之目，而未有全集及奏议之刊刻，即此集亦只关于此一事，所为可惜者也。

---

　　① 录自中国社科院图书馆整理《续修四库全书总目提要（稿本）》（齐鲁书社，1996年）第 21 册第 384 页。《黄侍郎官书二卷》当即《江南征书文牍》，载本书"江南征书文牍"卷。

# 漱兰诗茸跋①

## 宋慈抱

　　右《黄漱兰先生诗茸》一卷,附仲弢、叔颂二先生诗,为冒关督广生所未刻者又二十四首。漱兰先生为同治癸亥科会元,历官至兵部侍郎,旋以言海军事左迁,集中诗所云"世事那堪如叶落,老怀原不为秋悲",其忧国之志何深也!王啸牧丈尝语余云:"吾乡先哲陈文节引帝裾而谏,史册美之。漱兰先生之直言抗疏,宁下于此!且通政使致仕归家,无寸田足自给,惟蓉绥阁藏书数万卷,其哲嗣仲弢学士所罗置也,其清廉又堪千古矣!"

　　先生于诗文不多作。闻督学江南时,搜罗江南名儒著述凡数百种,牒送史馆入儒林、文苑传。其到任折有云:"纪昀纂《书目》之编,录《四库》者千九百卷;阮元上《儒林》之传,通诸经者二十馀家。"盖以二公盛事自期也。今全篇顾无可踪迹,惜哉!诗仅二十三首,近体居多,虽寥寥短篇,可以见其志趣,他日续有所得当补编也。适《瓯风杂志》征求先生遗著,辄以此报之。

　　甲戌冬十月,后学宋慈抱。

---

　　①　录自林志甄《惜砚楼丛刊》民国刊本。

# 《黄漱兰先生赋钞》跋①

## 张　枫

　　右赋若干篇，为吾乡黄通政漱兰先生作也。先生早掇巍科，叠掌文衡，其八股试帖，久已推重艺林，顾所作律赋则流传尚鲜。余近从戚友林子小竹、叶君裔卿及门人潘震庚处假得先生赋钞数册，互有详略，且间有数篇笔意平弱，恐系赝鼎，今亦无从辨择，因命馆徒辈重钞一册，以为家塾课本，非敢操选政也。中有余梅史先生赋数篇，亦吾乡前辈之吉光片羽，且均与漱兰先生同时应试者，故钞附焉。

　　戊戌闰三月下浣，张枫记尾。

---

① 此文录自《黄漱兰先生赋钞》目录后张枫的跋文。

# 与黄漱兰先生论学书[①]

## 陈　锦

　　赐读二刘先生、薛常州、逊学主人各集,仰见浙东理学千载源流,琴西先生岿然嗣响,自兹以后,属在明公矣。不佞幼困举子业,挈搜经义,十年无成。反约自求,潜心力学,渐觉心神内照,自见肺腑,当其静观有得时,五官百骸,渐知受范,理欲之界,辨析尤严。惟日月之至,难与久持;嗜欲之攻,时从中出。又恐未能洞彻体用,转遁虚无,而世变又从而撼之,始欲求为有用之学,感于时事,泛涉经济。自同治初年,乱离迁播,身入仕途,方谓忠上爱民,尽心敬事,亦足以达其志量,实其功名。而劳于奔走,则心气粗浮;深于习染,则性天汩没。率真以往,与世异趋。落落五六年间,从不肯为时俗苟且干求寸进之事,而梗直沽名,恃才贾祸,卒之因事去官。

　　惟时大寐重惺,嗒焉如悟,因托于吟咏,痛自针砭。窃谓诗以言志,发于性情,根于学问,未始不可抒其胸臆,留之异日,亦堪自验其造诣之浅深。马背船唇,伊吾不辍,寒灯夜坐,忾叹为劳。盖生平蕴蓄,悉寓于是矣。间亦录其自励励人语,别为一编,多就其性情之近,矫乎气质之偏。逾时阅之,殊非粹语,恐不可存。

---

① 　录自陈锦《勤馀文牍》卷二,见《续修四库全书》集部第 1548 册。

　　既又述生平闻见，为文数卷，以道其所历。未竟厥业，老病侵之，猝未得一二知己相质证。诚惧独学无徒，益长其自是之见而阻于进修，否则，限于一偏，疑愤时嫉俗之所为，而亦不见是于君子，行坐老粗官，与世浮沉而后已，常戚戚焉。迩来骨肉之痛，身世之忧，日甚一日，反求所学，百虑环攻，求一日不动其心气而不可得，其功候浅薄，已可概见。开编读古，益觉怀惭先哲矣。兹检呈旧作诗文若干卷，其幼作本不足观，以卷首各序颇述端委，敢并呈之，祈赐弁言，以当箴佩，另编隟法，虽不合于古，但以泄夷法之秘而自成一书，此意率难为浅者道，一并附呈，尚希教正。不尽所云。

# 致黄体芳书三通[①]

## 张之洞

## 一

瘦楠老兄亲家阁下：

得手教，知宿患入冬渐除，饮食加进，欣慰之甚。

都下事变日多，将来不知何所终极，我兄超然物外，真可羡也。酒不必止，然亦不可不节。令郎善围棋，何不试为之，以此消遣，胜于他事，其馀则作小诗亦佳。

弟忽遭飞语，自知以不合时宜之人，必不见容于世，故六七年以来，日日思乞罢，徒以为承办诸事所牵挂，以致有此，耿耿此心，惟诉之天地鬼神而已，余何说焉。手布数行代面，敬请

台安，并颂

阃第万福

弟之洞顿首

再，来示所谓佼佼，窃恐未然，不过拥戴亲家而已，公勿为其所

---

① 第一、二两通录自温州博物馆藏件。

欺。弟又及。

# 二

瘦楠仁兄亲家同年座下：

　　冬寒，伏惟履候胜常，家庆骈集，为颂为慰！

　　仙屏到京，晤仙屏，望致意，其办事实可佩服也。常得快谈，一破积闷。莼客闻已入老境，想时常过从，其精神如何？望趣其早将文集及近年诗集编定付刊为要，弟当助以工资也。所需若干示知。弟数十年来诗文，多散失无稿，思之亦甚可惜，故代友朋忧之耳。莼老稿必齐全，不过缮清发刻耳。

　　我兄端居，岁寒作何消遣？近见无数闽人、湘人皆日以诗钟为事，终年终日沉溺于此，愈传愈广，入其会者日多，偶一试效为之，却亦甚有趣。窃思此举，我兄若欲排闷，何不为之？亦有可乐，好在不深不浅，若诗会唱和，则费心，嫌太深，围棋须有专门别才，亦嫌太深，叶子又嫌太浅也。尤妙者，若子弟有考试者，为此戏尤有益，借此可熟书卷故实，可开心思。看裁对牵合。今年福建解元只十八岁，初次小考入学数月，乃沈文肃之孙婿，其平日功夫甚浅，所长者终年终日斗诗钟，故字眼极多极新耳。

　　弟月来病肺，气逆不眠，由劳心过差，外感温燥所致，苦不可言，若循此不瘳，恐此子不得永年矣。区区薄劣，不自度德量力，所欲经营规画之事太多，而时艰费绌，德望又不足以胜之，以致处处棘手，日入窘步，其实所办，亦非甚难之事，件件实是好事、要事、急事、能办之事，既见到，自揣亦能办到，岂有不一力担任之理？《左传》所谓"知其危，何故不言"者也。若明知而不为，此心实不安耳。此区区之心学也。亦非

甚奇之事。过一两年后,诸事成功,群喙自息。筹款为最难第一
事,然亦尚有策可施,只须听一人所为,听其自筹自办,不加谣诼掣
肘,不必助我钱,只求不搅我事耳。即亦不难,皆能一一完毕,各奏成
功。然人不我与,吾不沮也,若天不我与,则真可惜矣,真可为中国
大局惜矣!今年已将岁暮,姑待明春再看气机何如。

　　拉杂书此,以代面谈。诸惟珍卫,以慰远念!敬请
台安,并贺
年喜
　　　　　　　　　　　　　　　　　　　　弟之洞顿首

嫂夫人坤福,儿女辈侍叩
仲弢、叔颂昆季统此问候

<h2 style="text-align:center">三①</h2>

　　闻我兄携家自汴浮淮南下,到清江后,务请偕全眷同来金陵。
已赁屋洒扫以俟,千万勿却。拟留公在江南主讲,不必归浙
也。语。

---

　　①　录自《张之洞全集》(河北人民出版社,1998 年)第八册。此电牍为光绪二十一
年九月初六日亥刻发。

# 致黄体芳书一通[①]

## 左宗棠

金陵把晤,快领麈谭,一别匆匆,忽又弥月,怅恋奚如!

闱务一是平顺,堪慰注丰。揭晓之期,当在重阳节后。监临闻于月杪可以出闱,方伯拟届时邀同前赴试院一晤,盖亦故事也。

今年雨旸以时,岁事丰稔,谷价如常平减,不至伤农,尤为幸事。

士风谨饬殊常,吏民均称为十数科仅见之事,尤仰宗师教泽无穷也。能得英杰入彀,正济时需,亦吾党之光耳。

前奉送行旌时,未获薄将微悃,歉仄难安。兹函致二百金,一申愚悃,托檀浦觅妥便带呈,伏希莞存,不胜欣幸之至。

---

① 录自《左宗棠全集·书信三》(岳麓书社,2009 年)第 697 页,第 1957 号。

# 致黄体芳书一通①

## 张裕钊

漱兰侍郎大人阁下：

暌隔光仪，倏焉数载，举头卿月，驰想为劳。顷奉惠函，喜慰无已，敬审起居曼祜，诸符私祝。

一昔范生来至，具述阁下乐育人才，宏奖英彦，众流仰镜，庶士倾风。虽往者阮文达、毕秋帆诸公无以过之，钦慕何极！而裕钊往在江南，所从问学徒众，一日天网下罩，尽取无遗，既深服鉴裁之精，且其为荣幸，亦何可言。抑从此大江南北，弦诵相闻，比于邹鲁，卿云接轸，贾服联镳，我公之泽，岂有既乎！

与范生书，谨已转致。其王君所求拙文，缘向苦才短，构思迟钝，重以校阅少暇，故久之未就。顷承谆嘱，必当撰成，以副盛怀。肃复，敬请

台安，伏惟亮察不宣

张裕钊顿首

---

① 录自温州博物馆藏件。

# 致黄体芳书一通<sup>①</sup>

## 张　謇

夫子大人侍右：

　　自都门闻赴南归，七阅月矣，家忧国难，怵目痛心，泥水之蔽，殆非人境。二月，辱南皮以通海团练见属，事无可为，义不容谢，而经费、器械一切扫地赤立。士狃于希冀无事之习，民安于不知兵革之常，始虑其不能团，继虑其不能练。因改为募，部以兵法，竭蹶两月，裁得五百人。是五百人者加以淘汰训练，意若逾夏，三百人可用。以是知纷纷诸将，一呼而集数千人者，未有不当敌辄走者也。惟是同辈之牵率猜防，乡里之依违向背，地方官之阴阳与距，种种繁难，种种可耻，支拄其间，又类鬼境。尚幸汪刺史强干爱好，其幕友会稽黄穆严正廉平，足相咨画。海门则二三人者，犹有忠义愤发之气耳。风俗人心，官常士习，无一不当乱者，真可悲痛！

　　子培、叔衡、仲弢，别后都无一字见寄，但凭《申报》以推见近政而已。樊、顾、张、文，决然舍去，可知士气之涣散。师则欲归无田，以疾为隐，弥可念也。通州朋辈中方初办团时，竟有持"江寿民扬

---

　　① 录自温州博物馆藏件。书中云："二月，辱南皮以通海团练见属"，据《张謇日记》，光绪二十一年，张謇为通海团练。故是书应作为光绪二十一年。相关内容可参见谢作拳《张謇致黄体芳父子信札》（载《文献》2007 第 4 期）。

州之议"者,至无心肝。近又有"与其以地求援于他国,不若与倭"之说,一唱百和,众听以淆,孤立殊不易,吾师何以教之?

曼君妻妾同护一孤,老屋五楹,门扉脱落,謇比为筹别买屋。而六口之家,月用四千,几于馁矣,亦方为之图,而来源益绌。叔颂前辈前许伙助,傥有百金存以生息,更以百金益之,冀可敷衍,不审叔颂力能任之否耳?如助若干,乞交妥人带沪,交南市毛家衖通海源刘一山收寄海门,以便汇交。求赐询还答。恭叩

钧安,不具

受业制张謇叩头叩头
四月十七日

仲弢、叔颂前辈均安,家兄弟均叩

謇再启,以治葬在州城,曼君夫人来,知其家之穷,遂作前笺。明日奉赐书及联,感泣弥至,比葬事已定,一切俭约,谨以奉闻。

和约已定,事益不可为,江海之壖,殊非乐土,如何?再叩

均安

受业制謇再叩上
四月十九日

# 致黄体芳书一通[①]

## 王仁堪

夫子大人座下:

春风献岁,好雪连旬,远企程门,迥于觚阙。伏惟杖履颐和,室堂欢喜,敬颂敬颂!

仁堪作郡经年,悚息颠越,德薄致咎,靓此荒年,恩旨截漕,灾黎幸活,劝捐乞籴,彷徨百有馀日,计日给赀,以苏老弱。户抽壮丁,举工代赈,徒阳河渠,履勘将遍。两邑千数百村,户口且三十万,分析查剔,欲求铢两不爽,良难自信。惟户少流亡,吏无侵蚀,差可持慰耳。

仲弢世兄侍奉馀暇,纂述想益宏富。仁东书至,每述春明谭宴之乐,闻之辄复悒悒,依恋绛帷,不独为离索也。

附呈百金,敬为岁时羊酒之奉。恭贺
年禧,并承钧安百益

门下士仁堪谨肃

---

① 录自温州博物馆藏件。

# 致黄体芳书二通[①]

## 孙诒让

## 一

漱兰三丈大人尊前：

春间随计入都，渥荷盛诲，钦感莫名。别来两月，维杖履绥颐，定符颂臆。

诒让上月图南，于月初二日安抵里门，途次凡百平适，老亲洎家叔起居康娱，足慰垂注。里中诸尚安谧，惟平阳修志事，深骇听闻，敬为长者陈之。

平阳吴训导在任多年，不洽舆论，执事所稔闻也。前年卸篆晋都，深恐不能回任，自缮禀函，嗾学中人留渠修志。去年回平，即开局修撰，稿本闻已戛然成帙，而秘不示人。询其素契诸学生，略述其义例大概，则乖谬百出。如人物一门，尽更古志旧例，而以德行、

① 第一通录自温州博物馆藏《孙仲容先生手札》钞本。孙诒让《籀庼遗文》（中华书局，2013年，第273—274页）系此信于光绪十二年。第二通录自瑞安市文物馆藏件，二陈指陈介石和陈虬，陈虬，字志三，信中作子三，光绪二十四年六月，孙、黄与二陈为考童黄泽中被阻考事结怨，故此信作于此后不久。事又见孙诒让致汪康年书，载《汪康年师友书札》第1474页，可参考《宋恕集·介石与仲容结怨缘由》一文。

言语、政事、文学四科分列,其言语一科,无可隶属,则以治训诂之儒系之,其牵强有如是者。至于列女一篇,亦强分四德、妇容、妇言,不审如何甄采,殆可捧腹矣。又渠以前此考案,深恨江南乡人士,此次修志,于杨琴溪丈保障桑梓功绩,一概删削不载;张焕堂丈历官政绩,虽未能方轨古人,而治兵剿匪,不无可录,以今日平阳人材论之,亦自卓然轶伦,而亦从屏置。是直以修志为修怨之藉,其心术之险,肺肝如见,想吾丈闻之,亦当为扼腕也。昨晤少溪、仲渔两君,深以先德隐抑不得阐扬为终天之恨。而吴某以荆公之刚愎,加以梁武之护前,必非口舌所能争,特属让缕缕相陈于长者之前。

窃谓修志与修史略同,一乡文献,所系甚重,岂宜任情抑扬,不顾公论?可否仰求鼎力,函达廖中丞,详陈其体例舛谬,去取失当,请即札平阳县学,勒令撤局,另聘公正淹雅之士修撰,以示传信,斯亦大君子嘉惠乡里之盛举也。至吴某修志事荒谬甚众,不及详陈。黄君虞初,深知原委,谨另属面达。

匆匆奉陈,即请

颐安,恕不恭楷

姻家子孙诒让顿首<br>五月廿三日

## 二

荺隐仁丈大人尊前:

顷晤沈桐轩兄,力陈理处之局不宜轻允,其说似极有理。渠谓二陈狡黠,其敢于肆行妄控而绝无忌惮,□□□惟其必有□□□时,如率尔允诺,正堕其术中,以后恐益恣肆无忌。且此次理处,于黄泽中之应考不应考,概置不提,下次必再□□,二陈难保不再干预。邑中公论:□□□次圆□懈□,上游更不免因此案之虎头蛇尾,纵再有公呈,亦恐不效。况二陈怀恨在胸,转得乘众论疏懈之际,反唇相稽,控贿控诬,无施不可,此辈诡计百出,稍纵即逝,万不可不防。即有筱木任之,将来难保此辈必不负筱木也。

日内又闻子三赴省呈递揑名公呈,重累函丈,确否虽未可知。而子三之意,利战而不利和,与介石意见同中有异,非徒筱木之难保,即介石亦不□□把握,万一如是,更成笑话。所论□□笃属□□□□,渠明日午后当趋叩面陈也。恭叩
□安

侄诒让谨上

十日戌刻

# 致黄体芳书一通①

## 佚 名

手示均悉,极善。惟添入方勉甫兄,客似太多,且亦不甚一律,祈酌示复。上
漱兰仁兄同年大人

弟名□顿首

黄大人
主客已有八人矣。主人太多,亦近可笑。

---

① 此札录自陈烈主编《小莽苍苍斋藏清代学者书札》(人民文学出版社,2013年)第1132页。此札作者待考。

# 致黄体芳书九通①

## 黄绍箕

### 一

男绍箕跪禀父亲大人万福金安：

谨禀者：本月初三日交赓弟奉上第叁号安禀，比想呈览。初四日折差张霖到京，十三晚陆淮到京，捧到五月廿三日及本月初六日两次手谕，跪读之下，敬谂起居安适如常，母亲大人以次一律平安，不胜欣慰。

岁试折初四夜递，初七口发下；谢折初七夜递，初十日发下；封事折十四夜递，今日发下，封面验过，尚无霉污痕迹，均照原封交原差投递，恐打开再封难到恰好地位。妥友能办此者，仓猝亦不易觅，并非怕费事也。贺折本拟今夜即递，因封事今日才下，似以略缓为宜，改于后日再递。陆淮左臂疳痂因途中劳苦发痛，急欲旋南，原折三分男均经拆看。及购办各件，均交之带回。张霖约廿一二方动身也。

---

① 录自温州博物馆编《黄绍箕往来函札》（浙江摄影出版社，2012年），原件影印并附释文。

越事内议不知若何，看局面却又是一变。曲江本有退意，现奉回任之命，义不能辞，大约月底当遵海而南。六月十二日六旬正寿，蒙赐寿藏佛、如意、衣料等六件，圣眷可谓厚矣。前闻蔼兄云：临淮之馁，渠所深知，现在广东水师亦实无可恃。前曲江督粤时奏请筹拨巨饷，大加整顿，旋以调任而罢。此次抵粤后，不知作何办法。蔼兄不日当来京一次，再随送至粤而返。致椎公函已亲送去，适不在家，明后日当再去，有动静即速禀闻也。

优册漏名，检举处分想不甚重，俟再询吏部熟人。朝考定于十八日。胡孟鲁感激之至，询以房吏有无需索，据云无之。男意当报部之时，优贡本难预料，恐未必有需索情弊。惟若辈以破格取士为不便，亦是实情。力争吕舒端、王虎卿时，并无胡君在内。如果力争，决无独调胡君之理。其实以才气论，吕舒端实非胡所及也。男记性坏极，然此事却记得甚真。镇江棚考优不到者甚多，不知是否均不列名？不考即不列名，亦应先回一声，且报部。例在岁试毕后，必有大半未及科考，是优生之不到考者，有报部有不报部，似办法亦欠画一。敬望饬笙弟、楚弟一查稿案。男疑后来调考时之不指名，力争取优后之匿不声明，恐是有意为之。即未尽然，二者必居居一于此矣。若俱不然，必是当时实在漏写，刻乃饰词支吾，盖坚说已经声明，则其错在上，漏写则其咎在彼，其实漏写情尚可原也。二月间，有人向都察院控李钟铭潜至直隶界内有不法事，椎公议咨直督、晋抚查究，稿画迄而进闻，比出闻，则误以咨晋公文咨直，即罪书办，以受贿延误，立鞭之数百。江阴房吏似亦宜略示薄惩。

殳仗前月十九日方出京，途中想又略有耽阁，故至迟延。渠前函说七月底到澄，当不误也。

外祖母大人闻尚在署，近想康顺如恒。男甚愿多弟妹，弟固欣然，妹亦可喜也。散馆赋实不惬意，原稿甚模糊，场中写上，比格后便不甚留意，检点又失去一纸，容另写出交下次折差张霖带呈。现在每日写折纸多少不定,暇则看书,时亦与汉卿、旭庄二兄聚谈,或偕至厂肆阅书。蔼兄移寓后,再当立定课程或约友会课,多做多写,以求进境。湖督咨稿已请椎公阅看,云此系旧案,早已看过。续后尚见有几件文案,现在设法为之解脱。乙竿之款,渠坚云不必将去,只得暂存男处。数日前又见椎公一次,云有二事嘱男代禀:一捐修吴柳堂先生故居,仿松筠庵故事以奏稿及家书刻石嵌壁。捐数渠未明说,闻椎公云,蔼卿先后奉振丈之命捐贰千金,买宅实其力也。窥其言下大约多则百金,少则五十金,当无不可;一欲得苏局所刻《通鉴》各种,不必定要白纸,如《续通鉴》《通鉴目录》之类。意似请父亲购赠,二节略缓不妨。《通鉴》各种甚繁重,携带颇不便,尤难刻期而至,已与言明,渠云本非急需,已应允矣。

温全即令其随陆淮同去,渠家颇窘,赏安家银十金,又给以盘费银拾陆金。此款未说赏他,应否扣还,候裁夺。任贵已于前日回京,铜戳托马蔚丈代办,云已代催过四五次,迄未铸就。

都中连日得雨,农田甚利,出门却不大便。自到京后,知交中颇有招饮者,或一谢而再招,不能不回请一次,然但可省,则无不从省也。吴、李及奎、景、周、苏诸丈函件均送交,陈件未晤范高也兄,当再去面交。前赠莼丈之二十金,到京后即便送去,得暇当去领教。男一切平安,足纾垂注。肃此,谨请

金安

男绍箕跪禀

六月十七日申刻

母亲大人万福金安。姨母大人均安

妹辈近祉,宝女近好

缪小山前辈,李、周二世兄函附呈。

闻临淮在沪时,太冲不肯任饷,又疏言:"臣近日办江海防,布置甚周密,可以与英吉利一战。"谈者传为笑柄。都中议论亦颇不以太冲为然。椎公于临淮固病其太馁,然时亦护之。

<h1 style="text-align:center">二</h1>

男绍箕跪禀父亲大人万福金安:

谨禀者:正月十二日午正,捧到电谕,乃知腊禀未到,即刻由电禀覆,十四早又接署中家人来电,催令速覆,后令任贵到电局询问,则正值各处电报应接之时。据云,必系公电太多,私电被压之故,稍迟必到,断不贻误。欲令再发电到澄,坚持不肯。至此乃自咎发禀之迟,悔恨无及。

男自开正以来,白折尚不间断,而进境殊少。都中折笔贵而不适用,李玉田现在徒有虚名。日内拟函托恽季文代购贝松泉笔十馀枝,据同馆诸君言,贝笔较好也。

元旦入内朝贺,闻援台二轮被虏轰沉及粤西镇南关失守、杨亡、潘伤之信。后闻镇南关又为苏元春收复。台湾近无消息。二刘不和,省劾蓝而杨又保蓝,内旨仍令蓝守台南,而责以和衷,若有贻误,则惟杨是问。此节系去年事。闻去年省帅有病,或云似有疯状,言者或劾其因循坐困,不图克复基隆。近来众议亦颇诋之。潘与王得榜亦不和。湘、淮意见牢不可破,江阴驻军可谓仅见矣。

前闻张、刘二统领云:广西止给刘永福兵饷三千,广雅乃拨东饷二万以济之。此节到京后问人,答者或言知有此事,然究竟是广西事抑云南事,是前年事抑去年事,所云应给十万,是谕饬语抑刘乞饷语,均不能确凿言之。

**黄体芳集**

去年某国洋人在总署言,中国屡次胜仗多靠不住,惟孙开华真好将官,其所报胜仗乃真胜仗,西人多佩服之。不知外间究竟是如何情形。石(埔)〔浦〕二轮轰沉而将与兵无甚伤损,疑非敌之能破吾船,实管船者委之而去也。后闻宁波又开二仗,互有胜负,未知详确。

达师屡有公电,系筹兵饷,而人言不甚翕然。张延秋前辈云:闱姓一节,广雅严禁本署勒索,而实未能尽绝,吾粤名将名士皆陷其中,谓方耀及李苟丈均得钱也。大约师稍不近情处容或有之,如传潘桌到官厅,许久不见,乡绅除李苟丈外,应酬甚少。打电报往往议论至数百字,译署司官疲于译写,每一电须楷书五分。故颇招人言。然忧国忧民,筹画大局,求之中外,殆罕其伦,似不宜过于刻论,粤人是非向来不甚明白。近乃谓师屡次电报,好管南洋,不管广西,邓铁香先生亦为此说。夫广东、广西电线已通,又有文报往来,彼乌知其不管耶!近来男不甚见粤人,即偶见时亦不问粤事,若稍与办则非徒无益也。或言师初到粤时颇右曲江,粤人即不说。大农筹款之廿四条内有一条:每银号每年各出银六百两。西商颇不愿输,若操之太蹙,恐关闭者更多。去冬闻有英人在都中看房子,欲开票号,如此办法则利权必益外移,人心亦将解散,似非理财正道。

椎公尚未到京,其夫人病甚,一切均未之知。闻渠致黄子寿先生书云,若马江得手,其祸更烈,至今潜公致王氏昆仲书及再同、小蕃诸人,皆谓闽人公词故意诬陷,真令人百思不解。窃意闽人公词未必全属子虚,而或有不过之处。闻达师电致要人,谓:"何以不责十余年之总督,而专责到防数月之会办?"此说似较平允,渠到京时男拟去看,不知肯见否。父亲可否作一书慰藉之,缘渠知交本不甚多,现既如此,若一蹶不振,固可无失为故。若仍起用,亦当不至激而逆施。男并非为将来私计,实系因公起见,但不知事理是否,敬

674

求裁夺。董金丈看椿公八字云："将来必大用、掌大权，做一番事业。若不中则不复言命矣。"金丈谈命颇有声京师，所说亦时有中者。男问以父亲八字，去尚有十许年好运，惟明年流年略逊，须少说话为妙。此系渠方技家言，姑以附闻。

月中接叔弟沪上手书，知二伯母大人所患颇为可危，问之熟人，据云若是乳岩，一时虽无大碍，而终竟难治，且甚痛苦，不知近状何如，殊深系念。

附上《醋浸曹公一瓶赋》《郭林宗与李膺同舟渡河赋》各一篇，《郭林宗赋》原本有序，考据未甚详确，改时颇费查检，赋亦改仿古赋格律，以试牍中各式俱备为妙也。

前闻沈鹿苹云，兵部堂官除俸银、俸米外有饭食银，其数目无定，以外省解来之多少为断。每月一分，至多有至七八十金者，至少有不及十金者，大约每年总以四百金上下为中数。近来各省库储支绌，内解恐不能甚多。各部惟户部堂官稍敷足耳。

男媳一切平安，足纾垂念。肃此，谨请

金安

男绍箕跪禀，媳张氏同叩

正月廿三日

母亲大人万福金安，姨母大人均安，妹辈近好，宝女近好

# 三

男绍箕跪禀父亲大人万福金安：

谨禀者：前月下旬曾上寸禀，附赋稿二篇。廿九日申刻折差到京，捧到手谕，跪读之下，敬悉一切，寄来各件——照信收到。安禀之

延不早发,电报之隐不上闻,男实愧恨无地,此后当痛除此弊,以期自赎。

男三十日访鹿苹兄,廿九日折差到迟不及进城。并属可庄谒沈叔眉大理,问明军机处咨文如何递法,因即令折差到隆宗门外自递折子,初一夜上,初四早下。昨又访鹿兄,欲问如何情形,适出门不得晤。《清源录》谨读讫,透切详明,理势兼尽,稍有人心者宜无不感动,不知任事诸公见之能激发天良否也。

法之窘实甚于中国,或言法总统及执政皆去位,而议战者仍困兽犹斗。中国近来几人人言气运,当事者尤无人不诿诸气运,此乃真气运耳。昨闻台湾及宣光滇军均大失利,台郡苏澳又陷,此处闻系要口,又有谓孙开华已死者,恐系谣言。前闻某郡王到译署,袖一封函交赫德,令之出京,总理大臣均不得与闻,或言是议和之密旨,前此有法人求和之说。现在情形似断无遽和之理。近来上书言及洋务者甚少,虽亦实无可言,然士气渐衰,似亦可虑。

叔弟书阅讫,男开春连接叔弟三书,后言证尚可治,心乃稍宽。惟父亲左右无人,密叔出来又迟,殊深驰系。

杨光先《不得已》,男临行时携来一册,遍觅上卷不得。筱珊若要借抄,现当一并送去。《马贞女》题词稍暇当勉为之。《滂熹斋丛书》在江阴时曾以四洋购得一部,已经带来。

去冬张、刘之议,辞之极妙。近始闻去年都人有谓"潜公欲劾卯金,以重赂得免",虽浮言不实,总以避嫌为宜。但男此后仍拟作一书致之,以渠等俱系宿将,颇敬服父亲,与男亦尚亲切,我但不受其馈赆一钱,又无换帖痕迹,则通问亦情理所应然也。

南皮大岳母相见之下词色尚为亲热,各房除六叔岳母赴都未回外,均曾设席相待。碧葭塘本家亦有二处馈菜,碧葭塘原作毕家堂,达师所改,双妙一支原亦住塘上,后分出。城内斜大门、即青丈家,其弟菊槎丈在家,有病未见,见内弟兰浦,系青丈子过继。小门太伯岳某,忘其号,年八十馀,曾出来一见,子翼、二伯岳陪席。斜大门、小门二处,南皮人谓之一富一贵。均曾招饮一次,斜大门又送媳酒席一桌。男又在斜大门得见北魏《刁遵墓志》原石,此石甚有名,近则渐模糊矣。男初到时,因大沽口受寒,略有感冒,不出房门者三四日,旋服药而愈。大岳母与各房及岳母面上应酬,而内实不甚浃洽。壬午九月初岳父讣到家,而大房玉叔内弟即以是月十八婚娶,此其一端也。大岳母、岳母、二伯岳母、六叔岳母管理家务无一不井井有条。白泉内弟尚未回家,颇肯用功作文写字。岳母亦于前月廿九日到京看媳及刘少奶奶,即请其暂住男寓,已遵述手谕,请留白泉与男作伴,俟三四月间小考,再令回去。

媳性尚和平,管事心地亦尚不糊涂,但亦失之缓耳。男不能孝敬父母,然媳妇不知孝敬,则深恨之。媳若在旁伺候,恐亦未能竭力服劳,但每言及父亲,颇知爱敬,并深服母亲之德量与姨母平日之尽心。于男之饮食起居,亦知照料。若常能如此,男亦不复过求,当能和睦如常,请父亲切切放心为要。现媳有妊已及两月,时有小病,如食少、发烦、喜呕、腹闷之类,时发时止,都中无好医生,曾请一二人诊过,终不敢令其服药,但不令其坐车,出门及起居行动属令格外留心耳!现添雇一老妈子,以伺茶饭、洗衣服及亲戚来往诸事,颇忙之故。岳母此来甚好,可照管媳一切事,但归心颇急,拟请小住月馀,不知留得住否也?

赈捐第一次收条检出,第二次收条本同放在一桌格内,当时实不敢轻于弃掷,以为俯拾即是,不料大索不得。因托朱梦庭兄名震甲,江阴孝廉,在顺天府幕。转请补给一纸。而当事者持不可,兹附上原函。俟《征信录》刻成即当寄呈。《试牍砚田赋》已改就,细思有二语未惬,折差行急,续即写上。男一切平安,诸事当格外谨慎。肃请

金安

男绍箕谨禀,媳张氏同叩

二月初五日申刻

密叔及诸丈前敬求叱名请安

# 四

男绍箕跪禀父亲大人万福金安:

谨禀者:十五日曾肃安禀,附赋稿一篇,邮寄江阴。昨日崔发来京,云明早即南去,兹缮寸禀,嘱其面呈。前件批语屡访鹿苹兄,欲讨消息而不得值。近日遇人,皆言有议和之说,惟事甚秘密,虽枢译司员均不得知,究不知此说果确否?

都中尚属静谧,惟南漕被梗未到,稍为可虑耳。今早张郎斋军门原籍杭州,遍拜同乡。来访,谈及西北沿边,处处与俄罗斯交界,迩来俄人颇有蚕食之志,殊抱杞忧。闻谅山又有克复之信,或言此役杀真鬼子三百馀人;或言其地已为灰烬,法虏委之而去,未知孰是。

男前日与同门公请陆老师,合丙子湖南乡试,丙子、庚辰两会房为一局,共二十人,推男承办,固辞不获。在财盛馆搭桌听戏,自去冬到京后第一次听戏。颇觉忙冗。今日母亲寿辰,谨与媳南向跪祝,赓云、可庄均来拜寿,王老太太亦来。张白泉患湿疹初愈,尚避风未能出门,岳母亦尚未回家。可庄、弼臣邀作试帖之课,弼臣转请人阅而不肯言其姓名,批语颇多中肯,多做当有益处。试赋俟改

就，即当寄呈。白折进境极少，颇觉着急。

男媳一切平安，媳近来尚时时有不适，但较前月又略减耳。肃此，谨请

金安

男绍箕跪禀

清明日灯下

密叔大人均安，诸丈及诸兄前伏求叱名请安

附赓云寄邵寄翁刻刀一把，敬求转交。

敬再禀者：任贵为人，男自前腊买皮货、去夏修会馆两事之后，以为向谓其人尚不坏者，仅属得半之数，不料近来查得竟大靠不住。渠自前年春杪告假回家娶亲，去年春夏间又向男告假，云有一亲戚自远方回京，中途病甚，离京尚三四百里，有信来，恳其往视，词颇切挚。男略加盘诘，心疑其伪，以为托此回家耳。亦姑准之。不谓此人竟在此又讨一女人，即在告假期内。现其寓处，离会馆不远，前年渠荐一厨子，即其本家，今年渠荐一打杂的，即后讨女人之兄弟。男屡责厨子开账太浮，而渠词意间每彻右之，凡煤米菜蔬，皆暗中运去以养其女人，去夏自下斜街迁寓会馆，因与汉卿相处甚久，每出门多借坐其车，因分所领俸米之半以赠之，渠竟止留少许而侵其大半，此人小有才而甚很，如去冬由大沽口驳船起岸，甚费周折，非渠恐竟办不好，且花钱更多。男实驾驭不住。

崔富向来不甚尽心，虽不附渠，而亦为所钳制。男今年若徼幸得差，此人必为李福之续，毫无疑义，惟有及早遣去较为妥当。渠近又告假回家，本月底三月初即来。男一切均尚秘而不发，此禀到时，敬求父亲即属寄翁示覆数字，以便遵循。媳屡劝男将就留用，免得出外布造谣言。若放差，不带他出去，留在京中再作处置。男思此法

亦不妙,渠必觖望而别滋流弊也。男细思当断不断,必为后患,仅为盗臣,尚其小事也。媳管家务尚不甚糊涂,惟太怕得罪下人,是其短耳。大约遣去,总须在考差以前方好。崔富亦勉强用,然刻下亦无难办之事。近又雇一抄书人,暇时亦尚可使用。男又禀。

用任贵,一切事颇有省力处,然此人必须有威以制之。否则,上手时,即处处精密,不使走作,亦可稍安。男既无威,又不精密,似不可用。左恪靖致曾文正书讥其"喜综核而尚庸材",文正覆言"庸则有之,尚则未也"。男既不能综核,不得不尚庸才矣。此喻虽大小太觉不伦,然理似不异。若不去此蠹,恐将来必悔之无及,非敢刻于待人也。男又禀。

# 五

男绍箕跪请父亲大人万福金安:

谨禀者:自叩送轺车后,接奉涿州及清江两次手谕,敬悉一切。七月廿七日晚奉到延平府所发平安电谕,不胜欣慰。初三日男遣人打听晓初世叔寓眷平安,随继发一平安电报,想早呈览。近想校阅已竣,入觳当多奇士。父亲大人起居饮食,谅当康健如恒,不胜驰恋!

前谕云:"酷热多食瓜果、汤水,大便不甚痛快。"后叔弟嘉兴来函云:"神采不减平昔。"未审入秋后何如? 阖家颇深挂念。京寓自母亲大人、姨母大人以次安适,并纾垂念。

小圆渐解人意,曾延不须提携,自能行走,曾鸿亦颇玩健。男为可庄撰《乡试录后序》,又篆书赏联、赏条数十分,以报其代书礼联之劳。又为伯熙篆书礼联,为福幼农太夫人撰寿叙。廖、沈两处寿联均已写送。又本衙门大婚乐章三首及善将军祭文碑文。此外,则亲戚同乡及江苏世兄弟之来应试者,应酬颇多,间亦看书学字,不能专心也。

男荐密之叔入江苏新学政杨蓉圃前辈幕阅卷,渠初已应允,嗣以今冬不出棚,而明春密叔又须会试,若中式恐未能到馆,拟俟会试揭晓后再下关聘,只得听之。又荐毕枕梅世兄入樊介轩前辈幕。此外尚有托荐者数人,成否尚未可定。

杨定夫前辈悼亡。王子裳丈月初闻讣,丁内忧。二十日挈眷南旋。杨仲愚录科后开复,文书尚未到部,遂被部文咨监扣考,并追其监照,不得已仍折回南闱。男为向黄再同前辈乞书致瞿学使代为先容,闻已录送乡试。许竹友、陈子遴均以病不能进场,竹友甫愈尚未复元,子遴迄今尚未霍然。同乡近状如此,已觉扫兴。尤奇者,孙仲彤与其弟仲阆及张麟生均以定夫充内场监试,回避不得应试。仲彤虽甚牢骚,然头场送考、接考,议论亦尚锋发,不料十一晚觉稍有不适,十一午后来寓与男谈许久。十二早晨即卧病发温疹,日见危急,竟于十八日寅时仙逝,可骇!可痛!仲彤平日言论神气,同人亦知其未必大贵寿,然断断不料其遽至于此,想父亲闻之必为叹悼不已也。病危时男与班丈日夜在渠处照料,幸其弟仲阆尚在京寓,或以为误于医药,然其人外似强而中实不足,此病起时即系棘手,恐虽有良医奇方,亦难奏效,只得归之于命耳!不知孙太世叔暮年遭此,何以为情?其夫人无男无女,可恻之至,其姑性极暴厉无常,同乡皆知之,金请父亲便中函致太世叔,恳其加意抚恤仲彤之夫人。一年中或令其归宁一次,其人性情极好,乡里无闲言。九月中旬,其弟仲阆即携榇回里。刻虽未遽通知,亦断不能终不告也。

今年试差,外间颇无异议,学差则未能翕然,传诵一联云:"许真人法力高强,旧门第、指蒯礼卿。新房师,孔小詹系许春卿乙酉科房师。有意安排,暗替同乡谋阔缺;樊介轩。孙行者神通广大,一东床、陈琇莹。三西席,褚伯约及赵尚辅、王丕釐。苦心位置,硬将侍御作陪臣。"黄煦。语皆纪实。然实因学差而波及试差,因济宁而波及钱唐。陈芸敏之得学差,数日前人皆知之,并知其必再放一御史作陪,但未知即黄霁亭耳。

男近状颇适,祁生文颇佳。温郡试北场者运气太不好,否极则泰来,或可望中乎?叔弟场作未知若何。不胜系念!福建首题系"孝哉闵子骞"两章,数日前始闻。第二、三题至今尚未知之。班、弢诸丈皆佳胜。并以附闻。肃请

金安

男绍箕跪禀,媳张氏、女燕圆、孙延、鸿随叩

八月廿六日

敬再禀者:自父亲启节以前借用陈子遴贰百金,又借台州馆金少亭壹百金、陈子厚壹百金,除开发各帐外所存无几。嗣后又属旭庄代借贰百金,又挪用会馆存款壹百金。现在子遴久病需用,金少亭闻其母有病,急于回家,索还作盘费。而自家月底费用亦无出,只得向协和信银号借京平纹银肆百金,以壹百金还金少亭,以贰百金还陈子遴,以壹百金作家用。该号闽省有坐庄,已与言明九月由福建交还库平福建银肆百两正,已有借券交渠号寄闽,与京城纹银相较稍逊,但库平较京平每百金几馀四金,通计之约少利一分馀。到时敬求饬刘升等照数付还。如该号汇费尚便宜,汇银进京时似亦可托该号,若太贵即可不必也,自九月至年底家用尚须千馀金。秀文斋尚有五十金未付。

母亲大人暨姨母大人均命男禀商父亲大人,如乞假归里,则家中

开消浩繁,明春或与会试诸公同时回京,则途中馈贶亦必少。恐未必由苏杭一带北上。一出一入,为数甚巨,明年京寓必难支持,将如之何?为今之计,似不如暂不回家,较为妥善,伏求详酌。男箕又禀。

再,六月杪琉璃厂有宋板《文选》精美无比。壹部,潘太老师及翁老师尚未知,盛伯熙、王廉生议购未妥。男向陈子厚借银贰百金购得之。与言明冬交还。此举男极知冒昧,然当时所以为此者,一则立意自今以后父亲大人及男或得外差一次,拟必置书籍或碑版、字画中铭心绝品一件以为传家之宝;二则当时尚希冀父亲可留福建学差;三则真无钱时,若举宋版《文选》出售,较之二百金必有赢无绌也。男又禀。

# 六

男绍箕跪请父亲大人万福金安:

谨禀者:前禀已由协和信票号,后查得所借该号之银系京平,而福建还时系库平,约大六两许,八月底在京借,九月福建还,除兑费外,利息亦不止一分馀。实不止大三两馀。旭庄代借之银系蔚长厚票号,是款借来在前,言明在福建还,外加兑费四两,福建纹银到京止抵松江银,除抵色外,借来二月,每月利息止一分。较之协和信实为便宜。如汇银到京,似仍交蔚长厚为合算。每百两能止加兑费二两,便合算之至,但恐渠未必肯耳。

父亲大人未出京以前借陈子遵银共三百两,前禀云二百两乃姨母大人一时误记;金少庭临行时盘费已足,所还之一百两坚不肯收。云以后再还,□□□□□□□①还,陈子遵□□处全清矣!竹

---

① 中残,约蚀去六七字。

友渐复元,子遴亦已痊可,稍纾人意。

丰润为合肥馆甥,现已下定,冬间成礼。闻者无不诧异。廉生丈谓渠词气甚峭厉而不平正,此事亦日暮途远,迫不及待之所为,然渠年甫逾强仕,虽不理于众口而人皆畏惮之。此举成则昔日之清望扫地矣。

张延秋前辈于本月初三日仙逝,殊可痛惜,京兆十五日□□□□□□□①堪纾垂注,肃请

金安②

## 七

男绍箕跪禀父亲大人膝下:

谨禀者:前发安禀后,随接延儿来函,诵悉一切。前姨母大人来电,系初三日所发,初四午后送到。男时尚在城内小寓中,考差后间或宿城内。上灯时回寓,随拟覆电,交下人译写码字,于初五午前送局。得延儿函乃知初七方到,电局办事本不认真,于私电尤多压搁,真可恨也。

前与伯羲、乙盦诸君晤谭,皆云男使鄂。父亲七月底恐未必赴武昌,未知然否?

大臣赐寿向由敬事房太监奏明请旨,不关军机处。王廉生托端午桥转托立山见敬事房太监,属其于七月初一日奏请,闻故事多于前两月请旨,不知何以延阁。外任大臣有子侄在京者,赐寿即由其代领,否则,即由驿递颁发,不派专使。

---

① 中残,约蚀去六七字。
② 以下落款残缺。

男廿五日辰刻启行,昨宿良乡,今日宿涿州。熊徐波编修系男己卯同年,人极本色,与男相处谈论甚畅,不拘形迹,见闻亦尚不陋,场中当可和衷共事。

随从本系八人,王庆以有小恙留寓,适接叔弟清江来电,云张君立荐谢元来,人浮,不用恐乏书手。今其前迎途中,又不得不收,仍合八人之数,惟现在旧仆止朱发一人,馀皆亲友所荐。聚乌合之众,而以聋子为将,如何能了。遇事劳情,急则聋益甚!因其在自家颇久,心地亦尚无他,将就用之。前站用诒书家一,多年旧人,向跟书房中,非江苏学署之用人也。令朱发与之合办,假以面子而已!

子穆想尚在鄂,敬求谕属若川速作一函,劝其少见人、少说话。若川之亲家寿联已写就,申甫觅使寄南,男兄弟皆无暇,即托写礼联之人代书,较自书更胜。近年主考多招闲话,嫌疑之语不可不慎也。男连日忙极,用款甚大,另单附呈大略。千四百金尚不足开销。临行时,自母亲大人以次平安。燕妹回家小住,初二三日回徐府。肃禀,虔请

万福金安

男绍箕跪禀
六月廿六日
涿州行馆两日时阴时晴,昨兼有微雨,
今日午后大晴,已觉热极矣。

姨母大人福安,袁先生暨若川弟安,延儿好

# 八

男绍箕跪禀父亲大人膝下:

谨禀者:六月廿八日在涿州寄呈安禀,未审何日可到?近想父

亲起居康健如恒,不胜驰慕。男前数日偶患腹泻,盖途中水不甚净及夜卧受凉之故,刻已全愈矣。在直隶界内遇两次大雨,颇觉行路之难。幸滹沱河及漳河均经稳渡,尚无阻滞,刻计到汉口约在廿八九日,进省城总在朔日。今日渡黄河,宿荥泽县,以后站头无甚大者,虽遇雨水,当亦不至耽阁也。

若川弟当赴杭应试,书院课卷当日增无减,乡试期迫,想亦渐少。男出场后想父亲当在鄂中,否则,必亟乞假赴皖。

达师于此等处,必早深察下情也。叔弟揭晓后亦拟乞假借兵轮回瓯。今年若考御史,渠年内尚拟晋都,但以未传到之人数计之,或不至遽考耳!

馀波同年谈论甚相得,其勤敏远过于男。沿途所过州县均无信局,此系托荥泽令陆干夫兄名廷祯,前年在汴相识。专人送省交局转寄。自此至鄂恐无便寄禀矣!肃请

万福金安

男绍箕跪禀<br>七月十二日荥泽县发

姨母大人福安,延儿好

# 九

男绍箕跪禀父亲大人膝下:

谨禀者:前月母亲启行之后,男曾肃安禀,想早呈览。月初奉到沪上母亲来谕,敬悉一切平顺。抵家后当均安善,不胜悬念。陈锡卿兄来,奉到手谕,跪读之下,惊诧大伯母大人弃养之信,殊深痛戚!现拟本月择日开吊,大约在长春寺。讣闻不遍散,但择有年世谊

者送之。分赍除开销外当寄回家，想必不能多耳！

赐示《二木叹》，锄奸砭顽，可称诗史，坡翁所谓"虽无尺棰与寸刃，口吻排击含风霜"也，已广属同志诸人属和。男近仍寓郡馆，叔弟移寓后孙公园一宅子，月租拾金，俟拔贡朝考后即拟合居。

虞山被逐，大约慈圣之眷本已渐衰。而自于次丈疏劾后，王幼霞又继之，谓其与张荫桓共得借洋债之中金贰百馀万，此实莫须有之事，张实有之，闻已拟查抄，又欲交刑部，已而寂然。众口一词。而荣、刚两阁老素与之不协，意必合谋攻之。而上月翁在上前争论数事甚激切，语秘不可闻，以此遂不得安其位。电召裕禄甚急，当以枢轴处之。闻众论谓其人颇清慎而太近平庸。刚则素有廉名而糊涂，又极自是，时有"刚复名臣"之目。刚自任刚愎，而误读"愎"为"复"，传为笑柄。王本庸庸，而近更暮气，恐一蟹不如一蟹。达师恐遂不得入觐。此乃气运，无如何也！徐子静前辈疏请定国是，谓"如守旧则宜专用守旧之人，欲开新则宜专用开新之人"。上于大局情势极明白。而是日慈圣适召见荣禄，亦言须先定主意，然后有办法。故有举行新政、趣立大学堂之谕，惟当事必须实力奉行，方有成效耳。

《会典》保举请封，闻亦有限制：编修不得请二品封典，大约明后年全书告成时，当可请也。男升侍讲不足夸，但冀得一讲官，稍效一得之愚。现有二缺，而男列第五，恐未能得。

四妹近曾两次出城，但未住下，闻徐亲家太太说，秋间当令多住数日，请母亲一切放心。男前患腹泻已愈，后乃复作，近已全痊。数日内在寓静养不出门，觉饮食渐渐复常。男媳所患已霍然，惟气弱不能任劳。誻儿尚顽适，惟胎疝之病，迄今未愈，长大时为累不浅。武儿较前结实。三女孩亦安顺。

命致节庵函,当即遵写寄去。大房并三妹及延儿寄来物件均已收到。月费一节自以所谕办法为平妥无弊。姨母大人近状想安健,延儿胃脘旧恙想不发,甚念。肃请

万福金安

母亲大人万福金安

男绍箕跪禀

五月初六日

姨母大人福安,若川弟暨三妹均安

# 黄漱兰先生诔<sup>①</sup>

## 李 详

  光绪己亥五月某日,瑞安黄先生卒于里第。呜呼哀哉!天步方艰,贞臣告谢。平陵之节,士流悼其敬事;高密之里,人伦賫其通德。骏迈英峙之慨,绝于升堂;龙门宗生之柯,摧于蔽亩。东都祖道,供帐犹闻;西昆沦阴,饰巾奄尽。呜呼哀哉!

  先生履贞亮之操,怀止足之分。右军誓墓,志规遂初;通明挂冠,萌于知耻。琅琊退吏,差无囊被徽名;许下闲居,赖有酒尊相属。中寿未登,厚夜遽掩。成书顾托,不逮易簧之期;皋复升号,但剧凭棺之怆。栾栾毁瘠,又可知矣!呜呼!弘农会葬,当且千人;南郡刊碑,岂惟一石。绸缪风艺,递敦古今。

  余往被春荣,待传秋御。叔夜之在太学,惊伟须眉;邮良之顾逵途,重垂湔被。哲人既往,君子谁思;余往有《思君子赋》,为先生作也。沧海遥通,浮云远蔽。赍磨镜之具,悬愧徐生;赋剪纸之招,信哀正则。朝廷褒赠,庶激赞命之臣;幽介郁歔,藉述累行之典。敬为辞曰:

  东南濒海,呀为大区。翔阳骇烛,灵涛灌输。贤达间生,炳纬

---

① 录自李详《李审言文集》(江苏古籍出版社,1989 年)第 862 页所收《黄漱兰先生诔》,校以瑞安县修志委员会纂《瑞安县志·诗文征》(1946 年)第八册《文征》卷十二。

应图。出干王庭，归宏远谟。世著名字，人钦顾厨。霜露中委，风云与俱。厄岁急景，奄摧硕儒。繄此硕儒，诞惟洪族。幼清廉洁，滋熙渗漉。焠手在掌，诵口涉目。汲峻修绠，锋厉飞镞。堇金跃冶，咼璧韫椟。厌饫骚雅，尘垢桑濮。负书且过，懿文善畜。六合熿朗，阊阖毕合。裒然举首，闳肆无外。庀材构厦，橐笔整带。慷慨澄清，盱衡否泰。隐麟翕羽，扬徽树旆。瓛朝苞晚，轥轹耆英。郁为梁栋，惩废甿愒。大雅宏达，广造士程。轺车络绎，廉俗夷庚。南极牂牁，东薄沧瀛。甄微幽素，震絷句萌。来叩斯响，有斢必盈，虽洒崖岸，允砥鉴衡。自昔句吴，瞬蔚麻列。缧牵坐累，杨夸希悦。帝锡司命，拯掖时杰。顿其纲纮，溯厥流别。归昌一鸣，韶夏赴节。渐离技痒，卞和拉血。劚木曲景，搴珠圆折。鱼聚纵壑，鸟托惟丛。峨峨精庐，表冠江东。四学部别，百房棣通。竹箭咸与，瑰玮所充。汉宋合辙，矛盾寝攻。礼颂师授，餐饯岁丰。远图不朽，实惟我公。王有程期，趋赴朝右。夫怀耿介，士虚善诱。夏官即真，尸臣密纠。银台左迁，金商谁剖。置膝喜儿，亡何惟酒。宛雏见吓，灵鼍息吼。独叹邃远，罔恤奇偶。漏尽不息，是名夜游。翩然朝隐，眷顾松楸。庾尘远却，越帆径抽。仰羡云鸟，俯狎沙沤。交币罗列，坚卧故丘。明珠吐泽，虚船触舟。大命俄集，赍忠九幽。呜呼哀哉！天不憖遗，人无自律。里巷辍舂，寝门撤瑟。叔孙先死，栾贞早卒。永阏堂蓑，终沦鼎实。道蕴身霾，名存誉谥。海内悬迟，于此长毕。孰谓震悼，咸其亲昵。呜呼哀哉！天属之戚，见星奔驰。先令既出，执卷曷追。家亡贞干，里轸大师。侯芭负土，蔡邕制碑。咨予孤蒙，矫遗昔时。名籍未夺，服膺在兹。礼数芜绝，谁陈吾哀。上为世恸，下哭其私。呜呼哀哉！

# 思君子赋①

## 李　详

　　余仰慕贤达,窃遘多幸,瑞安黄先生其一也。先生还朝后,独立不猗,见忌群贵。虽屡预校士之役,忠愤菀结,不得自申,遂谢病去位。自是朝野宿望,凋落且尽。先生岿然为后进领袖,天下识与不识,咸目为黄瑞安而不名,或移贵筑黄琴坞硬黄之称称之。余年垂三十,始受知于先生,录为附学生员。私以黄门弟子,诧多于众,人谓为陋。不知古人师友之风义,非有贵贱第也。先生顷岁家居,余卧痾侨所,虑先狗马,不舒所怀。往见江都焦循《雕菰楼集》有《感大人赋》,为诸城刘公而作。先生上齿文清,无忝名德。余诸学不逮里堂,若于词赋,差可拟准。因效为《思君子赋》一首,存诸集中,异日用简,知我不必寄先生也。末语用杜陵《同元使君舂陵行序》,亡友盐城高君镜蓉能举之。

　　瓯越之负海兮,络杨州之斗躔。水澜汗以腾波兮,山嶒嵘而摚天。矫逸翮于风穴兮,濯潜鳞于龙渊。径路绝而云通兮,钟纯懿之伟人。亘修姱以容与兮,羌苏世而独立。高千仞以翱翔兮,叠重芬而相袭。抗人伦于有道兮,俪乐安之任君。采英奇于仄陋兮,振淹滞于无闻。乘轺车于东南兮,披元云于高狩。张八纮以为陑兮,掩

①　李详《李审言文集》下册,第759—760页,《学制斋骈文》卷一。

群飞之栖宿。艺有薄而必陈兮,声无微而不奏。翕吴士以奔走兮,若百川之朝宗。升堂室而跻奥兮,谓可畴乎登龙。得一善而盱衡兮,喜尊酒之不空。昔孤生之见甄兮,睎簪裾其日远。云容容而鄗燕兮,尘相逐而不反。凤凰屯于梧桐兮,厉哀鸣于归昌。鸶鸟之弹射兮,奄摧颓而自藏。托平陵之朱游兮,呰东阁之俊英。世变之悠悠兮,倒上以为下。孰云誓墓之不回兮,将以避夫怀祖。车既驾而揭来兮,去京师而周流。过夷门而太息兮,方扬子之轻舟。终壹郁而适兮,归栖迟于林丘。范会之既老兮,夑嗣武而得迁。稽陈郡之谢录兮,讯太傅于东山。粤旆蒙之再觏兮,悕贫辛之不自聊。扬予灵以极目兮,惜美人之不留。汩窜身于清漳兮,世溷浊而不顾。窃九死而靡悔兮,其孰能察余之美恶。求芳草而远逝兮,心怦怦而狐疑。闵川涂之无梁兮,日埃曀而蔽之。四序迭代以变易兮,意恍恍而焉薄。恐余偃蹇而蹉跎兮,身将老而为客。众不可户说兮,天不可以为正。思君子之华予兮,讵古今而异情。

# 黄漱兰先生①

## 李　详

漱兰先生,为余入学受知师,蒙取第一名,覆试试题"杨柳依依解送行"。时乙酉科试,先生差满将还朝,此题及考吾郡拔贡诗题"他时倘忆种花人",皆有留连惜别之意。余诗云:"金城怜再到,霸岸惜长征。"先生密圈。先生以侍郎降补通政,旋告病,仍寓京师,犹领袖后进,坐客恒满。甲午为信陵书院山长,复主江宁安庆书院,皆未久辞去。

当先生过芜湖时,袁爽秋官此,迎先生入署,欢宴竟日,请吕君佩芬、汪君宗沂作陪,皆先生年侄。先生每遇皖人,必极诋李文忠,吕托病不赴,汪为中江书院山长,谊无可辞。先生举酒属汪曰:"仲伊先生,请进一杯。"汪作色曰:"年伯如此称呼,不敢当,将年谊不认乎?"先生曰:"因君学问好,故尊之。"又问曰:"仲伊贵同乡李合肥为何如人? 闻君客其幕府数年,必深悉其人。"袁恐先生辞厉,乱以他语,辄命进饭,先生大呼:"爽秋! 君乃不许我吃酒邪?"袁窘甚。汪进言曰:"年伯校士各省,闻出试题甚佳。"先生曰:"唯唯。"汪曰:"年侄客李时,亦有一好题请教,为'知虞公之不可谏,年已七

①　录自李详《李审言文集》上册,第729—730 页,《药裹慵谈》卷六。

十矣'。"先生抚掌曰:"妙! 妙!"因尽欢而散。后袁谢汪曰:"非君不能解此围。"

先生没后,余有诔寄仲弢编修,属告先生影堂之次。仲弢壬寅客江宁,犹向人称之,欲荐余入两湖学堂,余以业有馆辞去。今摭先生遗事,惜其父子,皆不可复作矣。

# 黄体芳先生年谱

俞天舒原编　潘德宝增订

黄体芳（1832—1899），谱名淳颖，字漱兰，号循引、莼隐，别署瘦楠，晚号东瓯憨山老人，浙江瑞安人，人称瑞安先生。咸丰元年举人，同治二年会元，选翰林院庶吉士，初授编修，累官至内阁学士、兵部左侍郎。因劾李鸿章不宜兼任海军会办，请敕曾纪泽遄归治海军忤旨，降迁通政使。卒后，诰赠资政大夫。

立朝侃直，气节为世推重。在光绪朝，频上书言时政得失，纠弹大臣失职，直声震中外，与宝廷、张佩纶、张之洞有"翰林四谏"之称，有大政事，必具疏论是非，与同时好言事者，又号"清流党"[1]。谱主夙负文名，劬学苦攻，一时人望攸归，士林尊为宗匠。在典试黔、闽，视学闽、鲁、江左时，崇经术，擢幽隐，奏荐才学兼优之士，从而使士趋实学，风尚为之一变。为官清廉，克己自律，家无馀财恒产。《清史稿》有传。

娶同邑周仲梅孝廉庆柟长女、吴县陶蛰芳孝廉以增女，俱封一品夫人，簉室董氏、徐氏。墓在二十四都前垟斤竹山。子一，绍箕，娶同邑刘莼村孝廉祝三女及南皮张之渊女；女四，适永嘉贾庆恩、

---

① 《清史稿》卷四四四，第 12460 页。

同邑林向藜、海盐徐侍郎用仪子士恒、同邑黄隽选。

## 道光十二年壬辰(1832)　一岁

八月二十日,生于浙江瑞安城厢(今安阳镇)小沙堤居第。(《白岩黄氏家谱》,下简称《家谱》)

父名吉人,字履祥,号梧阳,生于乾隆五十二年。娶同邑吴氏,乃菊渔、卣芗与谱主三兄弟之生母。长兄体正,字菊渔,谱名淳希,生于嘉庆十五年正月初四日,是年二十三岁。次兄名体立,字卣芗,谱名淳鬯,生于道光十年十一月廿八日,是年三岁。

## 道光十四年甲午(1834)　三岁

长兄体正应浙江乡试,中第十五名举人。(民国《瑞安县志·选举》,下简称《县志·选举》)

## 道光十五年乙未(1835)　四岁

长兄体正入都应礼部试,不第。旋考取咸安宫教习。(民国《瑞安县志·人物》,下简称《县志·人物》)

## 道光二十年庚子(1840)　九岁

父梧阳先生选是科岁贡。(《县志·选举》)

六月初六日,堂弟密之生,密之名邃。(《家谱》)

## 道光二十一年辛丑(1841)　十岁

长兄体正再应礼部试,不第。

按:据黄宗甄《瑞安五黄先生》文称,此次会试,黄体正成绩极佳,主考官非常欣赏,有列入会魁之望,因其考卷在诸考官中相互传观时丢失,只得将其列于副榜。(《瑞安文史资料》第四辑)

是年,同邑孙锵鸣中进士,入翰林。(《县志·选举》)

## 道光二十四年甲辰(1844)　十三岁

五月初八日,父卒于家,年五十七。(《家谱》)

## 道光二十八年戊申（1848） 十七岁

是年,同邑孙诒让生。

## 道光二十九年己酉（1849） 十八岁

秋,应浙江乡试,不举。

长兄体正卒于京师,年四十。（《家谱》）

按:黄体芳《六十述怀》诗"别兄琴次亦堪哀"自注云:"少与仲兄卤芗,师事伯兄菊渔。伯兄卒仅四旬,余年方十八。"

有诗《己酉秋试过桃花岭偶成二律》。

## 道光三十年庚戌（1850） 十九岁

是年,同邑孙衣言中进士,入翰林。（《县志·选举》）

## 咸丰元年辛亥（1851） 二十岁

秋,与兄体立再应浙江乡试,皆中举人。（《县志·选举》）

按:兄中第六,弟中八十九,举主为旌德吕鹤田侍郎贤基、宛平沈经笙编修桂芳,房师一为宋知县,一为郑知县。（孙延钊《瑞安五黄先生系年合谱》,下简称《五黄谱》）

十二月,与兄体立同赴京师应翌年礼部试。

是年,同邑曹应枢(秋槎)孝廉卒,年六十二。孝廉以工诗能文为乡里书院师,甚嘉赏黄体立与谱主兄弟儿时课艺。（《五黄谱》）

## 咸丰三年癸丑（1853） 二十二岁

孙锵鸣以翰林院侍讲奉旨回籍办团练。（《县志·人物》）

## 咸丰四年甲寅（1854） 二十三岁

正月十二日,子绍箕生。（《家谱》）

按:谱主娶同邑周庆楠孝廉长女,娶于何年,未见记载。

## 咸丰五年乙卯（1855） 二十四岁

五月二日,侄绍第生。（《家谱》）

## 咸丰六年丙辰（1856） 二十五岁

二月，与兄体立再赴京师应礼部试。

按：周星誉《鸥堂日记（二）》二月十七日条云：黎明开车过平原县，午刻至黄河崖檀，酉刻至刘智庙宿。黄氏昆季以近诗见示，卣芗年廿七，漱兰年廿四，才思俱清绮。途中唱和成帙，可谓极友于之乐者矣。

是科，体立中进士，授刑部主事。（《县志·选举》）

## 咸丰八年戊午（1858） 二十七岁

夏，浙南农民组织金钱会在平阳鳌江镇成立。（马允伦《浙南金钱会起义》）

## 咸丰十一年辛酉（1861） 三十岁

夏，兄体立告假回乡探亲。

十月廿六日至十一月初六日，金钱会围攻瑞安县城，与兄体立佐孙锵鸣率团练武装登城抗守。金钱会失败后，城内一批群众受到株连，予以设法保全。（民国《瑞安县志·大事记》）

按：《浙江通志·黄体芳传》云："初，（庚申）〔辛酉〕岁，瑞安金钱寇起，围城，体芳治乡团，以忠义激励人心，登陴坚守，誓与城共存亡，卒赖以固。又以独力保全善类，事甚委折。尝作《钱房爰书》纪略。"

## 同治元年壬戌（1862） 三十一岁

夏，以近作诗草就孙衣言质正，孙衣言手批二十二字云："理实笔健，可为韩退之，可为杜子美。行将远别，努力！努力！"盖其时孙衣言将赴安徽曾国藩军中任事。（《五黄谱》）

是年，撰成《钱房爰书》。

按：《钱房爰书》以日记方式，记载金钱会的活动和战斗情况。

从咸丰十一年六月二十六日至同治元年正月初一日,历时半年。

是年,作《安固二忠诗次戴鳌峰广文韵》,悼念此次战事中阵亡团首孙诒谷(稷民)和张家珍(献之)。

## 同治二年癸亥(1863)　三十二岁

应礼部试,中是科会元,以殿试二甲第十名,座主为河内李尚书阶棠、襄阳单总宪懋谦、宗室载总宪龄、宛平沈侍郎桂芬。选翰林院庶吉士。(《五黄谱》)

冬,乞假归里省亲,为母吴太淑人举七十五岁诞寿,以梨园招待亲友,自题戏台楹联。又有《丰湖修禊联》,两联世并传为美谈。(《五黄谱》)

## 同治三年甲子(1864)　三十三岁

春,撰《沈秋潭先生五十寿文》,贺其华诞。

按:据谱主癸亥会试朱卷所载,少时受业师有沈秋潭(洺澜)、许伯坤(大培)、金焯汉(煜)、黄金峰(济清)、杨天栅(树东)、陈彝九(福畴)、蒋藩周(炳恩)等,皆同邑士人。

春,携眷还京。(《五黄谱》)

是年,翰林院侍读学士孙锵鸣以言事罢官归。(《县志·人物》)

## 同治四年乙丑(1865)　三十四岁

春,癸亥科庶吉士散馆,列二等第七名,授翰林院编修。(《五黄谱》)

按:列一等第一名张之洞,第二名许振祎,第十一名朱卤然,第十五名夏子镛,第二十名陆尔熙,此同榜诸人,皆日后与谱主相友好者。

## 同治五年丙寅(1866)　三十五岁

翰林大考列二等第四名,转詹事府司经局洗马。(《五黄谱》)

## 同治六年丁卯（1867）　三十六岁

十二月，充日讲起居注官。（《清实录·穆宗实录》）

是年，充顺天府乡试同考官。（《五黄谱》）

是年，命子绍箕、侄绍第受业陆尔熙之门，习经研文之外，兼课性理。（伍铨萃《黄绍箕传》）

按：陆尔熙，字广敷，江苏阳湖人，黄体芳同榜进士，时官编修，静讷持守，为文精密，不苟一字。居京师，以课徒自给。

## 同治七年戊辰（1868）　三十七岁

詹翰大考名列前茅，擢翰林院侍讲。（《五黄谱》）

## 同治八年己巳（1869）　三十八岁

六月，与兄体立为母吴太淑人举八秩之寿，其兄弟之京中同僚和同邑友好，咸以文致祝。陆尔熙撰、张之洞书《黄伯母吴太淑人八旬寿序》，列名者有王允善、鄂芳、李端棻、廖寿恒等京官六十人。同邑孙衣言另有《吴太夫人寿序》（入《逊学斋文钞》）。


《黄伯母吴太淑人八旬寿序》全文为：

盖闻金母以两子皆贵，而像绘甘泉；冯亲当八十遐年，而恩施汉殿。绿纯黄玉，勒彼坤仪；妙策姬编，耀兹彤管。率皆贞松在抱，桃实长春。乐奏房中，即是寿人之曲；星明织室，远争南极之辉。如我黄年伯母吴太夫人者，善与寿俱，福随年茂者矣！

太夫人系出延陵，家居谷水。金华福地，原为宝婺之乡；姬宗世家，凤谐阴礼之教。其先人读神农之书，启灵匙之幕。韩伯休居市，女子知名；庞德公入山，携家而往。见我年伯，梧阳先生器焉。延明好学，妙选及于瞽年；卫瓘诸生，婚对不嫌微素。王宏之提壶作礼，乌羊系辕；桓少群椎布为容，鹿车归里。

其时堂上尊章，固无恙也。菱莼宵采，乡里称为义门；概散晨馔，戚堂惊其膏馔。遂尔鼓伯奇之琴操，曲奏姑恩；披孟氏之庙帷，礼均蓬室。盖事继事庶，孝有加焉。我赠公之内治之得人也，益含咀于过味；知食贫之可久也，乃里居而授经。传杨政之业者数百人，升季长之堂者五十士。虽侯芭问字，载酒频来；而子敬论交，指囷可赠。徒立长卿之壁，屡空颜子之瓢。太夫人则佐彼壶浆，搜兹奁箧。汉宫钗玉，半化蚨飞，杜母首笄，竟成蝉脱。盛德之助人有难者。

夫双心一袜，宜歌弋雁之章；而五角六张，弥励饮冰之操。盖自我赠公弗禄，而太夫人之节益苦矣。恶笋露紒，长捐象服之华；女布男衣，勿恤龟手之痛。少仪训子，机声与夜课争清；庭诰持家，侮甫与舆台悉化。时冢嗣菊渔君已膺乡荐，能导诸昆。房景伯以礼督帅，不愧兄师；欧阳子早岁孤贫，终由母教。盖虽三隅烬冷，八襐衣单。釜无米而烦炊，屋牵萝而待补。荻灰惨澹，萱影萧森，而卒无几微颜色焉！无何玉楼赴召，家督云亡，昙花一开，冢孙复逝。银鹿影在，金鱼梦遥。似乎老子之生，不离苦县；未必贵人之号，重上甘陵。

太夫人则神伤有加，励志不辍，刻莲知苦，剪发弥劬。虽失朱公之长男，遂成陆氏之二俊。亭亭玉树，风月并是佳儿；奕奕金琨，郊庠偕登上第。我卣荮、漱兰两同年，以辛亥岁同举贤书，卣荮旋成进士，官比部。太夫人蔗境方回，莪教益励，每申训诫，窃及宽仁。谓朝廷司谳之书，最能选命；彼世俗廉能之誉，难对小民。提耳片言，德心千古。昔之闻决囚而不食,见平狱而加餐者,揆厥慈衷,未之或过,宜其含报方永,福来未央也。

癸亥,漱兰以第一人捷南宫,官翰林,以大考前列,特擢侍讲。作卢肇之谢文,巨鳌首冠;宠崔光为博物,湛露恩浓。烛赐金莲,晖采耀冰荼之室;床盈象笏,文昌坐弟子之宫。廿八士齐班蓬岛,喜及身而玉汝于成;三十年回首夫山,悲迟暮而泉台不作。母之志劬矣!母之愿亦慰矣!

说者谓松身柏性,青史扇其芳风;济淑河清,彤徽标其令德。世之颂母仪,征阴律者,率皆丹青肇悦,铺耀庭帏。几疑地道之无成,有异男儿之作健,而不知霜晨月夕,即金风铁雨之场,设楗持门,亦守土专城之任。自古女子同仇,深闺急义者,盖亦有之矣。

回忆作噩之辰,属有跳梁之警。犲牙咬砺,雪刃如林,虺毒潜吹,黑云压地。太夫人慷慨誓二子曰:"汝等速率乡民,乘城固守,无负国恩,我当率家人待命于湖上矣!"一言誓死,万户同心。激以义声,空拳皆为明镝;勇于赴敌,乌合尽作鹰扬。遂使襄郡重闉,特表夫人之号;建安徐喘,同声连母之贤。诚之至也,何其伟欤!夫一夫夜噪,名都已空;层城昼开,苍生何在?诸军仆速,上将征仫。太夫人者,殆雌亭吹肮脏之风,巾帼夺须眉之气者矣!

今者仙霞披鬈,天露垂纶。修竹超乎千年,寒泉慰于往日。似乎含饴有暇,就养无方;而乃烦擐勿嫌,纺砖在抱。家山自乐,丙舍辞萱。虽冠帔频颁,曾见贾逵入告;而象舆婉僤,未闻荀母从官。非直违荣,亦惟念旧。

兹岁六月,为太夫人八十寿辰,尔熙等分居子侄,谊属年家,早闻圣善之风,凤饮柔嘉之则。跻堂路远,鞠跽情殷。请替旆檀,发奇芬于北地;同调法曲,随仙鹤而南飞。庶几闺范之遥传,即张氏女箴之训;他日期颐永锡,续鲁侯燕喜之篇。

是为序。

赐进士出身、国史馆纂修、记名御史、翰林院编修年愚侄陆尔熙顿首拜撰,赐进士及第、国史馆纂修、提督河北学政、翰林院编修年愚侄张之洞顿首拜书。

年愚侄内阁中书王允善、李枫林,日讲起居注官、翰林院侍读学士鄂芳,侍读铁祺,侍讲奎润,修撰翁曾源,记名御史编修边宝泉、李端棻、王绪曾、夏子锵、梅启熙、曹炜、冯尔昌、陈振濂、解煜、刘燁、廖寿恒、楼誉普,记名御史检讨张道渊、张观准,詹事府司经局洗马文澂,右眷坊右中允张鹏翼,江南道监察御史龚承钧,山东道监察御史余培轩,吏部主事刘子境、周信之、胡隆洵、李端遇、杨际云、白恒,员外郎衔户部主事高梧、吴廷芬,主事王绰、夏裕纶、方恭铭、柳怀珍、魏璧文、汤肇熙、王景贤、廖镜明、郝绍、汤炳耀、景善,礼部员外郎刘锡金,主事延茂、张元益、王毓藻、庄子桢,兵部员外郎董韫琦,主事梁钦辰、史大立,刑部主事陈锦、何玉福、吴宣玑、胡清瑞、王培仁,工部郎中伍锡钊,员外郎衔主事高月、卢景,主事黄桂丹、达嵩阿,同顿首拜。

## 同治九年庚午(1870)　　三十九岁

八月,任福建学政。(八月二十四日《邸钞》)

同邑胡玠寄以赠行诗:

　　　隋珠不久晦,赵璧无终藏。书生志匡济,出身必文章。吾
友天下士,童名噪黄郎。轩轩大小宋,拔帜搴名扬。艺成每行
远,抄纸腾洛阳。行年未三十,一举登玉堂。八年处京国,追
随鸳鹭行。帝命持玉尺,校士来南疆。三山宋乐府,古昔贤人
乡。能文若蔡、郑,说理如游、杨。勉轩笃践履,石斋励冰霜。
君家两伟人,前后相瞻望。君今操文柄,心镜淬灵光。取士先
器识,裴鉴崇苏、王。惠卿或介甫,宜兴误芝冈。君才无虑此,
思患宜预防。朝廷日求士,侧陋瞻明扬。闽中山海区,奇杰屈
岩廊。灵磁引钢铁,利锥处散囊。上以气类感,下以材力偿。
金以炼为贵,玉以琢为良。生才皆有用,毋令弃片长。人微言
不恶,勿以刍荛忘。


　　按:胡玠,字桂樵,邑志有传。少有异材,七岁能属对。同治四
年中举人,入都赴礼部试不第归。后得足疾,遂无意仕进,以花木
林泉自娱。

　　闰十月二十四日,母吴太淑人卒,丁忧卸职归里。(闰十月廿
五日《邸钞》)谱主有《悼母联》志哀。戚友有挽联。

　　孙锵鸣挽联:

　　朵钱金花慈母诰;榕城麻缟使臣车。

　　检三十年登科记,凭看蕊榜标名,少子能魁天下士;乘六
千里追风车,方冀榕城迎养,谁知俄散海南云。


　　杨仲瑜挽联:

八十年青史女宗,数郊祈科第,轼辙文章绝代,谈经绛帐口传名世业;三千里白云亲舍,痛庭树慈鸟,关河络马一篇,将母莱衣泪尽使臣诗。

张大森挽联:

八旬闱教犹严,移孝作忠,自昔曾闻贤母训;五载食箪亲点,尊师重道,至今谁继大姑风?

张佩纶挽联:

看范孟博立朝有声,尔母日教子若斯、我瞑目矣;效张江陵夺情未忍,天下惜伊人不出、如苍生何!

是年,谱主与兄体立同校宋黄岩杜范《清献集》。(《五黄谱》)

## 同治十年辛未(1871) 四十岁

子绍箕,年十八应县童子试,以第一名入庠,旋食廪饩。(黄绍箕《哀启》,下简称《哀启》)

## 同治十一年壬申(1872) 四十一岁

十月,服阕,携眷还京,复侍讲原职。(《五黄谱》、《申报》第九六号)

命子绍箕从张之洞受业。(《哀启》)

侄绍第,年十八应县童子试,以第一名入庠,旋食廪饩。(《县志·人物》)

## 同治十二年癸酉（1873） 四十二岁

春，邀仁和朱学勤、南皮张之洞、余姚朱卣然、吴县吴大澂、仪征陈彝及陆尔熙、许振祎、龚咏樵诸人，宴请以安徽布政使入觐之孙衣言，为文酒之会。（《五黄谱》）

六月，任贵州乡试副考官，正考官为内阁侍读学士许庚身。（《五黄谱》）

八月，简放山东学政。（黄体芳《〈补勤诗存〉序》）

十二月，上《恭报微臣到任日期恭折》。（《申报》第五六七号）

## 同治十三年甲戌（1874） 四十三岁

七月，上《恭报岁试省西各府州情形折》。（《申报》第七二四号）

八月，转翰林院侍读。（八月廿八日《邸钞》）

山东巡抚文彬上《为参革知县交案亏缺银两事折》，黄体芳会同附片具奏。

同邑孙衣言六十寿辰，撰《孙琴西先生六十寿序》致贺。（孙延钊《孙逊学公年谱》，下简称《逊学年谱》）

九月，擢詹事府左春坊左庶子。（九月廿五日《邸钞》）

十一月二十六日，发妻周淑人卒于济南学署，年四十一。（黄体芳《六十述怀》诗自注）

## 光绪元年乙亥（1875） 四十四岁

是年，仍任山东学政。

四月二十六日，兄体立卒于京师，年四十六。（《家谱》《越缦堂日记》）

陈锦是年有《与黄漱兰先生论学书》。（陈锦《勤馀文牍》）

## 光绪二年丙子（1876） 四十五岁

是年，仍任山东学政。谱主在鲁三年，用策论解说为程，冀收朴学之效,尝叹时更兵乱,师法凌夷,求孔巽轩《公羊春秋》,牟陌人《同文尚书》,桂未谷、郝兰皋《说文》《尔雅》之传,阒然寡偶。(《五黄谱》)

九月,选岁科文汇刻《山左校士录》,并撰序。

腊月,为浙江山阴陈补勤撰《〈补勤诗存〉序》。

同月,卸山东学政任还京。

按:据《凌霄一士随笔》记载,黄氏在山东学政任内,"按临莱州府时,出题皆寓褒贬大臣之意。掖县首题为'顾左',次题为'是社稷臣也';昌邑首题为'老彭',次题为'非我所能及也';平度首题为'有李',次题为'国人皆曰可杀'。借试题以颂左宗棠、彭玉麟而痛诋李鸿章,皆割裂书句以为之,激烈处尤见意气之甚"。(《国闻周报》十四卷十一期)

十一月二十日,上《恳恩赏假调理折》,军机大臣奉旨着黄体芳赏假一个月。(《申报》第一四六九号)

十二月十八日,到京请安。(《申报》第一四八九号)

是年,族弟黄鎏中举人。(《县志·选举》)

## 光绪三年丁丑(1877)　四十六岁

九月,山西、陕西、河南、直隶各省旱灾严重,部分地方灾民暴动。侍讲张佩纶等奏请广开言路以拯时艰。(《清代人物传稿·张佩纶》)

按:张佩纶等奏请后,有诏饬大小臣工于吏治、民生、用人、行政有无缺失,各据己见切实指陈。于是,凡朝官棱棱具有风骨者咸有奏疏上达,言辞激昂,弹劾不避权贵,其中,尤以张佩纶、张之洞、黄体芳与宝廷四人最有名气,合称"翰林四谏"。

# 光绪四年戊寅(1878) 四十七岁

二月下旬,上《灾深患迫宜筹拯民应天之方折》。

二月戊申(二十八日)上谕云:

詹事府左庶子黄体芳奏灾区太广,宜筹拯救之方,请招来商贩,凡运货赴晋豫者,若带粮百石,免除米粮厘税外,并免他货税银数十两,千石者免数百两,以期踊跃运赴等语。前据司业宝廷奏,官运不如商运,业令各该省酌办。兹该庶子所请各节,是否可行,着该抚等酌度情形,妥筹办理。

又称上年天津粥厂失火,烧毙二千馀人,委员平日不知防火,火发后不知去向,以致门者禁不许出,同归于烬,仅予褫职,不足蔽辜。天津粥厂失火一案,前据李鸿章奏,伤毙多命,并未确计人数。着再详细查察,如所参属实,即将该委员等严参治罪,以为贻害民生者戒。

又称仓储积弊已深,近年海运抵通,闻有带银回漕之事,虽无实据,要之盗卖蠹蚀,路人所知等语,着仓场侍郎认真整顿,有犯必惩,毋得颟顸了事。

又称天津、保定粥厂裁撤,以致京城流民日多,请于近京分设粥厂一节,所见甚是。现京城七门外,已添粥厂五处,瞻济外来穷民。即着李鸿章仍于天津、保定等处,酌设粥厂,以拯灾黎。

又称直隶旱灾甚重,大荒者二十州县,不止河间一府,眉睫之患,宜为豫防。着李鸿章速筹巨款,遴选贤员,分段赈抚。地方官有玩视民瘼者,即予参撤,毋稍姑容。

又称灾区太广,部库支绌,京饷尤应筹备,所有海防经费,制造机器之江南厘税等款,请饬南北洋大臣酌留数万,以充工匠及修理机器之用,其馀均暂停一年,悉充京饷等语。海防固系要图,部库支绌,亦不可不豫为之计。该庶子所奏,是否可行,着李鸿章、沈葆桢、吴元炳酌度情形,妥筹具奏。(《清实录·德宗实录》)

二月己酉(二十九日)上谕云:

詹事府左庶子黄体芳奏《灾深患迫宜筹拯民应天之方》一折,其可备采择者,业经分别降旨施行。其有事理窒碍,或词语过当,或纷更旧章者,亦不可不明白宣示。如所陈借洋款一条,无论借款须给银息,徒亏帑项,且辗转筹商,必非一时所能集事,以灾区垂毙之民,专待不能克期之款,仍属缓不济急,所请着毋庸议。

至谓边外荒地甚多,米粮颇贱,请于山西沿边州县储款,以供资遣。有难民愿往者,予以一月之粮,导之出边,延其生路。不知山西饥民众多,赈款不敷尚巨,更从何处筹此资遣之需?且边外丰收,米贱,始得设法采买粮食接济被灾之区。若驱流民以扰之,不待边外荒凉,栖止无所,且恐别生事端,并此采买之源,因之中绝。所请实属窒碍难行。

又如所称为治之本,在广聪明,请饬无言责者封章专达,各署庶僚,轮流赐对等语。各衙门司员有欲建白者由该堂官代奏,向来体制如此,一经陈奏,即与专达无异,司员向无轮班召对之例。然如京察一等,俸满截取人员及外省实缺人员,亦何尝不悉予召见,以考职业而觇人才,正毋庸更改旧章为也。国家设官,文武并重。文职固宜讲明治理,武职中岂无足备干城之选者?该庶子所称近年召见武职甚多,未见有所裨益,亦属一隅之见。

又称京控案件,外省从未一次平反,请饬军机处专立一档,定限奏结,按限查销。各省京控之案,迭经谕令各该督抚立限清厘,并将已结未结各案,随时奏报。立法已极周密,毋庸另设新章,致滋烦琐。

又称前任山西巡抚鲍源深,不能预筹荒政,以致饥馑荐臻,受害较重,咎实难辞。鲍源深前在巡抚任内,曾将荒旱情形及开仓赈济各节,迭次入告,嗣即交卸去任。而山西旱既太甚,自未便追咎该前抚一人,所请量予处分之处,着毋庸议。

又称为治在斥奸邪,户部尚书董恂于中外陈条荒政者,务从驳斥,壅遏上恩,其在总理衙门,语言举止颇为众口诋訾,请予罢斥等语。户部前次议驳截漕平粜、禁止烧锅等折,原为慎重根本、虑兹骚扰起见,且系该堂官等公同商定,联衔具奏,并非董恂一人所能专擅。黄体芳乃以此归咎董恂,目为奸邪,辄以传闻无据之词信口诋斥,措词殊属过当,着交部议处。

国家广开言论,兼听并观,原无成见,可行者立见措施,不可行者亦不惮反复推求,详晰剖示,庶大小臣工,咸知实事求是之意,各撝谠论,共济时限,有厚望焉。(《清实录·德宗实录》)

又,三月庚申(十日)上谕云:

吏部奏遵议左庶子黄体芳处分一折,黄体芳以传闻无据之词诋董恂为奸邪,措辞过当,本应照议予以处分。惟念该庶子应诏陈言,系属因公起见,所有部议降二级留任之处,加恩宽免。朝廷原心恕过,自有权衡,嗣后建言诸臣,仍当竭诚献替,俾可见诸施行,不得自安缄默,亦不得撝拾浮词妄行条奏,

自干咎戾。(《清实录·德宗实录》)

三月十二日,上《谢宽免处分恩折》。(《申报》第一八四〇号)

七月初四日,上《请分别裁定陋规以肃吏治疏》。

上谕云:

詹事府左庶子黄体芳奏《请分别裁定陋规以肃吏治疏》一折,外省各项陋规,本干例禁,据称近年司道知府多有收受节寿等规情事,以致瞻徇情面,于吏治民生大有关系等语。各省司道知府,均有考察属员之责,自应整躬率属,以肃官方,若如所奏,陋习相沿,殊属不成事体,着该督抚严饬所属,将各项陋规悉行裁革,务令地方官吏咸知洁身奉公,以期吏治日有起色。倘有仍踏前辙,即著随时奏参惩办。其所请酌定臬司道府公费,饬令各省咨取江西、福建、安徽章程仿照办理等语,着该督抚体察各该省情形,悉心筹议具奏。至摊捐各款,并着力加以裁汰,即将如何裁汰之处,奏明立案,以备核实。(《光绪朝东华录》第607—608页)

## 光绪五年己卯(1879) 四十八岁

三月,擢翰林院侍讲学士。(《邸钞》)

同月初四,上《大臣复奏欺罔显违明诏据实奏陈折》,劾工部尚书贺寿慈奉旨回奏时,隐匿与商人李钟铭间暧昧交结关系,认为"商贾不法,所关尚小,大臣罔上,流弊甚大"。

三月初四日上谕云:

　　翰林院侍讲学士黄体芳奏大臣复奏欺罔据实直陈一折，据称工部尚书贺寿慈与商人李钟铭毫无瓜葛，而李钟铭前后两妻，贺寿慈皆认为义女，往来一如亲串，贺寿慈之轿常时停放其门，地当孔道，人人皆见，前次复奏之语，显然欺蒙等语。贺寿慈身为大臣，于奉旨询问，岂容稍有隐匿，自取愆尤。此次黄体芳所奏各节，着该尚书据实复奏，不准一字捏饬，如敢回护前奏，稍涉欺蒙，别经发觉，决不宽贷。以上各节并着都察院堂官归入前案，会同刑部将李钟铭严切讯究。（《清实录·德宗实录》）

　　贺寿慈再回奏时，承认与李钟铭有交结，并自请治罪。旋有旨交部议处，后降级调用。

　　四月十日，上《遵议已故主事吴可读〈请预定大统之归折〉折》，参与定大统之议。奏折诏存毓庆宫。（《清史稿·黄体芳传》）

　　按：光绪五年吏部主事吴可读趁下葬同治皇帝之机，服药殉葬，遗折中指责"两宫皇太后"不为死去的同治皇帝立嗣，反而为咸丰立嗣，违反了"祖宗家法"，尸谏"将来大统"仍归同治之后。诏言："同治十三年十二月初五日降旨，嗣后皇帝生有皇子，即承继大行皇帝为嗣。吴可读所奏，前旨即是此意。"于是下群臣议。

　　四月，转翰林院侍读学士。（《邸钞》、张佩纶《涧于日记》）
　　八月，子绍箕中顺天府乡试第十九名举人。（《县志·选举》）
　　十一月，迁詹事府少詹事。（《邸钞》）

同月，上《使臣专擅误国请饬廷臣议罪折》。

奏折略谓：

窃惟朝廷遣使国外，意在安边，失辞不可，专擅尤不可。崇厚使俄，畀以全权，宜如何筹画万全，以副委任。奈何不顾全局，不虑后患，通商画界，任意订约。因索地而弃地，欲弥衅而招衅。于重大事件，不请谕旨，擅自许人，不候召命，擅自归国。既抵都门，复敢潜往他处，不速到京请安。论奉使则不忠，论复命则不敬，不忠不敬，邦有常刑。伏望敕下廷臣会议，重治其罪，以为人臣专擅误国者戒云云。

按：崇厚出使沙俄，系相国沈桂芬推举，原为交涉和平收复新疆伊犁地区。受命于光绪四年五月二十日，十月十四日率属员起程，十二月八日抵圣彼得堡。谈判中，不请示朝廷，擅自与俄方签订《里瓦吉亚条约》。条约规定，沙俄将伊犁地区归还中国，而中国则自动放弃霍尔果斯河以西地区、特克斯河流域数百里之地及沟通天山南北之穆素尔山口予沙俄，使我国领土主权重大受损。另外，开口岸多处，赔偿兵费二百八十万两，并在通商、设领方面附有苛刻条件，无视我国尊严。消息传来，举国震惊，廷议哗然，因感事态严重，廷臣张之洞、盛昱、工仁堪、曹鸿勉、张华奎、宝廷、谱主等等纷纷痛陈利害，抗疏弹劾。

十二月，上《责重臣斡旋捍御疏》，要求改约与备战并行，并饬令李鸿章通筹全局战守之计，附片中又要求以输敌之罪处崇厚，以转圜之术责总署。

是年，同邑孙衣言以太仆寺卿告归。(《逊学年谱》)

## 光绪六年庚辰（1880） 四十九岁

正月，有长笺上军机大臣沈桂芬，劝其割私情、伸公义，不可开释沈桂芬所举荐的使臣崇厚。

四月，子绍箕中二甲第六名进士，入翰林，选庶吉士。（《哀启》）

五月下旬，上《请饬枢臣妥筹审处崇厚疏》。

七月十九日，上《和议定约后杀崇厚以挽狂澜疏》。

八月，简放江苏学政。（八月初五日《邸钞》）

九月初一日，访张佩纶，告其欲极言时政得失，以变法储才立论上疏，以副宵旰求治之意。（张佩纶《涧于日记》）

九月初六日，上《变法储才实求自强疏》。

同日，蒙慈安、慈禧召对，两宫温语周详，并谕示："汝虽在外，有见必言。"出宫时，漏已三下。（《六十述怀》）

十月十二日，抵江阴江苏学政驻署。

十月十三日，颁《童试正场次日举行提复之法谕》。

十月十四日，接学政关防文卷，颁《黜华崇实以端品学谕》。（黄体芳《恭报到任日期折》）

十月十五日，颁《严申禁烟谕》。

十月十七日，上《恭报到任日期折》（或称到任叩谢折）。折中有云："纪昀纂《书目》之编，录《四库》者千九百卷；阮元上《儒林》之传，通诸经者二十馀家。自顾颛愚，曷堪模楷。臣惟有饬廉隅以端士习，严鉴别以核人文……绍永嘉之派……遵言氏之箴，庶储报国之真材，上副作人之雅化。"盖以纪昀、阮元盛事自期。

十月二十五日，颁《严密关防札》。

## 光绪七年辛巳（1881） 五十岁

六月二十八日，颁《访拿捏造本院书函不肖棍徒札》。

八月初一日，上《大臣贤劳宜令择人自辅折》。

八月二十日，谱主五十诞辰。

左宗棠有联致贺云：

庭玉六寸明自照；龙门百尺高无枝。

孙锵鸣有联致贺云：

谠论回天，功崇内相；大文寿世，曜朗中台。

十一月，转詹事府詹事。（十一月十一日《邸钞》）

十二月，擢内阁学士兼礼部侍郎衔。（十二月二十日《邸钞》）

是年，上疏保荐临海举人周郇雨。奏折称周郇雨究心时务，习经济有用之学，时客吴门，太息国事，撰《治策》八千馀言，《强策》六千馀言，颇有远识。旋有旨交总理各国事务衙门存记。（《五黄谱》）

## 光绪八年壬午（1882） 五十一岁

正月，撰《剀切晓谕院试提复并答〈申报〉》。

按：光绪七年十二月二十四日，《申报》刊登一篇批评"提复之法"文章，谱主阅后认为是信口讥评，显系童试被黜之家散布流言，希图泄忿，《申报》受其嘱托，为之推波助澜，事关文风士习，不得不撰文为之详悉。该文除阐述"提复之法"做法、步骤与目的宗旨外，并对多项责难，一一给予驳斥，及宣示"提复之法"已经奏闻，非奉旨停止,其断不为诋毁、恫吓、揶揄和詈语所左右。《申报》指被黜为冤,诬慎重为害人,袒横议为近理,媒孽官长,簧鼓士林,使风俗人心受害不浅,当移咨各大宪饬地方官按律惩办。

三月,奏索还琉球之议,规画进越南之谋。(《清史稿·黄体芳传》)

四月,颁《应入儒林、文苑、循吏、孝友史传诸人呈报条例》,饬各地学官悉心访查。

按:先是,国史馆移会各省学政,因续纂儒林、文苑、循吏、孝友列传,要求访察举报,以凭编纂。谱主以江苏最称人文渊薮,又尝以两"文达"盛事自期,故颁此《呈报条例》,教各地学官查访时有所依凭。旋又博稽约择,开出书目,专札各地按书目征求,务期甄括无遗。于朴学名著,搜讨尤力,并檄各府州县筹资购录遗书进呈。

八月,连任江苏学政。(《邸钞》)

九月,择定江阴水师营协镇、游击两署故址为院址,筹建江阴经古(即南菁)书院。与同僚各捐廉俸充建筑费。两江总督左宗棠助银一千两,又奏准拨淮北盐税二万两作为书院基金。书院仿浙江诂经精舍例,分经学、古学两门,古学包括天算、史地,意在补救时艺之偏。论者咸谓谱主"力扶实学,一如阮文达之造我浙士"云。


光绪九年十二月间左宗棠奏折云:

臣前接江苏学政黄体芳缄称,江阴创建经古书院,名曰南菁,仿诂经精舍之例,专课苏省经士。惟经费不敷,落成有待,请拨款接济,并请筹常年膏火之资等因。臣以学臣倡建书院,永为嘉惠士林起见,用意深远,通省士子愿入院读书,就正经史之学,概予收录,将来积学之士,发名成业者必多。黄体芳凤负文名,劬学攻苦,一时人望攸归,尤宜量为资助,以慰士情。臣捐廉一千两,佐书院工料费,并札两淮运司,淮北票费项下提银二万两,解由学臣饬交江阴县发商生息,以为每年膏火之资,官为经理,年终结算,申报学臣衙门,及移咨臣署备案,以专责成而备稽考。(《光绪朝东华录》第1636页)

十月,撰《司铎箴言》颁发,以规勉各学官。

十一月,擢兵部左侍郎。(《邸钞》)

是年,编刻武进李兆洛《养一先生诗集》四卷,并撰序。(黄体芳《李养一先生诗集序》)

是年,孙衣言致函与其谈汇刻《永嘉丛书》事,兼论及经古书院。

有关书院事函云:

暨阳创立经学书院,具见盛意,惟时文却不可轻。宋时大儒往往以时文引人于道,今日风气若如龙门书院之专门讲学,恐后生望而生畏,不如用吕成公法,不废时文,渐渐引之于古。近来言经学者专于文字训诂用心,恐非经之本意,且于立身济世皆无致用之实,而异同攻击,徒长轻薄,百年以来,功名气节不及前代,未必不由于此。大贤有志当世,似当观风气所趋,挽其既敝,不可更扬其波。鄙意以谓仍当以胡安定经义、治事两大端,而兼治史学、时务,使学者通今知古,了然于得失成败、邪正奸贤之辨,则人才必当稍异于前矣。(《五黄谱》)

是年,何铁生(金寿)卒于扬州知府任,其先前乃京官中直言极谏者,有五虎之名,谱主有挽联,赞其"清慎勤,万口成碑"。

是年,刑部主事王咏霓(子裳)丧弟,致赙二百金,旋又以五百金抚济其家。子裳受其二百,退回五百,作书答谢云"厚赙之赠,出于意外,乞收回续件,以成亡友之廉,则尤大君子爱人以德之诚"等语。谱主之慷慨任恤与王氏之不多取,足见二人之高尚风范。(王子裳《致黄闽阁学书》载《函雅堂集》卷二十,参见《五黄谱》)

## 光绪九年癸未(1883)　五十二岁

正月,第一次汇送国史馆张自超等二十三人履历事实各项清册共十四本,著述书籍六十二种,计一百一十八本。附送浙江瑞安孙希旦、永嘉张振夔两人著述书籍四种,计二十二本,府县志十一种,计二百八十四本。(《江南征书文牍》)

三月,庚辰庶吉士散馆,子绍箕列一等第一名,授翰林院编修。(《邸钞》《哀启》)

七月十九日,上《在籍道员把持童试承审官过涉含糊请饬核议折》。

上谕云:

黄体芳奏《在籍道员把持童试承审官过涉含糊请饬核议》一折,据称宝应童生朱昭煌等禀控王寿民冒考一案,在籍候补道员朱寿镛阴主其事,业据承审官会审详覆,意在袒护乡绅,开脱讼棍等语,着左宗棠、卫荣光将此案确切查明,核议具奏。原折着抄给阅看,将此各谕令知之。(《光绪朝东华录》第1576页)

秋,南菁书院落成。"南菁"之名,取于朱熹《子游祠堂记》中

"南方之学,得其菁华"之句。书院共六进,八十馀间,用钱二万馀。第四进楼房为藏书楼,楼上中间奉汉郑玄、宋朱熹两大儒栗主,谱主为之撰书柱联和客座联。又赴松江延请南汇张文虎主书院讲席,旋文虎以足疾辞去,即续聘定海黄以周继任。(柳诒徵《江苏书院志稿》)

十一月初二,第二次汇送国史馆谢廷逸等五十人,附严观等八人,共五十八人履历,事实各项清册四十五本,著述书籍九十一种,计一百九十九本。补送句容陈立著述一种,二十二本。附送江西庐陵王赠芳、江西福安阮文藻、江宁张维庚三人履历、事实册共二本,著述书籍四种,计十六本。府县志三种,计一百二十四本。(《江南征书文牍》)

## 光绪十年甲申(1884)　五十三岁

二月初六日,上《请破格重用刘永福疏》。

　　奏折略谓:

　　方今寇伺北宁,众议必谓厚集援师,徐图进取,其任非刘永福所能胜;中朝岂曰乏材,何至倚若辈为长城之寄?而臣谓宜重任者,非左刘团而右华军也,就地用人,主优于客。臣伏愿皇太后、皇上,俯念越南保障终以刘永福为首功,可否量予奖拔,壮其声威,速其报效,出自逾格天恩。俟北圻次第肃清,或应用水师之处,非其专长,再归诸大帅部勒,未为晚耳云云。

三月,子绍箕充翰林院撰文兼会典馆提调。(《哀启》)

五月,据孙衣言校定本,于江阴学署刊刻叶适《习学记言序目》,并于翌年撰《〈习学记言序目〉叙》。其间曾向陆心源借得善本以资校刊。

按:据民国十七年黄群《敬乡楼丛书·〈习学记言序目〉跋》称,刻本初仅印行数十部,未久书板即毁,故江阴学署《习学记言序目》刻本流传绝少。

闰五月,奏武巡捕张景云在扬州招摇撞骗,并牵涉门丁李福。(《清实录·德宗实录》)

八月,子绍箕续娶南皮张之渊观察之次女,于江阴学署成亲。(黄曾詺《先慈张太夫人哀启》)

按:绍箕发妻乃同邑刘祝三(蕖村)孝廉之女,成婚于光绪三年,于光绪七年七月间卒于江阴学署。又,张之渊,字蓉楼,乃张之洞之兄,曾任湖北安襄荆郧道。

同月,因中法战争,沿江戒严,江阴一夕数警,城内十室九空。时谱主正按试镇江,飞书谕眷属勿动,并饬县令勿徙家,民心始安。(《六十述怀》《浙江通志·黄体芳传》)

同月,驰疏请诛马建忠。折留中不下。

按:马建忠(1844—1900),字叔眉,江苏丹徒人。年十八抵上海,入法国天主教徐汇公学,一面学法文、拉丁文,一面习举子业。第二次鸦片战争后,舍其所学,改求洋务。同治九年投奔李鸿章,帮办洋务。光绪六年授道台衔,十年出任轮船招商局总办,十六年调任上海织布局总办。后因织布局筹款事,离开李鸿章,居沪,从事著书和翻译工作。

李慈铭《越缦堂日记》八月初八日条云:

吴淞招商局之鬻于米夷也,合肥信匪人马建忠之言,以海洋有警,舟行非便,商人惴恐,争欲自托于米夷也,谓不得已而顺商情也。其实诸大商皆不愿,而干没小股诸商银数达百万两,建忠又私取米夷银五六十万两。而利器授人,中处归咎,闻合肥意甚悔。建忠素事英夷领事官威妥玛为父,与李凤苞、唐廷枢等皆世所谓汉奸也。近日黄漱兰侍郎驰疏请诛建忠。台谏之请严治建忠及凤苞等者疏累上,而朝廷疑不能决,合肥意亦终庇之。

又文廷式《笔记》(上)云:

马建忠全家皆入天主教,人荒谬无匹,而合肥保举之,曰"素行谨饬"。欺侮朝廷,一至于此,可为发指。

是年,作古体马贞女诗。

孙衣言次韵和诗:

黄漱兰少司马自江阴寄示马贞女诗,且以潘伯寅尚书所为烈女墓文见寄,嘱为之诗,即次其韵寄之,并示伯寅。

偶优卜祝牛马走,贞女死贞死不朽。霜柯三尺风不摇,乃与恶物生同条。山谷诗,"不与俗物同条生"。昔年归太仆,文与欧阳相季孟,自夸冰雪词,能书奇烈行。震川为陶节妇、韦节妇《墓铭》,自言如嚼冰雪。张家烈妇今犹生,震川记松江张烈妇文最为激烈。今有烈女死非命。我门之英黄侍郎,我友尚书潘伯阳。侍郎诗来血犹热,尚书文好书传香。山谷诗,"使我腹中书传香"。我书此事能令万夫怒,天巧人谋两堪怖。父衰婿弱阿母死,托身阿姨非行路。从来胡越有同舟,谁知婚寇还相谋。杨花入窠苦恍惚,桃花隔墙窥奇尤。楼下风腥狼子伏,楼头月黑鬼车哭。狼子咆哮马父喑,嗟呼此女之死危不同诬服。一朝雨露

捧天书,始信鬼神司祸福。嗟呼太湖之水三万六千顷,惠山青
绕太湖滨。前张妇,今马女,文章太仆真何人。我今老矣安能
诗与文,但望太湖之水惠山之泉清无尘。

是年,门生南通张謇有《与漱兰先生论时事书》来:

江阴奉谒,辱承盛教!濒行重拜,赐贶资其舟楫,公之于
后进引掖之不已,而又煦泽之,其勤至矣!謇万不肖,亦曷敢
不自閔勉,副名贤之知耶!

闽事以刘军幕客所言,惧且不支。闻津电于淮安,又似法
可就款。大都台民仇疾刘军,刘军所恃以捍御法虏者,枪炮弹
药往往不给,法虏困断海道,绝吾援师,为必得台湾之势以速
和议,此确然无可疑者。就用台人,疏当入告,窃谓斯举其利
有三,惟郑苏庵云,台官吏无得民心,民积疑侮其上,卒用之,
不能得死力。苏庵闽人,有志当世之务者,如所言斯可虑耳。

国家中兴以来二十有馀年,一切取给于厘捐,天下骚然,
厘捐遂于冗官秕士游民之窟。论者至谓舍厘捐不可以为国,
謇谓欲固国,必去厘捐。推阐其意,尝著为说,当俟另缮奉呈
训定。(《五黄谱》)

## 光绪十一年乙酉(1885) 五十四岁

上元日有手书长笺寄子绍箕。子绍箕有复书。(皆收入
本集。)

春,保荐金匮县训导殷如珠。奏请奖励江宁举人汪士铎、山阴
监生高延第。奏折称,江宁县举人汪士铎贞固绝俗,博通冠时,所

著《南北史补志》《水经图说》《江宁府志》，尤称精洽。该举人为前湖北抚臣胡林翼典试江南所得士，重其学行，敬礼殊优，前大学士两江总督臣曾国藩，亲造其庐固请乃见，江宁人士称其清介可风。山阳县监生高延第，操行纯悫，学问优长。前粤寇踞省城时，随父士魁在籍举办团练，历著勤劳，平日于地方利弊，尤能悉心筹划，事竣即退。官吏造访，罕觏其面。奖掖后进，必以道义相切磨。所著《老子正义》《淮安府志》《盱眙县志》，亦颇淹赅。洵所谓劬学砥行，不求闻达，与古之隐逸君子同一怀抱。（《五黄谱》）

十月初七日上谕云：

江苏金匮县训导殷如珠送部引见，江苏举人汪士铎、监生高延第，笃志潜修，绩学不倦，允宜量为奖励，以资观感。士铎赏给国子监助教衔，延第赏给翰林院待诏衔。（《越缦堂日记》十月初七条）

又尝保荐左赞善于荫霖之器识；山东知府全士锜之吏治，后皆各有建树。（《浙江通志·黄体芳传》）

四月十九日，继配戴淑人卒，寿五十有四。

五月，子绍箕任四川乡试副考官，谱主上奏折叩谢。

秋，为南京浙江会馆撰书堂柱联。以学政任期又将届满，遂选五年来岁科试文及书院课艺之优秀者，汇刻《江左校士录》一书，并撰序。该书共六卷，分四书文、经文、律赋、试帖、经学、史学、韵学、算术、杂著、杂诗十类。收录者皆江苏士中之翘首，有吴县曹元弼，通州范当世、范钟，泰兴朱铭盘，上海姚文枏、张焕纶，太仓唐文治，金匮华世芳，娄县张锡恭，兴化赵圣传等。（黄体芳《江左校士录》）

十月,第三次汇送国史馆恽日初等一百五十七人,附姚瑚等六十六人,共二百二十三人履历事实各项清册一百十三本,著述书籍四百二十八种,计九百六十七本。补送王鸣盛等六人著述书籍十八种,计四十本。附送浙江秀水高均儒、定海黄式三,山东曲阜孙广木、孔继镖、孔毓焞,浙江慈溪杨九畹等六人履历事实清册五本,著述书籍二十二种,计四十三本,及《松陵文录》《吴中存友录》《宝应循吏孝友录》等六种,计三十八本。(《江南征书文牍》)

仲冬,卸江苏学政任还京。(黄体芳《诰封恭人徐母金太恭人六十寿序》)

十一月,子绍箕充武英殿纂修、国史馆协修。(《五黄谱》)

十二月十六日,上《李鸿章不宜会办海军折》,其中有"再阅数年,兵权益盛,恐用以御敌则不足,挟以自重则有馀"等语,对李鸿章的能力和忠诚提出质疑,要求改派曾纪泽主政水师,受到内廷"妄议更张,迹近乱政"申斥,并下吏部议处。后被降两级调用。

> 按:光绪十一年十二月辛巳(十七日),慈禧太后懿旨云:
> 侍郎黄体芳奏大臣会办海军,恐多贻误,请电谕使臣速归练师一折。本年创立海军,事关重大,特派醇亲王奕譞总理一切事宜,李鸿章卓著战功,阅历已深,谕令会同办理。又恐操练、巡阅诸事,李鸿章一人未能兼顾,遴派曾纪泽帮办。所有一切机宜,均由海军衙门随时奏闻,请旨办理,朝廷于此事审思熟虑,业经全局通筹,况黜陟大权操之自上,岂臣下所能意为进退。海军开办伊始,该侍郎辄请开去李鸿章会办差使,并谕饬曾纪泽遄归练师,妄议更张,迹近乱政,黄体芳着交部议处。(《清实录·德宗实录》)

又,光绪十一年十二月二十七日上谕:

吏部奏遵议处分一折,前因黄体芳陈奏事件,妄议更张,迹近乱政,钦奉懿旨将侍郎交部议处。兹据奏称,照妄行条奏以降一级调用,系各罪例准抵销等语,殊未允洽,兵部左侍郎黄体芳着降二级调用,该部堂官着传旨严行申饬。(《光绪朝东华录》总第 2055 页)

是年七月二十七日,左宗棠卒于福州,年七十四。

## 光绪十二年丙戌(1886) 五十五岁

三月初八日,阅郑孝胥文,曰:"此调成《广陵散》矣,场屋中未必无知音者,不宜降格;然亦不可愈唱愈高耳。"(劳祖德整理《郑孝胥日记》,中华书局,1993 年)

六月,以兵部左侍郎降调为通政使司通政使。(六月初二日《邸钞》)

时通政使司积存饭银七千馀金,与同事相议约定,奏明朝廷,不私分自润。(《六十述怀》)

按:饭银乃清代京官正薪以外补贴,创始于雍正年间。

同月,荐骆篯孙为恭镗(振邃)幕宾。

按:恭镗时简任黑龙江将军。骆篯孙,绍兴人,骈文甚工,素以才自负。(《孙仲彤日记》稿本六月十一日条)

九月,阖家迁居宣武门外下斜街,有自题楹联:"结庐北枕评花市；入直东过谏草庵。"与王仁堪（可庄）卜邻而居。（王仁堪《留别春明诸友》诗自注云：与瑞安师有卜邻之约，丙戌始得僦居对门。）偫绍第同居此。此前，居顺治门内西单牌楼头条胡同东头路北。（《孙仲彤日记》五月六日条）

十二月十一日，自请议处。（《申报》第二四四一号）

十二月十七日，李文田招饮，盛昱、王仁堪、张鼎华、王颂蔚、袁昶、李慈铭、沈曾植在座，观慈禧太后绘菊花萱草图。（《沈曾植年谱长编》，中华书局，2007年）

是年，子绍箕奏派教习庶吉士。（《哀启》）与温郡同乡京官，择地宣武门外教场五条胡同，兴建温州会馆，为来京温郡士子、商贾居停之处。

## 光绪十三年丁亥（1887） 五十六岁

四月十八日，赴崇效寺雅集，李慈铭、袁昶、王颂蔚、沈曾植、沈曾桐、黄绍箕、徐宝谦、缪荃孙、缪祐孙在座。（《沈曾植年谱长编》）

六月二十五日，招宴于什刹海酒楼，赴宴者有李慈铭、袁昶、缪荃孙、王颂蔚、沈曾植。（《沈曾植年谱长编》）

八月，奏劾疆臣李鸿章与美商私订银行合同疏。


《越缦堂日记》八月十九日条云：

比闻合肥与美国大商贾米建威议开银行于天津，拟借洋债，息银四厘，立约十余条。米建威以开矿致富至万万，为奸驵之尤，所至竭泽，诸国夷商皆畏之。近日黄漱兰通政、伯希祭酒皆上疏劾合肥，已有廷寄止之矣。

# 光绪十四年戊子（1888）　五十七岁

五月,典福建乡试正考官。（五月十二日《邸钞》）

闱事竣,刻行《福建乡试录》,并撰序。（见本集卷一）

陈宝琛赠《漱兰年丈来主闽试喜晤感赋》诗云:

别梦江南逐去潮,却从乌石话金焦。战场极目涛犹怒,时事填胸酒易消。三径蓬莱容仲蔚,满山藜藿待宽饶。日华照暖开春殿,天上风珂想早朝。（《沧趣楼诗集》卷一）

又,乞假三月回乡扫墓。

孙衣言太仆赠《黄漱兰银台闽闱事竣,请假三月展视松楸,承过访林下,赋此志庆》诗云:

南伯南侯盛送迎,过家有诏逗王程。十年旧雨思清禁,光绪丙子,以楚藩入觐,漱兰尚在翰林。昨夜文星照斗城。沧海已收珠宝藏,乡间真看锦衣行。老夫愁绝茱萸会,却对黄花一眼明。时予方有从子之戚。（孙衣言《逊学斋诗文钞》）

八月,侄绍第中浙江乡试第四十名举人。（《县志·选举》）

八月十五日,上《铁路果行请勿再借洋债疏》。

九月,撰永嘉徐定超（班侯）母诰封恭人金氏六十寿序。

按:谱主督学江苏时,曾延徐定超为幕宾,晨夕商榷艺文,质言无回隐,谱主甚器重之。定超通籍后,两家交往甚密,岁时存问,笃于姻连。（胡珠生《徐定超年谱简编》,下简称《徐谱》）

是年,孙锵鸣次子孙诒绩（仲彤）卒于京师。（孙锵鸣《家书》）

祁世长有《赠黄漱兰》诗:

斜街花市托比邻,气谊相投过从频。每以忧时摅谠论,岂
惟豪饮见天真。匆匆月珰惊重五,去去星轺艳八闽。更羡菑
畬经训在,皇华似续赋诜诜。谓哲嗣仲弢太史。

天遣瀛台出使星,文章司马旧仪型。颂声久遍江南路,名
誉曾传历下亭。今采楩楠归匠哲,昔留模范逮衿青。却怀叔
度波千顷,未暇离筵倒酒瓶。(民国《瑞安县志·诗文征》,下
简称《县志·诗文征》)

## 光绪十五年己丑(1889)    五十八岁

四月八日,族弟密之卒于京师。(《家谱》)

六月,署都察院左副都御史。(《清实录·德宗实录》)

樊增祥(云门)赠《黄银台丈新署副都》诗:

巨眼衡文海内无,铁冠岳岳侍清都。已搜吴会英才出,未
觉乾坤正气孤。风节生平羞仗马,霜棱昨夜熏台乌。他年若
上凌烟画,定继朱云折槛图。(《县志·诗文征》)

樊增祥《黄副都丈赐答前韵再呈二首》:

老辈怜才世所无,剧于皇甫序三都。属词东国温凉玉,卓
笔西江大小孤。夜雨吴船曾刻翠,春风楚幕愧栖乌。公尝视学
江苏,祥客武昌幕府。牵裾暂缩辛公手,试作诗林主客图。

东阁清严坐累茵,苏门西士结交亲。谓可庄诸君。乾嘉风

气稍庚续,唐宋文章本大醇。乌府漫裁修柏赋,鲤庭今有种桃人。公子仲弢尝典蜀试。谁知领袖樵阳客,曾见尧家丙子春。(《樊樊山诗集》上海古籍出版社,2004年,卷十六)

陆廷黻《赠漱兰前辈次樊云门韵》诗:

江夏黄童天下无,早年文誉盛东都。广川自作儒林重,温国何嫌党类孤。照镜难藏迷雾豹,植竿不转相风乌。霜台执简岩岩象,合写人间五岳图。(《县志·诗文征》)

九月十七日,至郑孝胥处,索文观之,以为无闽中气,亦非江南风味也。(《郑孝胥日记》)

十二月初九日,郑孝胥谒谱主,不遇。(《郑孝胥日记》)

是年,尝奏言自强之本在内治,又,历陈中外交涉之得失。(《清史稿·黄体芳传》)疏劾洪钧译地图之舛误,使美大臣崔国因赴赛会之失体。(《浙江通志·黄体芳传》)

文廷式《笔记》(上)云:

遣使各国固不可缺少之举,乃近日则庸猥谬劣,多非使才。崔国因、龚照瑗,尤不堪之甚者。国因素无行,以代李鸿章之子经述作文,得江南乙酉乡试,鸿章故以保荐使才酬之。孙尚书毓汶病足,国因日往省视,于是夤缘得使美利坚,途中窃人器物,比至,妓馆中女仆,笑谈层迭,腾播中外。美国举博物会,国因致书总署,以为广东女子价廉,欲买四五十人学歌舞与此会。大理寺卿延茂劾之,上大怒。期满归,上特举翰詹大考,鸿章奏请国因随阅海军,免与考,上不允。大考卷上,上特谕,崔国因列入三等,以是黜之。

## 光绪十六年庚寅(1890) 五十九岁

四月十二日,郑孝胥至下斜街,陪谱主午饭,宾客满坐。(《郑孝胥日记》)

七月二日,谱主招饮,李慈铭、王彦威、袁昶、沈曾植、杨晨、张预等在座。(《沈曾植年谱长编》)

秋,侄绍第以二甲第一名成进士,入翰林,选庶吉士。(《县志·人物》)

冬,有手札答孙衣言。略谓:

> 去夏浙灾入告,吾瓯因之连及,今此偏灾,在我辈为剥肤,朝廷视之,奚啻秦越,且众论方以近畿巨灾为急,言之更非其时云云。(《五黄谱》)

按:去岁瓯郡歉荒,孙衣言曾致函谱主,希冀上疏请赈。

十一月,再署都察院左副都御使。(《清实录·德宗实录》)

时门生王仁堪(可庄)修撰以言事忤权要出守镇江,为之饯行。王即席赋诗云:

> 寒宵湛缘注清尊,隔岁离筵泪已吞。沧海横流谁与障,文章元气老弥敦。江山大好教娱毋,风雨相从感对门。安得治蒲三年绩,少酬立雪廿年恩。(《五黄谱》)

是年,子绍箕再充教习庶吉士。(《哀启》)

是年,宝廷卒,潘祖荫卒。

## 光绪十七年辛卯(1891) 六十岁

正月初三日,招李慈铭、王彦威、沈曾桐、沈曾植、朱怀新、吴品珩、袁昶、沈曾植、樊增祥、王仁东和徐定超等小宴。(《徐谱》《沈曾植年谱长编》)

正月二十三日,赴樊增祥寓斋雅集,李慈铭、张预、王彦威、沈曾植、沈曾桐、黄绍箕、濮子潼在座。樊增祥有《正月廿三日李爱伯师黄漱兰丈子培子封止潜子虞韬父仲弢小集寓斋,酒竟复纵观书画,爱师赋诗见惠,十九叠韵奉酬》。(《樊山集》卷十六、《沈曾植年谱长编》)

二月九日午,李文田招饮粤东馆,谱主与黄绍箕、王懿荣、袁昶、沈曾植、沈曾桐、王颂蔚、费念慈、江标、刘岳云、蒯光典、缪祐孙、叶昌炽在座。(《沈曾植年谱长编》)

二月十二日,赴全浙馆李慈铭招饮,陈彝、冯煦、王颂蔚、杨崇伊、吴庆坻、袁昶、沈曾植、沈曾桐、王仁堪、王仁东、樊增祥、陆延黻、张预、徐定超、王彦威、濮子潼、黄绍箕在座。樊增祥有诗纪之。(李慈铭《越缦堂日记》、《樊山集》卷十六、《沈曾植年谱长编》)

四月三十日,上《病尚未痊吁请赏准开缺折》乞退。

光绪十七年四月三十日上谕云:

黄体芳病,请解任,允之。(《光绪朝东华录》总 2899 页)

霍邱裴景福(睫闇)大令赠《闻漱兰师乞退》诗云:

鸿文谏草蔚中兴,太息江河障未能。秋兴莼鲈催远擢,后堂丝竹仗孤灯。回天毕竟思元素,钩党何曾到李膺。浊酒一尊双鬓白,可怜忠愤尚凭陵。(裴景福《睫闇诗钞》)

黄岩王咏霓(六潭)知府,从天津来晤,赠《瑞安黄先生席上久别》:

六十华年遽拂衣,卜居犹得傍京畿。台端谏草留何许,城市山林愿未违。偶饮醇醪还自醉,为贪光霁憺忘归。津门风色长安月,别绪依然恋曙晖。(王咏霓《函雅堂集》)

袁昶《怀致仕黄通政丈》诗云:

槐树斜街旧卜邻,看花结社动经春。公真鲁国奇男子,身是先皇老侍臣。棋局紫藤花下醉,瓯函白兽闼前陈。辨奸竟获知言誉,击泚行看段笏新。闻公今秋销假,祝厘倭寇,声言犯阙,誓以身殉国。(《县志·诗征》卷七)

永嘉陈啸沧大令遥赠《寄怀漱兰先生》诗云:

独辟精庐士气培,宣南客馆又宏开。六回拥传膺温旨,一样清寒似秀才。抗疏去官犹土芥,无家无地起楼台。奇侅堕世风雷电,早识公生有自来。(《五黄谱》)

八月二十日,六十寿辰,自赋《六十述怀》七律十二首,以概叙生平。翁同龢、李慈铭、张之洞、盛昱、王仁堪、冯煦等，或致寿联，或致寿诗，或致寿文庆贺。

张之洞《寿黄漱兰通政六十》：

白日当天事主心，屡收涓壤补高深。贵臣自惮愚忠黯，圣世终容直道禽。敧扰浮云看转毂，扬帆海月望抽簪。后雕独有贞松在，四谏荣名冠翰林。

欧阳门下盛生徒，说与吾文必道俱。岂仅汗流降国士，独将浩气厉顽夫。从游蓝舆春常好，问字壶觞德未孤。不借丹沙红两颊，逍遥自在养生符。

公论昭明息谤伤，服公忠实绝他肠。闭关韬隐杯如斗，看镜行藏鬓有霜。椎布同心夸主妇，丝纶传世付诸郎。元城老健贫仍乐，百炼难柔铁汉刚。

舻棱回首五云中，待漏闻珂夜每同。海有横流惭报国，风催乔木各成翁。坂前重负伤驽马，天外冥飞见远鸿。人惜投闲吾独羡，小车游洛定从公。（《张之洞诗文集》）。

袁昶《寿黄通政六十》：

同怀竞爽似三洪，继起才华蜡凤工。门业玉堂传制草，道山延阁嬗宗风。郁离家近犁眉叟，谏录人编羊鼻公。试读姬传翰林传，要令金石在波中。

犹忆龙沙斥堠危，行人睨柱载书欺。穷边瓯脱防青海，抗疏批鳞动赤墀。入对东朝蒙称旨，持衡南国不忘规。人才时论归元祐，铁汉端推刘器之。

辌轩使者采菁英，照物气如春景晴。遗著江汪归秘阁，箇河朱公视学安徽，采进汪双池、江慎修两先生遗牒，送史馆入儒林、文苑两传，故引朱公事为比。专经虔植半门生。求时陆九论椿库，赴阙坡公对迩英。抗疏楼船臣职在，兰池焉敢忘廷争。丈以言海军事忤旨，由兵侍左迁。

漫叟惟知恶曲圆，频移风会溯开天。《香山乐府》，天宝末年时势变，臣妾人人学圆转。木饥水毁无中气，去年三辅水灾为甚。夏潦秋蒸有杜鹃。叶奇《草木子》云：至正十七年，燕京子规啼，引邵康节洛阳天津桥上语为戒，今年八月十七日亦闻子规啼，可异也。吾欲拂衣从此隐，公真解绂迹超然。僧窗尽日观棋局，龟息虚堂自在眠。

深杯初度醉流霞，弟子高匹侍绛纱。大楷银钩书荔子，丈作书体势与晚秀堂帖相近，苏文忠公有荔子丹书。刚肠铁石赋梅花。郑公晚戒瓶缄口，韦曲家噇戟列牙。未作华阳挂冠隐，方瞳九十沃丹颜。

恋阙耕桑只近郊，看花杜曲野人邀。碧骉诬欲刊前牒，白虎通成忆旧巢。三径黍离欢沔上，四天花雨洒林梢。公宅在槐树斜街，左枕长春禅寺。德星自照微明了，待命苍生万物胞。（《县志·诗征》卷七）

### 盛昱《寿黄漱兰先生》：

恋主耕桑在近畿，荷锄长日镇相随。岁除偶作畎川赋，党禁曾无元祐碑。国信纵横和会日，谏书稀阔圣明时。与公昨饮慈恩寺，矫首青松剩几枝。（《县志·诗征》卷七）

王仁堪《瑞安黄先生六十寿言》：

光绪十有七年夏，仁堪始受润州事，梁子节庵自焦山来，杯茗剧谈，俯仰畴昔，离群既久，相顾乐甚。而吾师乞退之书适至，梁子拂衣起，仰天霭叹，愕然若有所失，则未知吾师去志之久决也。

师自再摄副都御史，屡疏皆不报。尝语吾党曰："古人谓'有言责者不得其言则去'。岁辰在卯之年，吾且六十矣，固未可以去耶？"仁堪闻之，默然无以为答。盖深知吾师生平立身行道皭然不欺，义所必为，不涉蓬转之行，是非若大官国老以释绂挂冠为席间燕语已也。虽然，以吾师谋事之忠，许国之诚，身非以蝉蜕浊世为高，心非以归治岩窦为乐，又未尝不私冀色斯之驾，或徘徊其少待乎！今乃以微疾称一再疏请，卒致仕而去。

昔宋司马温公，当熙宁之初，以言职自任，除枢密副使，辞不就。其疏曰："陛下所以用臣，盖察其狂愚，庶有裨于国家，若徒以禄位荣之，而不取其言，是以天官私非其人也。臣徒以禄位，而不能救生民之患，是盗窃名器以私其身也。"既得请居洛下，是时朝右之士师友，各地咸以类相从，惟范祖禹师于公，不立党，而世之嫉公者且曰："公但在高位，则异论之人倚以为重。"读公《六十寄范景仁》诗，忠爱悱恻，辞甚约而思无穷。乌乎！何吾师之志事之与公绝相类耶？

方温公居洛时，治独乐园，眇然如颜子之在陋巷，累然如屈原之在陂泽。而世之贤人君子，以及儿童走卒，日夕引领，或号呼道路，愿其毋去朝廷，厚自爱以活百姓。然则吾师今日颐养子舍,德日益盛,诚日益著,浩然之气日益充实而不可御,亲炙其言论丰采,足以矜式鄙薄,使天下雅仗名节之士得所宗仰,咸引以为朝廷重,又何其符合耶!

今夫醉者神全,堕车而弗惊,而况全于天者乎!赤厓之精,紫磨之英,百辟而不变,而况贞于道者乎!苏子瞻之论温公之德行也,曰诚曰一,今吾党所以寿吾师者,亦曰诚曰一而已矣!既属草,付邮致仲弢,以为捧觞之侑。幸无屏而张之,使为世所诟厉。(《县志·文征》卷十)

沈曾植《瑞安先生六旬寿诗》:

先生未是悬车日,海道东归计早成。汲黯汉廷咸见惮,鲁公天下不称名。一辞退为儒臣重,独立心同皎日明。此夕豪丝与激管,不烦慷慨使君筝。

华发萧萧郁寸丹,天留养疴重长安。饮冰受命恩犹热,乐圣衔杯岁已寒。晓梦倘犹惊漏直,酒悲终不忘台端。远游别有长生说,为发徽公楚赋看。(《沈曾植集校注》,中华书局,2001年)

翁同龢联:

抗疏不矜,乞身非隐;传经多寿,命酒长生。

李慈铭联:

大历人才多蕴籍;永嘉学派最风流。(《五黄谱》)

## 光绪十八年壬辰(1892)　六十一岁

五月,张謇呈寄《瑞安黄先生以六十自寿诗见示,报罢将归,赋诗为献》五律四首:

当代皇家瑞,昭昭独有公。旧勋契彭左,清望历咸同。报国成孤愤,容臣是两宫。推排何所感,暗俗况兼聋。

一被论兵罪,终迁执法官。人尊司马节,朝重惠文冠。无补臣当去,廑忧帝未安。角巾栖辇下,炯炯此心丹。

却贵求贫乐,嫌醒被醉讥。就花亲寺院,赊酒量朝衣。有子贤能孝,无田隐当归。当筵谁奏笛,犹唱鹤南飞。

愧是年家子,叩逾不厌频。分匀诸弟列,爱识丈人真。将梦扶颓翼,增酸抚困鳞。唯余一寸意,长愿百龄春。(《张謇全集·艺文》)

九月十五日,在广德楼观玉成部演剧,万福居同人宴集,李慈铭、盛昱、王彦威、沈曾植、沈曾桐、吴庆坻、徐定超在座。(《沈曾植年谱长编》)

九月二十五日,赴同人宴集,李慈铭、吴庆坻、徐定超、沈曾桐、沈曾植、陈遹声等在座。(《沈曾植年谱长编》)

秋,侄绍第授翰林院编修。(《县志·人物》)

十月二十三日,赴李慈铭招消寒第二集,冯煦、王彦威、吴庆坻、沈曾植、沈曾桐、徐定超、王仁东、黄绍箕在座。(《沈曾植年谱长编》)

是年,前户部侍郎钱塘孙诒经次子孙宝瑄在北京从谱主授业。(孙宝瑄《梧竹山房日记》甲午年十一月条)

## 光绪十九年癸巳(1893)  六十二岁

八月,孙衣言七十九寿辰,撰《孙逊学先生七十九寿序》致贺。(《逊学年谱》)

十月二十日,门生王仁堪(可庄)卒于苏州知府任,年四十五。谱主赋悼念诗七律十六首,并挽以联。子绍箕挽以联云:

> 自少为阳湖陆奉直高第门生,共术同方难再得;望君是林胡两文忠一流人物,有才无命欲何如?

冬,招李越缦、盛伯希、袁爽初、王仁东、沈乙庵、王弢甫、吴子修诸人结消寒会,子绍箕与会。(吴庆坻《悔馀生诗集·与完巢话京师同寓斜街事》诗注)

是年,一度主安徽敬敷书院讲席。(黄宗麟《兰孙府君哀启》)樊增祥赠《寄怀黄漱兰丈》诗云:

> 廊庙山林志业同,老臣进退抱孤忠。曲江旧愤缘仙客,颖上新名署醉翁。忧国尚思除五蠹,寿身先已斩三虫。极知岁暮多冰雪,黛柏参天自郁葱。(《县志·诗文征》)

## 光绪二十年甲午(1894)  六十三岁

正月十四日,赴缪荃孙消寒第五宴,李慈铭、盛昱、徐定超、沈曾植等在座。(《沈曾植年谱长编》)

正月十六日,赴沈曾植、沈曾桐消寒第六集,黄绍箕、李慈铭、

徐定超、王继香、盛昱等在座。(《沈曾植年谱长编》)

二月七日,赴消寒第七集,黄绍箕、李慈铭、盛昱、沈曾植、沈曾桐等在座。(《沈曾植年谱长编》)

二月,子绍箕京察一等,奉旨交军机处记名以道府用。(《五黄谱》)

秋,中日宣战,京官之上封事者多以稿就正,谱主每为之修定,一时人望仰如泰斗。(《浙江通志·黄体芳传》)

侄绍第典江南乡试副考官。(《县志·人物》)

八月,孙衣言太仆八十寿辰,贺以联。

十月,孙衣言卒,复挽以联。

是年,李慈铭卒,年六十六。

## 光绪二十一年乙未(1895)  六十四岁

正月十七日,文廷式上《时势阽危恳恩录用旧臣以维大局折》举荐谱主,曰:"前通政司通政使黄体芳,秉性朴忠,风裁峻整,慨然自任名教之重。"(《文廷式集》,中华书局,1993年版卷一)

三月,由子绍箕侍奉出都南归。从潞河乘舟南下,经汴梁、凤阳、金陵、上海,至腊月抵里。(黄绍箕《潞舸词·跋》)

吴保初赠《送黄漱兰先生归瑞安》诗云:

> 峨峨髦士满中朝,直节松筠总后凋。早叩金扉陈谏奏,晚贪花市僻尘嚣。能驱归马抛簪绂,肯共蒙鸠挂苇苕。心折汉家贤少傅,东都门外毂声远。(吴保山《北山楼集》)

四月,至汴梁(开封),河帅许振祎(仙屏)邀宿衙署,约逗留至仲秋。其间,振祎延其主信陵书院讲席者数月。临去,赋《信陵书

院作追述耆献三叠仙屏河帅同年均留别院中诸生》七律八首,皆借
史事以寓忠愤。

仲秋,至安徽凤阳,知府王咏霓(六潭)邀寓郡斋。逗留期间,
六潭陪游浮山灵岩寺(龙兴寺)、清河老子山、盱眙第一山,临去,复
共泛洪泽湖,送至山阳高良涧而别。其间赠答之诗,亦各兼怀旧伤
时之感。谱主赋有《六潭太守以龙兴寺诗见示次韵》和《六潭和诗
有招隐之意,再次原韵》五古二首。

王咏霓《重阳前二日登浮山灵岩寺(龙兴寺)》诗云:

> 薄晚寻山寺,登临兴未孤。寒烟横断碣,斜日卧平芜。海
> 气蒸三岛,乡心恋五湖。莫言生计拙,犹似水程迂。

又,《九月十三日登清河老子山叠前韵》诗云:

> 极天秋水阔,斗入一山孤。瘦石留青嶂,遥峰隐碧芜。故
> 人去瓯越,诗思满江湖。北望长安隔,忧时计转迂。

又,《渡洪泽湖至山阳高良涧,送漱丈、仲弢归浙东六叠前韵》
诗云:

> 洪湖吞淮流,龟山带霜摅。菱波浩无垠,茨防昔所虑。五
> 坝跨周桥,六飞记宸御。送公还故林,万卷手待署。有如汉二
> 疏,高尚得嘉誉。月明雁荡寒,日照龙湫曙。入梦想有因,暂
> 合别何遽。想望隔千岑,停车在何处?况兹行路难,新洲易成
> 淤。极目数帆樯,劳燕东西去。(王咏霓《函雅堂集》)

初冬,至金陵。时张之洞任两江总督,驻节金陵,力劝留居江宁,不必归浙,并聘其长文正书院。张旋调任湖广总督,十二月间遂辞讲席经上海南归。

张之洞与黄体芳书云:

漱兰仁兄同年亲家大人阁下:顷得电,知台从已抵浦,兹遣使遣轮奉迎,务祈偕同全眷同来金陵。已备馆舍一所,器用具备,距敝署不远。鄙意拟留我兄在金陵主讲,望不必归浙。如必不肯,亦请全家同来住数月,再商。

公归里后,必且乐蕙帐而倦蒲轮。而鄙人亦老矣,鸡鸣为晦,相见甚难,故必欲坚尼,公归,断不可草草信宿也。小女亦甚念嫂夫人,家人又均念侄女,千万尽室来此,至盼!馀面罄。敬请台安。阖府统此达意。弟洞顿首。(温州博物馆藏原信手迹)

十一月二十八日(1896 年 1 月 12 日),上海强学会成立,与绍箕、绍第三人,均以发起人列名会籍。(汤志钧《戊戌变法史·上海强学会》)

十二月间,全家抵里。

## 光绪二十二年丙申(1896) 六十五岁

三月,子绍箕应张之洞之招赴鄂。(孙诒让《麦鼎拓本跋》)八月离鄂,九月抵京,派充会典馆提调。(伍铨萃《黄绍箕传》)

是年,归里后,日夕与邑人士以诗酒遣兴,苦于瑞城无故家园林之胜凭任纵情觞咏,因而商于王岳崧(小牧)、胡调元(榕村)两大令,筹资择地小东门外莲湖之畔建飞云阁,为觞咏之池楼。楼下中

厅供奉瑞邑历代诗人栗主。(张扬《飞云阁小记》)

按:飞云阁之兴建,缘起于光绪二十二年冬,光绪二十四年开工,二十五年初夏竣工。楼初名颂桔楼,落成之日易名话桑楼,乃取"把酒话桑麻"诗意。但楼刚落成,而三位发起人王岳崧四月丁忧,黄体芳五月逝世,胡调元六月奔丧,乡人士皆以"话桑"为"话丧"之谶,后于光绪二十八年更名"飞云阁",并由黄绍箕书篆匾额悬于楼内。

## 光绪二十三年丁酉(1897)　六十六岁

正月,山东即墨县文庙孔子像,遭德军毁残,士民不胜愤慨。谱主感事刺心,赋《二木叹》七古一首,记其心怀。

翌年五月,张謇呈《奉和瑞安先生二木叹》诗云:

> 作噩之岁胶澳陲,盲风忽卓单鹰旗。碧瞳睒睒群麚麂,摧毁圣像成雏嬉。此语一日闻京师,诸儒讼请责问辞。内木曰咄外木哈,(原注:谓都御史徐树铭、山东巡抚张汝梅)盗钟掩耳腾其欺。憨山老人奋直笔,家父凡伯攀周诗。传闻欧美尚教化,毕斯麦亦茴之者。此举乃类盗贼为,治兵无律犹吾崔。固知天心未厌乱,群教混混阳阴疑。终有一是定百非,六经大道天纲维。仲尼日月何伤夷,尊奉原不到狗鸡。吾将刺彼毕斯麦,彼二木者恶当之。(《张謇全集·艺文》)

秋,子绍箕典湖北乡试正考官,侄绍第典福建乡试副考官。(冒广生《二黄先生诗集跋》)

十一月十五日,与子绍箕访郑孝胥,居义昌洋行。(《郑孝胥日记》)

## 光绪二十四年戊戌(1898)　六十七岁

三月,为武昌之游。(许同莘《张文襄年谱》卷七)

闰三月,邑人张枬(震轩)搜录谱主律赋,辑成《黄漱兰先生赋钞》抄本一册,收律赋七十二篇,并跋其尾。

四月,子绍箕授翰林院侍讲,三充教习庶吉士。

十月,子绍箕转侍读。清廷成立京师大学堂,朝论以其博涉中外,夙负时望,派任大学堂总办。

十一月,子绍箕擢左春坊左庶子。(伍铨萃《黄绍箕传》)

同月,谱主遭到宋恕非议。先是,六月间邑人陈介石(黻宸)妹夫黄泽中应童生试时,因其祖父是县衙,例不得与考,故被众廪与童生抢卷阻考,介石率徒直入考棚,痛殴赵姓廪生,引发孙诒让诉控陈介石染指河款,致函浙藩、学诸宪,请革介石功名之事。宋恕为此事致书叶瀚(浩吾)云:

> 黄通政素行。通政未通籍前素有无行之目,近年居乡,倚其亲家张南皮之势,横行纵索,无所不至,遇事生风,勒贿不遂其欲,立使破产或褫革囚禁,地方文武及四民之驯良者畏之如虎。道路侧目,敢怒而莫敢言。……
>
> 介石与通政结怨之由。通政素不学无文,外间酬应之作,其稍妥者皆他人代笔。瑞安近年略涉书史者颇多,少年流莫不意轻之,或出口笑侮之言腾于广坐。通政疑此辈皆志三、介石之门徒,因是憾志三、介石等刺骨,久思兴大狱以打尽之而未有机会。又通政曾向介石戚友处强借,而为介石所持,憾益甚。
>
> 会八月大变,通政喜有机可乘,乃挟"康党"二字以图志

三、介石为死地,且以禁制乡人之为志三、介石鸣冤。(胡珠生编《宋恕集》卷六函牍下,中华书局,1993年,第593—595页)

按:谱主是否在未通籍前与归田后,横行纵索乡里,地方官吏与四民畏之如虎,宋氏之言属一面之辞,目前为孤证;至于"不学无文"之说,则是意气之评;"代笔"之说,目前仅知《〈福建乡试录〉叙》为王咏霓代作,但此类官样文章,代笔不足怪;至于挟"康党"以图志三、介石为死地,孙诒让致汪康年函云:"其事(即阻考)在六月间,时康梁方得志,岂有假以攻以二陈之理?"据此,宋氏指控纯为子虚乌有。宋恕也是一位名士,怎会出此不负责任之言,究其原因,诚如孙诒让所谓:"介石有爱憎无是非,即舍亲燕生亦复如是,乃闹个人成见,并为陈介石辩护。"(上海图书馆编《汪康年师友书札》,上海古籍出版社,1986年,第1475页)

## 光绪二十五年己亥(1899) 六十八岁

孟春,感伤时事,赋《感事》诗七律二首。袁昶《袁忠节公遗诗》录有和唱及原唱。

浙抚廖寿丰(士恳)聘任杭州诂经精舍山长,不就。(《五黄谱》)

二月,子绍箕迁翰林侍讲学士。

五月初九日亥刻,卒于里第,年六十八。

按:卒时据黄绍箕致汪康年张元济书,原函为:

穰卿、菊生两兄大人阁下:

绍箕五月初请急南下,匆匆由沪而甬而瓯,比抵家而先严已先于初九日亥刻弃养。终天之恨,万死莫追。兹奉上哀启两通,伏乞矜鉴。自去秋以来,国变家难,地坼天崩,心肝摧裂,志气颓丧,素有眩晕气逆之疾,自丁大故后,所患益剧,近服药稍愈,然稍劳辄发,栾心柴骨,几同废人。两兄狎沤海上见闻,料亦无佳况,近来眼食何似,不任驰系。手此,敬问起居。不尽欲言。弟制黄绍箕顿首。十四日。(《汪康年师友书札》第 2307 页)

又按:据《黄氏家谱》,谱主生于道光十二年(1832),至光绪二十五年,应享年六十八岁。而《浙江通志·黄体芳传》,与民国《瑞安县志·黄体芳传》均作六十九岁,原因未详。

初,绍箕接家书,闻父不豫,急告假星夜南归,竟不及见。乃为文告祭,誓终身不负所学,取《诗经》"鲜民之生"句义,更字曰"鲜庵"。又作哭父联云:

> 出则思乡里,归则念朝廷,得意生平曾几日;病不侍汤药,殁不亲含殓,衔哀从此到终天。

生前好友、同年、故旧、门生纷纷致送挽联、挽诗志哀。
俞樾挽联:

> 饮端五酒,驻君四日流光,朝野千秋同想望;坐第一楼,从我卅年陈迹,云山三竺未来游。

张之洞挽联:

黄体芳集

　　惟公乃心君国,至老不忘,进则谠言于朝,退则正谊于家,流落江湖吟屈赋;如我不合时宜,知己独厚,公事道义相规,私事忧乐相恤,沧浪天海碎牙琴。

　　孙家鼐挽联:

　　校士秉公心,久有文名惊四海;立朝惟正色,常留谏草炳千秋。

　　廖寿恒挽联:

　　四千里风雨怀思,才凭骥子归鞭,传语聊将心曲写;卅六载云霞交谊,讵爽龙湫旧约,从游应许梦中寻。

　　孙锵鸣挽联:

　　汲郑直节,枚马雄才,看儿辈词垣接武,名满寰区,早辞朝列赋归田,华发酡颜,日饮亡何,衔觞不知将老至;孔李通家,潘杨姻娅,忆少时江馆文会,义兼师友,讵料贤昆悲宿草,髦年衰病,馀生有几,携筇又复哭君来。

　　费念慈挽联:

　　吾道终穷,不憗遗一老,江河满地,我适安归,沧海横流,国谁与立,况年来悲忧交集,忽惊梁木倾颓,小子何依,大椿藏舟元气尽;先人所憾,以未尝识君,万沙育士,同播美谈,单骑请缨,尚虚家传,倘天上英灵能聚,为说楹书安稳,孤儿无状,青山誓墓泪痕多。

## 陈宝琛挽联:

新亭名士,谁如张翰先机,年来饱吃莼鲈,坐看横流馀酩酊;庆历旧臣,最数郑公强项,天末喧传甲马,怆怀时事益萧条。

## 丁立钧挽联:

老成典型,当为中朝言事之臣,独标劲节;残生涕泪,敢帅南菁从学诸子,一哭斯文。

## 项芳兰挽联:

直节为朝野所推,奈权奸不死,善类益孤,落落寰区,几辈清流同丧气;牖下非丈夫夙志,叹恤纬心长,处堂虑近,茫茫身世,羡公今日得全归。

公所至皆天下名区,大木千章归广厦;时不幸值封疆多故,怒涛万里泣忠魂。

## 王岳崧挽联:

公如汲黯其人,直节抗疏累数万言,生作社稷臣,死且不朽;我亦欧阳弟子,知己感恩逾二十载,上为天下恸,下哭其私。

**陈寿宽挽联:**

海邦乡达,落落只数公,太仆颓乎,何堪气运厄人,泪眼又惊乔木萎;江左从游,匆匆逾十载,下走老矣,为感文章知己,伤心怕向酒垆过。

**胡调元挽联:**

功名气节文章,乃光邦家,非荣闾里;痛哭流涕太息,上为天下,下以其私。

**沈凤锵挽联:**

硕望高名,为中外倚重,兼有南楼吟兴,北海豪情,忆年来末座追陪,洛下耆英,一别定留知己感;孤忠亮节,誓死生不渝,况当西寇寻衅,东疆告警,愿此后王师奏捷,山阴家祭,九原稍慰老臣心。

**胡福臣挽联:**

爱才如命,忧国如家,议款约和尝切恨;忠谠在朝,直声在野,乡贤名宦总无惭。

雁序旧联欢,记昔年问字随肩,每恨荆凋成漠落;朝廷重援击,叹此日归田聚首,那堪萝附失松乔。

## 萧景元挽联:

立朝尚介直,洵无愧汉廷汲郑、唐室褚韩,忆公使节遥临、持尺抡才,令誉至今留海峤;当世论文章,皆谓有班马雄才、燕许大笔,幸我祖芬能述、嘉言获隽,感恩岂独在门墙。

## 李续祐挽联:

一诚许与,百口游扬,薄植企生成,陡痛英灵归天上;四谏犯颜,二木寄慨,遗型溯出处,长留正气在人间。

## 吴承志挽联:

气节冠卿曹,位不副时望,寿不过古稀,举世托空言,可叹生辰当末造;功名付哲嗣,文足张国维,武足穷敌巧,奋庸偿前事,所须家祭告吾公。

## 钱振锽挽联:

天子有诤臣,厝火积薪,抗疏不嫌弹权贵;圣世无隐者,急流勇退,感事微见诸危言。

黄体芳集

孙诒让挽联：

大名满寰宇，忧时肝胆，在李元礼、范孟博之间，忆贱子卅年奉教，三世论交，一恸竟何追，谬陋长嗟师范渺；忠谠冠朝熙，嫉恶风棱，迈窦东皋、钱南园而上，慨今日狐鼠塞途，犬羊伺衅，九原不可作，艰难更惜谏书稀。

张志瑛挽联：

直谏重朝端，公虽解组归田，眷念时艰，赖有传人能报国；哀声遍道左，我正扶舆回里，缅怀先哲，顿教游子倍伤心。

曹元弼挽联：

为天下纪纲人才教化国运，为挽狂澜，身在社稷，功在斯民，江汉秋阳，明德必祀百世；与海内忠臣孝子义士仁人，同声痛哭，生我父母，成我夫子，天高地厚，心丧岂独三年？

王仁东挽联：

天之将丧斯文，我则安仰；国所赖有君子，公不少留。

杨青挽联：

立朝三十年，论者拟以汲黯敢谏，所言皆为天下法，岂知忱念方殷，尚有一疏留内寝；归田四五载，吾辈惜其谢安高卧，不出将如苍生何，无奈时艰孔亟，竟教杯酒送流年。

**张謇挽联：**

曹好恶若飘风浮云，江渚随行，尝举所闻所传闻相戒；公进退皆青天白日，湖山终老，曾何有幸有不幸足云。

**鲍鲲挽联：**

汲长孺气节抗臣僚，忧国忘家，忠爱幸回明主听；欧阳公文章高天下，持奇取异，鉴衡遥系后人心。

**陈虬挽联：**

勋望应入名宦祠中，风节棱棱，抗疏千言，遗稿流传今不朽；姻娅忝列吾公门下，云江渺渺，凭棺一哭，奔丧独恨我来迟。

**洪炳文挽联：**

立朝忤权贵，试士拔异才，昔年上封事、争戎机百折不回，一时无两；裴忱结主知，直声震海内，吾乡许忠简、陈文节二公之外，得公而三。

黄体芳集

蔡念萱挽联：

一门使节，几穷历神州，论爱士独公尤挚，文声被齐鲁吴楚闽黔，忽惊梁木就倾，心丧应遍数行省；千古诗人，最惓怀君国，况中华夷祸方兹，咆哮如英俄法德意日，未卜王师截难，家祭告捷是何年？

陈炜仪挽联：

知己惟张南皮一人，痛中原时局日迁，无奈借杯浇块垒；归奠继孙太仆而去，叹吾党耆英星散，那堪问字失津梁？

许黻宸挽联：

寰宇诵高文，忆抗章北阙、讲学南菁，直道撑持宗一代，即退老北湖岁月，恋主犹殷，待看诏付史宬，眷念耆臣，尸祝名山应不朽；生平感知己，如顺德侍郎、长白宗伯，师门诀别各千秋，幸留兹鲁殿灵光，传薪忝接，倏复神归蓬岛，怆怀梁木，乡间后进怃何依。

蔡念祖挽联：

立朝独表忠精，抗疏累万言，气节文章皆不朽；嫉恶见之歌咏，绝笔留二木，激昂慷慨有馀悲。
老来忠愤浇醇酒；身后清贫见古风。

**池源翰挽联：**

孤忠亮节，视吾朝直臣辈，与杨黄门、郭华野颉颃，一篑障江河，行看国史垂名，乡贤列祀；正色危言，在永嘉诸老间，殆陈止斋、王梅溪流亚，大星沉海峤，奚仅闾里陨泪，乡党衔悲。

**鲍绍宣挽联：**

十七科首选南宫，羡辖轩接武轶辙，联镳忠孝旧家风，不嫌骨鲠鳞批，屡奏封章回主听；四五载躬亲北面，愧诗礼未闻琴樽，幸侍门墙忝著述，一旦峰颓木坏，何堪筑室悲心丧。

**王西林挽联（张謇代作）：**

是布衣昆弟之间，同辈共愉，四十年来如一日；际国步阽危已甚，瞻天恋阙，二千里外此孤臣。

**陈宗鳌挽联：**

五十载肺腑笃交情，感病榻怀吟，绝笔弥增知已泪；两三朝史官存直道，读老臣遗疏，立朝应愧素餐人。

**项骧挽联（项方倩代作）：**

奏对不陈中下策，觚棱睽隔，讴吟犹寄忠怀，看千秋文字垂名,岂但谏章存国史;历书未到十三春,山水宴游,岁月竟违夙愿,知四海孤寒堕泪,非徒弟子执心丧。

## 冯虚生挽联:

先生一孤愤人,愤而参权贵,愤而鞭铁像,愤而叹二木,毕世长此愤衷,明廷方征辟激愤臣,奈帝谱钧天,巫阳已讴吟下召;夫子有致死由,痛爱女不死,伤地脉不死,误药石不死,忧国实以死公,勤王暨养生送死愿,虽躬遗含殓,嗣君无恚恨厥心。

## 胡调元挽诗《大银台黄漱兰师挽词》:

棱棱风节九重知,浩气真能御四夷。奏议直争唐内相,权衡翻斩汉台司。老成为国言多中,时局何人力可支。叹息山渊龙虎逝,纷纷鳅鳝杂狐狸。

喧唤新法九京畿,洛下温公早拂衣。台阁已看公子贵,世兄仲发甫升侍读学士。儒林独惜丈人稀。万方吾道穷何极,四海清流失所依。犹有乡园旧弟子,二千里路吊丧归。开吊日余适假归,旋得与奠。

## 陈祖绶挽诗:

自饯师门别,桃李隔一春。大江南北士,同泣老枢臣。下笔蟠龙虎,传经有凤麟。丹心惟恋阙,谏草耀星辰。

徐公辅挽诗:

> 瑞安黄夫子,凤谊海内高。校士来江左,桃李拔楚翘。讲学绍东林,南菁树风标。大厦庇寒儒,两斋罗英髦。近法仪征阮,旁及桐城姚。说文宗许氏,岂徒文章豪。生平重气节,风骨凌云霄。疾恶固如仇,大隐归中条。何图造物忌,忽惊梁木凋。百年止须臾,如梦幻景泡。公身虽陨殁,公名震士朝。为辑荣哀录,此责在吾曹。

## 光绪二十八年壬寅(1902)

是年,话桑楼易名飞云阁。王岳崧有题联云:

> 大好光景,小筑幽楼,怀旧寄深思,独慨白傅龛成,黄公垆邈;旷代名流,同堂晤对,论诗犹馀事,也可追踪七子,嗣响四灵。

## 民国十六年丁卯(1927)

冬,门人汪曾武、杨寿枬校印《醉乡琐志》,并各书跋于其后。谓是编"乃先生晚年耽玩湘缇,随笔记录,中多标举雅故,陶写胜情,并名曰《醉乡琐记》,署东瓯憨山老人"。

## 民国二十年辛未(1931)

永嘉黄群校印谱主征书文牍与汇送国史馆咨文,取名《江南征书文牍》,附《司铎箴言》,编入《敬乡楼丛书》第三辑印行。

## 民国二十三年甲戌(1934)

宋慈抱辑《漱兰诗葺》一卷,初刊《瓯风杂志》,后收入林志甄

(庆云)《惜砚楼丛刊》,并跋其后,略谓:

> 漱兰先生为同治癸亥科会元,历官至兵部侍郎,旋以言海
> 军事左迁。集中诗所云"世事那堪如叶落,老怀原不为秋悲",
> 其忧国之志何深也!王啸牧丈尝语余云:"吾乡先哲陈文节,
> 引帝裾而谏,史册美之,漱兰先生之直言抗疏,宁下于此?"先
> 生于诗文不多作,今全篇顾无踪迹,惜哉!诗仅二十三首,近
> 体居多,虽寥寥短篇,可以见其志趣。

另,邑人张扬(宋顾)辑有《漱兰诗葺补》钞本一卷,录诗二十八
首,未知辑抄年月,姑系于此,钞本今存瑞安博物馆。

## 2004 年

5 月,俞天舒编《黄体芳集》,列入《温州文献丛书》第二辑,由
上海社会科学院出版社出版。

## 2012 年

9 月 21 日,瑞安举行黄体芳诞辰一百八十周年纪念活动暨黄
体芳、黄绍箕、黄绍第学术思想交流座谈会。同口,黄体芳铜像在
黄体芳故居揭幕,江苏省江阴市人民政府、南菁高级中学敬赠黄体
芳铜像。